Ullstein

ÜBER DAS BUCH:

Die britische Fregatte *Terrapin*, ein Veteran des Zweiten Weltkriegs, gehört Ende der sechziger Jahre zu einer britisch-amerikanischen Kampfgruppe, die – in Singapur stationiert – die Aufgabe hat, eine Wiederholung des Vietnamkrieges in Thailand zu verhindern. Die *Terrapin* gerät bei ihren Patrouillenfahrten in gefährliche Situationen, hinter denen ein unsichtbarer, geheimnisvoller Gegner steckt. Ihr Kommandant, Korvettenkapitän Dalziel, ist ein Fanatiker, der wenig auf seine Vorgesetzten, dafür mehr auf seinen Kampfgeist gibt. Dabei ist er rücksichtslos gegen Schiff und Besatzung, die er mehrfach in ernste Gefahr bringt. Aber er behält schließlich recht mit seinen Vermutungen, daß ein geheimnisvolles, rotchinesisches U-Boot den Golf von Thailand unsicher macht. Der entscheidende Kampf zwischen beiden Schiffen bildet den Höhepunkt dieses spannenden modernen Seekriegsromans.

DER AUTOR:

Alexander Kent kämpfte im Zweiten Weltkrieg als Marineoffizier im Atlantik und im Mittelmeer und erwarb sich danach einen weltweiten Ruf als Verfasser spannender Seekriegsromane. Seine marinehistorische Romanserie um Richard Bolitho machte ihn zum meistgelesenen Autor dieses Genres neben C. S. Forester. Seit 1958 sein erstes Buch erschien *(Schnellbootpatrouille)*, hat er über vierzig Titel veröffentlicht, von denen die meisten bei Ullstein vorliegen. Sie erreichten bisher weltweit eine Gesamtauflage von etwa 20 Millionen und wurden in 14 Sprachen übersetzt. Alexander Kent, dessen wirklicher Name Douglas Reeman lautet, lebt in Surrey, ist Mitglied der Royal Navy Sailing Association und Governor der Fregatte *Foudroyant* in Portsmouth, des ältesten noch schwimmenden britischen Kriegsschiffs.

Alexander Kent

Wrack voraus!

Roman

Ullstein

maritim
Ullstein Buch Nr. 23796
im Verlag Ullstein GmbH,
Frankfurt/M – Berlin
Titel der englischen Originalausgabe:
The Greatest Enemy
Aus dem Englischen
von Walter Klemm

Neuauflage der
deutschen Erstausgabe

Umschlaggestaltung:
Hansbernd Lindemann
Umschlagillustration:
Chris Mayger
Alle Rechte vorbehalten
© 1970 by Douglas Reeman
Übersetzung © 1984 by
Verlag Ullstein GmbH,
Frankfurt/M – Berlin
Printed in Germany 1996
Gesamtherstellung:
Ebner Ulm
ISBN 3 548 23796 7

März 1996
Gedruckt auf alterungs-
beständigem Papier mit
chlorfrei gebleichtem Zellstoff

Vom selben Autor
in der Reihe
der Ullstein Bücher:

Kanonenboot (23318)
Rendezvous im Südatlantik (23790)
Finale mit Granaten (23691)
Aus der Tiefe kommen wir (23619)
Torpedo läuft! (23688)
Freiwillige vor! (20765)
Feindpeilung steht! (23784)
Der Eiserne Pirat (23695)
H.M.S. Saracen (20937)
Feuer aus der See (22043)
Mittelmeerpartisanen (22081)
Atlantikwölfe (22151)
Die Zerstörer (22219)
Insel im Taifun (23692)
Die weißen Kanonen (22403)
In der Stunde der Gefahr (22509)
Das Wasser am Hals (22647)
Das Netz im Meer (22680)
Die U-Boot-Jäger (22900)
Kurs Hongkong (23779)
Duell in der Tiefe (23781)
Schnellbootpatrouille (23792)
Unter stählernen Fittichen (23793)
Wrack voraus! (23796)

Außerdem 22 marinehistorische
Romane um Richard Bolitho
sowie 3 Romane um die
Blackwood-Familie

Die Deutsche Bibliothek –
CIP-Einheitsaufnahme

Kent, Alexander:
Wrack voraus! : Roman / Alexander
Kent. [Aus dem Engl. von Walter
Klemm]. – Neuaufl. der dt. Erstausg. –
Frankfurt/M ;
Berlin : Ullstein, 1996
  (Ullstein-Buch ; Nr. 23796 : Maritim)
  ISBN 3-548-23796-7
NE: GT
Vw: Reeman, Douglas [Wirkl. Name]
→ Kent, Alexander

Inhalt

	Vorbemerkung des Autors	7
1	Kommandowechsel	9
2	Manövrierraum	28
3	Gefechtsübung	49
4	Das Prisenkommando	68
5	Schiffe, die sich nachts begegnen	88
6	Eine Hand für die Königin …	106
7	»Die Marine ist da!«	123
8	Eine Frage der Sicherheit	143
9	Auch nur Menschen	162
10	Aufbruch im Morgengrauen	181
11	Sturmwarnung	199
12	Nach eigenem Ermessen	214
13	Im Taifun	233
14	Nur gute Freunde	253
15	Suzane	268
16	Ein Boot mit doppeltem Boden	284
17	Die *Bombay Queen*	301
18	Fünfundsechzig Tage	319
	Epilog	344

Vorbemerkung des Autors

Während der letzten Jahre wurden verschiedentlich Kommandanten kritisiert, ja sogar getadelt, die von ihrem vermeintlichen Recht auf Initiative und eigene Entscheidung Gebrauch gemacht hatten. Aber wo läge im Kriegsfall die Sicherheit einer Nation? Falls ein Kommandant nicht bedingungslose Loyalität von seinen Untergebenen und von seinen Vorgesetzten Respekt vor seiner Integrität fordern könnte, ergäbe sich daraus, daß die Strategie künftig von einer computergesteuerten Bürokratie festgelegt wird, die das besondere Talent und die Geschicklichkeit einzelner kaum berücksichtigt.

Ein Fall, der meine Aufmerksamkeit erregte, als ich für dieses Buch recherchierte, war der eines amerikanischen Marineoffiziers, des Korvettenkapitäns Marcus Arnheiter. Er war Kommandant des Radarsicherungszerstörers *Vance* vor Vietnam und wurde seines Postens enthoben, ohne vorherige Gerichtsverhandlung oder auch nur Vorwarnung. Die *Vance* war berüchtigt wegen ihrer Disziplinlosigkeit, und Arnheiter hatte den Versuch unternommen, innerhalb der kurzen Zeitspanne von neunundneunzig Tagen Disziplin und Gefechtsbereitschaft wiederherzustellen. Nach den verfügbaren Beweisen zu schließen, scheint sein Verbrechen im wesentlichen darin bestanden zu haben, daß er eifrig bemüht war, seinem Land zu dienen und sein Schiff dorthin zu bringen, wo es am sinnvollsten eingesetzt werden konnte. Sein Eifer wurde offenbar von einigen seiner Offiziere nicht geteilt, und die Art und Weise, wie der Kommandant zugrunde gerichtet wurde, erinnert stark an Wouks »Die Caine war ihr Schicksal«.

Die Arnheiter-Affäre rief innerhalb der Marine eine der ärgsten Auseinandersetzungen des Jahrzehnts hervor, und solange keine Regelung getroffen worden war, um die Wiederholung ähnlicher Vorkommnisse zu verhindern, mag mancher Kommandant der Versuchung erlegen sein, sich zurückzuhalten, wenn sein bedingungsloser Einsatz gerade besonders nötig gewesen wäre.

Die Kommandostrukturen der amerikanischen und der britischen Marine sind zwar verschieden, aber im wesentlichen gleichen sich die Ideale und die Traditionen, durch die sie im Lauf der Jahrhunderte geformt und geleitet worden sind.

Meine Geschichte ist – sie muß es sein – erfunden, aber viele Fragen blieben offen. War der Kommandant in meinem Buch ein Narr oder jemand, dessen Stärke im Stolz auf sein Land und im Glauben an sich selbst lag?

Wenn dieser Stolz und dieser Glaube tatsächlich als schädlich anzusehen sind, dann dürfte dies erst recht auf Selbstgefälligkeit zutreffen. *A. K.*

1 Kommandowechsel

Die hochaufragenden Bordwände des Versorgungsschiffes glänzten in der blendenden Sonne wie polierter Granit. Während seine Ladebäume geschäftig über die beiden längsseits liegenden Fregatten hinwegschwangen, bewegten sich die mit dem Löschen beschäftigten Seeleute an Deck genauso lebhaft, wenn auch nur, um mit der Arbeit fertig zu werden und wieder in den Schatten ihrer Unterkünfte fliehen zu können.

Die Vormittagswache war erst zur Hälfte verstrichen, und doch machte die sengende Hitze auf der ausgedehnten Reede von Singapur schon jede Bewegung, ja sogar jeden Gedanken zu einer unerträglichen Anstrengung. Es wehte auch nicht die geringste Brise, und die verstreut an ihren Bojen liegenden Kriegsschiffe schienen sich unter den steifgesetzten Sonnensegeln verkriechen zu wollen. Sie zeichneten sich so klar über ihren bewegungslosen Spiegelbildern ab, als seien sie Teil eines Seegemäldes. Es war Sonntag, und nur an Bord des Versorgers und der beiden Fregatten, die Ausrüstung übernahmen, herrschte Aktivität. Ein paar düstere Dschunken trieben träge in der schwachen Strömung, aber da der Wind ihre fledermausartigen Mattensegel nicht füllte, war schwer zu sagen, ob sie vor Anker lagen oder den Versuch machten, auszulaufen.

In seiner Kammer unter der Brücke der äußeren Fregatte lag Kapitänleutnant Rex Standish nackt auf der Koje und starrte zum Ventilator unter der Decke auf, dessen Flügel sich nicht mehr bewegten. Standish spürte bereits, wie die Luft in dem kleinen Raum drückend wurde, was seine Reizbarkeit fühlbar erhöhte. Er hob die Hand zum Telefon am Schott, und diese geringe Bewegung verursachte ihm schon einen Schweißausbruch. Dann jedoch änderte er seine Meinung. Was für einen Sinn hatte es? Die Ventilatoren brachen wie alles andere an Bord so oft zusammen, daß jede Beschwerde zwecklos war.

Er schob die Hände unter sein dunkles, widerspenstiges Haar, schloß die Augen und versuchte, Klarheit in sein Hirn zu bringen, das noch von der Party der vergangenen Nacht benebelt war.

Es hatte eine doppelte Feier werden sollen: Bob Mitford, bisheriger Kommandant der Fregatte *Terrapin**, flog zurück nach England, und er, Rex Standish, Erster Offizier an Bord, feierte seinen dreißigsten Geburtstag.

Schweres Ladegeschirr polterte über Deck, und er fluchte leise vor sich hin. Die Party hatte mehr einer Sturmbö als einer Feier geglichen. Die Gläser wurden von Mal zu Mal schneller gefüllt, die Reden wurden immer unzusammenhängender. Als er Mitford am Morgen an der Reling verabschiedete, ohne jedes Zeremoniell – der größte Teil der Besatzung schlief noch –, hatte er sich vergebens bemüht, die rechten Worte zu finden, Worte des Dankes und des Trostes.

Statt dessen drückten sie einander nur stumm die Hände; später verdrängte das von ihm beaufsichtigte Längsseitsgehen beim Versorger alle quälenden Gedanken Standishs. Bis jetzt.

Es fiel ihm schwer, sich vorzustellen, daß er wirklich erst seit sechs Wochen an Bord der *Terrapin* war. Den größten Teil dieser Zeit hatten sie in Hongkong in der Werft gelegen, wo eine verzogene Schraubenwelle repariert wurde. Sechs Wochen langweiliger Routine, wobei ein Teil der Besatzung Landurlaub hatte und der Rest eifrig darauf bedacht war, jeden Kontakt mit den Werftarbeitern zu meiden, die beim Heulen der Sirenen wie eine plappernde menschliche Flut an, beziehungsweise von Bord strömten.

Am Tag des Ausdockens schien sich dann alles zu überschlagen. Mitford war gerade zur Untersuchung im Hospital, als der Befehl eintraf, Brennstoff zu übernehmen und danach sofort nach Singapur auszulaufen.

* Schildkrötenart

Als der Kommandant an Bord zurückkehrte, hatte er die Neuigkeit ziemlich gleichgültig aufgenommen. Er hatte Standish lediglich die notwendigen Anweisungen erteilt und sich dann in seine Kajüte zurückgezogen.

Standish wandte den Kopf und blickte durch die offene Tür auf die gegenüberliegende, nur durch den schmalen Gang von ihm getrennte Kammer. Deren Tür war geschlossen, das Wort *Kommandant* leuchtete auf dem lackierten Holz wie die Inschrift auf einem Grabstein.

Mühelos konnte er sich Mitford ausmalen: das rote, runde Gesicht, sein lautes Lachen und die unerschöpflichen Rugbygeschichten, die er erzählte. Jetzt war er nicht mehr an Bord, war zurückgeflogen zu Frau und Kindern, um ihnen mitzuteilen, was er selbst schon seit Monaten vermutet haben mußte, auch wenn er nie darüber sprach: daß er ein unheilbares Leberleiden hatte und innerhalb von sechs Monaten sterben würde.

Der Ventilator quiekte, erwachte zögernd zu neuem Leben und schwirrte bald wieder so eifrig wie vorher. Standish stieg aus der Koje und stellte sich darunter, ließ die kühle Luft über seine gebräunten Schultern streichen.

Die plötzliche Bewegung brachte jedoch das schmerzhafte Hämmern in seinem Schädel zurück, und er mußte mehrmals tief durchatmen, um die aufsteigende Übelkeit zu unterdrücken und den bitteren Geschmack von Gin in der Kehle loszuwerden.

Er sah sich im Wandspiegel und schnitt eine Grimasse. Zwar hatte er morgens geduscht, aber schon sah er wieder zerzaust, verschwitzt und irgendwie mutlos aus. Die Kammer hatte nur ein Bullauge, und die schwankende graue Bordwand der anderen Fregatte verdeckte es fast völlig, so daß er sich im Halbdunkel mit den Händen am Schott abstützte, um sein Spiegelbild eingehender betrachten zu können.

Unter dem dunklen Haar blickten ruhige graue Augen hervor, aber die Schatten darunter und die tiefen Falten an den Mundwinkeln erzählten ihre eigene Geschichte. Er lächelte, was seinem Gesicht sogleich wieder Jugendlichkeit verlieh, die Augen jedoch blieben unverändert: wachsam und etwas zu ernst.

Es klopfte, und als er sich umwandte, erblickte er in der Tür Oberleutnant Pigott, den Versorgungsoffizier, der ihn unschlüssig ansah. Schweißtropfen liefen ihm über die Stirn, und sein weißes Hemd war so naß, fleckig und zerknüllt, als käme er aus einem tropischen Regenguß.

»Was gibt's, Bill?« Standish setzte sich auf den Rand der Koje und griff nach Pfeife und Tabaksbeutel. Pigott war heute W.O.*, was sich gut traf, denn die Versorgungsschiffe, selbst die der Flotte, lieferten häufig zu knapp. Pigotts sorgfältiger Prüfung jedoch entging nicht der geringste Fehlbetrag.

»Habe eben vom Versorger einen Telefonanruf übermittelt bekommen, Number One**.« Er stieg über das Süll*** in die Kammer und schloß die Tür hinter sich. »Der neue Kommandant wird gleich an Bord kommen.«

Standish starrte ihn ungläubig an. »Was?« Er ließ die Pfeife fallen und streckte die Hand aus. »Gib mir den verdammten Zettel!«

Mitford war gerade erst ausgestiegen, und schon war ein anderer da, als habe er die ganze Zeit darauf gewartet.

Standish las den schweißnassen Zettel. Also Fregattenkapitän Hector Dalziel. Dann las er noch einmal, ungläubig. Ein ausgewachsener Fregattenkapitän für die arme alte *Terrapin*? Er blickte auf und in Pigotts Gesicht mit der Hornbrille, das jetzt bedeutungsvoll nickte.

»Ich habe es mir wiederholen lassen, es stimmt. Dalziel ist Fregattenkapitän und seit etwa einer Woche hier in Sin-

---

*   wachhabender Offizier
**   Erster Offizier, I.O.
***   hohe Schwelle an Bord, die das Eindringen von Wasser verhindert

gapur, obwohl niemand Näheres zu wissen scheint.« Er trat zurück, als Standish taumelnd von der Koje stieg und seine Shorts anzog. »Was meinen Sie dazu?«

Standish sah Pigott an. »Ich meine, daß der Teufel los ist, wenn er an Bord kommt, bevor wir Reinschiff gemacht haben. Auch sollten Sie sofort das Motorboot klarmachen lassen.«

Pigott rührte sich nicht vom Fleck. »Dalziel ist doch kein Trottel, Number One.« Er zeigte nach oben. »Der fliegt natürlich mit dem Bordhubschrauber des Versorgers.« Pigott schien sich zu amüsieren.

»Verdammt!« Standish zog seine Schublade halb auf, um ein sauberes Hemd zu suchen, aber die plötzliche Ankunft des neuen Kommandanten ließ dazu keine Zeit. Also zog er wieder das Hemd an, das er schon den ganzen Morgen getragen hatte, als er Mitford verabschiedet und anschließend die *Terrapin* trotz seines Katers beim Versorger längsseits gebracht hatte. Auf dem einen Ärmel war ein großer Ölfleck.

Rasch stülpte er sich die Mütze auf und schob sich an Pigott vorbei. »Sind Sie mit der Übernahme fertig, Bill?«

Fluchend zuckte er zusammen; das Geländer der Stahlleiter zum Aufbaudeck verbrannte ihm die Handflächen, als wäre es das Gitter eines Hochofens.

Pigott grunzte. »Noch eine Stunde«, sagte er in defensivem Ton. »Ich hab' zu wenig Leute, wie Sie wissen.« Pigott war aus Yorkshire, und wenn er sich ärgerte, wurde sein Akzent erheblich stärker.

Standish hörte nicht hin, sondern hatte nur Augen für die Unordnung an Deck: Kisten, Lattenverschläge, Gemüsesäcke, Kartons mit Dosenfrüchten, dazu das Gewirr von Stahltrossen und Blöcken, die benötigt wurden, um alles unter Deck zu verstauen, bevor es in der glühenden Hitze verdarb.

Er sah Unteroffizier O'Leary, den Koch, wild gestikulierend auf einen Haufen zerbrochener Gläser zeigen. Sie mochten Marmelade oder Ketchup enthalten haben, aber im grellen Licht sah ihr Inhalt aus wie das Resultat eines gräßlichen Verkehrsunfalls.

»Klar das gefälligst auf!«

Der angesprochene Seemann sah ihn aufsässig an. »War nicht meine Schuld, Chef. Ich kann schließlich nicht alles allein machen.«

Ruhig wandte sich Standish an den Matrosen. »Dann holen Sie sich jemanden zur Hilfe.« Als er einen Funken Trotz in den Augen des Mannes aufblinken sah, fügte er schärfer hinzu: »Sofort!«

Im Grunde hatte er Mitleid mit den an Deck arbeitenden Seeleuten. Es waren wirklich zu wenige. Die Sollbesatzung der *Terrapin* betrug vierzehn Offiziere und hundertvierundvierzig Mannschaften. Jetzt waren nur gut die Hälfte an Bord. An der Schiffsglocke blieb er stehen und betrachtete sie eingehend. Die Inschrift war im Lauf vieler Jahre durch das ständige Putzen verwischt und kaum noch zu entziffern: H.M.S. *Terrapin*. Clydebank 1944.

Ja, ihr Schiff war sechsundzwanzig Jahre alt, älter als die meisten Leute an Bord, dazu durch fast pausenlosen Einsatz verbraucht. Er versuchte sich vorzustellen, wie sie einst ausgesehen hatte. In der Messe hing eine gerahmte Fotografie von ihr, die sie im kriegerischen Tarnanstrich zeigte, während sie sich offenbar bemühte, in einer hohen Atlantikdüne ihre Position innerhalb der Jagdgruppe zu halten, zu der sie damals gehörte. Sie war für die U-Boot-Jagd gebaut worden, und zweifellos rührten ihre kürzlichen Maschinendefekte noch aus der Zeit, als sie durch die Detonationen der von ihr geworfenen Wasserbomben manche schwere Erschütterung aushalten mußte. Nein, das war zu weit zurückgegriffen. Seit damals hatte sie an so vielen Unternehmungen teilgenommen, sogar an weiteren Kriegen wie beispielsweise in Korea, Malaya und an dem verunglückten Suez-Abenteuer. Jedes Jahr waren neuere Fahrzeuge an ihr vorbeigezogen, so daß ihr Aufgabenkreis zwangsläufig immer eingeschränkter wurde.

Und immer weiter entfernte sie sich von dem Land, dessen Salzwasser sie zum erstenmal geschmeckt hatte. In die glühende Hitze des Persischen Golfes ging es, wo ihre Klimaanlage eingebaut wurde, die schon damals – wie auch jetzt – kaum längere Zeit funktionierte. Dann war sie zu den Unruheherden Ostasiens beordert worden, wo ihre Crew Dschunken und verdächtige Frachter, die unter einer der Billigflaggen fuhren, nach Gesetzesbrechern durchsuchte.

Die Aufträge änderten sich, sooft sich die britische Politik in Ostasien änderte, und da sich die Marine von den Ereignissen in Vietnam weitgehend fernhielt, blieb auch die alternde *Terrapin* meist am Rand des Geschehens.

Als Standish in Hongkong an Bord kam, hatte man ihm von ihren letzten seltsamen Aufgaben erzählt. Sie variierten zwischen Versorgungsfahrten für das Rote Kreuz und ozeanographischen Untersuchungen in der Malakkastraße. Schließlich lief das Gerücht um, daß die *Terrapin* in Singapur außer Dienst gestellt und die Besatzung per Flugzeug nach Hause geschickt werden sollte. Danach würde sie an die Royal Malaysian Navy übergeben werden, um ihr Dasein unter einem neuen Namen und einer anderen Flagge zu beenden.

Jetzt schien selbst das unwahrscheinlich. Es hatte keinen Sinn, einen neuen Kommandanten zu ernennen, wenn das Schiff aus der Marineliste gestrichen werden sollte.

Ein neues Geräusch drang in Standishs Gedanken, und als er nach oben schielte, sah er die Silhouette des Helikopters bereits über dem kleinen Flugdeck des Versorgers schweben, halb verborgen durch einen Ladebaum.

»Mustern Sie die Fallreepsgäste, und lassen Sie sie antreten. Ich gehe hinüber, um ihn abzuholen«, sagte er zu Pigott.

Es war seltsam, wie wenig er über ihn und die anderen

wußte. Außer Pigott waren noch fünf weitere Offiziere auf der *Terrapin*; diese eingeschlossen, betrug die Besatzung lediglich hundert Mann. Kein großes Kommando für einen Fregattenkapitän wie Dalziel, überlegte er.

Als er endlich das kreisrunde Flugdeck erreicht hatte, waren bereits alle Passagiere ausgestiegen, und der Hubschrauber machte sich wieder startklar.

Standish stand schwer atmend in der Sonne und war sich seines unsauberen Aussehens bewußt, besonders wenn er sich mit den Offizieren des Versorgers verglich. Aber schließlich hatten die geräumigere Kammern und genossen jeden modernen Komfort.

Er musterte die Handvoll Passagiere und überlegte, wer von ihnen wohl der neue Kommandant war. Alle bis auf zwei schieden aus. Dann wandte sich der eine, ein großer, vornehm aussehender Herr in weißem Hemd und Khakihose, plötzlich um und kletterte mit gewohnheitsmäßiger Gewandtheit die Leiter zur Brücke hinauf. Also blieb nur der andere.

Seine Kleidung erregte Standishs Aufmerksamkeit: hervorragend geschnittener, eleganter Anzug aus leichtem, taubengrauem Material, gutsitzendes frisches Hemd und eine Klubkrawatte. Außerdem trug er einen Hut und unter dem Arm einen altmodischen schwarzen Spazierstock.

»Sie müssen Standish sein.«

Die Kleidungsstücke schienen zu verblassen, die Gesichtszüge des Ankömmlings beherrschten das Bild.

»Jawohl, Sir.«

»Gut.« Dalziel hielt ihm die Hand hin, sie war trocken und erstaunlich hart. »Gut«, sagte er noch einmal.

Während Dalziel sich flüchtig auf dem Oberdeck des Versorgers umsah, studierte Standish ihn sorgfältig. Der neue Kommandant war schlank, sogar drahtig, und hätte als groß gelten können, doch gab ihm seine leicht vorgebeugte Haltung etwas seltsam Eifriges, Vorstoßendes. Aber was Standish wirklich interessierte, war das Gesicht.

Es war so altmodisch wie der Spazierstock. Keine andere Beschreibung hätte gepaßt. Das dunkle Haar war straff zurückgekämmt und anscheinend unempfindlich gegen den Luftstrom der wieder rotierenden Flügel des Hubschraubers. Die tiefliegenden braunen Augen wurden durch eine schmale Adlernase getrennt. Die ziemlich langen Koteletten, die so aussahen, als würden sie täglich mit einem scharfen Rasiermesser getrimmt, waren schon grau.

Standish merkte plötzlich, daß Dalziel sich ihm wieder zugewandt hatte. »Ich bringe Sie an Bord, Sir«, sagte er rasch. »Ich bedaure die Unordnung an Deck, aber wir erhielten den Befehl, Ausrüstung zu übernehmen, und . . .«

Dalziel lüftete ein wenig den Hut. »Denken Sie sich nichts dabei, Number One. Ich habe bei einer so kurzen Frist keine Ehrenwache erwartet.« Lachend fügte er hinzu: »Ich weiß, wie das ist.«

An der Reling blieb er kurz stehen und blickte hinunter auf das geschäftige Treiben unter einem Ladebaum.

»Schmuckes Schiff, Standish.« Eifrig nickte er. »Daran besteht kein Zweifel.«

Beunruhigt sah Standish ihn an. »*Terrapin* ist das äußere Schiff, Sir.«

Dalziel lief leichtfüßig die Leiter hinunter, an dem wachhabenden Offizier der anderen Fregatte und ein paar schwitzenden Seeleuten vorbei zur gegenüberliegenden Reling, wo er eine Pause machte und auf die *Terrapin* hinunterschaute. Standish beobachtete, wie ein kleiner Muskel in seinem Gesicht zuckte.

Dalziel mußte doch gewußt haben, was die *Terrapin* für ein alter Kasten war?

Standish folgte seinem Blick, und es kam ihm vor, als sähe er sie jetzt selbst zum ersten Mal. Im Dock wirkte jedes Fahrzeug unansehnlich, aber hier, vom Aufbaudeck ihres größeren Gefährten aus gesehen, war es noch schlimmer.

Aus der Ferne hätte man allenfalls die Anmut ihrer einfachen Linien loben können, aber aus der Nähe traten nur ihre Blessuren in Erscheinung. Von ihrem überhängenden Vordersteven bis zu dem zierlichen Heck gab es kaum einen Zoll ihrer gut dreihundert Fuß Länge, der ohne Narben geblieben war: alles Spuren ihrer langen Dienstjahre und pausenlosen Einsätze. Die Silhouette war schnittig und streng, ganz anders als bei den neueren Fregatten mit ihren wuchernden Radarantennen und sonstigen ausgeklügelten Suchgeräten. Sie dagegen, mit nur einem Schornstein und der altmodischen, quadratischen Brücke, hatte sich ein keckes, trotziges Aussehen bewahrt und wirkte wie ein hagerer Veteran zwischen übergewichtigen Rekruten.

Standish wartete auf eine Bemerkung oder Bewegung Dalziels und sah, wie Pigott unter dem kalt beobachtenden Blick des neuen Kommandanten nervös die Fallreepsgäste herausrief. Dieser ging zunächst nach vorn auf die Back. Hier war der Abstand zwischen den beiden Fregatten größer und gab dadurch den Blick frei auf die Verwüstungen der *Terrapin*, auf die breiten Roststreifen unter den Klüsen und die tiefen Einbeulungen am Steven, wo sie wohl verschiedentlich gegen die Pier gestoßen oder Bojen, vielleicht auch andere Schiffe gerammt hatte.

Standish sagte: »Sie ist natürlich ziemlich alt, Sir.«

Dalziel wandte sich um. »So?«

»Ich meine nur, Sir, man kann sich schwer vorstellen, wie sie auf den Stand der neueren Schiffe gebracht werden könnte.«

Zu seiner Überraschung grinste Dalziel. Es war kein Lächeln, sondern ein Grinsen, das sich übers ganze Gesicht ausbreitete, bis die Mundwinkel an die säuberlich getrimmten Koteletten zu stoßen schienen.

Dann antwortete er: »Nun, wir werden eben manches ein wenig ändern müssen, nicht?« Er deutete mit seinem Stock hinüber, die Bewegung glich einem Degenstoß. »Sehen Sie sich zum Beispiel diese Flaggleinen an. *Die* brauchen nicht frisch gestrichen zu werden, oder? Sie müßten nur steifgesetzt werden wie das ganze Schiff!« Das Grinsen verschwand. »Ich kann Schlamperei nun mal nicht ausstehen. Für mich ist ein schlampiges Schiff genauso überflüssig wie eine langschwänzige Katze in einem Zimmer voller Schaukelstühle.«

Dann schritt er lebhaft auf die Relingspforte zu und stieg die kurze Stelling hinunter auf das tieferliegende Deck der *Terrapin*.

Pigott salutierte, während die Pfeife des Bootsmaaten der Wache schrillte.

Dalziel wartete, bis er abgepfiffen hatte, und sagte dann: »Ihr Name?«

»Pigott, Sir. Versorgungs- und Verpflegungsoffizier.«

»Gut.« Dalziel blickte sich um. »Sie sind gleichzeitig Offizier vom Dienst, stimmt's?«

»Sir?« Pigott sah ängstlich zu Standish hinüber.

»So.« Dalziel lächelte freundlich. »Wenn ich das nächste Mal an Bord komme, möchte ich, daß alle Männer an Oberdeck stillstehen, verstanden? *Alle*, und im selben Augenblick!« Dann blickte er Standish an. »Noch so ein Punkt, Number One.« Aber er lächelte weiterhin.

Dann entdeckte er die Schiffsglocke und ging auf sie zu. Niemand sprach ein Wort, niemand bewegte sich, während er sie mit äußerster Sorgfalt untersuchte.

Standish merkte, daß er seine Hände zu Fäusten geballt hatte. Was gab es jetzt zu bemängeln? War das Messing schlecht geputzt, das Glockentau ausgefranst?

Endlich wandte Dalziel sich um und sah ihn an. Der Blick seiner tiefliegenden Augen schien seltsam traurig.

Langsam sagte er: »Es stimmt einen doch wirklich nachdenklich, diese Glocke zu sehen. Oder, Number One? All die vielen Jahre, die vielen Seemeilen unter ihrem Kiel, die Offiziere und Mannschaften, die jeweils an Bord waren!« Er schüttelte den Kopf. »Es macht einen beinahe ehrfürchtig.«

Über Dalziels Schulter sah Standish, wie Pigotts ängstlicher Gesichtsausdruck verschwand und Erstaunen Platz machte.

Rasch sagte Standish: »Wie ich schon bemerkte, Sir, es ist ein altes Schiff.«

»Genau! Und wenn wir ihm eine besonders sorgfältige Behandlung zuteil werden lassen, dann deswegen, weil es sie wirklich *verdient* hat, nicht wahr?« Dann blickte er sich wieder energisch um, der Augenblick der Ehrfurcht war vorbei. »Meine Kajüte?«

»Folgen Sie mir, Sir.« Zu Pigott sagte Dalziel im Weggehen: »Sie können mit der Übernahme fortfahren.«

Pigott sah ihnen nach und sagte zum Quartermeister: »Ehrfürchtig? Dieses Gammelschiff?«

Seufzend ging er zur Luke des Proviantraums und beobachtete weiter das Verstauen des Proviants.

Rex Standish blieb vor der Tür der Kommandantenkajüte stehen. Er wunderte sich über die Geschwindigkeit, mit der dieser Tag vergangen war. Es war bereits wieder Abend, und eine leichte, höchst willkommene Brise ließ das Schiff hin und wieder gegen seine Fender stoßen; sie hatte die drückende Hitze in den unteren Decks ein wenig gemildert.

Er steckte das saubere Hemd fester in seine Shorts und überdachte nochmals die Ereignisse des Tages, besonders die nach Dalziels Kommandoübernahme.

Der Kommandant war in seinen Räumen geblieben, hatte aber eine Flut von Befehlen nach draußen geschickt, von denen die meisten sein persönliches Gepäck betrafen. Es war vom Hubschrauber des Versorgers auf der Pier abgesetzt worden, und Standish beobachtete mit Pigott, wie die Männer des Arbeitskommandos eine erstaunliche Menge großer und kleiner Metallkoffer sowie viele Kisten im wartenden Boot verstauten. Wie die Zukunft des Schiffes auch aussehen mochte, eins war offensichtlich: Dalziel plante einen langen Aufenthalt an Bord.

Jetzt endlich war es wieder ruhig auf der *Terrapin*. Außer der Wache war alles an Land oder saß gemütlich im großen Kinosaal des Versorgers und sah sich einen Western an.

Standish klopfte an die Tür und fuhr zusammen, weil Dalziels Stimme sofort: »Herein!« rief.

Als er über das hohe Süll in die Kajüte stieg, erkannte er sie kaum wieder. Lediglich die Teppiche und Armsessel erschienen ihm vertraut, der Rest des Raumes war bedeckt mit offenen Kisten, Koffern und Bücherstapeln. Uniformen und Wäschestücke hingen von jedem verfügbaren Vorsprung wie Waren in einem orientalischen Bazar.

Dalziel saß an seinem Schreibtisch hinter Papieren aller Art und einer Reiseschreibmaschine. Er trug jetzt Uniform, und das makellose weiße Hemd und die glänzenden Schulterstücke kontrastierten stark zur allgemeinen Unordnung.

Er zeigte auf einen Stuhl. »Werfen Sie das Zeug hinunter und setzen Sie sich, bis ich meinen Bericht beendet habe.« Er überflog eine Seite, während Standish sich ihm gegenübersetzte, dann fügte er hinzu: »Das war eine gute Mahlzeit, die Sie heruntergeschickt haben, Number One, aber zuviel. Fettes Essen mag ich nicht, es macht träge!«

Er kritzelte ein paar Worte auf einen Schreibblock, dann lehnte er sich im Stuhl zurück.

»Nun, Number One, das war's für heute. Genug für den ersten Tag!« Er zog ein schmales, goldenes Etui aus der Tasche und zündete sich eine Zigarette an. »Ich biete Ihnen keine an, denn Sie sind Pfeifenraucher, stimmt's?« Er zeigte mit dem goldenen Zigarettenetui auf Standishs Tasche und sagte: »Rauchen Sie ruhig. Hier sieht es ohnehin aus wie im Schweinestall. Ein bißchen mehr Rauch macht gar nichts.«

Vorsichtig sah sich Standish um. Die langen Gespräche, die er hier mit Mitford geführt hatte, kamen ihm in den Sinn, die Vertraulichkeiten und die wiedergewonnenen

Hoffnungen. Jetzt, nach Dalziels Einzug, wirkte der Raum wirklich schäbig und schrie geradezu nach einem neuen Farbanstrich.

Abrupt sagte Dalziel: »Normalerweise würde ich zu allen Offizieren sprechen, sowie ich das Kommando übernommen habe. Da ich jedoch auf der Anwesenheitsliste gesehen habe, daß offenbar alle bis auf die Schiffskatze an Land sind, hat das wenig Zweck.«

»Tut mir leid, Sir. Aber wir hatten Weisung, bis morgen am Versorgungsschiff längsseits zu bleiben, bevor wir von Ihrem Eintreffen erfuhren. Ich hielt es daher für richtig, die Leute an Land zu lassen.« Er machte eine Pause und fügte dann hinzu: »Und die Offiziere.«

»Das ist richtig.« Ruhig musterte ihn Dalziel. »Ich beanstande es auch nicht. Auf jeden Fall hat mir das Zeit verschafft, mich mit dem Zustand des Schiffes zu beschäftigen.«

»Sir?«

Dalziel blies einen dünnen Rauchstrahl aus und sah zu, wie er nach oben in den Ventilator gesaugt wurde. »Der Kommandant und sein Erster Offizier sind ein Team. Sie müssen es sein. Gewöhnlich ist einer von beiden schon länger an Bord, es sei denn, daß das Schiff neu in Dienst gestellt wird. In diesem Fall heißt es dann: Alle Mann an die Pumpen!« Wieder zeigte sich auf seinem Gesicht das langsame Lächeln, als erinnere er sich an einen Vorgang zu einer anderen Zeit und an einem anderen Ort. »Aber nehmen Sie zum Beispiel dieses Schiff, die Fregatte *Terrapin*. Völlig andere Gegebenheiten, sind Sie nicht auch der Ansicht?«

Standish versuchte sich zu entspannen, aber Dalziels kühler, glatter und freundlicher Ton schien etwas zu verbergen.

Er erwiderte: »Ja, ich bin derselben Ansicht, Sir.«

»Gut. Ich weiß zum Beispiel, daß Sie als I.O. des Schiffes erst seit sechs Wochen an Bord sind, davon den größten

Teil in der Werft.« Er grinste wieder. »Andererseits hätte *ich* nicht die ganze Zeit hier herumgesessen und Däumchen gedreht.« Er drückte seine Zigarette aus und sah Standish voll an. »Denn, wie Sie selbst am besten wissen, dieses Schiff ist eine *Schande*.« In seiner Stimme war kein Ärger zu hören, lediglich die geduldige Mißbilligung eines Schulmeisters. »Es ist schmutzig und in äußerst schlechtem Zustand. Auf die Mannschaft kann niemand stolz sein, man könnte heulen bei ihrem Anblick. Wer so schlampig und unordentlich aussieht, dürfte auch in seiner inneren Einstellung schlampig und unordentlich sein. Stimmt's?«

Verwirrt starrte Standish ihn an. »Ich ... Nein, alle dachten, das Schiff würde außer Dienst gestellt, Sir. Bob hat oft gesagt ...«

»Bob?« Eine Silbe nur, aber scharf wie ein Messer.

»Ich meine Kapitänleutnant Mitford. Tut mir leid, Sir.« Plötzlich wurde er unter Dalziels unpersönlichem Blick wütend. »Wir hatten beide denselben Dienstgrad, das machte einen Unterschied.«

Abwesend nickte Dalziel und blätterte weiter in seinen Papieren.

»Mitford, ja.« Wieder nickte er. »Leberschaden. Hat wahrscheinlich getrunken.«

Halb erhob sich Standish. »Ich kann nur sagen, er war sehr anständig zu mir, Sir. Ich fand immer ...«

»Lassen Sie mich den Satz beenden.« Freundlich lächelte er. »Ich kenne ihn nicht, somit kann ich ihn nur nach den vorliegenden Fakten beurteilen. Dieses Schiff, *jedes* Schiff unter britischer Flagge, muß jederzeit voll einsatzbereit sein, selbst wenn es in der nächsten Stunde außer Dienst gestellt werden soll. Und je dünner unsere Einheiten gesät sind, desto wichtiger ist es, sie stets im Zustand sofortiger Einsatzbereitschaft zu halten.« Mit erhobener Stimme fuhr er fort: »Alles andere ist meiner Ansicht nach unzumutbar, und ich habe nicht die Absicht, das hier einreißen zu lassen, selbst wenn der vorige Kommandant ein Vetter des Papstes gewesen wäre und aus seinem Hintern die Sonne geschienen hätte, klar?«

Standish lehnte sich wie betäubt zurück. »Klar, Sir.«

»Gut.« Dalziel entspannte sich und wandte sich erneut seinen Papieren zu. »Wir werden künftig eine Menge voneinander sehen und werden uns die Arbeitshandschuhe anziehen müssen, um dieses Schiff wieder zum Leben zu erwecken!« Er machte eine Pause. »Somit steuern wir besser gleich von Anfang an den richtigen Kurs, nicht wahr?«

Dalziel stand auf und trat an ein offenes Bullauge. Standish sah, wie sich das letzte schwache Sonnenlicht golden auf seinem Gesicht spiegelte, und fühlte beinahe körperlich die enorme Energie dieses Mannes.

Unvermutet sagte Dalziel: »Wissen Sie, ich liebe die Marine, habe sie immer geliebt. Das ist seltsam, denn ich komme aus einer Familie von Heeresoffizieren. Mein Vater, Gott hab ihn selig, war General, und ich bin den größten Teil meiner Kindheit von einer Garnisonsstadt in die andere verpflanzt worden. Aber ich wußte, was ich wollte, und hatte niemals Grund, an meiner Berufung zu zweifeln.« Er seufzte. »Wie Sie selbst wissen, trifft man bei der Marine alle möglichen Arten von Menschen, die Ehrgeizigen und die Versager, die Beliebten und die Verhaßten. Ein Sammelsurium.«

Er fuhr herum und starrte Standish an, seine Augen glühten plötzlich vor Erregung. »Aber alle bilden das Team, Number One. Der Dienst ist es, der sie zusammenschmiedet. Nicht auf die Individuen kommt es an, die kommen und gehen mit den Jahren.«

Über ihren Köpfen ertönte plötzlich der Deckslautsprecher: »Neue Wache antreten zur Ablösung. Gefreiter Dolan zur Musterung ans Fallreep!«

Dalziel lächelte leicht. »Sehen Sie? Der Dienst geht weiter.« Er trat wieder an seinen Schreibtisch zurück und fuhr in etwas frischerem Ton fort: »Ich war ein paar Jahre auf einem NATO-Kursus in den USA, dort sah ich einmal, wie eine gewaltige Rinderherde vorbeigetrieben wurde. In der Ebene und auf den angrenzenden Hügeln schienen Millionen Rinder auf dem Marsch zu sein; nur ein geübtes Auge und eine feste Hand konnten sie kontrollieren und auf dem richtigen Kurs halten.« Hart klopfte er auf den Tisch. »Und als die Herde am Ziel war, wurde alles, einschließlich der ganzen Anstrengung, hübsch in gleich große Blechdosen gepreßt und mit Corned-beef-Etiketten versehen! So möchte ich mein Schiff haben: Alles fest und eng in den Rumpf gepreßt, so daß das Ganze einem Zweck dient und funktioniert. Hab' ich recht?«

Standish packte seine Pfeife wieder weg. Er hatte zweimal versucht, sie zu stopfen, aber dieser letzte Vergleich machte jeden weiteren Versuch zwecklos. Mit erzwungener Ruhe sagte er: »Bis jetzt weiß ich noch nicht viel über die Besatzung des Schiffes, Sir. Aber ich bin überzeugt, daß sie ihr Bestes ...«

Dalziel nickte. »Ich sagte vorhin, daß wir gleich den richtigen Kurs einschlagen müssen. Also lassen wir jeden Vorwand fallen: Sie wissen, daß dieses Schiff ein Saustall ist, und ich weiß es auch. Was Sie wahrscheinlich nicht wissen: Es ist ausersehen, in der fernöstlichen Strategie eine wichtige Rolle zu spielen, und zwar sofort.« Er lächelte. »Hab' ich's mir doch gleich gedacht, daß Ihnen dies einen Schock versetzen wird!«

Standish warf einen Blick auf den mit Papieren übersäten Tisch. »Das tut es in der Tat, Sir.«

»Natürlich steht noch nichts fest, aber ich bekomme morgen den Einsatzbefehl. Während ich an Land beim Admiral bin, können Sie mit den Leuten anfangen zu arbeiten.« Er reichte Standish ein maschinenbeschriebenes Blatt. »Dies kann Ihnen zunächst als Richtschnur dienen. Sobald der Schreiber an Bord kommt, soll er meine neuen Ständigen Befehle tippen und vervielfältigen. Danach verlange ich, daß jeder Offizier sie auswendig weiß.« Er warf

Standish einen raschen Blick zu. »Wie gut kennen Sie die jetzigen Ständigen Befehle?«

Standish wandte den Blick ab, er fühlte sich zunehmend hilflos. »Noch nicht sehr gut, Sir.« Es klang wie ein Geständnis, und das war es auch.

Dalziel lächelte. »Machen Sie sich keine Sorgen, das werden wir bald ändern.« Er setzte sich auf die Tischkante. »Lassen Sie uns also bei Ihnen anfangen. Sie hatten ein eigenes Kommando, das Unterseeboot *Electra*, aber Sie wurden in den allgemeinen Marinedienst überführt, nachdem mehrere Leute durch ein Feuer an Bord Ihres Bootes das Leben verloren hatten.«

Standish starrte ihn an, sah aber nur einen wirbelnden Nebel. Es konnte auch Rauch sein, wie damals. Ein einfaches Tauchmanöver innerhalb der Dreimeilenzone vor Portland, wo sie einigen Fregatten, die ihren U-Boot-Bekämpfungskursus absolvierten, als Ziel dienten. Die Übung sollte etwa eine Stunde dauern, aber wenige Minuten vor ihrem Ende war Feuer im Vorschiff ausgebrochen. Wie, das konnte nie ganz geklärt werden; auf alle Fälle hatte sich der Torpedoraum innerhalb von Sekunden in ein Inferno verwandelt.

Bei der Seeamtsverhandlung war er wegen seiner übermenschlichen Anstrengungen belobigt worden und hatte anschließend für persönliche Tapferkeit das Georgskreuz erhalten.

Noch immer wußte er nicht, warum er in den Torpedoraum gerast war und versucht hatte, die Leute herauszuholen. Es war sinnlos gewesen und hätte lediglich ihren Todeskampf verlängert, außerdem war es eine zusätzliche Gefährdung der Bootssicherheit.

Aber war es auch eine Schuld? Hätte er sich nicht Alisons wegen Sorgen gemacht, hätte er vielleicht vor dem Tauchvorgang alles noch einmal überprüft. Und wäre nicht ihr Bruder mit den anderen in dem glühenden Torpedoraum gewesen, hätte er dann vielleicht anders gehandelt?

Schließlich hatte er doch den Befehl zum Fluten des Raumes geben müssen, also war alles vergeblich gewesen. Vielleicht hatten ihn nur seine eigenen schweren Verbrennungen vor Schande bewahrt und ihm statt dessen Ehre und Bewunderung eingebracht. Nun hörte er sich mit belegter Stimme antworten: »Als ich aus dem Lazarett entlassen wurde, war ich U-Boot-untauglich geschrieben, Sir.« Mit plötzlicher Bitterkeit fügte er hinzu: »So etwas kommt vor.«

Dalziel ging zum Wandschrank und holte eine Flasche Whisky mit zwei Gläsern.

»Kein Wasser, nehme ich an.« Es klang wie eine beiläufige Feststellung. »Aber spülen Sie Ihren Groll auf jeden Fall hinunter.« Er beobachtete Standish über den Rand seines Glases hinweg und sagte ruhig: »Die Sache tut mir leid, Number One. Aber ich halte es für das beste, sie zu vergessen. Kapitänleutnant Mitford hat versucht, Ihnen zu helfen, Sie wieder aufzurichten, nicht?« Er hielt sein Glas vors Bullauge und musterte es kritisch. »Das werde ich nicht tun. Sie wieder aufzurichten, würde bedeuten, daß ich der Meinung wäre, Sie hätten es *nötig*. Sie sind mein I.O., das genügt mir. Es muß genügen.«

Standish spürte den Whisky im Magen; dabei fiel ihm ein, daß er seit vierundzwanzig Stunden oder länger nichts gegessen hatte.

»Ich danke Ihnen, Sir«, sagte er.

»Sparen Sie sich den Dank.« Dalziel grinste, wie er auf dem Versorgungsschiff gegrinst hatte. »Vielleicht werden Sie mich bald verfluchen. Aber gemeinsam werden wir das Schiff zum Leben erwecken. Das ist alles, was für mich zählt.« Vorsichtig stellte er das Glas wieder auf den Tisch. »Wenn Sie fertig sind, möchte ich jetzt das morgige Programm mit Ihnen besprechen.«

Draußen wurde es dunkler, die Schiffe verschmolzen ineinander und verloren ihre Identität. Die *Terrapin* bewegte sich unruhiger als ihre Gefährten, als spüre sie, daß sie einen neuen, vielleicht ihren letzten Kommandanten hatte.

2 Manövrierraum

Die Messe der *Terrapin* nahm die gesamte Breite des Schiffes ein und war, verglichen mit den Messen moderner Schiffe, sehr geräumig. Die Tatsache, daß die Sollstärke von vierzehn Offizieren auf sieben reduziert worden war, ließ sie noch geräumiger erscheinen.

Standish hängte seine Mütze an den Garderobenhaken im Vorraum und ging müde zum Zeitungsregal, wo er die Schlagzeilen überflog; dann setzte er sich an ein offenes Bullauge und winkte Wills, dem Obersteward, ihm einen Gin zu bringen, seinen ersten Drink an diesem Tag.

Es war eine halbe Stunde bis Mittag, der Tisch auf der Steuerbordseite war bereits gedeckt, und aus der Pantry hörte er die geflüsterte Unterhaltung der Stewards, die darauf warteten, den Offizieren Lunch zu servieren.

Die andere Hälfte der Messe bot das übliche Bild: zerbrochene Armsessel, zerfledderte Magazine und Taschenbücher auf den Regalen und eine vielbenutzte Anrichte, über der das Schiffswappen hing, flankiert von den Porträts der Königin und des Herzog von Edinburgh. In einer Ecke saß Pigott in seine Rechnungsbücher vertieft, in einem anderen Sessel Oberleutnant Thomas Hornby, der Elektriker, tief über einen NAAFI-Katalog gebeugt. Er war auch der Sportoffizier, eine Rolle, die ihn mehr zu beschäftigen und zu interessieren schien als alles, was mit der abgenutzten elektrischen Anlage des Schiffes zu tun hatte.

Nachdenklich betrachtete Standish ihn über den Rand seines Glases hinweg. Es war seltsam, wie eifrig Hornby sich bemühte, in Form zu bleiben, beinahe, als arbeite er das Sport- und Unterhaltungsprogramm für die Besatzung hauptsächlich zu seinem eigenen Nutzen aus. Denn obwohl er erst Ende Zwanzig war, hatte er bereits erhebliches Übergewicht, und sein rundes rosiges Gesicht glänzte vor Schweiß und war mit Hitzepickeln übersät wie das eines dicklichen Kindes kurz vor der Pubertät.

Plötzlich sah er auf, als fühle er Standishs Blick.

»Wann kommt der Kommandant zurück, Number One?«

Standish hob die Schultern. »Jeden Augenblick, denke ich.« Ihm war nicht nach Unterhaltung zumute, aber dennoch fügte er hinzu: »Er will noch vor dem Lunch zu den Offizieren sprechen.«

Ohne den Blick zu heben, sagte Pigott: »Mein Abschnitt ist in Ordnung.« Er nahm seine Brille ab und putzte eifrig die Gläser. »Wie schätzen Sie ihn ein, Number One?«

Standish nahm seinen ersten Schluck Gin absichtlich langsam, um Zeit zu gewinnen. Wenn der Sonntag schlimm gewesen war, so war dieser Montagvormittag noch erheblich schlimmer.

Als er in der stillen Morgenluft zusah, wie Portepeeunteroffizier Corbin, der Gefechtsrudergänger, die angetretenen Seeleute zur Arbeit des Tages einteilte, wurde ihm bewußt, welcher Wandel auf dem Schiff vor sich gegangen war. Dalziels Anwesenheit war schon überall zu spüren.

Die Liste, die Dalziel für die Tagesarbeit zurückgelassen hatte, war eindrucksvoll. Sie begann mit einer vollständigen Aufzählung der Ausrüstungsgegenstände des seemännischen Abschnittes, also des gesamten Tauwerks einschließlich der Festmacher und Stahltrossen, der Schäkel, der Sonnensegel und des sonstigen Segeltuchs sowie der tausenderlei Ausrüstungsstücke, die ein Schiff seiner Ansicht nach benötigte, um allen Situationen gewachsen zu sein. Dann ging es weiter mit dem Artillerieabschnitt: Gefechts- und Übungsmunition, Kollisionsmatten, Fender, Ersatzriemen für den Kutter und vieles mehr. Alles sollte an diesem Tag überprüft werden! Als die Sonne höher stieg, waren die mit der Überprüfung beschäftigten Arbeitsgruppen bereits völlig verschwitzt und fast am Ende ihrer Kräfte. Sie zerrten Taljen und Schäkel hervor und stiegen in Räume hinab, die noch nie geöffnet worden waren.

Langsam sagte Standish: »Der Kommandant macht wirklich eine umfassende Bestandsaufnahme. Er ist nicht für halbe Maßnahmen.«

Ungerührt erwiderte Pigott: »Wird auch Zeit, wenn Sie mich fragen! Zu viele Kommandanten haben dieses Schiff in der Vergangenheit lediglich durch Unterschrift übergeben.«

Standish wartete und wurde nicht enttäuscht.

Pigott fügte hinzu: »Immer ging es dann auf Kosten des Versorgungsoffiziers. Auf dessen Schultern wurde alles abgeladen.«

Selbst Hornby lächelte. »Armer Kerl«, sagte er ohne Mitgefühl.

Leutnant Caley, der Torpedo- und U-Boot-Abwehroffizier, trat ein, ließ seinen untersetzten Körper auf einen Stuhl fallen und knurrte: »Bier!« Dann schnappte er sich eine alte Zeitung, in die er sich vertiefte, bis das große Bierglas vor ihm stand.

Standish stellte fest, daß Caleys Blick sich nicht bewegte, er benutzte die Zeitung lediglich als Abwehrschild. Offenbar hatte er Minderwertigkeitsgefühle. Standish wußte, daß dies Caleys erstes Bordkommando als Offizier war, er hatte sich aus dem Mannschaftsstand hochgearbeitet. Kaum jemals hörte man ihn sprechen, es sei denn, daß er sich bei den Stewards über etwas beschwere oder eine bissige Bemerkung machte, wenn Brian Wishart, der jüngste Leutnant an Bord, seine Meinung äußerte. Caley trank jedoch eine Menge, immer aus seinem eigenen großen Henkelglas. Niemals sagte er »bitte« oder »danke« zu den Stewards, verlangte lediglich mürrisch nach Bier.

Standish kannte solche Verhaltensmuster aus der Zeit,

als die Beförderungen aus dem Mannschaftsstand seltener waren und diese Offiziere eine linkische Minderheit bildeten. Auf der *Terrapin* jedoch kamen bis auf ihn selbst, den jungen Wishart und den Navigationsoffizier Irvine alle Offiziere aus dem Mannschaftsstand. Trotzdem war Unteroffizier Squires, der Leiter seines eigenen Torpedo- und U-Boot-Abwehrabschnitts, der einzige, mit dem Caley auszukommen schien. Vielleicht bedauerte er bereits, daß er die sichere Kameradschaft der Unteroffiziersmesse verlassen hatte ... Standish gab das Spekulieren auf, als Oberleutnant Irvine die Messe betrat, einen Augenblick an der Tür stehenblieb und die Anwesenden musterte.

Irvine war groß und schlank und hatte ein gut geschnittenes Gesicht, so daß er sofort auffiel und überall den Mittelpunkt bildete. Er war siebenundzwanzig, ein guter Navigationsoffizier und sehr selbstsicher. Standish mochte ihn nicht, wußte aber selbst nicht warum.

Er hörte sich fragen: »Alles klar, N.O.*?« Irvine war Offizier vom Dienst.

»Danke, alles klar.« Irvine hatte einen vornehm schleppenden Tonfall und die Angewohnheit, träge an dem Gesprächspartner vorbeizusehen. »Der Alte ist noch an Land.« Dann schnippte er mit den Fingern: »Doppelter Whisky!«

Steward Wills nickte. »Jawohl, Sir.«

Es war seltsam, wie die Leute sprangen, wenn Irvine einen Wunsch äußerte. Er kam aus einer alten Marinefamilie, außerdem war er ehemaliger Etonschüler und benutzte seine Herkunft wie eine Reitpeitsche, jedoch nur mit so viel Kraft, wie nötig war, um seinen Willen durchzusetzen.

Irvine ließ sich auf einen Stuhl fallen und blickte nachdenklich in sein Glas. »Ein bißchen zu spät, um dieses Wrack wieder in Form zu bringen, meinen Sie nicht?«

---

* Navigationsoffizier

Standish antwortete: »Sie müssen zugeben, daß alles an Bord ziemlich verkommen ist.«

»Wirklich?« Irvine blickte zur Seite. »Es ist doch das richtige Schiff für die menschlichen Wracks, die wir hier zu sammeln scheinen.«

Die Tür flog auf, und Oberleutnant Quarrie, Ingenieuroffizier und der älteste Mann an Bord, trat ein. Er warf einen Blick auf die eingegangenen Briefe, dann rief er: »Einen Gin, Wills!« ignorierte Irvine und ging steifbeinig zu einem Sessel am entgegengesetzten Ende der Messe.

Auch Quarrie war ein seltsamer Typ, überlegte Standish. Er mochte Mitte Vierzig sein, hatte eine untersetzte Figur, ein energisches Kinn und die blasse Hautfarbe seines Berufszweigs, womit er von den sonnengebräunten Offizieren fremdartig abstach. Bemerkenswerterweise war er schon bei der Indienststellung des Schiffes an Bord gewesen. Als junger, kaum ausgebildeter Heizer war er damals auf die prächtige neue Fregatte gekommen, und was sich seitdem abgespielt hatte, wußte kaum jemand, nur daß er sein erstes Schiff nie ganz aus dem Auge verlor. Mit den Jahren kletterte er langsam auf der Leiter der Beförderungen hinauf, vom Kesselraum zur Plattform des Wachmaschinisten, und als er schließlich als L.I.* auf die *Terrapin* zurückkehrte, war möglicherweise für beide das Ende ihrer Laufbahn gekommen.

Standish winkte nach einem neuen Gin, denn Irvines beiläufige Bemerkung machte ihm zu schaffen.

Angenommen, diese abgetakelte Fregatte war in der Tat eine Art Mülldeponie für nutzlose und unerwünschte Offiziere? Er packte die Lehnen seines Armsessels fester und ließ die Offiziere vor seinem inneren Auge Revue passieren, einschließlich ihrer augenblicklichen Rolle und ihres Hintergrundes. Es war durchaus möglich, dachte er

---

* Leitender Ingenieur

verzweifelt. Für alle außer Irvine, der zu gute Beziehungen besaß, und Wishart, der noch zu jung war, mochte zutreffen, daß sie auf die *Terrapin* geschickt worden waren, damit sie ihr Sprungbrett in die Vergessenheit wurde.

Er kippte den Gin hinunter und entspannte sich etwas, als die anderen eine neue Unterhaltung begannen.

Untauglich für den U-Boot-Dienst! Natürlich passierte dies auch anderen U-Boot-Offizieren. Keinerlei äußerlicher Schaden, aber irgend etwas machte es ihnen unmöglich, so zu denken und zu handeln wie früher, sobald das Turmluk erst geschlossen war und der Tiefenanzeiger zu kreisen begann.

Die Monate im Hospital, der Schmerz und das besorgte Warten hatten nicht zu seiner Besserung beigetragen. Die Ärzte waren stolz auf ihre Arbeit: neue Haut an beiden Händen und zwei völlig neue Augenlider. Wenn er in den Spiegel blickte, meinte er allerdings, daß sie blasser seien als das übrige Gesicht. Nur seinen seelischen Schaden, den konnten die Ärzte nicht heilen.

Somit mochte die *Terrapin* auch für ihn das Ende seiner Laufbahn sein. All die tröstlichen Worte, die er gehört hatte, bedeuteten im Grunde gar nichts. Aber es war ihm erheblich auf die Nerven gegangen, daß Dalziel sofort seine Schwäche erkannt hatte. Auch im Hinblick auf Mitford hatte er recht gehabt. Insgeheim hatte Standish immer gewußt, daß Mitford sich mit seiner Trinkerei umbringen würde, aber auch er war abschußreif gewesen, unfähig zu einem Leben außerhalb der Marine. Und jetzt hatten sie Dalziel, einen gänzlich anderen Typ; vielleicht war er wirklich der einzige Mann, der ihnen allen eine neue Chance verschaffen konnte.

Der Quartermeister steckte den Kopf durch die Schwingtür. »Kommandantenboot hat abgelegt, Sir.«

Standish stand auf und sagte zu Irvine: »Lassen Sie Ihre Fallreepsgäste heraustreten.«

Irvine hob die Schultern. »Wenn Sie darauf bestehen,

Number One?« Er grinste. »Wir werden jetzt einiges zu hören bekommen, meinen Sie nicht auch?«

Standish versuchte, seine Abneigung zu unterdrücken. »Er wird Ihnen schon sagen, was er von Ihnen möchte.«

An Deck war es heißer als je zuvor; während Standish neben den Fallreepsgästen stand und wartete, fühlte er, wie sich der Schweiß im Gurtband seiner Shorts sammelte. Er sah zu, wie das Motorboot geräuschvoll ans Fallreep kurvte und der Bootsgast mit senkrecht gehaltenem Bootshaken im Bug strammstand, zum ersten Mal sauber und vorschriftsmäßig gekleidet.

Leichtfüßig sprang Dalziel die kurze Fallreepstreppe herauf, während der Dauer des Seitepfeifens die Finger grüßend am Eichenlaub des Mützenschirmes. Beim Abpfeifen jedoch musterten seine tiefliegenden Augen bereits eingehend das gesamte Oberdeck.

Freundlich sagte er: »Sehr viel besser, Number One. Ausgezeichnet!« Dann sah er Irvine an. »Das vordere Sonnensegel ist lose. Lassen Sie es durchsetzen!«

Lässig salutierte Irvine. »Jetzt sofort, Sir?«

Kalt musterte ihn Dalziel. »Natürlich sofort. Wenn ich einen Befehl erteile, bedeutet das immer sofort, verstanden?«

Als Irvine mit gerunzelter Stirn von dannen schritt, sagte Dalziel leichthin: »Er scheint ganz tüchtig zu sein.« Dann entdeckte er frische Farbe und berührte sie mit den Fingerspitzen. »Wir müssen ihn nur noch zurechtbiegen.«

Leutnant Wishart stieg herauf, überreichte dem Kommandanten eine Aktentasche und blieb wartend stehen. Normalerweise war er ein fröhlicher, fast naiver junger Mann, aber jetzt wirkte er niedergeschlagen.

Dalziel öffnete die Aktentasche und wühlte darin herum. »Fand diesen jungen Burschen an Land, Number One.« Er nickte in Richtung der Anwesenheitstafel. »Dort steht, er sei noch an Bord. Seltsam, nicht?«

Wishart sagte unglücklich: »Ich wurde mit einer Nachricht in den Offiziersklub geschickt, Sir.«

»Aha. Aber wenn einer der Seeleute Sie hier an Bord hätte suchen sollen, da Sie ja laut Tafel noch anwesend waren, wären Sie nicht zu finden gewesen. Der Mann wäre für die Arbeit ausgefallen und hätte am Ende seinen Glauben an die Offiziere verloren. Und das alles nur, weil Sie nicht an Bord, sondern im Klub waren!« Mit traurigem Gesicht musterte er den glücklosen Wishart. »Schlimme Geschichte. Werde Sie künftig beobachten, Sub*, und für eine Besserung Ihres Verhaltens beten.« Dann ergriff er Standish am Arm. »Jetzt wollen wir uns die anderen ansehen, ja?« Er klopfte leicht auf die Aktentasche. »Und ihnen die guten Nachrichten mitteilen.« Wieder wandte er sich Wishart zu. »Das gilt auch für Sie, Sub. Lassen Sie also Ihren verdammten Kopf nicht mehr hängen, sondern laufen Sie!«

Blitzartig verschwand der junge Offizier im Niedergang, und Dalziel sagte fröhlich: »Das sind diese neuen Typen aus Dartmouth. In Wirklichkeit alle noch Kinder!«

Als er zusammen mit Standish nach unten ging, sagte er plötzlich: »In sechs Stunden werfen wir vom Versorgungsschiff los, Number One.« Der Eifer leuchtete ihm aus den Augen, als er lächelnd hinzufügte: »Dann laufen wir aus. Auf See finden wir endlich genügend Manövrierraum.«

Standish öffnete die Messetür und trat beiseite, um Dalziel vorbeizulassen. Verblüfft bemerkte er, daß Dalziels Lächeln verschwand, als habe jemand das Licht ausgeknipst. Er schien die Bedeutung des Ereignisses mit seinem Ernst unterstreichen zu wollen.

Es dauerte einige Minuten, bis alle Offiziere namentlich und in der Reihenfolge des Dienstalters vorgestellt waren. Dalziel blieb die ganze Zeit förmlich. Theoretisch war er wie jeder andere Kommandant lediglich Gast in der Messe;

---

* Sublieutenant, Leutnant zur See

aber als die Vorstellung beendet war, machte er keinerlei Miene, auf diese Tradition einzugehen. Er legte seine Mütze auf einen Stuhl und sagte: »Bitte setzen Sie sich, meine Herren. Ich werde Sie nicht lange aufhalten. Nachher möchte ich Sie alle zu einem Drink einladen, bei dem wir dann ein formloses Gespräch führen können.«

Aller Augen folgten ihm, als er die Aktentasche öffnete und einen Schnellhefter herausnahm, den er sorgfältig vor sich auf den Tisch legte.

Dann begann er: »In sechs Stunden werden wir auslaufen. Unser erster Bestimmungshafen ist Kuala Papan an der Ostküste Malaysias.« Mit einem Ruck wandte er sich an Irvine. »Kennen Sie es?«

»Jawohl, Sir. Etwa zweihundertsechzig Meilen entfernt.« Irvines Mund verzog sich zu einem Lächeln. »Es ist eine Bucht . . .«

Dalziel unterbrach ihn. »Ja, Kuala ist das malaiische Wort für Bucht, N.O. Und es liegt genau zweihundert*fünf*undsechzig Meilen entfernt.« Jetzt lächelte auch er. »Aber Sie wußten schließlich nicht, daß ich Sie danach fragen würde.«

Irvine schlug die Augen nieder, zwei rote Flecken zeigten sich auf seinen Wangen. Mühsam sagte er: »Dank für die Belehrung, Sir.«

Dalziel ignorierte ihn. »Ich will Sie nicht mit einer längeren Abhandlung über die fernöstliche Lage langweilen, meine Herren. Ich habe Befehl, nach Kuala Papan zu gehen und mich dort bei Konteradmiral Curtis zu melden.« Er bemerkte ihre Verblüffung und fuhr fort: »Zufällig ist er Amerikaner. Wie Sie alle wissen, haben sich in letzter Zeit Terror- und Sabotageakte auf der ganzen Halbinsel ereignet, und zwar bis nach Thailand im Norden und Indonesien im Süden. Schließlich sind wir nur fünfhundert Meilen von Vietnam entfernt, und wie zu erwarten war, haben die Kommunisten nicht die Absicht, ihren Vormarsch in diesem unglücklichen Land zu beenden.« Er entfaltete eine abgegriffene Karte. »Seit Jahren beobachten wir diese Vorkommnisse: Vietnam, Laos, es pflanzt sich fort wie eine schleichende Krankheit. Nach den letzten Berichten erreicht die kommunistische Infiltration über den Golf von Thailand auch Malaysia, wo geheime Stützpunkte gebildet werden, genau wie in Thailand.« Geschickt faltete er die Karte wieder zusammen. »Das Endziel ist nur allzu klar.«

Niemand sprach, und als Standish sich umsah, bemerkte er Mißtrauen und Verwirrung. Offenbar konnte sich niemand vorstellen, daß ihr altes Schiff im kalten Krieg eingesetzt werden sollte. Wie Standish waren wohl auch sie der Ansicht, daß über solche Dinge nur in den Zeitungen geschrieben wurde und daß es sich dabei überwiegend um Erfindungen und Befürchtungen der Journalisten handelte.

Schließlich sagte Dalziel: »Die Amerikaner haben hier draußen schon viel zu lange die Arbeit für uns verrichtet. Wir können nicht erwarten, daß die amerikanischen Steuerzahler auch weiterhin die Zeche bestreiten, während wir anderen hier auf unserem Hintern sitzen und sie kritisieren. Habe ich recht?«

Pigott räusperte sich umständlich.

»Ja?« Gleichgültig musterte ihn Dalziel. »Sie haben eine Frage?«

Pigott wand sich unbehaglich. »Tut mir leid, Sir, ich sehe noch nicht, welche Rolle wir spielen sollen. Die Roten expandieren doch schon seit Jahren, und meiner Meinung nach werden sie das gesamte Gebiet überrennen, wenn die Amerikaner das Interesse verlieren und unsere Regierung weiterhin Rückzugspolitik betreibt.«

»Ganz richtig!« Dalziel lächelte. »Sie haben den Nagel auf den Kopf getroffen. Aber jetzt sieht es so aus, als sei ein wenig Licht in die verstaubten Hirne in Whitehall gefallen. Die Aufgabe, dieses ungeheure Gebiet zu überwachen, muß geteilt werden. Die Regierung von Malaysia ist sich klar darüber, was geschehen wird, wenn man die Dinge weiterhin treiben läßt. Schon haben diese Agitatoren wirklich Unruhe gestiftet. Ihr Hauptziel ist es, den Haß zwischen den hiesigen Chinesen und den Malaien zu schüren, genauso wie es die Japaner während des Krieges gemacht haben, ehe sie vor achtundzwanzig Jahren ihre Invasion begannen. ›Teile und herrsche‹ ist ihr Prinzip, in Politik wie in Religion. Auf alle Fälle werden sie etwas erfinden, um die Zwietracht bis zum offenen Konflikt oder gar zu einem Krieg wie in Vietnam anzuheizen.«

Er schlug den Schnellhefter auf und starrte ein paar Sekunden lang hinein.

»Unsere Rolle, oder wenigstens ein Teil dieser Rolle, ist die Vereinigung mit den amerikanischen Streitkräften und den malaysischen Seepatrouillen, damit wir Waffenschmuggel, Einschleusen von Saboteuren oder sogar ausgebildeten Truppen verhindern können, sobald uns ein bestimmter Abschnitt zugeteilt ist.«

Langsam fuhr er mit dem Finger über eine maschinengeschriebene Seite im Schnellhefter.

»Aber zuerst dies hier. Ich habe mich inzwischen auf dem Schiff umgesehen und mich bemüht, den Stand seiner Einsatzbereitschaft festzustellen.« Im Geist schien er mehrere Punkte abzuhaken. »Die Maschine ist in bester Ordnung. Selbst auf einem neueren Schiff habe ich keinen Maschinenraum gesehen, der besser in Schuß gewesen wäre.«

Standish sah, wie sich Quarries Schultern leicht bewegten, aber sein Gesicht blieb wachsam.

»Funk- und Signalabschnitt scheinen für unsere Zwecke auszureichen.« Dalziel blickte Standish an. »Wer ist der Artillerieoffizier? Er wird hier überhaupt nicht aufgeführt.«

»Nun, Sir, die Hauptbewaffnung, das Vier-Zoll-Zwillingsgeschütz, ist eingemottet. Außer Feuchtigkeitsüberprüfung usw. erfordert es nicht viel Aufmerksamkeit. Unteroffizier Motts, der Feuerwerker, hält ein Auge darauf und auch auf die vier Bofors.«*

---

* Vierzentimeter-Flak, schwedisches Fabrikat

Nachdenklich betrachtete ihn Dalziel. »Interessant.« Dann fuhr er auf seinem Sitz herum und deutete auf Wishart. Die Bewegung war wie ein Degenstoß. »Was genau tun Sie an Bord, Sub, außer daß Sie Nachrichten in den Offiziersklub bringen?«

Wishart wurde rot. Stotternd sagte er: »Ich führe die Schiffskorrespondenz, Sir, und...«

Hornby fiel ein. »Er hilft mir bei den Sport- und Unterhaltungsveranstaltungen, Sir.«

»Aha, verstehe.« Dalziel lehnte sich zurück und musterte den jungen Offizier. »Von jetzt ab, Sub, werden Sie, wenn Sie mit den eben beschriebenen Aufgaben fertig sind, der Artillerieoffizier sein.«

Wishart starrte ihn entsetzt an. »Jawohl, Sir.«

»Ich möchte, daß dieses Vier-Zoll-Geschütz einsatzbereit gemacht wird. Sobald wir auf See sind, will ich ein Übungsschießen sehen, und das wird klappen!« Er runzelte die Stirn. »Was ist noch?«

»Ich habe in Dartmouth nur die Anfänge des Geschützexerzierens mitgemacht, Sir.«

»So?«

»Ich meine nur, daß ein Offizier mit größerer Erfahrung...«

Seine Stimme erstarb, als Dalziel seidenweich sagte: »Unser Einsatz wird Ihre Erfahrung sein.« Sein Ton wurde schärfer. »Dabei sammeln Sie bestimmt mehr Erfahrung als beim Fußballspiel oder auf diesen verdammten Wasserskiern!«

Nun wandte er sich an Caley. »Torpedo- und U-Boot-Abwehr scheint in Ordnung zu sein. Einige Seeleute, die ich gefragt habe, sind sich aber nicht klar darüber, wofür die ›Squid*‹-Mörser taugen.« Grimmig starrte er Caley an. »Bilden Sie zwei Besatzungen dafür aus. Ich möchte nicht, daß diese Mörser lediglich gut aussehen. Sie müs-

---

* »Tintenfisch«, ein Wasserbombenwerfer

sen einsatzbereit sein, wenn wir sie brauchen. Verstanden?«

Caley erhob sich halb. »Ich spreche deswegen mit meinem Unteroffizier, Sir.«

»Sie tun es *selbst*, sonst tausche ich Sie beide aus!«

Schließlich lächelte Dalziel und entspannte sich ein wenig. »Das ist zunächst alles, meine Herren. Ich wollte nur, daß Sie meine Ansprüche kennen, denn sie sind recht hoch. Uns erwartet vielleicht eine langweilige Patrouillentätigkeit. Aber wenn Aufgaben auf uns zukommen, für die wir alle ausgebildet wurden, dann haben wir einsatzbereit zu sein. Und falls es zu Kämpfen kommt, dann gehört dieses Schiff mitten hinein!«

Irvine entgegnete ruhig: »Ich denke nicht, daß man dieses Schiff dafür einplanen wird, Sir.« Er schien sich wieder gefangen zu haben. »Der letzte Auftrag war schon schlimm genug, aber die vergangenen Monate waren völlig sinnlos.«

Dalziel nickte. »*Vergeudet* wäre besser, N.O. Vergeudet mit dem Ergebnis, daß wir jetzt eine schlappe, verkommene Mannschaft haben.« Er bedachte Irvine mit einem Lächeln. »Aber das gehört der Vergangenheit an. Auf meinem letzten Schiff pflegte ich meinen Leuten zu sagen: Benehmt euch anständig, dann bin ich mild wie Honig. Nennt mich aber Schwein, dann kann ich wirklich ein Schwein sein, glaubt mir!«

Irvine fragte ungerührt: »Welches Schiff war das, Sir?«

Dalziel stand auf. »Ich habe jetzt nicht die Zeit für den angekündigten Drink, Number One. Aber er läuft uns nicht weg.« Er nahm seine Mütze und sah sie alle der Reihe nach an. »Um achtzehn Uhr auf Auslaufstation, klar?«

Als sich die Tür hinter ihm geschlossen hatte, sagte Irvine böse: »Ich werde einen dreifachen Brandy trinken, wenn er dafür bezahlt.«

Pigott trat zum Kalender und starrte ihn trübe an. Dann zog er einen Kugelschreiber aus seiner Hemdtasche und malte einen Kreis um das Datum des Tages.

»Dalziel plus eins«, sagte er trocken.

Standish ging zurück zu seinem Sessel. Das Interview war nicht gut verlaufen, aber es hatte einen tiefen Eindruck hinterlassen. Als die Stewards wieder nachschenkten, hörte er ringsum ein Stimmengewirr, als wäre die doppelte Anzahl von Offizieren in der Messe.

Der Stuhl neben ihm knarrte. »Nun, Chief, wie denken Sie über die neue Lage?« fragte er Quarrie.

Ohne zu zögern erwiderte dieser: »Die *Terrapin* hat seit nahezu zwanzig Jahren auf einen Dalziel gewartet. Er wird uns allen guttun.«

Wishart sagte kläglich: »Aber ich habe noch keinen einzigen Schuß aus einem Vierzöller abgegeben!«

Irvine schnauzte ihn an: »Dann hätten Sie eben nicht an Bord kommen sollen, Sub. Wenigstens haben Sie den Vorteil, daß Sie nicht die Brücke mit ihm teilen müssen.«

Das einzige, was Caley zur Unterhaltung beitrug, war sein Ruf zur Pantry: »Bier!«

Standish lehnte sich im Sessel zurück und trank seinen Gin. Vielleicht hatte Quarrie recht. Auf jeden Fall sah es so aus, als würden sie in der nächsten Zeit ziemlich beschäftigt sein.

Standish stand auf den Grätings im vorderen Teil der oberen Brücke und beobachtete, wie die Seeleute auf der Back das Schiff seeklar machten.

Alle Sonnensegel waren verstaut, obwohl die Sonne trotz der späten Stunde so heiß brannte wie eh und je. Überall auf der Brücke pfiffen oder krächzten die Sprachrohre; die übliche Vorbereitung für das Auslaufen ging ohne Hast und mit wenig Aufregung vor sich.

Einige Seeleute standen bereits an der Reling, um die Stahltrossen loszuwerfen, mit denen sie an der anderen Fregatte festgemacht waren, und hinter ihr sah Standish ein paar müßige Zuschauer hoch oben auf dem Versorgungsschiff, wo er den neuen Kommandanten begrüßt hatte.

Ein Bootsmannsmaat sagte: »Der Kommandant kommt auf die Brücke, Sir!«

Dalziel trug ein frisches, makelloses Hemd. Die Mütze hatte er tief über die Augen gezogen, als Schutz gegen die grelle Sonne.

Stramm salutierte Standish. »Klar zum Ablegen, Sir.« Er zögerte ein wenig. »Ein Transporter hat soeben in der Fahrrinne geankert, Sir.« Er zeigte achteraus. »Vielleicht können wir noch ein wenig warten, wenn es Ihnen recht ist?«

Dalziel sah sich um. Seine dunklen Augen bewegten sich rasch vom Läufer Brücke zu den Signalgasten, dem Bootsmannsmaat mit seinem Telefon, und schließlich zu Irvine, der sich mit den Ellbogen auf den Kartentisch stützte. »Uhrzeit, N.O.?«

»17 Uhr 55, Sir.« Irvine blickte nicht von seiner Karte auf.

»Gut. Geben Sie an alle Stellen: klar zum Ablegen.« Dalziel stieg auf die Grätings und berührte mit den Fingerspitzen das gläserne Brückenkleid.

Es war schwer zu sagen, was er dachte. Zum ersten Mal würde er das Schiff selbst fahren, und schon war da ein Hindernis in Gestalt des großen Transporters, der in der Fahrrinne vor Anker lag. Um von den anderen Schiffen klarzukommen, mußten sie zunächst achteraus gehen, um dann in die Mitte des Fahrwassers eindrehen zu können.

»Querleinen ein!« Dalziel hängte sich das Glas um.

Das Deck begann leicht zu vibrieren, als Quarrie seine Maschinen für das nächste von der Brücke zu erwartende Kommando bereit machte.

Ein grelles Licht blinkte von der dunstigen Küstenlinie herüber, und Burch, der Signalmeister, rief: »Signal, Sir: auslaufen, wenn fertig!«

Standish warf einen raschen Blick nach oben zum Wimpel im Masttopp. Vor einem Augenblick hatte er noch bewegungslos gehangen, jetzt hob er sich langsam, als sammle er Kraft aus einer unbekannten Quelle, und wehte dann voll in Richtung der anderen Fregatte aus.

Der Mann am Telefon rief aus: »Querleinen sind ein, Sir!«

Standish sagte: »Der Wind drückt uns gegen das Nachbarschiff, Sir.«

Dalziel funkelte ihn an. »Das sehe ich.« Dann rief er: »Los achtern!«

Standish ging in die Brückennock und sah zu, wie die Seeleute auf dem schmalen Achterdeck die von der anderen Fregatte losgeworfenen Stahltrossen einholten und die schmierigen Drahtbuchten aufzuschießen versuchten, die sich wie Schlangen immer wieder aufrichteten.

»Alles los achtern, Sir!«

Zwei Offiziere waren auf der Brücke der größeren Fregatte erschienen und starrten auf die *Terrapin* herunter, die sich jetzt gegen die Fender legte.

Auch ohne Telefon hörte man Caleys rauhe Stimme vom Achterdeck: »Alles ein achtern, Sir!«

Nur noch von Vorleine und Spring gehalten, agierte die kleine Fregatte heftig, und weitere Seeleute wurden nach vorn geschickt, um mit Fendern zu verhindern, daß die beiden Schiffe einander beschädigten.

Halblaut sagte Dalziel: »Backbordmaschine* langsame Fahrt voraus!« Nach einer Pause wiederholte Corbin: »Backbordmaschine geht langsame Fahrt voraus, Ruder liegt mittschiffs, Sir!«

Standish ballte hinter seinem Rücken die Fäuste, als die *Terrapin* zuerst langsam, dann verstärkt vorwärtsdrängte. Die Spring hatte den vollen Druck auszuhalten, sie wurde steifer und steifer, bis sie gestreckt war wie eine Stange und die Leute an Deck sie voller Besorgnis anstarrten.

»Backbord stopp!« Dalziel lief in die Steuerbordbrük-

---

* Backbord = in Fahrtrichtung links; Steuerbord = in Fahrtrichtung rechts kennock und starrte hinunter auf die Lücke zwischen den beiden Fahrzeugen. Sie wurde schmaler, weil der Wind die *Terrapin* wie spielerisch wieder gegen das andere Schiff drückte.

Standish blickte weg. Dalziels versuchtes Manöver war ganz normal: mit langsamer Fahrt in die Spring einzudampfen, um das Heck nach außen zu drücken, so daß man dann mit Rückwärtsfahrt vom anderen Schiff freikommen konnte. Aber der Wind war dafür zu stark geworden, das hätte er merken müssen.

Einige Seeleute auf der anderen Fregatte grinsten unverhohlen, und ein Offizier auf ihrer Brücke hob ein Megaphon und fragte spöttisch: »Haben Sie was vergessen?«

Lächelnd winkte Dalziel ihm zu, aber Standish, der dicht neben ihm stand, sah die Muskeln in seinem Gesicht arbeiten und Schweißtropfen unter seiner Mütze hervorsikkern.

Ruhig sagte er: »Sir, es wäre vielleicht besser...«

Dalziel sah ihn an. »Seien Sie unbesorgt, Number One.« Dann beugte er sich weit übers Brückenkleid und rief hinunter zu Wishart: »Aufpassen da unten, Sub!« Über die Schulter sagte er: »Backbordmaschine langsame Fahrt voraus!«

Wieder schoß der weiße Schraubenstrom unter dem Heck hervor, und die Spring wurde steif.

Man hörte einen der Seeleute sagen: »Verdammt, wenn sie bricht, reißt sie ein paar Köpfe ab!«

Standish zwang sich zur Ruhe. Er spürte, wie das Schiff härter gegen die Stahltrosse drängte. Den beiden Offizieren auf der Nachbarfregatte war das Grinsen vergangen; er hörte die Pfeifen schrillen, hörte Getrappel, als die Freiwache an Deck rannte, um ihre Bordwand mit Fendern zu schützen.

In diesem Augenblick ließ der Wind ein wenig nach. Mit einem stummen Dankgebet sah Standish, daß die Lücke zwischen beiden Schiffen breiter wurde.

»Maschine stopp. Los die Spring!« Dalziel hatte beide Hände in den Hosentaschen. »Bewegt euch, da unten!«

»Spring ist los!« Die Stimme klang erleichtert.

»Gut. Vorleine los!« Dalziel wartete kaum die Bestätigung ab, dann rief er: »Beide Maschinen langsame Fahrt zurück!«

Plötzlich waren sie frei. Die Gesichter auf der anderen Fregatte verloren ihre Individualität, der helle Rumpf verschwamm mit dem des Versorgungsschiffes.

Der Signalmeister rief: »Der Transporter schwojt gewaltig, Sir!«

Abrupt fuhr Dalziel herum. »Was? Wo?«

Standish sah an ihm vorbei auf das vor Anker liegende Schiff. Seine hohe Bordwand war verrostet und voller Mennigestreifen. Sie wirkte wie eine Mauer aus Stahl.

Dalziel schnauzte: »Warum zum Teufel hat mir das niemand gemeldet?« Dann fuhr er den in seiner Nähe stehenden Ausguckposten an. »Was haben Sie die ganze Zeit gemacht?«

Der unglückliche Seemann stotterte: »Ich habe die Stahltrosse beobachtet, Sir. Ich dachte, sie würde brechen.«

Dalziel brüllte: »Es kümmert mich einen Dreck, was Sie denken! Als Ausguck beobachten Sie gefälligst Ihren Sektor und sonst nichts, verstanden?«

Irvine sah von seinem Kartentisch auf und rief erregt: »Um Gottes willen, wir kollidieren mit ihm!«

Dalziel schien allmählich zu merken, daß die *Terrapin* noch immer mit erheblicher Fahrt zurückging. Ihr Heck war nicht mehr weit von der Bordwand des Transporters entfernt.

»Beide Maschinen stopp!« Er griff zum Sprachrohr, als wolle er sich daran festhalten. »Backbord langsame Fahrt voraus, Steuerbord halbe Fahrt zurück!«

Standish überlegte, was Quarrie, der unten in seinem ölglänzenden Maschinenraum die Anzeigentafel beobachtete, wohl denken mochte. Noch immer machte die *Terra-*

pin erhebliche Fahrt achteraus, aber die Steuerbordschraube zog sie jetzt in engem Bogen herum. Wenn sie Glück hatten, würden sie gerade noch an der Bordwand des Transporters entlangschlieren; wenn nicht, würde ihr Heck mit voller Wucht gegen das andere Schiff prallen.

Dalziels Gesicht blieb ausdruckslos. »Backbordmaschine halbe Fahrt voraus, Steuerbordmaschine voll zurück!«

Die Fregatte schüttelte sich und vibrierte, jede Niete und jede Platte schienen sich selbständig machen zu wollen.

Standish rief nach unten: »Fender klar an Steuerbord!«

»Belege das!« fauchte Dalziel. Dann fügte er ruhiger hinzu: »Nicht nötig, Number One.«

Die *Terrapin* glitt an der hochaufragenden Back des Transporters mit weniger als sieben Meter Abstand vorbei. Dalziel rief: »Beide Maschinen stopp!«, dann ergriff er das Sprachrohr zum Steuerhaus und befahl: »Beide Maschinen halbe Fahrt voraus. Ruder Steuerbord fünfzehn!«

Als die *Terrapin* Fahrt aufnahm, brach sich ihre Bugwelle an der Ankerkette und am Vorsteven des Transporters.

»Mittschiffs!« Dalziel ging auf die andere Brückenseite und wandte dem Transporter den Rücken zu. »Beide Maschinen langsame Fahrt voraus.«

Die ringsum ankernden Schiffe hatten sich schweigend verhalten. Ihre Offiziere waren wohl zu erschrocken, um Signalsprüche abzugeben, als die kleine *Terrapin* mit dem Heck voran auf den Transporter zubrauste, erst im buchstäblich letzten Augenblick herumschwang und das große Schiff umkreiste wie ein Terrier einen Elefanten.

Aber jetzt wurde das Schweigen gebrochen. Aus jeder Richtung blinkten die Morselampen, und Burch, der Signalmeister, hatte mit seinen Leuten alle Hände voll zu tun, um die Signale aufzuschreiben und zu bestätigen.

Seelenruhig sagte Dalziel: »Übernehmen Sie, Number One, und lassen Sie die Seewache aufziehen.« Er warf einen kurzen Blick auf die Morsesprüche, die entweder beißend-ironisch oder regelrecht grob waren, dann fügte er wie geistesabwesend hinzu: »Sie manövriert sehr gut, trotz ihres hohen Alters.«

Schließlich grinste er, wobei seine Zähne weiß aus dem Schatten des Mützenschirms leuchteten. »Ich wette, das hat diesen Faulenzern einen ziemlichen Schock versetzt.«

Und mir auch, dachte Standish. Laut sagte er: »Ja, Sir.«

Während die *Terrapin* langsam an den restlichen Ankerliegern vorbeifuhr und das Schrillen der Pfeifen jeweils das Kommando: »Front nach Steuerbord!« oder »Front nach Backbord!« begleitete, grübelte Standish über Fregattenkapitän Hector Dalziel nach.

War es wirklich eine Demonstration unbekümmerten Selbstvertrauens gewesen oder lediglich der Versuch, um jeden Preis Erfolge zu erringen? Die Konsequenzen wären schlimm gewesen. Eine Kollision hätte Seeamtsverhandlungen oder gerichtliche Untersuchungen bedeutet und auf jeden Fall die sofortige Ablösung des Kommandanten.

Er sah zu, wie Dalziel mit dem Glas zu dem an Steuerbord vorübergleitenden Changi Point hinüberblickte, der wie ein ausgestreckter Finger aussah. Die weißen Häuser auf der Landzunge schimmerten im langsam dunkler werdenden Hitzedunst. Dalziel wirkte ruhig und entspannt, als er jedoch das Glas absetzte, sah man die Aufregung in seinen Augen.

Fröhlich sagte er: »Ich habe das Gefühl, daß dies eine sehr nützliche Erfahrung wird, Number One.«

Er konnte nicht erklären, was er damit meinte, denn in diesem Augenblick rief Irvine: »Zeit zur Kursänderung, Sir!«

Dalziel nickte und ging ans Sprachrohr. »Steuerbord zehn.« Dann nach einem Augenblick: »Mittschiffs.« Er sah auf den Tochterkompaß. »Recht so. Eins-eins-null* steuern!«

---

* 110 Grad

Eine schäbige Dschunke glitt an Backbord vorüber und stampfte lebhaft in den Bugwellen der Fregatte, während die Möwen, die ihr bis jetzt gefolgt waren, langsam weiter zurückblieben, als warteten sie auf eine neue Futterquelle.

»Lassen Sie die Freiwache wegtreten.« Dalziel warf einen Blick hinauf zum Wimpel, der jetzt in den letzten Strahlen der untergehenden Sonne golden leuchtete. »Und sagen Sie Wishart, er hat es gut gemacht. Ließ seine Leute auf der Back im richtigen Augenblick zurückspringen.«

Am Rand der Gräting blieb er noch einmal stehen. »Es geht doch nichts über eine kleine Herausforderung, die den Blutkreislauf beschleunigt, stimmt's?«

Als Dalziel in seiner Seekabine hinter dem Steuerhaus verschwunden war, fragte Irvine langsam: »Haben Sie so was schon mal erlebt?«

Standish sah an ihm vorbei, beobachtete den von einem Feuer auf den Hügeln aufsteigenden Rauch.

»Es ist *Ihre* Wache, oder?« Dann ging er in die Brückennock und wischte sich das Gesicht. »Sehen Sie lieber zu, daß Sie Ihren Teil dazu beitragen, und zwar loyal!«

Gelassen musterte ihn Irvine. »Aye, aye, Sir!«

Als die volle Dunkelheit hereinbrach, dampfte die *Terrapin* mit zehn Knoten die Singapurstraße in nordöstlicher Richtung hinauf; ihre Positionslampen brannten wie zwei leuchtende Augen, und ihr schlanker Rumpf hob und senkte sich gleichmäßig in der langsam zunehmenden Dünung des Südchinesischen Meeres.

In den Kammern und Messen bot Dalziels spektakuläres Auslaufmanöver allerhand Gesprächsstoff, und das Ereignis wurde mit jeder Wiederholung dramatischer.

Die *Terrapin* aber schien erst einmal abzuwarten, wie sich die Dinge entwickeln würden.

3 Gefechtsübung

Standish kletterte zur oberen Brücke hinauf und tippte leicht gegen seinen Mützenschirm, als Irvine salutierte und sagte: »Guten Morgen, Number One. Es wird wieder ein heißer Tag.«

»Sieht so aus.« Standish warf einen Blick auf den vibrierenden Kartentisch mit den Navigationsinstrumenten und versuchte, sich auf das Bevorstehende zu konzentrieren.

Es war fünf Minuten vor acht; wie Irvine richtig bemerkt hatte, sah alles nach einem sehr heißen Tag aus, nicht nur der Temperatur wegen. Standish war schon seit mehreren Stunden auf, hatte vor dem Frühstück einen Rundgang durch die Decks gemacht, hatte den Leuten beim Reinschiff zugesehen und sich davon überzeugt, daß die Seeroutine klappte. Er hatte nicht mehr schlafen können, und diese Tätigkeit hatte ihm geholfen, seine Verzweiflung zu überwinden.

Irvine, der darauf wartete, die Wache zu übergeben, meldete: »Noch immer zehn Knoten, Sir. Kurs drei-vier-acht.«

Und ein Bootsmaat: »Rote Seewache aufgezogen, Sir. Gefreiter MacNair am Ruder.«

»Gut.« Standish stieg auf die Gräting und sagte zu Irvine: »Sie sollten sich mit dem Frühstück beeilen, N.O. Vermutlich geht es bald los.«

Irvine zog eine Grimasse. »Der erste Tag auf See. Was hat der Alte da im Sinn?«

Standish hob die Schultern und spürte dabei die Hitze wie eine feuchte Umarmung. »Keine Ahnung.«

Irvine grunzte und polterte die Leiter zur Brücke hinunter.

Es war ganz neu, daß die gesamte Wache schon vor der Ablösezeit aufgezogen war, dachte Standish. Über dem Schiff schien eine seltsame Spannung zu liegen. Er hatte es schon während des kurzen Frühstücks gespürt, als die Offiziere entgegen ihrer sonstigen Gewohnheit schweigend gegessen hatten. Zweifellos war jeder mit Gedanken an seinen Abschnitt beschäftigt. Standish mußte sich eingestehen, daß Dalziels Methode keineswegs schlecht war. Er selbst hatte es damals bei der Übernahme seines U-Boots ähnlich gemacht. Auch er hatte erst einmal seine Leute gedrillt, bis sie ihre Verantwortungen kannten und erfüllen konnten.

Der Lautsprecher krächzte, und die Stimme des Bootsmannsmaaten der Wache ertönte in den Decks.

»Pfeifen und Lunten aus! Beide Wachen in fünf Minuten klar zum Rollenexerzieren.« Standish hörte einen leichten Schritt hinter sich, und als er sich umwandte, sah er, daß Dalziel aus dem kleinen Kartenraum getreten war.

Standish salutierte. »Guten Morgen, Sir.«

Dalziel nickte ihm freundlich zu. Er sah frisch und munter aus, sein Gesicht glänzte, als habe er soeben kalt geduscht.

»Belege den letzten Befehl, Number One. Lassen Sie die unteren Decks räumen und die Leute auf dem Achterdeck antreten. Ich möchte zu ihnen sprechen.«

Fragend sah der Brückenmaat Standish an, und als dieser nickte, griff er zum Mikrophon.

»Die unteren Decks räumen! Alle Mann nach achtern!«

Es entstand eine Pause, und dann fluteten die Seeleute, auch die der Freiwache, auf beiden Seitendecks nach achtern.

Dalziel blickte zu ihnen hinunter. »Zwei oder drei seltsame Gestalten sind dabei. Ich dachte schon, wir hätten einige Wrens[*] an Bord.« Auf seiner Stirn zeigten sich Zornesfalten. »Ich kann lange Haare nicht leiden, sie sehen immer struppig und ungepflegt aus.«

---

[*] Wrens = WRNS = Women's Royal Naval Service, etwa der früheren deutschen Marinehelferin entsprechend

Unbewegt antwortete Standish: »Ich werde dem Bootsmann Bescheid sagen, Sir.«

»Gut.« Dalziel fingerte an seinen Hemdknöpfen herum. »Und sagen Sie doch bitte Irvine, er soll neue Karten bestellen. Die ich mir gerade angesehen habe, weisen mehr Tee- und Kaffeeflecken auf als Informationen.«

Corbin erschien am oberen Ende der Leiter und salutierte. »Die unteren Decks sind geräumt, Sir.«

Corbin war ein wahrer Riese, ein Produkt der Marine, wie man es kaum noch zu sehen bekam. Geboren und aufgewachsen in einem der Slums von London, war er bereits im Alter von fünfzehn Jahren von seiner Mutter, die ihre Verehrer fast so oft wechselte wie ihre Kleider, gedrängt worden, in die Marine einzutreten. Das harte Leben hatte in Corbin alle Erinnerungen an früher ausgelöscht. Er verkörperte die Marine, hatte es aber irgendwie geschafft, seine Menschlichkeit zu bewahren, was einige Dummköpfe unter seinen Seeleuten bisweilen als Schwäche auslegten.

Dalziel lächelte. »Danke, Bootsmann.« Für Standish fügte er hinzu: »Es dauert nur ein paar Minuten; dann können wir mit dem Rollenexerzieren beginnen.«

Die See vor dem Bug sah aus wie glitzernde blaue Seide. Darüber spannte sich der etwas blassere Himmel, ein sicheres Zeichen bevorstehender Hitze. Nirgends war auch nur eine Spur von Land oder ein anderes Schiff zu sehen. Die Karte und auch das gleichmäßig rotierende Radar zeigten jedoch, daß die *Terrapin* mit fünfundzwanzig Meilen Abstand an der Küste der Malaiischen Halbinsel entlangfuhr. Es schien sogar, als wäre an Backbord ein Streifen Land zu sehen, aber Standish wußte aus Erfahrung, daß es sich um einen Dunststreifen handelte.

»Schalten Sie den Lautsprecher ein, Springs«, sagte er.

Der Brückenmaat drückte auf einen Schalter, und im selben Augenblick war Dalziels Stimme so klar zu hören, daß die Signalgasten und Ausgucksleute beunruhigt aufblickten.

Dalziel sagte: »Ich hatte bisher noch nicht die Zeit, zu Ihnen allen zu sprechen, sondern nur zu einigen unter Ihnen. Das genügt für den ersten Eindruck, und allmählich werde ich mehr über Sie erfahren. Jetzt möchte ich Sie darüber informieren, was ich von meiner Besatzung erwarte und verlange.«

Vor Standishs Augen tauchten plötzlich die Rindfleischdosen auf, die Dalziel am ersten Abend so eifrig beschrieben hatte. Er hätte gern gewußt, wie sich einige der zuhörenden Seeleute wohl in dieser Rolle fühlen.

»Aus gutem Grund habe ich Sie nach achtern rufen lassen.« Nach einer kleinen Pause erklang wieder Dalziels Stimme, etwas undeutlich, da er den Kopf vom Mikrophon abwandte. »Dort drüben, gut zwanzig Meilen an Steuerbord, liegt der letzte Ruheplatz zweier großer Schiffe. Es ist beinahe dreißig Jahre her, daß die *Repulse* und die *Prince of Wales* auf den Grund des Meeres sanken und mehrere hundert brave Seeleute mitnahmen.« Seine Stimme wurde wieder deutlicher. »In weniger als einer Stunde gingen diese beiden großen Schiffe und mit ihnen das militärische Gleichgewicht in diesen Gewässern verloren.«

Standish beobachtete den neben ihm stehenden jungen Signalgast. Er mochte etwa neunzehn Jahre alt sein und hatte ein rundes, offenes Gesicht, in dem weder Erinnerung noch ernste Gedanken Spuren hinterlassen hatten. Aber als Dalziel jetzt sprach, starrte er wie gebannt zu der bezeichneten Stelle hinüber, als erwarte er, dort irgendein Merkmal der Katastrophe zu entdecken.

»Aber kein großer Kampf war vorausgegangen«, fuhr Dalziel fort. »Diese Schiffe wurden nicht bei einem entscheidenden Einsatz versenkt, sie wurden weggeworfen von Männern, die in einem zu langen Frieden geistig träge geworden waren, erstarrt in einem System, das ihnen vorgaukelte, alles sei in Ordnung und würde sich eines Tages von selbst regeln. Sie glaubten, daß es auf nichts anderes ankäme als auf finanziellen Profit, auf rasche Beförderung und persönlichen Luxus.«

Standish ging hinüber in die Backbordbrückennock und wartete gespannt auf Dalziels Schlußfolgerung.

»Es fehlte lediglich ein bißchen gesunder Menschenverstand. Darum verloren wir zwei große Schiffe und damit zugleich die Seeherrschaft in Ostasien.« Die Stimme wurde wieder undeutlich. »Auf der anderen Seite liegt die Malaiische Halbinsel. Als die meisten von Ihnen noch nicht geboren oder allenfalls Kinder waren, spielte sich dort drüben das Ende der Tragödie ab. Unsere Männer kämpften und starben, manch einer verfluchte noch im Tod sein Land, seine Flagge. Denn in diesem Augenblick erkannten sie die Wahrheit: daß sie verraten worden waren, verraten von Narren, denen sie vertraut hatten!«

Irvine kam aus dem Kartenhaus, ein paar Brotkrumen auf dem Hemd. »Haben Sie das gehört?«

Standish hob ruheheischend die Hand. »Er spricht noch, hören Sie zu.«

»Heute gibt es kaum noch große Kriegsschiffe als Symbol für die Macht ihrer Länder. Unsere Welt ist in zwei Teile gespalten, und wir kämpfen darum, uns das zu erhalten, was uns lieb und teuer ist. Aber wir haben Feinde – nicht nur hinter dem Eisernen Vorhang –, Feinde in den eigenen Reihen, Männer von der Art jener, die den Verlust dieser beiden stolzen Schiffe verschuldeten.«

Dalziel machte eine Pause. »Meine Forderungen sind einfach«, fuhr er fort. »Loyalität, Gehorsam und ständige Wachsamkeit. Man hat das Schiff und seine Besatzung verkommen lassen. Aber dieser Zustand hat letzten Sonntag aufgehört zu existieren!«

Man hörte Gemurmel und dann Corbins mächtige Stimme: »Stillgestanden!«

»Decklautsprecher abschalten.« Standish blickte auf seine Hände nieder. Er hatte beinahe erwartet, sie zittern zu sehen.

Irvine murmelte: »Möchte wissen, was unsere Gammler an Bord jetzt denken. Die meisten hatten doch erwartet, heimgeflogen zu werden.« Er fuhr sich mit den Fingern durch das sonnengebleichte Haar. »Aber jetzt werden sie einen Kommunisten unter jeder Koje sehen.«

»Das wäre nicht das Schlimmste.«

Beide wandten sich um und sahen Dalziel am Kopf der Leiter auftauchen.

Irvine sagte: »Tut mir leid, Sir, ich versuche nur, es von ihrem Standpunkt aus zu sehen.«

»Bemühen Sie sich nicht, N.O. Sehen Sie's von *meinem* Standpunkt aus.« Dalziels Brust hob und senkte sich, als sei er gerannt. »So, Number One, jetzt wollen wir anfangen. Sagen Sie Wishart, er soll mit seinen Leuten das Geschütz abziehen und klarmachen. Das Schießen findet nachmittags statt. Morgens üben wir das Fieren und Heißen der Boote, Feuerbekämpfung und Leckkontrolle.« Er machte eine Pause und sah Irvine an. »Wenn Sie schon mit dem halben Frühstück auf dem Hemd dastehen, dann setzen Sie wenigstens die Mütze auf.«

Er wandte sich wieder an Standish. »Lassen Sie Pigott und Hornby rufen, und sagen Sie Caley, er soll mit seiner T.A.S.*-Gruppe exerzieren.« Er rieb sich die Hände. »Nun, Number One?«

Zu seiner eigenen Verwunderung lächelte Standish. »Prima, Sir.«

Ein paar Minuten später herrschte überall geschäftiges Treiben. Unteroffiziere, Seeleute, Mechaniker und selbst die Stewards mühten sich mit ungewohnten Tätigkeiten ab, während Dalziel von der Brücke mit offensichtlicher Genugtuung dem Durcheinander an Deck zusah. Er sorgt dafür, daß alle wissen, er beobachtet sie, dachte Standish.

Hornby und Pigott kamen gleichzeitig auf der Brücke an.

Dalziel nickte ihnen zu. »Ach, Pigott, ich möchte, daß Sie

---

* Torpedo and Anti-Submarine = Torpedo- und U-Boot-Abwehr

Ihrem Versorgungstrupp etwas zu tun geben: Lassen Sie so schnell wie möglich alle leeren Lattenkisten an Deck bringen. Je mehr, desto besser.«

Mißtrauisch musterte Pigott den Kommandanten. »Dafür mußte ich quittieren, Sir.« Als Dalziel nicht anwortete, fügte er entschlossener hinzu: »Ich bin verantwortlich für meine leeren Lattenkisten.«

»*Mir* sind Sie verantwortlich, Pigott.« Fröhlich sah Dalziel ihn an. »Wenn Sie alle Lattenkisten an Oberdeck aufgeschichtet haben, sagen Sie dem L.I. mit einem schönen Gruß von mir, daß ich ein paar leere Ölfässer brauche.«

Pigott öffnete den Mund, klappte ihn aber wieder zu, als Dalziel fortfuhr: »Ich weiß, er ist verantwortlich für seine Fässer. Sehen Sie trotzdem zu, daß sie in dreißig Minuten an Deck stehen, klar?«

Bevor Pigott die Leiter erreicht hatte, rief Dalziel ihm nach: »Wenn Sie damit fertig sind, kommen Sie wieder auf die Brücke und übernehmen vom I.O. die Wache.«

Pigott wandte sich um und starrte ihn an. »Aber ich bin kein Wachoffizier, Sir. Ich bin noch niemals Wache gegangen.«

»Stellen Sie sich vor, alle Wachoffiziere seien gefallen oder gestorben an dem fürchterlichen Fraß, den Sie so eifersüchtig hüten: was dann?« Dalziel grinste. »Was würden Sie tun? Auf Ihrem Hintern sitzen und um ein verdammtes Wunder beten?« Er klatschte in die Hände. »Also los, Pigott, lebhaft!«

Als der Versorgungsoffizier eiligst die Leiter hinunterkletterte, sagte Standish ruhig: »Er meint es nur gut, Sir.«

»Genau. Das tat Eichmann auch, glaube ich.«

Nun wandte sich Dalziel dem unglückseligen Hornby zu, der ihn wie ein hypnotisiertes Kaninchen anstarrte.

»Schnappen Sie sich zwanzig Mann, und bauen Sie aus den Kisten und Dieselfässern ein Floß!«

Hätte er einen Becher Blut verlangt, hätte Hornby nicht bestürzter reagieren können.

»Ein Floß, Sir?«

Dalziel bedachte Standish mit einem Grinsen. »Warum müssen alle hier an Bord jedes verdammte Wort wiederholen, das ich sage?« Dann brüllte er Hornby an: »Ja, verdammt noch mal, ein *Floß*!«

»Jawohl, Sir.« Hornby leckte sich die trocken gewordenen Lippen. »Ich will es versuchen, Sir.«

Freundlich sagte Dalziel: »Natürlich, daran habe ich nie gezweifelt. Jedenfalls wird das Ihrem quabbeligen Speck guttun!« Er zog eine Stoppuhr aus der Tasche und fügte wie zu sich selbst hinzu: »Ich kann dicke Offiziere nicht ausstehen. Fettleibigkeit und Behäbigkeit gehen Hand in Hand.«

Dann steckte er die Uhr wieder ein. »Löschtrupp Nummer drei fummelt bereits seit fünf Minuten herum, aber immer noch ist kein einziger verdammter Schlauch in Sicht.« Er wandte sich an den Brückenmaat. »Gehen Sie runter, und sagen Sie dem Führer des Löschtrupps, ich lege Feuer unter seinem Hintern, wenn er sich nicht schneller bewegt.«

Er rieb sich die Hände. »Na, was sagen Sie, Number One? Die Dinge kommen in Bewegung.« Damit schnappte er sich den roten Hörer des Maschinenraumtelefons, noch bevor dessen Schnarren verstummte.

»Hier spricht der Kommandant. Richtig, Chief, die Fässer.« Mit dem Hörer am Ohr blinzelte er Standish zu. »Aha, verstehe. Genau. Im Prinzip stimme ich Ihnen zu, Chief, aber ich brauche diese Fässer.« Dann, nach einer Pause: »Und außerdem gibt das Platz für ein paar volle Reservefässer, die ich Ihnen besorge, sobald wir wieder im Hafen sind. Klar?«

Leise legte er auf. »Das sollte genügen.« Dann entdeckte er Hornby. »Noch immer hier?« Und als der E-Ingenieur zur Leiter rannte: »Viel Körper und wenig Verstand.«

Dreißig Minuten später kam Pigott zurück und meldete, die gewünschten Gegenstände seien an Deck aufgebaut.

»Großartig!« Dalziel deutete auf das Kartenhaus. »Kurs drei-vier-acht. Übernehmen Sie, während Number One und ich nach unten gehen, um uns den jungen Wishart anzusehen.«

Standish folgte Dalziel zur Leiter. Als er sich noch einmal umblickte, sah er Pigott mit dem Ausdruck äußerster Verzweiflung auf die Karte starren.

Unten beim Zwillingsgeschütz entdeckten sie Wishart mitten zwischen der Bedienungsmannschaft, das Hemd mit Waffenfett beschmiert, das Gesicht gefurcht vor Konzentration.

Unteroffizier Motts, der Feuerwerker und Stückmeister, sah Dalziel kommen und salutierte.

»So gut wie neu, Sir. Noch ein oder zwei Stunden, und wir haben sie so blank wie Orgelpfeifen.«

Dalziel nickte. »Das habe ich gern: Begeisterung. Das lasse ich mir gefallen.« Dann sah er Wishart an. »Heute nachmittag bringen wir Hornbys Floß zu Wasser, als Übungsziel für Sie.«

Wishart warf Standish einen Seitenblick zu. »Aye, aye, Sir.«

»Vielleicht finden wir noch Zeit für die vier Bofors, Number One.« Dalziel sah auf die Uhr. »Aber die können auch warten.«

Standish folgte Dalziel zur Backbordseite und mußte tüchtig ausschreiten, um mit ihm Schritt zu halten. Er musterte die Gesichter der eifrig arbeitenden Seeleute und erwartete, darin Groll oder sogar Verachtung zu sehen.

Aber zu seiner Verwunderung konnte er nichts dergleichen entdecken. Es war erstaunlich, was sie leisteten, wenn man sie auf Trab brachte. Falls Dalziel es schaffte, daß diese Begeisterung anhielt, konnte es ein Erfolg für ihn werden.

Unter dem in den Davits hängenden Kutter blieb Dalziel stehen und sah ihn an. Nach einem Augenblick des Zögerns fragte er: »Ihre Frau ist mit einem anderen durchgebrannt, stimmt's?«

Es war später Abend, als die *Terrapin* die Zehn-Faden-Linie passierte und die beiden Vorberge ansteuerte, die die Einfahrt nach Kuala Papan bewachten. Die Sonne war schon fast hinter den in tiefem Schatten liegenden Hügeln verschwunden, so daß der dichte Dschungel landeinwärts wie mit Kupfer überzogen wirkte.

Als die Fregatte sich endlich ins ruhige Wasser unter den turmhoch aufragenden Vorbergen tastete, war es nahezu vollkommen dunkel; als schließlich der Anker fiel und einen Wirbel phosphoreszierenden Meeresleuchtens aufwühlte, fragte sich Standish, was wohl geschehen wäre, wenn Dalziel die Einfahrt etwas später erreicht hätte.

Denn jetzt, als das Schiff ruhig vor Anker schwojte, wurde offenbar, daß weder Bojen noch Leuchtbaken oder sonstige Seezeichen die Fahrrinne markierten und auch kein Lotse zur Verfügung stand. Aber vielleicht hatten hier Fremde kein Anrecht auf Schutz oder Hilfe, dachte Standish vage. Es war ein trostloser Ort, eingeengt von steilen Urwaldhügeln und außer einem winzigen Fischerdorf ohne menschliches Leben. Kuala Papans Bekanntheit schien auf seiner Steinpier zu beruhen und auf einer Straße, die landeinwärts zu mehreren Plantagen und einer Erzmine führte. Pier wie Straße waren von den Japanern gebaut worden; als Standish an der Heckreling seine Pfeife rauchte, konnte er sich leicht das Grauen, die Not und die Verzweiflung vorstellen, die ihren Bau begleitet hatten. In sternklaren Nächten wie dieser mußten Tausende von ausgehungerten und mißhandelten Kriegsgefangenen hier im Freien gelegen haben, den Moskitos und zahllosen anderen Insekten ausgeliefert, zu erschöpft, um sich in der kurzen Ruhepause zu erholen, zu verängstigt, um an die Zukunft oder ein Überleben zu denken.

Auf der gegenüberliegenden Seite der Bucht sah er die mächtige *Sibuyan* liegen, das amerikanische Flaggschiff, auf dem Dalziel jetzt eine Besprechung mit dem amerikanischen Admiral hatte. Ihr Oberdeck und zwei Kräne wurden von starken Bogenlampen erhellt, und ein kleines Wachboot umkreiste sie in gleichmäßigen Intervallen. Die *Sibuyan* war ein Schiff von etwa zehntausend Tonnen, eines dieser seltsamen Mehrzweckfahrzeuge, die von den Amerikanern immer häufiger benutzt wurden, um den unerklärten Krieg unter Kontrolle zu halten. Als Flaggschiff der amphibischen Streitkräfte war die *Sibuyan* sowohl mit Artillerie wie mit Hubschraubern ausgerüstet und besaß alle zur Führung und Versorgung einer Flotte notwendigen Hilfsmittel. Außerdem war sie das Hauptquartier des kommandierenden Admirals.

Standish klopfte seine Pfeife aus und sah zu, wie die glühende Asche im Wasser erlosch. Auf der *Terrapin* war jetzt alles wieder ruhig. Vom vorderen Mannschaftsdeck hörte er leise Popmusik, und aus dem offenen Skylight der Unteroffiziersmesse drangen Gelächter und Gläserklirren.

Als die Besatzung nach dem anstrengenden Exerzieren müde und mit hängender Zunge weggetreten war, hatte Standish erwartet, daß sich Dalziel seine Enttäuschung anmerken ließ. Die Manöver waren zum größten Teil katastrophal verlaufen. Aber Dalziel hatte sich auf seinem Brückensitz niedergelassen und in einem kleinen Heft emsig Notizen gemacht, wobei er nur hin und wieder eine Pause einlegte, um auf das Vorschiff hinunterzublicken oder ein paarmal auf und ab zu gehen, als müsse er etwas überdenken.

Wishart hatte besser abgeschnitten, als er selbst zu hoffen gewagt hatte. Ohne einen über oder neben dem Ziel stehenden Aufschlagbeobachter waren den Geschützführern immerhin zwei Aufschläge in weniger als fünfzig Fuß Entfernung von Hornbys Floß gelungen; aber dann klemmte das rechte Geschütz, und das Schießen mußte abgebrochen werden. Ohne sich dadurch beirren zu lassen, hatte Dalziel eine Rettungsboje über die Backbordreling geworfen und gerufen: »Boje über Bord!«

Die Wirkung war verblüffend. Pigott hatte äußerste

Kraft voraus und Ruder hart Backbord befohlen, und als das Schiff wie wild andrehte und infolgedessen stark überholte, fielen und rutschten die unvorbereiteten Seeleute hilflos durcheinander. Im Kesselraum stürzte ein Mechaniker von einer Leiter, in Kombüse und Pantry gingen mindestens fünfzig Porzellanteller und -tassen zu Bruch.

Dalziel war auf die Brücke geklettert, wo Pigott gerade in Panik geriet. Denn natürlich hatte er vergessen, von der auf und nieder hüpfenden Rettungsboje eine Peilung zu nehmen, bevor er andrehte. Als er Dalziel kommen sah, rannte er zum Sprachrohr und schrie hinein: »Mittschiffs! Hart Steuerbord!«

Auf diese Gegenruderlage reagierte die *Terrapin* genauso heftig; ihr weißes Kielwasser hinterließ eine Zickzacklinie auf dem blauen Wasser, während aus den unteren Decks weiteres Poltern und Fluchen erscholl und noch mehr Leute unvorbereitet überrascht wurden und hinstürzten.

Standish hatte gesehen, wie das Floß nach vorn auswanderte und vor dem Bug erschien; aber als er den Mund aufmachte, um Pigott zu warnen, hatte Dalziel einen Finger auf die Lippen gelegt und ihn verschwörerisch angegrinst.

Die Fregatte rammte das Floß vierkant und in voller Fahrt, zersplitterte die Lattenkisten, warf sie hoch in die Luft und befreite die Dieselfässer, die jetzt auf jeder Seite vorbeischaukelten, von begeisterten Bravorufen der Geschützbedienungen begleitet.

»Bitte fahren Sie weiter, Number One.« Dalziel hatte rasch ein paar Bemerkungen in sein Notizbuch gekritzelt, bevor er Pigott zurief: »Schlimm.« Grinsend wiederholte er: »*Ganz schlimm!*«

Geknickt und bleich war der Versorgungsoffizier von der Brücke gegangen, begleitet von Dalziels Worten: »Daran werden Sie sich das nächste Mal erinnern. Denken Sie, bevor Sie handeln! Ich kann Leute, die in Panik geraten, nicht leiden.«

Als das Schiff endlich wieder auf Kurs lag und der Küste zudrehte, bemerkte Dalziel wie nebenbei: »Im ganzen nicht schlecht. Natürlich brauchen sie noch eine Menge Schliff, aber das Material ist gut. Ein paar jüngere Unteroffiziere und Gefreiter müßten eigentlich degradiert werden, auch über einige meiner Offiziere bin ich nicht allzu glücklich.« Vielsagend hatte er die Schultern gehoben. »Man kann einem Mann seine Arbeit beibringen, aber nicht Führungsqualität, wenn er sie nicht von vornherein besitzt. Leute wie Sie dagegen könnten das Derby auch auf einem Grubenpony gewinnen.«

Standish hatte im Lauf des Tages mehrmals gehört, wie Dalziel die Seeleute anfuhr. Aber das war am erstaunlichsten: Sie schluckten seine Beschimpfungen und Beleidigungen und schienen sie sogar zu mögen. Wahrscheinlich waren seine plötzlichen Ausbrüche für die Seeleute annehmbarer als die kalte Formalität, die sie normalerweise von einem Kommandanten erwartet hätten.

Dalziel schien für alle Gelegenheiten die ausgesprochen richtige Art, das richtige Wort zu finden. Wie im Augenblick unter dem Kutter, als er nach Standishs Frau gefragt hatte. Noch vor einiger Zeit hätte Standish ziemlich grob darauf geantwortet, doch jetzt empfand er zu seiner eigenen Überraschung keinerlei Ärger über Dalziels kühle Frage.

Stets hatte er die bittere Erinnerung verdrängt, sie mit Phrasen übergangen wie »unverträglich« oder »eine Heirat, die von vornherein zum Scheitern verurteilt war«. Aber wie er es auch drehen und wenden mochte, Dalziel hatte recht: Alison war »mit einem anderen durchgebrannt«.

Immer hatte es im Hinblick auf Alison so viele Unsicherheiten gegeben. Sie hatten sich kennengelernt, als er das U-Boot *Electra* übernahm, auf das ihr Bruder als Sonar*-Offizier versetzt worden war. Alison war eine auffal-

---

* akustisches U-Boot-Ortungsgerät

lende Schönheit, jedoch völlig unberechenbar. Standish war selbst erstaunt gewesen, als sie einwilligte, ihn zu heiraten.

Wann Alisons Gefühle sich geändert hatten, konnte er nicht sagen, zu vage war die Erinnerung an sie. Nur der Anfang war scharf umrissen: die strahlenden Gesichter, die glänzenden Uniformen und das Spalier der Säbel vor der Garnisonskirche, die Scherzworte, die tolle Fahrt zum Flugplatz und der überwältigende Ausbruch ihrer ersten Leidenschaft. Und natürlich stand auch das Ende ihm noch klar vor Augen.

Die gepackten Koffer vor dem Haus, das offensichtliche Interesse des Taxifahrers, mit dem er Standishs Bitten beobachtet hatte, danach das letzte Hinterherblicken, als sie abfuhr und für immer aus seinem Leben verschwand.

Lange hatte er sich törichterweise eingebildet, die Trennung sei nur vorübergehend, und hatte ihren Vater aufgesucht, einen wohlhabenden, in einem Villenviertel Londons wohnenden Architekten. Er war alles andere als mitfühlend gewesen.

»Ich wollte nie, daß sie einen Marineoffizier heiratet«, sagte er. »Schlimm genug, daß mein Sohn in Uniform herumläuft, er hätte in meinem Betrieb arbeiten sollen. Dann aber erwies sich Alison als genauso dämlich.« Kühl musterte er Standish. »Den jungen Roger hole ich aus der verdammten Marine wieder heraus, und wenn ich den Minister persönlich bestechen muß!«

Es war jedoch zu spät dafür. Der junge Roger kam kurz danach vor Portland Bill mit seinen Leuten im verschlossenen Torpedoraum von Standishs U-Boot um.

Die Ehe hatte, genau wie sein Kommando über die *Electra*, gerade neun Monate gedauert. Keine große Leistung, sagte sich Standish bitter.

Er hörte Schritte auf dem Stahldeck, das Gesicht eines Bootsmaaten tauchte aus der Dunkelheit auf.

»Signal vom Yankee, Sir: Kommandant kommt zurück.«

»Danke, Roper. Melden Sie es dem wachhabenden Offizier.«

Langsam schritt Standish zum erleuchteten Fallreep, wo der Quartermeister schweigend ins schwarze Wasser hinunterblickte. Wie viele Kommandanten waren wohl schon hier an der Messingplatte mit dem Namen des Schiffes vorbeigestiegen? Hoffentlich ließ man Dalziel etwas mehr Zeit, um sein Schiff in Schwung zu bringen.

Wishart erschien im Licht, rückte seine Mütze zurecht und blinzelte zu dem vor Anker liegenden Amerikaner hinüber.

Im Dunkeln hörte man einen Motor heranbrummen, und der Quartermeister schrie durch die trichterförmig gehaltenen Hände: »Boot ahoi?«

Prompt kam die Antwort: »*Terrapin!*«

Es war das große Motorboot der *Sibuyan* mit Dalziel. Seine Augen blitzten, als er Wishart und den Fallreepsgästen kurz zunickte, bevor er sagte: »Kommen Sie in meine Kajüte, Number One.« Noch im Gehen stieß er hervor. »Warum ist der Fallreepsposten nicht bewaffnet?« Dann rief er der gesamten Fallreepswache zu: »In Zukunft möchte ich einen bewaffneten Posten am Fallreep sehen.« Und zu Wishart: »Der Offizier vom Tagesdienst trägt ebenfalls eine Seitenwaffe. Schnallen Sie sich sofort die Pistole um, und schreiben Sie es auch für Ihre Nachfolger ins Logbuch.«

In der Tageskajüte des Kommandanten roch es stark nach frischer Farbe. Dalziel warf seine Aktentasche auf einen Stuhl und sagte wie geistesabwesend: »Morgen können Sie meinen Schlafraum anstreichen lassen. Wenigstens sieht es jetzt besser aus, nicht wahr?« Aber in seinem Ton schwang wenig Begeisterung mit.

Er öffnete den Wandschrank, holte eine Karaffe und zwei geschliffene Gläser heraus und sagte: »Ich muß erst mal einen Schluck trinken. Auf den amerikanischen Schiffen herrscht zwar herzliche Gastfreundschaft, aber ihre übertriebene Abstinenz läßt einen geradezu austrocknen.«

Standish nahm das angebotene Glas und versuchte, in Dalziels undurchdringlichem Gesicht zu lesen. »War der Admiral an Bord?«

Dalziel nickte. »Konteradmiral John P. Curtis, ja, ein verdammt feiner Kerl, soweit ich feststellen konnte.« Erneut griff er zum Glas. »Er hat das Oberkommando – mit Einwilligung der malaysischen Regierung, natürlich – über alle Küstenpatrouillen, bis diese Übergriffe aufhören oder ihre Richtung ändern.« Schief lächelte er. »Verständlicherweise wünschen die Amerikaner kein zweites Vietnam, sie möchten, daß auch der Rest des Klubs, also wir, ein bißchen Arbeit übernehmen.« Er knallte das Glas auf den Tisch. »An Bord war auch einer von unseren Leuten, ein gewisser Kapitän zur See Philip Jerram, kürzlich zum Oberkommandierenden der malaysischen Ostküstenpatrouillen ernannt. In seiner Obhut – Gott helfe ihnen – befinden sich zwanzig Patrouillenboote und umgebaute Minensucher, die über zweihundert Meilen Küste zu überwachen haben. Eine Küste voller Buchten, Flußmündungen und kleiner Inseln, deren Namen vermutlich auf keiner Karte vermerkt sind.«

Nachdenklich musterte ihn Standish. Nach Dalziels Tonfall zu urteilen, war der Besuch auf dem Flaggschiff kein Erfolg gewesen.

Dalziel sprang unvermittelt auf und griff nochmals nach der Karaffe. »Zum Teufel. Es gibt wirklich keine Gerechtigkeit in dieser Welt!« Er füllte die Gläser von neuem, wobei etwas Whisky danebenging. »Jerram und ich sind alte Bekannte. O ja, wir sind wie Wasser und Feuer, und so wird es zwischen uns auch bleiben!«

»Wurden unsere nächsten Unternehmungen erwähnt, Sir?«

Dalziel runzelte die Stirn. »Entlang der Küste patrouillieren überall diese halbausgebildeten, schnatternden Malaien. Im Süden und Osten haben wir die schweren Einheiten der Siebten Flotte, für den Notfall.« Vielsagend starrte er Standish an. »Und für die Außenpatrouille von hier bis zur thailändischen Küste haben wir die *Terrapin*!« Er blickte hinunter auf den mit Papieren bedeckten Schreibtisch. »Das Ganze ist verdammt unfair, und das habe ich ihm auch gesagt!«

Standish konnte sich vorstellen, wie Dalziel ins Hauptquartier des amerikanischen Admirals geplatzt war, voller Ideen und Pläne, und wie ihm dieser Enthusiasmus aus den Händen geschlagen wurde, vermutlich von Kapitän Jerram.

Ruhig fragte er: »Was hat denn der Admiral dazu gesagt?«

Dalziel sah auf und verzog das Gesicht. »Er sagte, ich solle kein Porzellan zerschlagen! Das trifft haargenau meine augenblicklichen Gefühle.«

»Also läuft es darauf hinaus, daß wir wieder einen dieser öden Vorpostenaufträge bekommen, Sir.« Standish stellte sein Glas ab und blickte sich nach Wasser um. »Genau wie in der Vergangenheit. Das tut mir außerordentlich leid. Ich kann mir auch vorstellen, was Sie empfinden.«

Dalziel starrte ihn an. »Empfinden? Wie könnten Sie ahnen, was das für mich bedeutet?« Er ging zweimal hin und her. »Ich dulde nicht, daß sie mein Schiff auf Vorposten abschieben, nur um mich ruhig zu halten. Nicht noch einmal!« Mit offensichtlicher Anstrengung nahm er sich zusammen. »Das schlimme an Jerram ist, daß er wie viele in der heutigen Marine keinerlei Vorstellungskraft, keine Ideen, keinen Schwung besitzt! Der Dienst scheint ihnen allen den Charakter auszutreiben. Es bleiben nur Computer übrig und die bleichen Weichlinge in Whitehall!« Er machte eine Pause und starrte Standish an. »Aber *mich* werden sie nicht schikanieren, darauf können Sie sich verlassen.«

»Ja, Sir«, sagte Standish, der noch nie erlebt hatte, daß sich jemand in so kurzer Zeit in solche Wut hineinsteigern konnte. Oder war sie schon immer dagewesen, hinter der Maske der grinsenden, unerschütterlichen Selbstsicherheit?

Bitter sagte Dalziel: »Überall das gleiche: Seid nett zu den Roten und schaut weg, wenn sie Böses tun. Alles kommt schon in Ordnung, Hauptsache, sie lassen uns in Ruhe. Verdammt noch mal, die kommunistische Welt ist ehrlich genug: Sie hat uns klar zu verstehen gegeben, was sie will, und dennoch scheinen wir auf ein Wunder zu warten. Glauben Sie mir, Standish, wenn man Freunde gewinnen und Leute beeindrucken will, darf man nicht pflaumenweich sein.«

Er ließ sich wieder in seinen Sessel sinken und seufzte. »Aber noch sind wir nicht geschlagen. Bei weitem nicht.«

Standish sah, daß der Whiskyspiegel in der Karaffe um weitere zwei Zoll sank. »Haben Sie unseren Auslaufbefehl bekommen, Sir?« fragte er.

»Nein. Die *Sibuyan* geht morgen bei Hellwerden ankerauf, dann kommt Jerram zu uns an Bord, um mein Schiff zu besichtigen.« Er konnte die Verachtung in seiner Stimme nicht verbergen.

Standish stand auf und spürte den Boden unter seinen Füßen schwanken. »Ich sollte jetzt besser schlafen gehen, Sir. Es war ein langer und harter Tag.«

»In der Tat.« Dalziel sah ihn ausdruckslos an. »Aber wenn ich erst mit diesem Schiff fertig bin, wird sich jedermann die Augen reiben.«

Standish entdeckte ein gerahmtes Foto an der frischgestrichenen Wand. Es zeigte einen Zerstörer in voller Fahrt, die Geschütze himmelwärts gerichtet; die Unterschrift lautete: »HMS *Harrier. Mittelmeer 1968.*« Das Foto und der Name *Harrier* schienen ihn festzuhalten, eine vergessene Erinnerung in ihm zu wecken, die er noch nicht unterbringen konnte.

Dalziel sagte: »Mein letztes Schiff. Aber ich nehme an, Sie wissen das?«

Standish sah ihn an. Dalziels Stimme war so scharf wie vorhin, als er über Kapitän Jerram gesprochen hatte.

»Tut mir leid, Sir, ich habe ziemlich lange im Lazarett gelegen.«

Dalziel lächelte dünn. »Ich liebte die *Harrier* sehr. Leider wurde sie vom Flugzeugträger *Implacable* während eines Manövers im Mittelmeer gerammt und in zwei Teile zerschnitten. Fünfundsechzig Mann kamen dabei ums Leben.« Er sprach jetzt etwas undeutlicher. »Natürlich war es nicht mein Fehler, aber trotz allem fehlt sie mir sehr. Die *Harrier* war ein gutes und sehr schönes Schiff, es war eine Freude, ihr Kommandant zu sein.«

Standish nahm seine Mütze. Jetzt erinnerte er sich wieder: Im östlichen Mittelmeer waren kombinierte Flottenmanöver abgehalten worden, hauptsächlich, um die Russen zu beeindrucken. Dabei wurde ein Zerstörer vom Flugzeugträger gerammt, als beide Schiffe drehten, um ihre Nachtpositionen einzunehmen. Recht und Unrecht dabei waren ihm ebenso unklar wie die Erinnerung an jenen Morgen vor Portland.

Aber eins stand fest: Dalziel war ein unerwünschter Offizier, genau wie er selbst. Auch Dalziel füllte diesen Platz nur aus, bis er abgewrackt werden sollte wie das alte Schiff.

Er hörte Dalziel noch sagen: »Für morgen setzen wir weitere Manöver an. Ich bin nicht ganz zufrieden mit Caleys TAS-Abschnitt.«

Standish schloß die Tür und stolperte die paar Schritte in seine eigene Kammer, wo er sich angezogen auf die Koje warf.

Nebenan hörte er ein gelegentliches Klicken, gefolgt von einem metallischen Rasseln. Das war Hornby bei seinen nächtlichen Übungen. Er schlug auf dem Teppich Golfbälle in eine zwei Meter entfernte Zinnschüssel. Ein heftiges Vibrieren, begleitet von mißtönenden Geräuschen, verriet Standish, daß im Offiziersbaderaum jemand versuchte, die Dusche anzustellen. Das klang jedesmal so, als donnere ein beladener Güterzug über eine schlecht geölte Weiche. Standish vergrub das Gesicht im Kissen und schloß die Augen. Defekt wie wir alle, dachte er verzweifelt.

4 Das Prisenkommando

Als die Leute der *Terrapin* am nächsten Morgen aus ihren Kojen oder Hängematten stiegen, stellten sie fest, daß das amerikanische Schiff bereits ankerauf gegangen war. Beim Deckwaschen dann sahen sie die *Sibuyan* langsam im Dunst verschwinden.

Als er sich rasierte, hatte Standish die Ankerkette der *Sibuyan* durch die Klüse poltern gehört und sich gefragt, welche Auswirkungen der Besuch Kapitän Jerrams haben würde.

Aber die ersten Sonnenstrahlen fanden die Bucht nicht ganz leer vor: Neben ein paar winzigen Fischerbooten lagen auch zwei hellgraue Patrouillenboote der malaysischen Marine. Vermutlich war Jerram auf einem von ihnen, dachte Standish, und wartete den günstigen Augenblick für seinen Besuch auf der *Terrapin* ab.

Frühstück und Flaggenparade verstrichen ohne besondere Ereignisse, doch als die Besatzung zum Dienstbeginn unter den Sonnensegeln angetreten war, legte ein kleines flaches Motorboot von einem Patrouillenboot ab und strebte zur Fregatte.

Dalziel mußte es wohl von seiner Kajüte aus bemerkt haben, denn nach wenigen Sekunden tauchte er am Fallreep auf, das Gesicht eine ausdruckslose Maske.

Als Kapitän zur See Philip Jerram das Fallreep heraufstieg und salutierte, erwies er sich als klein und vierschrötig, mit einer Neigung zur Beleibtheit unter seiner gutgeschnittenen weißen Uniform; das gebräunte Gesicht, von unzähligen kleinen Falten bedeckt, glich eher dem eines nüchternen Geschäftsmannes. Seine Stimme war überraschend volltönend und gewichtig. Auf Standish wirkte er fast wie ein hoher kirchlicher Würdenträger.

Jerram machte zunächst einen kurzen Inspektionsrundgang auf dem Oberdeck, beobachtete das Einteilen der Leute für die Arbeit des Vormittages und sagte: »Mir scheint, daß hier noch eine Menge getan werden muß. Sie könnten von meinen Malaien lernen. Vielleicht haben sie nicht viel Erziehung genossen, aber sie wissen, daß nur ein sauberes Schiff leistungsfähig sein kann. Und nur ein leistungsfähiges Schiff ist ein glückliches Schiff.«

Standish warf Dalziel einen Blick zu, aber dessen Gesicht war wie Stein. Er erwiderte jedoch verhältnismäßig ruhig: »Noch genügend Zeit dafür, Sir.«

Jerram hob skeptisch die Schultern. »Hoffen wir, daß es nicht zu spät ist.«

Die beiden verschwanden in Dalziels Kajüte, und Irvine sagte spöttisch: »Zwischen denen herrscht nicht allzuviel Liebe, scheint mir.«

Langsam schleppte sich der Vormittag hin, die Sonne brannte erbarmungslos auf den windstillen Ankerplatz herunter und steigerte die Temperatur zur Backofenhitze.

»Rumausgabe an Oberdeck« wurde gepfiffen, und sofort verbreitete sich Alkoholdunst an Deck, als Pigott und seine Gehilfen anfingen, die täglichen Rationen auszugeben. Standish wurde beinahe übel von dem Gedanken, bei dieser Hitze Rum trinken zu müssen.

Caley erschien, sah Irvine und sagte unfreundlich: »Der Kommandant will Sie sprechen, er ist in seiner Kajüte. Ich soll Sie ablösen.« Grimmig wartete er, bis Irvine die ungewohnte Pistole abgeschnallt und ihm übergeben hatte. »Und er möchte die Karten sehen, die Sie gestern vorbereitet haben.«

»Aha, mir geht ein Licht auf«, antwortete Irvine. »Er will mit mir über das neue Patrouillengebiet sprechen.«

Standish trat hinter einem Bofors-Geschütz hervor, und Caley rief: »Sie sollen auch kommen, Number One!«

Irvine schürzte verächtlich die Lippen. »Wirklich, Caley, Sie müssen endlich die korrekte Marinesprache lernen. Hat Ihnen der Kommandant nicht aufgetragen, Number One seine Empfehlung auszurichten?«

Caley wurde dunkelrot. »Äh ja, das hat er tatsächlich.« Er sah die Pistole an und murmelte: »Tut mir leid, ich bin ein bißchen durcheinander.«

Während Standish zur Kommandantenkajüte ging, sagte er ruhig zu Irvine: »Müssen Sie denn immer so verdammt sarkastisch sein, N.O.? Caley hat ohnehin Schwierigkeiten, sich unter den Offizieren einzuleben. Vielleicht besäße auch er mehr Selbstsicherheit, wenn er in den Genuß Ihrer Herkunft und Erziehung gekommen wäre.«

Irvine schien ihn nicht gehört zu haben. »Caley erzählte mir einmal, daß er und seine Frau gelegentlich gern nach London fahren, zu *besonderen Anlässen*.« Kichernd fuhr er fort: »Die kann ich mir vorstellen: Lyons Corner und ein Besuch im Kriegsmuseum.«

Der Platz des Quartermeisters am Fallreep war im Augenblick unbesetzt, so daß Standish etwas lauter sprechen konnte. »Sagen Sie, was macht Sie eigentlich so verdammt arrogant?«

Ruhig musterte ihn Irvine. »Das weiß ich nicht, Number One. Ich weiß nur, daß ich's bin.«

»Für die Zukunft merken Sie sich bitte eins: Wenn ich Sie noch mal so zu Caley sprechen höre wie eben, verlange ich von Ihnen, daß Sie sich entschuldigen. Und Sie *werden* sich entschuldigen, mein Junge!«

Verblüfft starrte Irvine ihn an. »Ich hoffe, Sie sind nicht beleidigt, Number One.«

Inzwischen waren sie an der Treppe angekommen, und Standish sagte: »Holen Sie jetzt diese Karten.«

Freundlich lächelnd erwiderte Irvine: »Sofort.« Und als Standish die Treppe hinunterstieg, fügte er halblaut hinzu: »Mein Junge.«

Mit gefalteten Armen saß Jerram am Tisch, eine Stummelpfeife zwischen den Zähnen. Dalziel stand am offenen Bullauge, hatte seinem Vorgesetzten den Rücken zugekehrt und beide Hände tief in die Hosentaschen gebohrt. »Setzen Sie sich, Number One. Sie sollen wissen, worum es geht.« Das klang gereizt.

Standish setzte sich und wartete, während Jerram die Pfeife in einem Messinggefäß sorgfältig ausklopfte. Während er sie mit methodischer Langsamkeit aus einer alten, abgegriffenen Dose nachfüllte, sagte er: »Sie haben ein großes Patrouillengebiet. Zweihundert Meilen von Norden nach Süden und etwa dreißig Meilen von der Küste entfernt.« Er drückte den Tabak fest, dann bückte er sich, sammelte drei kleine Tabakfasern auf und tat sie sorgfältig in die Dose zurück. »Ich halte nichts von Vergeudung.« Damit hielt er ein Streichholz über die Pfeife und saugte sekundenlang, wobei er Standish durch den aufsteigenden Rauch beobachtete. »Deshalb beabsichtige ich auch nicht, dieses Schiff zu vergeuden. Sie werden in erster Linie auf jedes unerkannte Fahrzeug achten, das sich der Küste Malaysias ohne Erlaubnis zu nähern versucht. Ihre *Terrapin* wird derartige Fahrzeuge beschatten und über Funk mit meinen Patrouillenbooten Kontakt aufnehmen. Meine Leute können dann die notwendige Untersuchung vornehmen und, falls nötig, solch unerwünschte Besuche verhindern. Das ist in groben Zügen alles.«

Danach herrschte Stille, lediglich unterbrochen vom Gurgeln des Wassers und dem saugenden Geräusch aus Jerrams Pfeife.

Standish fragte: »Werden wir Unterstützung bekommen, Sir? Ein anderes Schiff vielleicht?«

Der Pfeifenqualm wurde dichter. »Nein.« Paff-paff, machte die Pfeife. »Kann keins entbehren.« Paff-paff. »Ich erwarte auch keinerlei dramatischen Ereignisse, wenn Sie das beruhigt.«

Dalziel fuhr herum, sein Blick war beinahe verzweifelt. »Ich habe die Aufklärungsberichte gelesen, Sir. Es ist offensichtlich, daß die Kommunisten mit aller Macht versuchen, in Malaysia und Thailand Fuß zu fassen.«

»Offensichtlich für *Sie* vielleicht.« Jerrams Stimme war kalt und kompromißlos. »Aber besser informierte Stellen sagen etwas anderes. Malaysia ist nicht Vietnam, und Thailand ist es schon gar nicht. Keines von beiden wird ein zweites Vietnam werden.«

Dalziel atmete heftig. »Und warum nicht? Weil *Sie* das sagen?«

Ruhig musterte ihn Jerram. »Das will ich überhört haben.« Gereizt blickte er auf, als Irvine klopfte und eintrat. Dann entspannte er sich sichtlich und sagte: »Legen Sie die Karten hier auf den Tisch, wo ich sie sehen kann.«

Dalziel trat rasch hinzu und blockierte Irvines Weg.

»Ich bin noch nicht zufrieden. Meiner Ansicht nach grenzt es an Wahnsinn, dieses Schiff nach draußen auf die hohe See zu schicken, weit entfernt von möglichen Landungsplätzen und Treffpunkten.« Jetzt schrie er beinahe: »Sie brauchen nur einen Blick auf die Karte zu werfen oder die täglichen Zeitungsberichte zu lesen, um zu wissen, was sich hier ereignet!«

»Nichts ereignet sich hier«, erwiderte Jerram. An Irvine gewandt, fügte er hinzu: »Würden Sie freundlicherweise tun, was ich sage.«

Irvine begann, die Karten auszubreiten. »Ich war bereits im Begriff, Sir.«

»Bleiben Sie stehen, wo Sie sind, bis ich fertig bin!« Dalziel drehte sich so plötzlich um, daß er eine Karte hinunterfegte. »Ich möchte eine förmliche Beschwerde einreichen! Ich dulde nicht, daß dieses Schiff ohne ausführliche Erklärung auf eine nutzlose Unternehmung geschickt wird.«

Standish merkte, daß er aufgesprungen war; er spürte die Spannung, den Schmerz und die Enttäuschung in Dalziels Stimme. Er sah Irvine interessiert von einem zum anderen blicken und konnte sich vorstellen, welchen

Schaden Dalziels Ausbruch anrichten würde, wenn er nicht sofort gestoppt wurde.

Rasch sagte er: »Vielleicht haben die Amerikaner ein eigenes Schema, Sir. Unsere Rolle darin ist möglicherweise nicht berücksichtigt.«

Jerram schwieg einen Augenblick, dann erwiderte er: »Konteradmiral Curtis will sich nicht in unsere Angelegenheiten mischen, Number One. Ganz im Gegenteil.«

Mit zornig blitzenden Augen beugte sich Dalziel über den Tisch. »Ich wußte, daß es so kommen würde! Irgend jemand hat etwas gegen dieses Schiff und besonders gegen mich!«

Inzwischen hatte Irvine wie beiläufig seine Karten über die anderen Papiere gebreitet.

Standish nickte ihm kurz zu und sagte: »Wenn Oberleutnant Irvine jetzt zu entbehren ist, Sir, kann er die anderen Offiziere in der Messe zusammenrufen. Ich bin sicher, daß sie Ihnen gern Gastfreundschaft erweisen möchten, bevor Sie wieder von Bord gehen.«

Nachdenklich musterte ihn Jerram, bevor er erwiderte: »Das ist eine gute Idee.« Irvine verschwand, und Jerram fügte hinzu: »Ich vergaß, Sie hatten ja bereits ein eigenes Kommando, Number One. Ihr Takt ist lobenswert.« Er stand auf und dehnte die auffällig kurzen Arme. »Also werde ich mich jetzt zur Messe begeben, wenn ich darf. Ich habe nicht lange Zeit.« Der Reihe nach blickte er sie an. »Sehen Sie diese Einsatzbefehle durch, und unterschreiben Sie. Die Kopien nehme ich mit, wenn ich von Bord gehe.« Er stieg über das Süll und schloß leise die Tür hinter sich.

Dalziel stieß sich vom Tisch ab und sagte tonlos: »Ich habe wohl eben etwas sehr Törichtes getan.«

»Ich werde Irvine einschärfen, den Mund zu halten, Sir.«

»Der Teufel soll ihn holen! Aber Jerram macht mir Sorgen.« Er lächelte traurig. »Danke für das, was Sie soeben getan haben. In manchen Dingen sind Sie sonderbar, aber dies werde ich Ihnen nicht vergessen.«

Beide lasen sie jetzt die hervorragend formulierten Einsatzbefehle durch. Sie waren kurz und knapp und trafen den Nagel auf den Kopf, ließen keinen Platz für Ausweichmanöver oder Mißverständnisse.

Beiläufig bemerkte Dalziel: »Mir platzt mitunter der Kragen, müssen Sie wissen. Als ich im Lazarett lag, hatte ich viel Zeit zum Nachdenken ...«

»Ich wußte nicht, daß auch Sie im Hospital waren, Sir.«

Stirnrunzelnd wandte Dalziel sich ab. »Oh, ich dachte, das hätte ich erwähnt.« Er rieb sich das Kinn. »Ist natürlich alles längst Vergangenheit. Aber das letzte Jahr war wirklich schlecht. Für mich wenigstens.«

Standish sah ihn an. Hatte Dalziel möglicherweise im Zimmer nebenan, vielleicht sogar im Nachbarbett gelegen, als er selbst dort wegen seiner Hautverpflanzungen und Alpträume lag?

»War es das Haslar-Hospital, Sir?«

Dalziel unterzeichnete die Papiere, seine Unterschrift war groß und schrägliegend. »Nein.« Energisch schüttelte er den Kopf. »Nein, es war Duncan House.«

Davon hatte Standish noch nie gehört.

»Am besten, Sie vergessen das alles, Number One.« Dalziel rieb sich wieder einmal die Hände. »Wir wollen auslaufen, und dann zur Hölle mit Jerram. Haben Sie gesehen, wie er die Tabakkrümel aufsammelte? Er war schon immer ein Pedant.« Dalziel schien rasch sein Gleichgewicht wiederzufinden.

»Lassen Sie ihn das besser nicht hören«, lächelte Standish.

Dalziel sah sich in der Kajüte um, dann fiel sein Blick auf die Fotografie des Zerstörers. »Aber *dieses* Schiff wird er mir nicht wegnehmen, was er auch anstellt!«

Dann nahm er seine Mütze vom Garderobenhaken und sagte leichthin: »Kommen Sie. Wir haben ihnen genug Zeit gelassen, hinter unserem Rücken zu tratschen.«

Vier Stunden später verließ die *Terrapin*, gewaltig qualmend, den Ankerplatz und wandte den verbeulten Bug nach Norden.

Eine Woche nach dem Auslaufen aus Kuala Papan dampfte die *Terrapin* mit acht Knoten durch ihr Patrouillengebiet. Ihr schmaler Rumpf hob und senkte sich in der hohen, aber trägen Dünung. Am Vormittag hatte sie kehrtgemacht und steuerte nun Südost. Die nahezu senkrecht stehende Sonne brannte erbarmungslos, auch das schmale Sonnensegel konnte nicht verhindern, daß die Wachgänger die Köpfe hängen ließen, während sie mit schwimmenden Augen in das grelle Licht blinzelten, hinaus auf eine See, die leer und endlos schien.

Mit gespreizten Beinen stand Standish auf der zundertrockenen Gräting und versuchte, die unbequemen Schiffsbewegungen auszubalancieren. Er vermied es, die Stahlplatten oder die Instrumente zu berühren, da sie sich anfühlten, als seien sie soeben aus Ofenglut gezogen worden.

Dalziel saß vornübergebeugt auf dem Brückensitz der Backbordseite, die Mütze tief über den Augen, das Glas lose um den Nacken. Er mochte schlafen oder vor sich hinbrüten, Standish wußte das nicht, hielt es aber für besser, ihn im Augenblick seinen Gedanken zu überlassen. Der Tag war wie die vorangegangenen heiß und drückend gewesen; nichts kam in Sicht, um die quälende Eintönigkeit der unendlichen, glitzernden See zu unterbrechen.

Während der ersten Tage hatten sie wenigstens noch ein paar Schiffe gesichtet. Jedesmal war Dalziel auf Höchstfahrt gegangen und hatte den Kurs entsprechend geändert, um diese Fahrzeuge abzufangen. Aber stets hatte Burch, der Signalmeister, sie in der Liste der fahrberechtigten Schiffe gefunden und gemeldet, daß alles in Ordnung sei. Daneben ging der Ausbildungsdrill weiter, und jeden Tag hatte Dalziel neue Ideen, mit denen er seine Offiziere und Mannschaften bis an den Rand der Verzweiflung und Erschöpfung trieb.

Lediglich bei einem Ereignis hatte Standish geglaubt, es wäre um die äußerliche Ruhe Dalziels geschehen. Am vierten Tag hatten sie einen russischen Frachtdampfer gesichtet, der einen Kurs zum Nordende des Golfs von Siam steuerte, möglicherweise nach Bangkok. Die *Terrapin* vibrierte, als Dalziel sie plötzlich auf Höchstfahrt trieb. Aufgeregt rief er: »Da haben wir es! Die verdammten Russen unterhalten wahrscheinlich im ganzen Golf Versorgungsgebiete und Waffenlager für ihre Guerillas.«

Aber Burch hatte nur müde den Kopf geschüttelt, wie schon oft in diesen Tagen. »Das ist die *Umba*, Sir. Es liegt nichts gegen sie vor.«

Dalziel blieb unbeirrt. »Alberne Papierfetzen! Was zum Teufel wissen die Leute in zehntausend Meilen Entfernung über die Bewegungen dieses Schiffes?«

Die *Terrapin* näherte sich bis auf zwei Kabellängen* und drehte auf Parallelkurs zu dem Frachter, an dessen Heck jetzt eine zerfetzte rote Flagge gesetzt wurde.

»Geben Sie Signal zum Beidrehen!« Dalziel wartete ungeduldig. »Wir werden bald mehr wissen.« Einige Köpfe erschienen auf der hohen Brücke des Frachters, und eine Zeitlang passierte nichts. Dann endlich stammelte eine Morselampe eine langsame Antwort, kaum lesbar in der grellen Sonne.

»Nun?« rief Dalziel.

Burch war wie die meisten seiner Zunft ein sorgsamer Mann. Jetzt aber sah er keine Möglichkeit, den Wortlaut des Morsespruches etwas diplomatischer zu formulieren.

Ziemlich unglücklich antwortete er: »Er sagt, wir sollen uns zum Teufel scheren!« Dann schluckte er heftig und fügte hinzu: »Sir.«

Standish beobachtete, wie der bewußte Muskel in Dal-

---

* eine Kabellänge = 0,1 Seemeilen, ca. 185 m

ziels Gesicht arbeitete und er die Fäuste ballte. Dann aber ließ sich der Kommandant in seinen Sitz fallen und sagte beinahe fröhlich: »Geben Sie zurück, daß heute der Geburtstag des Zaren ist und ...« Aber der Humor schien ihn zu verlassen. »Belege das!« Dann zu Standish: »Ändern Sie Kurs, und gehen Sie zurück auf drei-null-fünf. Wir überlassen ihn den Großmäulern, klar? Ich möchte keinen Zwischenfall verursachen.«

Irvine, der sich gerade über den Tochterkompaß beugte, sagte leise: »Und so fand wieder eine tapfere Episode in den Annalen der Seekriegsgeschichte ihren triumphalen Abschluß.«

Zwei Seeleute in der Nähe hatten ihn gehört und blinzelten einander grinsend an. Standish, der ebenfalls alles gesehen und gehört hatte, sagte nichts.

Jetzt, während er auf der oberen Brücke Wache ging, fragte er sich, warum Dalziel so leichtfertig erwartet hatte, daß die Russen in eine Durchsuchung einwilligen würden, auch wenn sie harmlose Fracht hatten.

Die Geschichte machte natürlich im ganzen Schiff die Runde, wobei sie weiter aufgebauscht wurde. Die Stimmung schlug allmählich um; wenn die Leute jetzt zur Ausbildung herausgepfiffen wurden, war es schon beinahe üblich, daß einer rief: »Ich glaube, Sir, unten ist ein Russe im Zwischendeck!« Und einmal fand Wishart am Schutzschild des Geschützes die gekritzelten Worte: »*Dalziel go home!*«

Das war natürlich dumm und abgedroschen, aber unter den erschwerten Bedingungen ihrer langweiligen Patrouillenfahrt auch gefährlich.

An diesem Tag würden sie bestimmt kein weiteres Schiff aufspüren, denn das Radargerät war – wie so oft – wegen dringender Reparaturarbeiten abgeschaltet.

Hinter seinem Rücken hörte Standish das Klappern von Teetassen und das plötzliche Scharren von Füßen, als die Wachgänger sich aus ihrer Erstarrung lösten; Sekunden

später trillerte die Bootsmannsmaatenpfeife über Deckslautsprecher: »Alle Decks aufklaren. Ausscheiden mit
Dienst!«

Standish blickte auf seine Uhr, erstaunt darüber, wie
lange sich der Nachmittag hinzog. Dann wandte er sich
um, als eine Stimme über ihm ertönte.

»Brücke!«

Er trat in die Brückennock und fühlte sofort, wie die
Sonne seinen Nacken verbrannte, als er den Schutz des
kleinen Sonnensegels verließ. Hoch oben arbeiteten zwei
Mechaniker nicht gerade eifrig an der Radarantenne, ihre
nackten Oberkörper glänzten in der Sonne. Beim Pfiff
»Aufklaren« waren sie im Begriff gewesen, nach unten zu
klettern, aber einer von ihnen hatte den Blick nochmals
über den Horizont schweifen lassen. Jetzt hielt er sich mit
der einen Hand an der Stahlleiter fest, während sein anderer Arm ausgestreckt auf einen Punkt am Horizont zeigte.
Als er Standish sah, schrie er: »Dort ist ein Schiff, Sir!
Backbord voraus. Ich kann's noch nicht genauer ausmachen.«

Standish hob sein Glas und blinzelte, um die Augen vom
Schweiß zu befreien, aber trotz sorgfältigen Suchens
konnte er noch nichts entdecken, lediglich eine niedrige
Nebelbank über dem glitzernden Wasser.

Er spürte Dalziel neben sich und biß sich auf die Lippen.
Noch eine Sekunde, und sie hätten das andere Schiff übersehen. »Was meinen Sie dazu, Sir?«

Dalziel sah ebenfalls gespannt durch sein Glas, die
Mundwinkel nach unten gezogen.

»Ein Glück, daß dieser Bursche die Augen offenhielt. Da
oben kann er über diesen verdammten Dunst wegsehen.«
Er setzte das Glas ab, trat zum Kompaß und schrie ins
Steuerhaus: »Backbord zwanzig!« Erstaunt wiederholte
der Rudergänger: »Backbord zwanzig, Sir.«

Dalziel hielt den Blick auf den Kompaß gerichtet, dann
rief er: »Mittschiffs!« Dabei lächelte er vor sich hin, als

käme ihm eine Erinnerung in den Sinn.« »Recht so. Null-eins-null steuern.«

Er richtete sich auf und sah Standish an. »Wir wollen ihn zumindest mal sehen, nicht?« Als erriete er Standishs Gedanken, fügte er hinzu: »Diesmal werden wir es ein wenig ruhiger angehen. Wir machen eine Alarmübung, klar?«

»Aye, aye, Sir«, antwortete Standish erleichtert.

Dalziel kletterte wieder auf seinen Sitz. »Ich soll kein Porzellan zerschlagen, hat er gesagt.« Sein Tonfall war beinahe fröhlich. »Schicken Sie noch einen zweiten Mann nach oben, der dem Mechaniker helfen soll. Dieser Dunststreifen scheint mit jedem Augenblick dichter zu werden.«

»Schiff, Sir!« Der Ausguckposten Brücke, der durch das festmontierte Doppelglas in der Backbordbrückennock blickte, fuhr fort: »In Rot vier-fünf*!«

Dalziel sprang auf die Grätings und riß sein Glas an die Augen, als das andere Schiff aus dem milchigen Nebel auftauchte. Noch immer war seine düstere Form verzerrt, aber als Standish über das Brückenkleid starrte, erkannte er es als eine Dschunke, größer als die meisten an dieser Küste.

Enttäuscht sagte er: »Vielleicht haben wir das nächste Mal mehr Glück.«

Dalziel jedoch setzte sein Glas nicht ab. »Sie muß im Begriff gewesen sein, unser Kielwasser zu kreuzen, als der Mechaniker sie ausmachte.« Seine Stimme klang wieder aufgeregt. »Was halten Sie davon?«

»Sie steuert Nord-West, soviel ich feststellen kann, Sir. Aber ihr Zielhafen könnte an der thailändisch-malaysischen Grenze sein.«

Burch erschien auf dem Signaldeck, einen Emaillebecher in der Hand, und blinzelte zu der jetzt im grellen Sonnenlicht liegenden Dschunke hinüber.

Dalziel sagte: »Sie hat keine Segel gesetzt, also muß sie

---

* Rot = Backbord (Grün = Steuerbord); 45 = Gradangabe für Peilung einen starken Motor haben, wenn sie so hohe Fahrt laufen kann. Nord-West, sagen Sie?« Er ließ das Glas sinken. »Genau wie erwartet.« Dann wandte er sich um und entdeckte Burch. »Was zum Teufel tun Sie da, Signalmeister?«

Rasch antwortete Standish an seiner Stelle: »Es ist gerade ›Ausscheiden mit Dienst‹ und ›Aufklaren‹ gepfiffen worden, Sir.«

Verständnislos starrte Dalziel ihn an. »Was war das?« Dann schob er Standish beiseite, beugte sich vor und starrte hinunter an Deck, wo Seeleute im Schatten der Aufbauten beisammenstanden, Tee tranken, rauchten und gelegentlich hinübersahen zu der großen Dschunke, die sich gerade anschickte, in der nächsten Nebelbank zu verschwinden.

Wütend fauchte Dalziel: »Wir dürfen keine Zeit mehr verlieren, verdammt!« Rasch drückte er auf den roten Knopf unter dem Brückenkleid, und als die Alarmglocken durch das Schiff schrillten, knurrte er verächtlich: »Ausscheiden mit Dienst, von wegen!«

Die Teebecher flogen scheppernd in alle Richtungen, als die Männer auf Gefechtsstationen rannten. Einige starrten im Vorbeilaufen zur Brücke hoch, als hofften sie, das es sich um einen Irrtum handele.

»Backbord fünfzehn.« Dalziel hob das Glas. »Mittschiffs.«

Jetzt waren verzerrt klingende Meldungen aus den Sprachrohren und Telefonen zu hören. Irvine kam eiligst die Brückenleiter heraufgeklettert und fragte: »Was ist denn los, um Himmels willen?« Niemand antwortete; mit einem Fluch zwängte er sich hinter den Kartentisch und sah Dalziel an, als dieser schnauzte: »Drei-eins-fünf steuern!«

»Kurs drei-eins-fünf, Sir.« Diesmal war es Corbins Stimme, die aus dem Messingsprachrohr antwortete. »Beide Maschinen gehen langsame Fahrt voraus, Gefechtsrudergänger steht am Rad, Sir.«

An Deck waren die Erschütterungen zu spüren, als die Schotten und Luken geschlossen wurden. Standish bemitleidete die Menschen, die sich in den unteren Decks hinter geschlossenen Türen, Bullaugen und Blenden drängten. Und sie wußten nicht einmal, was los war.

Er nahm die letzten Meldungen entgegen und sagte zum Kommandanten: »Schotten sind dicht, alle Gefechtsstationen besetzt, Sir.«

Dalziel knurrte: »Wird auch Zeit. Hat viel zu lange gedauert.«

Irvine flüsterte aufgeregt: »Was ist denn los, Number One? Sagen Sie's mir doch endlich.«

»Die Dschunke dort.«

Vorsichtig stieg Irvine auf die Gräting, spähte hinüber und sagte dann trocken: »Aha, verstehe. Die Dschunke dort.«

Burch rief heiser: »Sie hat kein Registrierungszeichen, Sir.«

»Sehen Sie?« Dalziel wandte sich um und musterte alle der Reihe nach. »Das könnte einer von diesen Halunken sein.«

Irvine wartete, bis ihnen der Kommandant den Rücken zuwandte, und flüsterte dann: »Welche Halunken?«

Standish starrte ihn böse an. »Vergessen Sie's. Auf jeden Fall tut es unseren Leuten gut, ein bißchen in Bewegung gehalten zu werden.«

»Geben Sie ihnen das Signal zum Beidrehen!« Mit raschen Schritten ging Dalziel von einer Brückennock zur anderen. »Lassen Sie die Besatzung des Motorbootes klarpfeifen und stellen Sie ein bewaffnetes Enterkommando zusammen.« Sein Blick fiel auf Irvine. »Sie übernehmen das Kommando. Ich möchte, daß diese Dschunke von oben bis unten durchsucht wird, klar?«

Irvine salutierte. »Klar.« Die Pfeifen schrillten über das Deck, die Leute rannten zu den Bootsdavits, und als Irvine zur Brückenleiter lief, rief Dalziel ihm nach: »Und bewaffnen Sie sich auch selbst!«

Die Dschunke lag jetzt eine halbe Meile an Steuerbord

voraus auf leicht konvergierendem Kurs. Sie zeigte keine Flagge, aber auf ihrem hohen Achterdeck sah Standish mehrere der Fregatte zugewandte Köpfe. Weitere Gestalten standen auf dem Hauptdeck neben unförmigen Lattenkisten.

Das Signal zum Beidrehen wehte jetzt von der Signalrah der *Terrapin*, während Burch eifrig mit der Lampe morste.

»Keine Antwort, Sir!«

»Und auch kein Beidrehen!« Dalziel rieb sich wieder einmal die Hände. »Nun, wir werden sehen. Ist das Boot fertig und klar zum Aussetzen?« fragte er Standish.

»Ich sehe nach, Sir.«

Wütend sagte Dalziel: »Wenn Sie die Güte haben würden? Ich bin kein Gedankenleser.«

Das Motorboot war bereits bis auf Deckshöhe gefiert worden, sein kleines Cockpit war vollgestopft mit Bewaffneten, während der Bootssteurer und der Bootsgast im Bug sich verzweifelt bemühten, die Taljen zu klarieren. Irvine stand lässig im Heck, das gebräunte Gesicht zu einem breiten Grinsen verzogen.

»Boot klar zum Schlippen, Sir!« Standish biß sich auf die Lippen. Dies war keine Übung, Dalziel wurde mit jeder Phase erregter. Warum zum Teufel antwortete die Dschunke nicht oder zeigte wenigstens Flagge? Dalziel würde abermals der Lächerlichkeit preisgegeben werden, wenn sich das Ganze wieder als falscher Alarm erwies.

»Beide Maschinen stopp!« Dalziel trat hinaus in die Brückennock. »Schlipp das Boot!«

Die Bedienungsmannschaften an den Davits hatten inzwischen das Boot bis dicht über dem Wasserspiegel gefiert, und als es jetzt geschlippt wurde, fiel es aufklatschend in die Bugwelle. Fluchend stürzten die Seeleute durcheinander und hielten ihre Maschinenpistolen fest, als das Boot, nur noch von der Vorleine gehalten, heftig rollte.

»Langsame Fahrt voraus.« Dalziel blickte bereits wieder zur Dschunke hinüber, während das Boot von der Bordwand abscherte, sein Motor laut hustend zum Leben erwachte, der Bootssteurer mit fröhlichem Winken die Vorleine loswarf und auf die Dschunke zudrehte.

Langsam sagte Dalziel: »Diese Kisten enthalten möglicherweise interessante Dinge, meinen Sie nicht?«

Standish antwortete nicht. Er beobachtete noch immer das Motorboot, das jetzt gestoppt hatte. Ein Wölkchen Öldunst hing über ihm.

Burch blickte durch sein starkes Glas, als der Bootssteurer die Arme schwenkte und einen Winkspruch abgab.

Burch saugte an seinen Zähnen. »Motorpanne, Sir.«

Ungläubig starrte Dalziel ihn an. »*Was?*« Er sprach nicht weiter, weil einer der Ausguckposten heiser rief: »Die Dschunke erhöht Fahrt, Sir.«

Der Kommandant rannte zur Brückennock, sein Glas schlug unbeachtet gegen das Metall.

»Sie entkommt!« Er packte das Brückenkleid, bis seine Knöchel weiß wurden. »Verdammt, sie entkommt!«

Dann schien er sich mit großer Anstrengung wieder zu fangen und rief wie beiläufig ins Sprachrohr: »Steuerbord zehn.« Er beobachtete das Andrehen und trommelte nervös auf dem Tochterkompaß herum. »Mittschiffs. Recht so!«

Die Dschunke lag jetzt wieder direkt voraus.

Verhältnismäßig ruhig sagte Dalziel: »Wishart soll seine Geschützbedienung bewaffnen und sich klarhalten zum Entern. Ich gebe ihm fünf Minuten.«

Standish hörte, wie der Befehl übermittelt wurde, und konnte sich Wisharts Schrecken vorstellen. Vom Zuschauer war er plötzlich zum Hauptdarsteller in diesem kleinen Drama geworden.

Weitere Köpfe wurden jetzt auf dem geschwungenen, hohen Heck der Dschunke sichtbar, ein paar Gestalten kletterten aus einer offenen Luke unter dem Fockmast. Die *Terrapin* war nur eine kleine Fregatte, aber aus nächster Nähe vom Deck der Dschunke aus gesehen mußte sie den Leuten wie ein großer Kreuzer erscheinen.

Weit achteraus sah man das Motorboot in der Dünung dümpeln, ein schwarzer Fleck im klaren Blau. Der Verantwortliche für das Versagen des Motors würde von Dalziel einiges zu hören bekommen.

Schneidend rief Dalziel: »Geben Sie ihm noch einmal Befehl zum Beidrehen.« Wartend trommelte er mit den Fingern im Rhythmus der Morselampe und sagte dann: »Nun, so sei es!«

Wishart stand unter der Brücke, die Pistole umgeschnallt, und blickte zu Dalziel auf, der jetzt rief: »Klar zum Entern!«

Aber in diesem letzten Augenblick, als der Steven der Fregatte sich langsam dem Achterdeck der Dschunke näherte, stellte deren Kapitän die Maschine ab. Die Wirkung war katastrophal. Sobald sie keine Fahrt mehr machte, schwang die Dschunke wie betrunken nach Steuerbord herum, das hohe Heck tauchte plötzlich vor dem Bug der *Terrapin* auf, eine reich mit Schnitzereien verzierte Holzwand.

»Beide Maschinen äußerste Kraft zurück!« Dalziel packte das Brückenkleid, während das scheppernde Klingeln der Maschinentelegrafen im Ruderhaus unter seinen Füßen ertönte. »Dieser Narr! Dieser hirnverbrannte Idiot!«

Heftig bebte die Brücke, als Quarrie seine Maschinen auf äußerste Kraft zurück umsteuerte. Der plötzliche Wechsel der Antriebskraft ließ das ganze Schiff erzittern, als poltere es eine Stromschnelle hinab.

Doch als es dann zum Zusammenstoß kam, war dieser auf *Terrapin* kaum zu spüren: eine leichte Erschütterung, die gleich wieder erstarb. Aber der Lärm war entsetzlich. Der stählerne Bug bohrte sich wie eine Axt in das schwingende Heck der Dschunke, und der auf seinen Einsatz wartende Entertrupp geriet unter den Hagel aus zersplittertem Holz, zerfetzte Takelage und einem großen Stück Reling, das über die Geschütze geschleudert wurde.

»Beide Maschinen stopp!« Unbewegt blickte Dalziel

hinunter auf das Chaos. »Beide langsame Fahrt voraus. Steuerbord zehn!« Er wartete, bis die Fregatte sich wieder vorwärtsschob, und sagte dann: »Glück gehabt.«

Standish starrte ihn an. Weder Ärger noch Bedauern stand in Dalziels Gesicht, er schien sich nur auf die Aufgabe zu konzentrieren, bei der Dschunke längsseits zu gehen, koste es, was es wolle.

Plötzlich rief er: »Hinüber, Wishart!«

Als die Wurfanker und Enterhaken in das zersplitterte Schanzkleid der Dschunke schlugen, sprangen die Seeleute zuerst zögernd, dann mit verzweifeltem Eifer hinüber auf die Dschunke; sie folgten Wishart in einem wilden, unordentlichen Haufen.

Dalziel befahl: »Beide Maschinen stopp!« Die bereits tiefer im Wasser liegende Dschunke hing längsseits wie Bergungsgut.

Burch rief plötzlich: »Da sind Frauen und Kinder an Bord!«

Dalziel ignorierte ihn. »Was macht dieser Idiot dort?« Er deutete hinunter auf einen Seemann, der verzweifelt mit einem langen Chinesen in Arbeitskleidung kämpfte. Es war ein alter Mann mit grauem Bart, der aber über große Kräfte zu verfügen schien.

Schon wurden die übrigen Seeleute von einer wogenden Menschenmenge abgedrängt, die aus dem Schiffsinneren quoll. Es waren Leute jeglichen Alters und, wie Burch bereits festgestellt hatte, eine große Anzahl Frauen und Kinder. Gellende Schreie übertönten die tieferen Stimmen der Seeleute und Wisharts schrille Pfeifsignale.

Das plötzliche Hämmern einer automatischen Waffe zerriß den Lärm. Der bärtige Chinese wankte mit grotesker Würde zur Reling, die Finger über seinem Magen gefaltet. Ungläubig starrte er das Blut an, das darunter hervorströmte, über seine Hände und die rauchende Mündung der Maschinenpistole lief. Dann brach er zusammen.

Leise sagte Burch: »O mein Gott!«

Es war mitleiderregend, wie die Menge über das schrägliegende Deck zurückwich, bis Wishart und seine Männer als kleine, geschlossene Gruppe zurückblieben.

Dalziel griff zum Megaphon und rief hinunter: »Fangen Sie mit der Durchsuchung an, Wishart! Die Schiffspapiere, die Laderäume – Sie wissen, was zu tun ist!«

Der Seemann mit der rauchenden Maschinenpistole sah auf, als er Dalziels Stimme hörte, und schrie: »Es war nicht meine Schuld! Der verrückte Alte zerrte an mir herum und schrie mich an!« Er sah Wishart an. »War nicht meine Schuld ...« Dann ließ er den Kopf hängen und fing an zu schluchzen.

Dalziel sagte wütend: »Was für ein ekelhaftes Schauspiel. Schicken Sie den Mann an Bord zurück, *sofort*!«

Standish blickte zur Dschunke hinunter. Die meisten Lattenverschläge waren leer, nur zwei von ihnen enthielten magere Hühner. Er war erschüttert über die Plötzlichkeit, mit der sich die Dinge entwickelt hatten und ein Mann gestorben war.

Eine Ewigkeit schien zu vergehen, bis Wishart auf der Brücke erschien und Meldung machte. Er war blaß und schmallippig, sein Hemd schmutzig vom Durchsuchen der unteren Räume.

Er sagte: »Flüchtlinge aus Vietnam, Sir. Dies ist ihr dritter Versuch, den Golf von Siam zu überqueren.« Er schluckte heftig. »Sie haben nichts bei sich, nur ein paar persönliche Dinge.«

Dalziel setzte sich. »Warum ist der Idiot dann vor uns weggelaufen?«

»Das weiß ich nicht, Sir. Sie waren wohl völlig verängstigt nach so langer Fahrt, das rettende Ziel schon vor Augen ...«

Dalziel hob die Hand. »Ich komme ohne Ihre dramatische Schilderung aus, Sub. Und wer war der Mann am Schanzkleid?«

»Ein alter Fischer, Sir ...«

Wishart fuhr zurück, als Dalziel ihn anbrüllte: »Nicht der! Ich meine den dämlichen Seemann mit der Maschinenpistole!« Er fuhr zu Standish herum. »Nennen sich Seeleute! Ich werde ihnen beibringen, was ein Seemann ist!«

Wishart sagte kleinlaut: »Sein Name ist Thomas, Sir.«

»Gut. Ich rechne später mit ihm ab. Jetzt rufen Sie das Prisenkommando zurück, und legen Sie ab.« Dann sah er Burch an. »Sagen Sie dem Funker, er soll einen Kurzbericht an Jerram durchgeben. Der kann das hier aufklaren.« Grollend fügte er hinzu: »Flüchtlinge, wie? Wenn Sie mich fragen...« Das Brummen eines Motors war zu hören, und ein Seemann rief nervös: »Motorboot kommt längsseits, Sir.«

Dalziel verzog grimmig den Mund. »Der Motor scheint also wieder zu funktionieren. Ein kleines Wunder!« Er hieb mit der Faust auf die Reling. »Oder?«

Standish schlug vor: »Wollen wir nicht bei der Dschunke bleiben, bis Jerrams Patrouillenboot eintrifft, Sir?«

»Sinnlos. Massenbefragungen sind Jerrams Stärke. Ich werde einen Bericht für ihn aufsetzen. Zeichnen Sie die Position in der Karte ein und machen Sie eine Eintragung im Logbuch.« Er hob die Schultern. »Das übliche: Haben gestoppt und nicht identifiziertes Schiff durchsucht. Flüchtlinge, angeblich aus Vietnam. Ein mutmaßlicher Terrorist leistete Widerstand und wurde erschossen. Das sollte genügen.«

Standish wandte den Blick ab. »Das Opfer würde dem vermutlich nicht zustimmen, Sir.« Er spürte, daß er wie im Fieber zitterte. »Wahrscheinlich war er nur erschrocken, als er den Mann mit der Maschinenpistole sah. Der Rest war Panik.«

Dalziel musterte ihn teilnahmslos. »*Ihre* Vermutung, Number One.« Er wandte sich um und beobachtete, wie das Motorboot aufgeheißt wurde. »Dafür habe ich keine

Verwendung.« Seine Augen verengten sich zu Schlitzen, als Irvine am Kopf der Leiter erschien. »Genausowenig wie für Illoyalität.« Er ging zu seinem Sitz und sagte: »Übernehmen Sie und bringen Sie sie wieder auf Kurs.«

Irvine öffnete den Mund, um seine Rückkehr zu melden, aber als er Standishs Gesicht sah, schloß er ihn wieder. Statt dessen sagte er: »Hier ist es ja hoch hergegangen.«

Standish erwiderte bitter: »Aber Sie haben sich fein herausgehalten. Ich habe bisher noch nie erlebt, daß dieses Boot eine Motorpanne hatte.«

Irvine lächelte freundlich. »Alles andere wäre ebenfalls bloß eine Vermutung. Stimmt's?«

Der Bootsmaat der Wache schaltete den Deckslautsprecher ein. »Von Gefechtsstationen wegtreten!« Nach einer Pause, während die Dschunke mit schwerer Schlagseite im Kielwasser der *Terrapin* achteraus sackte, fügte er hinzu: »Ausscheiden mit Dienst, alle Decks aufklaren!«

5 Schiffe, die sich nachts begegnen

Standish wartete, bis der Chiefsteward die letzten leeren Kaffeetassen abgeräumt hatte, und sagte: »Das ist alles für den Augenblick, Wills. Schließen Sie die Pantrytür, wenn Sie gehen.«

Das Abendessen war in völligem Schweigen verlaufen; jetzt ließen sich die meisten Offiziere in den abgenutzten Sesseln nieder, während Standish einen Schnellhefter hervorholte. Bei der Mahlzeit hatte er mit Unbehagen an den Augenblick gedacht, wenn er den anderen Offizieren Dalziels letzte Anordnung mitteilen mußte. Durchs offene Bullauge sah er die jetzt purpurrot gefärbte Horizontlinie langsam aufsteigen, einen Augenblick stehenbleiben und dann genauso langsam wieder nach unten weggleiten, mit monotoner Regelmäßigkeit. Bald würde die Dunkelheit und damit eine weitere Nacht dieser sinnlosen Patrouillenfahrt anbrechen. Auf dem Kalender am Schott zeichnete Pigott noch immer seine Kringel um jeden verstrichenen Tag. *Dalziel plus neunzehn* war es bereits; eine ganze Woche war vergangen seit ihrer Begegnung mit der Dschunke.

Schließlich sagte Standish: »Der Kommandant hat mich beauftragt, mit Ihnen über sein neues Programm zu sprechen.«

Alle sahen ihn an: Irvine und Hornby, Quarrie und der junge Wishart. Pigott war mit Caley auf der Brücke, wo sie im Augenblick Dalziels Aufsicht ertragen mußten, der sich ständig neue Tricks ausdachte, um sie auf die Probe zu stellen. Hin und wieder spürte man ein Vibrieren des Schiffskörpers oder hörte Getrappel an Deck, wenn die Wache ein von Dalziel mit der Stoppuhr kontrolliertes Manöver ausführte.

Standish fuhr fort: »Ab morgen wird jeder Offizier ein Übungsprogramm ausarbeiten, das an allen Arbeitstagen nachmittags durchexerziert werden soll.«

Irvine fragte grinsend: »Wie wär's mit Poker?«

Die anderen lächelten, und Standish sagte: »Ich will's dem Kommandanten vortragen.« Dann fügte er stirnrunzelnd hinzu: »Der Kommandant will unsere Leute davor bewahren, aus lauter Langeweile auf dumme Gedanken zu kommen. Dafür eignet sich wohl alles außer Sport – und dazu möchte ich auch Poker rechnen.«

Irvine zog eine Grimasse. »Wenn der Alte nicht so versessen darauf wäre, dieses Schiff auf den höchsten Stand der Einsatzbereitschaft zu bringen, hätten die Männer keinen Unterschied gegen früher bemerkt.« Gähnend spreizte er die Hände. »Wie die Sache liegt, hat sich alles als großer Reinfall erwiesen.«

Standish musterte ihn kalt. »Ich dulde in meiner Gegenwart keine Diskussion über den Kommandanten. Das sollten Sie wissen.«

Irvine sagte lächelnd: »Ich weiß, Number One. Aber wenn das eine inoffizielle Besprechung sein soll, müssen wir auch unsere Ansichten offen aussprechen.«

Standish ignorierte ihn und sah Quarrie an. »Chief?«

Der Ingenieuroffizier legte die narbenbedeckten Hände auf die Knie und studierte sie eingehend.

»Was Sie an Deck machen, ist Ihre Angelegenheit. Mein Abschnitt ist jederzeit voll einsatzbereit.«

Standish lächelte. Quarrie war schwer zu durchschauen, aber er sagte stets offen seine Meinung.

Dann sah er Hornby an.

»Wie ist es mit Ihnen?«

Der Elektroingenieur wuchtete seinen schweren Körper aus dem Sessel.

»Ich denke, wir sollten offen reden.« Er wurde rot, als Irvine laut lachte. »Obgleich ich wirklich nicht ganz einsehe, was der Kommandant eigentlich noch aus diesem Schiff herausholen will.«

Wishart sagte rasch: »Aber er hat doch bereits Wunder vollbracht! Zumindest für mich. All diese Monate war ich nur als Laufjunge oder zum Ablegen der Akten eingesetzt. Erst unter Dalziel habe ich wirklich etwas gelernt!«

Das Schiff holte leicht über, oben erklangen schwache Rufe. Irvine bemerkte trocken: »Es scheint, auch Bill Pigott lernt gerade. Aber es fällt ihm offenbar schwer.«

Wishart sah in sein spöttisches Gesicht und erwiderte hitzig: »Warum auch nicht? Jeder Offizier sollte auf der Brücke Wache gehen können, zumindest in beschränktem Umfang.«

Standish blickte sie der Reihe nach an. »Sie alle wissen, in welchem Zustand dieses Schiff war.« Dabei war ihm, als verrate er Mitford. Ein wenig schärfer fügte er hinzu: »Die Unteroffiziere mußten ihre Leute beinahe bitten, die Befehle auszuführen. Jetzt wissen sie zumindest, daß sie die Unterstützung des Kommandanten haben. Auch viele andere Mißstände sind inzwischen abgestellt worden.«

»Und mehr Leute werden täglich zum Rapport gemeldet!« Gereizt zündete Irvine sich eine Zigarette an. »Dalziel redet immer, als seien wir mitten im Krieg. Man kann nicht erwarten, daß unsere Leute begeistert Krieg spielen, nur weil er selig ist, wieder ein Schiff zu kommandieren.«

Eisig musterte ihn Standish. »Das ist eine törichte und primitive Einstellung.«

»*Ihrer* Meinung nach!« Irvine warf einen Blick nach oben zum Deckenventilator. »Als Kapitän Jerram an Bord war, hatte ich Gelegenheit, ihn über Dalziel und die damalige Kollision auszufragen. Jerram war selbst dabei, auf Dalziels Zerstörer, der *Harrier*.

Quarrie sagte spöttisch: »Er zog Sie also ins Vertrauen?«

Wütend sah Irvine ihn an. »Mein Vater hat immerhin einigen Einfluß, wie Sie wissen.«

Standish sagte beiläufig: »Also heraus damit. Und dann streichen Sie es endgültig aus Ihrem Gedächtnis.«

Irvine hatte offensichtlich die Fassung verloren, aber er antwortete rasch: »Seiner Meinung nach wurde ein falsches Ruderkommando gegeben, deshalb konnte der Flugzeugträger nicht mehr ausweichen.«

Quarrie lächelte, was er selten tat. Er hatte kleine Zähne mit deutlichen Zwischenräumen. »Also, ich erinnere mich noch genau an den Fall. Das Gericht ließ es bei einem Verweis bewenden, und auch der wurde nur erteilt, weil Dalziel zuviel Vertrauen seinem Wachoffizier gegenüber hatte.«

»Der bei der Kollision ums Leben kam.« Irvines aalglatter Einwurf war zeitlich genau abgepaßt. »Es gab also nur die Aussage des Kommandanten.«

»Zweifeln Sie die etwa an?« Mit einem Knall schlug Standish seinen Aktenordner zu. Es war ein Fehler gewesen, ein grober Fehler, die Angelegenheit hier im großen Kreis zu diskutieren. Er hatte die Situation falsch eingeschätzt. Scharf fuhr er fort: »Sie alle wissen genau wie ich, daß jeder Kommandant das Recht hat, alle gesetzlichen

Mittel anzuwenden, um sein Schiff voll einsatzbereit zu machen. Bisher hat er dabei nicht viel Unterstützung von seinen Offizieren erhalten oder nur von einigen.« Er sah Irvine an. »Nehmen wir zum Beispiel die Geschichte mit Ihrem Motorboot. Weil der Motor versagte, mußte Wishart Ihre Aufgabe an Bord der Dschunke übernehmen.«

Unsicher geworden, antwortete Irvine: »Wishart hat doch gerade gesagt, es sei gut, wenn jeder Offizier auch die Arbeit der anderen übernehmen könne.«

»Wegen dieses Versagens mußte ein Mann sterben, N.O. Vielleicht denken Sie daran!«

»Sie legen mir doch den Tod dieses Mannes nicht zur Last?« Irvine hatte sich halb erhoben. »Als der Kommandant versuchte, das russische Schiff zu stoppen, ging schon das meiner Meinung nach zu weit. Aber als er bei der mottenzerfressenen Dschunke längsseits ging, war mir endgültig klar, daß er nicht mehr wußte, was er tat.«

Das Telefon am Schott schnarrte, Wishart nahm ab. »Der Kommandant läßt Sie auf die Brücke bitten, Number One.«

Standish stand auf, dankbar für die Unterbrechung. An der Tür blieb er noch einmal stehen und sagte langsam: »Künftig möchte ich Sie alle um etwas mehr loyale Zusammenarbeit bitten. Andernfalls will ich den Grund wissen.«

Als Standish die Messe verlassen hatte, sagte Hornby gekränkt: »Ich weiß gar nicht, warum er sich so aufregt.«

Irvine preßte die Fingerspitzen zusammen. »Weil auch er sich krampfhaft um ein anderes Kommando bemüht. Aber abgesehen davon muß er natürlich den Kommandanten unterstützen.« Kühl musterte er Wishart. »Wenn es Sie wieder mal nach Ruhm und Sieg gelüstet, bedenken Sie eins, Sub: Im Dienst eine Katastrophe zu verursachen, ist schlimm, aber nicht fatal. Ein Kriegsgerichtsverfahren kann einen Offizier auch ins Rampenlicht rücken.« Er runzelte die Stirn. »Aber eine Katastrophe zu *vertuschen*, ist etwas ganz anderes. Dieses Stigma kann Sie überallhin verfolgen, kann Ihre Karriere vernichten, als seien Sie selbst der Hauptschuldige. Dann ist es auch völlig nutzlos zu sagen, daß Sie nur Befehlen gehorcht haben.«

Wishart wurde rot und schritt zur Tür. »Ich gehe in meine Kammer.«

Irvine bemerkte: »Der braucht wirklich einen Holzhammer, um zu begreifen.« Zustimmung heischend sah er sich um und seufzte. Quarrie döste vor sich hin, Hornby studierte bereits wieder seine Sportkataloge. So sagte er nur abschließend: »Kein Dalziel wird mir die Karriere verderben, weder jetzt noch später.«

Quarrie öffnete ein Auge. »Müssen Sie nicht bald auf Wache?«

Irvine sah ihn mißtrauisch an. »In etwa zehn Minuten.«

Quarrie schloß das Auge wieder. »Gott sei Dank!«

Standish fand Dalziel im kleinen Kartenraum hinter der oberen Brücke. Sein weißes Hemd leuchtete in der Dämmerung, er stand an einem offenen Bullauge und starrte hinaus.

»Sie wollten mich sprechen, Sir?«

Dalziel wandte sich nicht um. »Ja. Funkmeister Keebles Leute haben ein S.O.S. aufgefangen. Sehr seltsam.«

Standish wartete. Keeble war ein untersetzter, tüchtiger Mann, der den größten Teil seiner Zeit zwischen der altersschwachen Funkausrüstung zubrachte.

Dalziel fuhr in demselben leisen Ton fort: »Sehr schwach und nur ganz kurz. Guter Mann, dieser Keeble, hat keine Zeit verloren. Ich muß sehen, daß er bald zur Beförderung vorgeschlagen wird.«

Durch die offene Tür des Kartenhauses sah Standish Pigott im vorderen Nil der Brücke auf und ab gehen. »Hat Keeble die Position bekommen, Sir?« fragte er.

Dalziel nickte. »Irgendwo nördlich von uns.«

Standish sah hinunter auf die beleuchtete Karte. Die

Terrapin steuerte Nordost zu Nord und befand sich im äußersten Zipfel ihres Patrouillengebietes. »Sind andere Schiffe in der Gegend, Sir?«

»Keins, soweit ich weiß.« Dalziel beugte sich über den Kartentisch und dämpfte seine Stimme noch mehr. »Und niemand sonst hat versucht, auf den Hilferuf zu antworten. Wenigstens haben die Funker nichts aufgefangen.«

Standish richtete sich auf und sagte vorsichtig: »Selbst wenn wir annehmen, daß der Notruf echt war, müßten wir unser Patrouillegebiet verlassen, um dorthin zu gelangen, Sir. Natürlich könnten wir auch über Funk ein Suchflugzeug anfordern.« Aber noch während er sprach, war ihm klar, was Dalziel antworten würde. Der Kommandant brannte darauf, aus dem tödlichen Stumpfsinn der Patrouille auszubrechen, und dieses vage, unvollständige S.O.S. bot ihm eine günstige Gelegenheit.

Dalziel antwortete: »Gleich ist es dunkel. Angenommen, dieser Hilferuf stammte von einem Schiff in wirklicher Seenot, das womöglich bereits sinkt, dann käme auch ein Flugzeug zu spät, um jemanden zu retten. Dafür würden die Haie sorgen.«

Das war durchaus sinnvoll. Aber die Vorsicht bewog Standish zu der Frage: »Wollen Sie Kapitän Jerram informieren, Sir?«

»Nicht nötig, Number One. Das erledige ich später.«

Ein Schatten fiel durch die Tür, Irvine trat ein.

Dalziel sagte: »Also, N.O., setzen Sie einen neuen Kurs ab. Wir machen eine fünfzig Meilen lange Suchfahrt nach Norden.« Und zu Standish: »Sagen Sie Pigott, er soll auf Kurs null-eins-null gehen und auf äußerste Fahrt voraus. Wir wollen keine Zeit verlieren.«

Pigott lauschte interessiert den neuen Weisungen und erwiderte entschlossen: »Machen wir!«

»Soll ich übernehmen?« Standish hatte die scharfen Linien um Pigotts Mund gesehen und hielt es für angebracht, ihm Hilfe anzubieten.

»Nein. Das hier ist endlich mal was anderes.« Er beugte sich über das Sprachrohr. »Backbord fünfzehn.« Seine Brille glitzerte in den letzten roten Sonnenstrahlen, als er nach achtern blickte, um die Kurve des Kielwassers zu beobachten. Dann warf er einen kurzen Blick auf den Tochterkompaß und kommandierte: »Mittschiffs! Recht so!« Zu Standish sagte er: »Der Kommandant hat mir eben mein Programm gegeben. Ich soll in Stichworten Übungen aufschreiben, in einen Hut legen und ihn in der Messe herumreichen.« Er neigte das Ohr über das Sprachrohr und bestätigte dann: »Gut. Null-eins-null steuern. Beide Maschinen äußerste Kraft voraus!« Und wieder zu Standish: »Einmal bin ich *vor* der Drehung mit der Fahrt hochgegangen. All das zerbrochene Porzellan, für das ich geradestehen muß – so was passiert mir nicht noch einmal.« Er runzelte die Stirn. »Wie ich schon sagte, jeder Offizier zieht einen Zettel aus dem Hut und hält über das Thema, das er erwischt, den Leuten der Freiwache, die zu dumm oder zu langsam sind, um sich zu drücken, einen Vortrag.«

Das Deck begann zu vibrieren, und Standish sah Quarrie ohne Mütze zum Maschinenraum rennen, um den Grund für diese Behandlung seiner Maschine zu erfahren.

Pigott ließ die Hände auf dem Brückenkleid ruhen und lächelte. »Das ist ein schönes Gefühl, muß ich sagen.«

Dalziel ging in die Brückennock und blickte zum Wimpel im Masttopp auf. »Gutes Wetter für eine Suche. Ausgezeichnet.«

Aus dem Kartenraum rief Irvine: »Aber kaum Mondlicht heute nacht, Sir. Wenn dort draußen wirklich ein Schiff schwimmt oder Überlebende im Wasser sind, wird es schwer sein, sie zu finden.«

Dalziel betrachtete die Radarantenne. Sie drehte sich gleichmäßig, und aus dem Schornstein kam der Qualm in dicken Wolken.

»Menschen auf dem Mond und Herzverpflanzungen sind so alltäglich wie Corned beef, aber wir sollten ein verdammtes Schiff nicht finden, N.O.? Wirklich, ich muß mir sehr überlegen, was ich mit Ihnen anfange!«

Irvine sah weg, und ein in der Nähe stehender Signalgast senkte den Kopf, um sein Grinsen zu verbergen.

Dalziel ließ sich bequem auf seinem Brückensitz nieder und begann, den fernen Horizont abzusuchen.

Standish studierte das Profil des Kommandanten, die Adlernase, die stahlgrauen Koteletten, das gebräunte Gesicht. Was wußten sie über ihn? Er konnte verheiratet sein oder geschieden, ein Trinker oder von einem inneren Zwang getrieben, der vielleicht das Schiff und die gesamte Besatzung ins Unglück stürzte.

Plötzlich hörte er Dalziel sagen: »Ach, Caley, gehen Sie doch hinunter, und sehen Sie nach unserem Küken Kildare im Lazarett. Wir haben bald wieder Arbeit für ihn.«

Als Caley davoneilte, murmelte Dalziel: »Wir müssen einen wirklichen Arzt an Bord haben, nicht nur einen Medizinalassistenten. Keine Personalplanung, das ist der Haken.«

Plötzlich wandte er sich Standish zu, strahlend vor Vergnügen. »Fühlen Sie es, Number One? Das ist das richtige für die alte *Terrapin*, das macht ihr Spaß. Ich wette, manchem U-Boot-Kommandanten würden die Hosen killen oder naß werden, wenn er das Mahlen dieser Schrauben über seinem Kopf hörte, stimmt's?« Sein Lächeln verschwand. »Ich habe immer bedauert, daß ich für den Krieg noch zu jung war. Korea war alles, was ich mitbekam, aber immer noch besser als das meiste, was die Marine heutzutage bietet. Die Leute werden weich und schlapp wie Weiber: Dienst von neun bis fünf und jeden Abend zu Hause.«

Standish fragte: »Sie sind wohl nicht verheiratet, Sir?«

»Nie Zeit dazu gehabt. Eines Tages vielleicht, aber soweit ich's bisher beurteilen kann, lohnt es sich nicht. Früher heirateten Frauen Seeleute, weil sie einen Mann wollten. Heute aber denken alle nur an Statussymbole.« Plötzlich ergriff er Standishs Handgelenk. »Das war sehr gedankenlos von mir, Number One. Ich habe ganz Ihr eigenes, äh, Mißgeschick vergessen.«

»Macht nichts, Sir.« Standish blickte ziellos nach vorn. »Ich versuche auch, es zu vergessen.«

Dalziel nickte, anscheinend beruhigt. »Sinnlos, lange darüber zu brüten.« Er fuhr herum und schrie: »Wo zum Teufel bleiben die Positionslampen? Los, Pigott, ein bißchen plötzlich!«

Standish ging zur Backbordbrückennock und starrte in den leuchtenden Gischt der Bugwelle hinunter. Also keine Frau und vermutlich auch keine wirklichen Freunde. Je mehr er über Dalziel erfuhr, desto ferner und unwirklicher schien er.

In diesem Augenblick ging die Backbordpositionslampe unter der Brückennock an und tauchte seine Hände in Rot. Erschauernd trat er aus dem Leuchtkreis der Lampe, da die Erinnerung ihn überfiel wie ein Alptraum.

Bevor ihn die Spritzen in eine schmerzlose Welt versetzten, hatte er seine Hände so gesehen: bis aufs rohe Fleisch verbrannt und ohne Haut, im Widerschein dieses grauenhaften, glühenden Infernos; er hörte Schreie und Flüche, bis die wasserdichte Stahltür geschlossen war und nur seine eigenen Schreie ihm in die Dunkelheit folgten.

In seine Überlegungen hinein sagte Dalziel plötzlich: »Geben Sie an alle Stellen, daß sorgfältig Ausguck gehalten und alles Ungewöhnliche sofort gemeldet werden muß: kleine Lichter von Schwimmwesten im Wasser und ähnliches.«

Als aber die ersten blassen Sterne erschienen, war die *Terrapin* noch immer allein auf weiter See; lediglich die weiße Linie des Kielwassers zeugte von ihrer Anstrengung.

Um Mitternacht war es pechschwarz auf der Brücke, und nach der glühenden Hitze des Tages kam der ablösenden Wache die Nachtluft geradezu eisig vor. Unter dem vibrierenden Brückenkleid leuchtete die hohe Bugwelle, ihr Rauschen wurde fast übertönt von den vielen anderen Geräuschen: quietschendes Metall, das Klappern losen Gerätes, das Schlagen der Flaggleinen, dazu das Dröhnen der Schrauben, die jetzt seit nahezu vier Stunden auf höchsten Touren liefen.

Es war ein seltsames, auf die Nerven gehendes Gefühl, dachte Standish, ganz anders als auf einem U-Boot. Dort hatte man nachts im offenen Turm der älteren, konventionellen Boote immer das Gefühl, man säße auf einem teilweise überfluteten Felsen. Aber unter den Füßen spürte man eine andere Welt, die lediglich auf das entsprechende Wort und das Legen eines Hebels wartete, um einen in eine ruhige und sichere Tiefe zu tragen.

Jetzt, auf der Brücke, den Arm um eine Deckstütze geschlungen, fühlte er diese Sicherheit nicht. Das Schiff setzte seine Suchfahrt nach Norden weiter fort, als kümmere es sich nicht um die winzigen Kreaturen auf seiner Brücke oder um die fluchend in Kojen und Hängematten liegenden Menschen, die trotz der rasenden Schraubenwellen zu schlafen versuchten.

Irvine trat aus dem Kartenhaus und ging zu Dalziels Brückensitz. Seine Stimme klang müde und ärgerlich. »Sir, nach Kopplung haben wir jetzt den vorgesehenen Suchstreifen um zweiundzwanzig Meilen überschritten.«

»Verstehe.« Dalziel schien zu überlegen. »Zweiundsiebzig Meilen im ganzen. Das kann sich sehen lassen, nicht wahr? Der Chief muß geradezu begeistert sein. Ich glaube nicht, daß die *Terrapin* jemals seit ihrer Indienststellung so eine Dauerleistung erreicht hat.«

Irvines Stimme klang, als spräche er durch die zusammengebissenen Zähne. »Wir sollten die Suche abbrechen und einen entsprechenden Funkspruch abgeben. Wenn wirklich ein Wrack in der Nähe ist, dann scheint es sich mit Erfolg vor uns zu verstecken.« Nach einer Pause fuhr er fort: »Und wenn die Funker eine atmosphärische Störung für einen Notruf gehalten haben, stehen wir jetzt grundlos zweiundsiebzig Meilen außerhalb unseres Gebietes.«

»Danke, N.O. Ich habe Ihre Warnung zur Kenntnis genommen.«

Mit einem Ruck machte Irvine kehrt und ging zurück in den Kartenraum. Standish hörte ihn die Tür zuschlagen und malte sich die Flüche aus, die er jetzt losließ.

Standish trat dicht neben den Brückensitz, so daß er sprechen konnte, ohne von den anderen gehört zu werden. »Er hat nicht ganz unrecht, Sir.«

Dalziel sah ihn nicht an. »Aber stellen Sie sich vor, dort draußen ist wirklich ein Schiff. Vielleicht sind es nur noch ein paar arme Teufel in einem offenen Boot, die gerade in diesem Augenblick unsere Lichter sehen.« Etwas leiser fragte er: »Sind auch Sie der Meinung, daß ich kehrtmachen sollte?« Er schien jedoch keine Erwiderung zu erwarten. »Antworten Sie nicht, es ist allein meine Entscheidung. Ob falsch oder richtig, es geht nicht anders.« Er verfiel wieder in Schweigen und starrte weiter geradeaus.

Standish ging zur anderen Brückennock und schob sich die kalte Pfeife zwischen die Zähne. Falls Dalziel nicht bald den Kurs änderte, brauchte Pigott vermutlich nicht mehr viele Kringel auf dem Kalender einzuzeichnen. Was auch die Zwietracht zwischen Dalziel und Jerram verursacht hatte, offensichtlich bedurfte es nur eines winzigen Funkens, um den Haß neu aufflammen zu lassen.

»Brücke! Radar hier!«

Beim metallischen Klang der Stimme aus dem Sprachrohr fuhr Standish herum und sah, daß Dalziel bereits im Kartenhaus war. Der Ton seiner Stimme verriet die Anspannung, die er bisher verborgen hatte.

»Kommandant hier!«

»Ein Echo, Sir. Grün null-zwei-null.« Der Radargast räusperte sich verlegen. »Entfernung null-acht-null*.«

---

* achtzig hundert = 8000 m

Dalziel fauchte: »Wer spricht dort?«

»Funkmeßunteroffizier Vine, Sir.«

»Würden Sie mir bitte erklären, Vine, warum wir bereits bis auf vier Meilen herangekommen sind, ohne daß Ihre Leute das Schiff bisher geortet haben?«

Vines Stimme klang defensiv. »Zu starke Vibration, Sir.«

Dalziel nickte. »Gut.« Dann rief er Standish zu: »Reduzieren Sie auf eins-eins-null Umdrehungen.«

Er ging zum Tochterschirm, seine Augen glänzten schwach im Widerschein des rotierenden Leuchtstrahls.

»Ein Schiff, Number One. Kein Zweifel.«

Er trat beiseite und ließ Standish in den Schirm blicken. Das Echo war nur schwach zu sehen, ein unbeweglicher, leuchtender Fleck.

Dalziel sagte: »Gehen Sie auf Kurs null-drei-null.« Als Standish sich über das Sprachrohr zum Steuerhaus beugte, fügte er gereizt hinzu: »Was ist los mit diesem Schiff? Sie müssen doch längst unsere Lichter sehen!«

Corbins Stimme kam aus dem Messingrohr. »Kurs null-drei-null liegt an, Sir.«

Standish beugte sich weit über das Brückenkleid, als versuche er, das andere Schiff zu riechen. »Es könnte bereits von der Besatzung verlassen sein, Sir.«

»Möglich. Aber dann müßten wir doch Notsignale, Fakkeln oder dergleichen gesehen haben, verdammt!«

Wieder ertönte Vines Stimme: »Entfernung jetzt null-sieben-fünf. Scheint festzuliegen, Sir.«

Dalziel murmelte etwas. Dann rief er: »Ist der Signalmeister da?«

»Sir?« Burch trat heran.

»Ist Ihr großer Scheinwerfer in Ordnung?«

»Jawohl, Sir.«

»Lassen Sie den Bezug abnehmen. Wir brauchen hier gleich ein bißchen Licht.« Dann trat er wieder nach vorn ans Brückenkleid.

Gestalten waren unter der Brücke erschienen, sie hoben sich dunkel von der leuchtenden Bugwelle ab. Wahrscheinlich einige der älteren Seeleute. Seltsam, wie sie stets ahnten, daß sich gleich etwas ereignen würde. Wie der Gefechtsrudergänger zum Beispiel. Er hätte längst unten in seiner Koje liegen sollen, aber er war hier und stand am Ruder für den Fall, das er benötigt wurde. Wahrscheinlich stand auch Quarrie jetzt auf der eisernen Plattform seines Maschinenleitstands.

Dalziel sagte: »Noch immer nichts zu sehen. Reduzieren Sie auf sieben-null Umdrehungen. Möchte keinen der armen Kerle im Wasser über den Haufen karren!«

Sofort nach dem Klingeln des Maschinentelegrafen hörte das Vibrieren auf, und man vernahm wieder die üblichen Seegeräusche: das Rauschen der Bugwelle, das Zischen des über die Back geworfenen Gischtes, der wie tropischer Regen herunterprasselte.

Die Minuten vergingen, lediglich unterbrochen von Vines regelmäßigen Meldungen, während das seltsame, abgeblendete Schiff unbeweglich auf dem Radarschirm lag wie ein nicht verzeichnetes Riff.

Keuchend kam Burch herbeigeeilt. »Scheinwerfer ist klar, Sir!«

Standish sagte: »Vielleicht bleiben Sie besser daneben, für den Fall, daß Sie gebraucht werden.«

Burch grinste. »In Ordnung, Sir. Der E-Ingenieur ist zwar noch im Pyjama, hat aber schon die Leitung übernommen.«

»Hören Sie auf mit dem verdammten Gemurmel!« Dalziel stieg von seinem Sitz herunter. »Wir werden nach Backbord drehen und ihn uns mal ansehen.« Wieder hob er das Glas. »Backbord zehn.« Er schien die Drehung des Schiffes mitzumachen, während er sein Glas langsam über den Horizont schweifen ließ. »Mittschiffs. Recht so!«

»Recht so, Sir. Kurs null-null-fünf.«

»Das sollte genügen. Scheinwerfer leuchten!«

Der Brückenmaat am Telefon hatte die Weitergabe des Befehls noch nicht beendet, als der riesige, gletscherblaue Strahl herausfuhr und mit schmerzlicher Helligkeit langsam nach Steuerbord schwang.

Burch murmelte: »Gott sei Dank!«

Schweigend starrten sie alle auf das grell erleuchtete Wasser, während der scharf begrenzte Strahl langsam weiterdrehte.

»*Da ist er!*«

Alle Gläser richteten sich auf eine im Scheinwerferlicht leuchtende Reihe von Bullaugen; dann, als der Strahl sie erfaßte, auf die hohen weißen Brückenaufbauten, die festgezurrten Rettungsboote und auf den Schornstein mit seinem Reedereiabzeichen.

Der Abstand betrug knapp eine Meile. Der Scheinwerferstrahl nagelte das Schiff fest, und Standish fühlte beinahe körperlich die Spannung ringsum.

»Soll ich ihn anrufen, Sir?« Burch hielt die Morselampe bereit.

»Nein.« Mit zwei langen Schritten überquerte Dalziel die Grätings. »Der Scheinwerfer muß wohl alle an Bord geblendet haben.« Er nahm einen Telefonhörer zur Hand, der mit dem Lautsprechersystem verbunden war.

Ein Signalgast rief aufgeregt: »Da ist jemand auf der Brücke, Sir!«

Standish nickte und wandte sich dann Dalziel zu, als dessen Stimme über den schmaler werdenden Wasserstreifen ertönte, verstärkt und metallisch wie die eines Roboters.

»Dies ist ein britisches Kriegsschiff! Wer sind Sie?«

Durch sein starkes Glas sah Standish mehrere Köpfe neben dem zuerst aufgetauchten, einige weitere im Steuerhaus und ein paar daneben in einer Kabine, die er für den Funkraum hielt. Die Treppe zur Brücke schien in dem grellen Licht zu glühen. Bestürzt stellte er fest, daß sie mit mehreren Rollen Stacheldraht umwickelt und außerdem durch starke Metalltüren geschützt war.

Burch erklärte: »Das ist eine Maßnahme gegen Piratenüberfälle, Sir.«

Drüben hatte jemand ein Megaphon gehoben, und dann tönte eine Stimme über das Wasser, sehr deutlich und überraschend laut.

»S.S. *Cornwallis!* Vor drei Tagen aus Saigon ausgelaufen und mit Stückgut nach Songkhla unterwegs.«

»Überprüfen Sie das, Signalmeister!« Dalziel schaltete wieder den Lautsprecher ein. »Brauchen Sie Hilfe?«

»Nein, besten Dank!« Und nach längerer Pause: »Wir hatten ein Feuer im Funkraum, aber jetzt ist alles wieder in Ordnung.«

Rings um den kleinen Funkraum fielen ihnen jetzt zahlreiche schwarze Flecken auf, ebenso das zerbrochene Glas der Bullaugen. Die Stimme fügte hinzu: »Eine Menge Kabel sind durchgeschmort, daher konnten wir weder Lichter setzen noch funken.«

Burch murmelte: »Typisch für diese Reederei. Hat nur vier alte Kästen, und keiner ist was wert.« Laut fuhr er fort: »Die *Cornwallis* ist auf unserer Liste eingetragen, Sir.«

In diesem Augenblick gingen die Positionslampen des Frachters an, auch einige Bullaugen wurden hell, was dem Schiff sofort Persönlichkeit und Leben verlieh. Am Heck begann die Schraube zu mahlen, der Schaum leuchtete blaßblau im grellen Licht.

Dalziel fragte scharf: »Sind Sie sicher, Signalmeister?«

Burch betrachtete das andere Schiff mit beruflichem Interesse. »Kenne sie gut, Sir. Habe dem I.O. gerade erzählt, daß sie und die drei anderen alten Kästen der Reederei in Hongkong beheimatet sind.«

Irvine war auf der Gräting erschienen, das Gesicht glatt in der Helligkeit. »So, so«, war alles, was er sagte.

Der Frachter schien langsam Fahrt aufzunehmen. Als nochmals eine Stimme über Lautsprecher rief: »Ich werde meinem Reeder mitteilen, daß Sie Hilfe angeboten haben. Welchen Namen soll ich nennen?«

Dalziel sagte: »H.M.S. *Terrapin*.« Er machte eine Pause, und Standish sah, daß er das Telefon verkrampft hielt. »Fregattenkapitän Dalziel.«

Die Stimme wurde schwächer, als das Schiff sich entfernte. »Nochmals vielen Dank und alles Gute!«

Burch sagte säuerlich: »Geizhälse! Haben wohl Angst, daß wir Bergungsgeld fordern.«

Mit einem Ruck wandte Dalziel sich ab. »Schalten Sie das verdammte Licht aus, sofort.«

Als der Scheinwerfer erlosch, senkte sich die Dunkelheit wie ein schwarzer Baldachin über sie; vom Frachter war kaum noch das Hecklicht zu erkennen. Selbst die Sterne schienen blasser geworden.

Ein Telefon summte wie ein gefangenes Insekt, und der Brückenmaat sagte nervös: »Dringender Funkspruch, Sir.«

Dalziel war bereits auf dem Weg zu seinem Sitz. »Lassen Sie ihn entschlüsseln und herbringen.« Seine Stimme klang jetzt müde.

Irgendwo in der Dunkelheit unterhalb der Brücke lachte jemand, es klang unnatürlich laut. Standish biß sich auf die Lippen. Wieder ein Fehlschlag. Das S.O.S. hatte sich als elektrischer Kurzschluß erwiesen, ein ganz normaler Vorgang.

Pigott kam aus dem Kartenraum und brachte den entschlüsselten Funkspruch. »Er ist vom S.N.O.[*], East Coast Patrol, Sir.«

Standish versuchte, nicht auf Dalziels geballte Fäuste zu starren. Diesmal galt sein Zorn wohl Jerram.

»Lesen Sie vor.«

Pigotts Gläser glänzten im Licht seiner Stablampe, als er den Schreibblock hochhielt. »Er lautet: *Terrapin* zum Treffpunkt mit Gruppe Tango Zulu, zwanzig Meilen östlich von Chenering Head um 06 Uhr 00.«

[*] Senior Naval Officer

In das betretene Schweigen hinein sagte Irvine aufgeregt: »Nun, das bringt das Faß zum Überlaufen!«

Auch ohne die Karte wußte Standish, was das bedeutete. Zu jeder anderen Zeit hätte die *Terrapin* den Treffpunkt ohne Schwierigkeit erreichen können, ganz gleich, wo sie in ihrem Patrouillengebiet auch stand. Aber Chenering Head lag jetzt über hundertvierzig Meilen südlich von ihnen, unerreichbar wie der Mond.

Pigott fragte: »Bestätigen, Sir?«

Standish spürte Dalziels Enttäuschung und war froh, daß es stockdunkel war.

Man hörte Tritte auf der Leiter, dann schob sich Quarries vierschrötige Gestalt ein wenig unsicher auf die Brücke.

Dalziel fragte: »Na, Chief, was gibt's?«

Quarrie rieb sich verlegen das Kinn, er spürte die Spannung.

»Ich könnte es auch lassen, Sir.« Dann aber sagte er mit fester Stimme: »Nein, ich werde es aussprechen und dann gehen.«

Dalziel beobachtete ihn, sein Gesicht lag im Schatten. »Ja?«

»Ich kam gerade aus dem Maschinenraum, um frische Luft zu schnappen und mir die alte *Cornwallis* anzusehen, Sir.«

»Sie kennen sie also auch?« Wieder der matte Tonfall.

»Ja, Sir. Wir haben monatelang neben ihr in Hongkong gelegen, damals, als ich hier an Bord kam. Immer trafen wir die alte *Cornwallis*.«

»Kommen Sie zur Sache.«

»Kapitän Mitford besuchte sie regelmäßig. Er pflegte mit ihrem Kapitän und dem Ersten Offizier Golf zu spielen. Sie waren gute Freunde.«

Pigott starrte ihn an. »Stimmt, jetzt erinnere ich mich auch.«

Langsam stand Dalziel auf, als befände er sich auf dünnem Eis. »Der Kapitän der *Cornwallis* hätte unser Schiff auf jeden Fall erkennen müssen, meinen Sie?«

Quarrie nickte entschieden. »Außerdem, Sir, hätte er bestimmt nach Bob Mitford gefragt, als Sie Ihren Namen nannten.«

Dalziel nahm die Mütze ab und drehte sie in Händen. »Ich danke Ihnen, Chief.« Dann blickte er zur Seite. »Ich danke Ihnen wirklich sehr.«

Irvine sagte: »Aber der Funkspruch, Sir! Was sollen wir antworten?«

»Antworten?« Dalziel stülpte sich die Mütze wieder auf. »Beachten Sie ihn nicht, wenigstens für den Augenblick.«

Irvine senkte den Kopf. »Allmächtiger Gott!«

»Number One, bringen Sie das Schiff auf Kurs eins- sieben-null.« Es schien, als spräche Dalziel nur seine Gedanken laut aus. »In einer Stunde werden wir kehrtmachen und hinter der *Cornwallis* herfahren. Dabei löschen wir sämtliche Lichter und halten absolute Funkstille. Klar?«

Das Schiff drehte langsam auf den befohlenen Kurs, und Dalziel fügte, mehr zu sich selbst, hinzu: »Auch wir können Theater spielen, besser sogar.«

Er wandte sich wieder nach vorn, während Irvine fassungslos flüsterte: »Diesmal hat er wirklich den Bogen überspannt. O Gott, was stellt er noch alles an!«

6   Eine Hand für die Königin...

»Tee, Sir?«

Standish nahm von einer im Dunkeln nicht zu identifizierenden Gestalt den Emaillebecher entgegen und hielt ihn mit beiden Händen. »Danke.«

Nachdem sie etwa eine Stunde von der *Cornwallis* abgelaufen waren, hatten sie gedreht und einen weiteren Vorstoß durch die Nacht gemacht, bis ihr Radar das Schiff wieder auffaßte, diesmal in sechs Meilen Entfernung. Die

Cornwallis dampfte weiter zur thailändischen Küste, wie vorher auch.

Es war ein seltsames Gefühl, ohne Lichter durch die Dunkelheit zu fahren. Dalziel hatte vollständiges Abdunkeln befohlen, sämtliche Bullaugenblenden und Türen verschließen lassen. Danach schickte er Hornby auf einen Kontrollgang durch das ganze Schiff. Der dickliche Elektro-Ingenieur erschien gerade wieder auf der Brücke, ein Jackett über seinem Schlafanzug. Nervös trank er einen Becher Tee.

Dalziel sagte: »Überprüfen Sie die Position der *Cornwallis*, N.O.«

Irvines Gesicht glühte über dem Radarschirm. »Peilung drei-null-null Grad. Sie steuert noch immer westlichen Kurs, Sir.«

Standish fragte sich, wie lange Dalziel diese Unternehmung noch fortsetzen wollte. Es konnte nichts Gutes dabei herauskommen. Der Frachter behielt seinen Kurs nach Songkhla bei, und es wäre wirklich besser gewesen, wenn Dalziel jetzt kehrtgemacht hätte, damit sie nicht bei vollem Tageslicht ohne ersichtlichen Grund in thailändische Gewässer eindrangen.

Außerdem hatte der Funkraum zwei weitere Funksprüche von Jerram aufgefangen; der letzte verlangte sofortige Mitteilung ihrer genauen Position und voraussichtliche Ankunftszeit am Treffpunkt.

Dalziel hatte die Geduld verloren, als Keeble mit dem letzten Funkspruch gekommen war.

»Muß ich denn wirklich alles hundertmal sagen? Absolute Funkstille bedeutet absolute Funkstille! Bleiben Sie mir um Himmels willen mit Ihren Sprüchen vom Leib!«

Aber das schien vor langer Zeit gewesen zu sein. Die reduzierte Geschwindigkeit der *Terrapin* unterstrich noch die Sinnlosigkeit, mit der sie weiter hinter dem anderen Schiff herdampfte. Der alte Frachter kam so langsam voran, daß sie mehrmals Kurs ändern mußten, um den nötigen Abstand zu halten. Die *Cornwallis* war jetzt irgendwo an Backbord voraus, etwa vier Meilen entfernt, und fuhr im rechten Winkel zum Kurs der *Terrapin*. Ihre Lichter waren noch nicht zu sehen, dafür war der Ansteuerungswinkel wohl zu ungünstig; möglicherweise war auch ihr Stromkreis wieder ausgefallen, dachte Standish.

Und die ganze Zeit blieb ihr Vorpostengebiet weiter hinter ihnen zurück. Hätte Dalziel sofort nach dem Zusammentreffen kehrtgemacht, hätten sie Jerram wenigstens eine Erklärung geben können. Schließlich war ein S.O.S., wenn auch noch so schwach, ein triftiger Grund für Dalziels Verhalten. Aber jetzt würde nichts Dalziel vor den Konsequenzen bewahren.

Standish überlegte noch einmal, was Quarrie erzählt hatte, fand aber wenig Trost darin. Es war alles zu unbestimmt, ein Strohhalm im Wind. Vielleicht hätte sich das Ganze vermeiden lassen, wenn er Dalziel gegenüber energischer aufgetreten wäre?

Er ging hinüber zu Dalziels Sitz und sagte leise: »Ich schlage vor, Sie geben einen Funkspruch an Kapitän Jerram ab; er kann dann entscheiden, was wir beim Erreichen der thailändischen Grenze tun sollen. Wenn wir unser Patrouillengebiet wieder erreicht haben, könnten wir Funkstörung oder dergleichen geltend machen.«

»Ihre Rolle bei dieser Aktion ist vollkommen klar«, sagte Dalziel und lehnte sich bequem zurück. Unbeteiligt fuhr er fort: »Keinerlei Schuld wird Sie treffen.«

»Ich habe nicht an mich gedacht!« Plötzlich wütend geworden, starrte Standish im Dunkeln Dalziels Silhouette an.

»Freut mich. Ich könnte Sie auch kaum mitverantwortlich machen. Aus dem, was Sie mir gesagt haben, und aus einer Reihe anderer Hinweise habe ich mir schon ein Bild von dem gemacht, was Sie mit sich herumtragen.« Er hob die Schultern. »Aber wenn Sie nicht an Ihren eigenen

Ruf dachten, dann müssen Sie wohl meinen im Auge gehabt haben, nicht wahr?«

»Ja, so ähnlich.«

»Das macht Ihnen alle Ehre. Aber hüten Sie sich vor zuviel Gefühl. Sie kennen doch das alte Wort.« Seine Stimme klang jetzt bitter. »Eine Hand für die Königin, aber eine für dich selbst.«

Er straffte sich, als das Sprachrohr hinter ihm plötzlich zum Leben erwachte.

»Brücke! Radarstation hier!« Das war Vines Stimme.

»Brücke hier!« Irvines schlanke Gestalt schwankte hin und her, um die Bewegungen des Schiffes auszugleichen.

Vines Meldung klang diesmal unsicher. »Das Echo ist jetzt sehr unklar, wir haben eine Menge Störungen, Sir. Aber es könnte sein, daß . . .«

Ungeduldig fuhr Irvine ihn an: »Los, weiter, Mann!«

Dalziel glitt von seinem Sitz und stellte sich neben ihn. »Geben Sie mir den Hörer! Vine ist unser bester Radarunteroffizier, machen Sie ihn mit Ihrer verdammten Grobheit nicht nervös!« Als er selbst in das Mundstück sprach, war seine Stimme besänftigend. »Hier Kommandant. Sagen Sie mir, was Sie auf dem Herzen haben, Vine.«

»Das Echo fing an zu flimmern, und ich wollte gerade darum bitten, die Geschwindigkeit zu erhöhen, damit wir näher an den Frachter herankommen.« Aus dem Sprachrohr war die gedämpfte Stimme eines anderen Radargasten zu hören, dann wieder Vine, plötzlich aufgeregt: »Ich hatte recht, Sir! Die *Cornwallis* dreht!«

»Sind Sie sicher?« Dalziel beugte sich über das Sprachrohr wie ein den Startschuß erwartender Sprinter.

»Ganz sicher, Sir.« Vines Stimme klang wieder zuversichtlich. »Sie peilt jetzt drei-null-null, dreht aber noch weiter.«

Dalziel sah sich auf der Brücke um. »Gibt es ein anderes Ziel, das sie ansteuern könnte, Number One?«

»Ich wüßte keinen Grund für diese Kursänderung, Sir.«

»Richtig.« Dalziel hängte ein und kehrte zu seinem Sitz zurück. »Backbord fünfzehn!«

Aus dem Sprachrohr hörte man wieder Vines Stimme. »Die *Cornwallis* liegt jetzt auf neuem Kurs, Sir. Sie steuert eins-sechs-null.«

Dalziel rief: »Mittschiffs! Recht so!«

Corbins Antwort erschallte aus dem Sprachrohr. »Recht so, Sir. Kurs drei-drei-null. Umdrehungen sieben-null.« Seine Stimme klang eifrig und aufmerksam.

»Steuern Sie drei-drei-fünf.« Dalziel hob die Hand. »Sagen Sie Vine, er soll sofort das Radar abschalten.« Er wartete, bis der Befehl weitergeleitet war, und sagte dann: »Es wäre sinnlos, unsere Ankunft anzukündigen. Selbst dieser alte Frachter könnte ein Ortungsgerät haben.« Pause, dann: »Lassen Sie auf Gefechtsstationen antreten, aber leise und ohne Alarmglocke. Ich möchte nicht die halbe Welt wecken.«

Gedämpft hörte man aus den Decks das Pfeifen und die rauhen Stimmen der Unteroffiziere, die die Freiwache weckten und auf Stationen trieben. Am Vierzöller hörte man jemanden rufen: »Was ist denn los, Sir? Wieder so ein verdammter Übungsalarm?« Darauf Wisharts Stimme, scharf und energisch: »Halten Sie den Mund, und tun Sie, was Ihnen befohlen wird.«

Nachdenklich sagte Dalziel: »Wir werden wieder den Scheinwerfer auf ihn richten und sehen, was geschieht. Inzwischen müßten wir längst seine Positionslichter sehen, wenn sie brennen würden.«

Irvine blickte vom Telefon auf. »Alle Gefechtsstationen besetzt Sir.«

»Gut. Wir wollen uns bereithalten.« Dalziel schien sich ganz auf die Sache zu konzentrieren.

»Ich nehme an, daß wir uns Backbord an Backbord passieren, wenn er noch auf demselben Kurs liegt«, meinte Standish. »Wir werden sehr dicht herankommen.«

»Das denke ich auch. Sagen Sie dem Chief, er soll sich

für sofortige Höchstfahrt bereithalten. Ich möchte keinen weiteren Unfall verursachen.«

Der überraschte Ruf eines Ausguckpostens ließ alle aufblicken, und Dalziel zischte böse: »Dieses Licht! Was war das?«

Ein kleiner gelber Lichtstrahl spiegelte sich im Wasser unterhalb der Back, erstarb wieder und leuchtete dann stärker als zuvor.

Der Brückenunteroffizier meldete: »Ein Messebullauge, Sir! Die Blende muß aufgegangen sein.«

Wie eine schlecht kontrollierte Signallampe schlug die Blende auf und zu; das Licht blinkte ungleichmäßig und im Takt mit den Schiffsbewegungen.

Die Quittung kam sofort. Ein riesiges rotes Auge schien über ihnen am Himmel zu erglühen, so dicht, daß Dalziels Gesicht rot überhaucht war, als er ausrief: »Die *Cornwallis* hat uns gesehen! Sie haben ihre Positionslampen gesetzt, verdammt!«

Alles rief durcheinander; noch während Standish das rote Licht anstarrte, sah er, daß es schwächer wurde, und erkannte plötzlich zu seinem Schrecken den helleren Schein der grünen Steuerbordlampe.

Dalziels Stimme übertönte die überraschten Rufe: »Er dreht genau vor unseren Bug!« Beinahe wäre er gestürzt, als er zum Sprachrohr rannte. »*Beide Maschinen äußerste Kraft zurück!*«

Irvine murmelte heiser: »Hätten wir unsere Lichter gesetzt, wäre das nie passiert.«

Dalziel starrte an ihm vorbei, seine Augen leuchteten grün, während er die turmhohen Aufbauten des Frachters beobachtete. »Halten Sie den Mund, verdammt!«

Die *Terrapin* schüttelte sich heftig, als die Maschinen zurückgingen, und Dalziel fügte hinzu: »Scheinwerfer klar!«

»Wir haben Fahrt achteraus aufgenommen, Sir.« Standish spürte das Beben des Decks unter seinen Füßen und malte sich aus, was Quarrie in seiner abgeschotteten Welt wohl empfand.

Das grüne Licht verschwand bis auf einen schwachen Schimmer. Die Silhouette des Schornsteins hob sich deutlich vom Sternenhimmel ab, und da wurde Standish klar, wie knapp sie einer Katastrophe entgangen waren

»Beide Maschinen stopp!« Dalziel packte Standish am Handgelenk. »Haben Sie gemerkt? Nicht ein einziges Wort des Protestes!«

Standish war diese Tatsache entgangen, Dalziel aber hatte sie trotz allem bemerkt und grinste jetzt erleichtert.

»Beide Maschinen langsame Fahrt voraus.« Er winkte mit der Hand. »Scheinwerfer ein!«

Der Frachter hatte ihnen jetzt das Heck zugewandt, seine Schraube wühlte das Wasser auf, während er ungeschickt versuchte, der Fregatte zu entkommen. Durch den ungüstigen Winkel erhellte der Scheinwerfer nur einen kleinen Teil des Rumpfes, der Rest blieb im Dunkeln.

Der Lautsprecher krächzte, dann dröhnte Dalziels Stimme über das Wasser.

»Stoppen Sie sofort! Dies ist ein britisches Kriegsschiff, wir werden Sie durchsuchen!«

Im grellen Licht sah Standish, daß die Umdrehungen der Schraube eher noch zunahmen.

Grimmig sagte Dalziel: »Das habe ich mir gedacht!« Er griff zum Telefon neben seinem Sitz und rief hinein: »Kommandant hier. Geben Sie mir den Artillerieoffizier!«

Burch sah Standish an und murmelte: »Verdammter Mist!«

»Wishart? Hier spricht der Kommandant!« Dalziels Stimme klang frisch und entschlossen. »Ich drehe gleich etwas nach Backbord. Sobald Sie freies Schußfeld haben, feuern Sie eine Leuchtgranate über seinen Bug. So dicht wie möglich, aber ohne ihn zu treffen.«

Er hängte ein und befahl: »Backbord zehn.« Der

Scheinwerferkegel folgte dem Frachter bei der Drehung. »Mittschiffs! Recht so!«

Unter der Brücke war ein metallisches Klicken zu hören, dann der Ruf: »Steuerbordgeschütz geladen, Sir!«

Burch murmelte: »Hoffentlich haben sie nicht aus Versehen den Mündungsschoner auf dem Rohr gelassen.«

Der Befehlsübermittler mit dem dicken Kopfhörer sah Dalziel an. »Geschütz A klar zum Feuern, Sir.«

»Hervorragend.« Dalziel blieb freundlich. »Gleich wissen wir mehr!« Dann nickte er kurz. »Feuer!«

Das rechte der Zwillingsrohre fuhr zurück, der Donner der Detonation dröhnte über die See, das Echo wurde von der Bordwand des Frachters zurückgeworfen.

Wenige Sekunden später detonierte die Leuchtgranate hoch oben, ihr strahlendes Licht erhellte das ganze Seegebiet und trieb langsam über seiner eigenen Spiegelung dahin.

In das plötzliche Schweigen sagte jemand: »Verdammt guter Schuß!«

Dalziel bemerkte trocken: »Scheint auch gewirkt zu haben.«

Das Schraubenwasser des Frachters wurde schwächer, und die *Terrapin* schien sich mit erhöhter Geschwindigkeit dem Backbord-Achterschiff der *Cornwallis* zu nähern.

Von deren Brücke kam weder ein Morsespruch noch ein ärgerlicher Anruf über Megaphon; Standish hatte erwartet, daß der Kapitän des Frachters eine Erklärung verlangte oder daß Keeble einen Funkspruch auffing, der aller Welt verkündete, er sei soeben unter Feuer genommen worden. Aber nichts geschah.

»Sie hat beigedreht, Sir.«

»Gut. Beide Maschinen stopp. Aber achten Sie auf die Abtrift. Ich möchte nicht zu dicht herankommen.« Dalziel lief in die Brückennock und hob wieder den Handlautsprecher. »*Cornwallis!* Bleiben Sie beigedreht liegen, ich schicke das Prisenkommando an Bord!« Über die Schulter fügte er hinzu: »Sie gehen hinüber, Number One. Enthusiasmus ist gut, aber Erfahrung ist besser. Und diesmal werden wir sie wahrscheinlich brauchen.«

Standish nickte und schritt zur Leiter, in Gedanken bereits mit seiner Aufgabe beschäftigt. Er hatte gewußt, daß Dalziel ihn auswählen würde.

Als er bereits die Leiter hinunterstieg, sah er noch einmal Dalziels Gesicht dicht über dem seinen.

Ruhig sagte dieser: »Keine Heldentaten! Ich behalte Sie im Auge. Sie können sich also Zeit lassen.«

Standish nickte rasch und setzte seinen Weg zum Deck fort.

Taschenlampen blitzten auf, er hörte Caley mit rauher Stimme letzte Befehle an den bewaffneten Trupp ausgeben, der neben den Bootsdavits angetreten war.

Unteroffizier Motts, der Feuerwerkersmaat, schnallte sich gerade den Pistolengurt um. Fröhlich meldete er: »Prisenkommando gemustert, Sir! Habe diesmal zwei zusätzliche Leute mitgenommen.«

Standish warf einen Blick in das Boot, das mit quietschenden Taljen bis in Relingshöhe gefiert wurde. Ein Kletternetz war bereits gespannt, die Lichtkegel der Stablampen beleuchteten eifrige Gesichter und die blinkenden Mündungen der Maschinenpistolen, während der Entertrupp auf den Befehl zum Einsteigen wartete.

Motts sagte grinsend: »Diesmal wird der Motor bestimmt nicht ausfallen, Sir. Seit der Skipper den Bootssteurer degradiert hat, scheint er einwandfrei zu funktionieren.«

Standish fiel das Schlucken schwer, sein Mund war plötzlich trocken. Er mußte sich zwingen, aufkommende Befürchtungen zu unterdrücken. So forsch wie möglich rief er: »Hinüber mit euch, Jungs! Die Schußwaffen sichern, und kein lautes Wort!«

Er folgte Motts über die Reling. Erst jetzt spürte er, was es bedeutete, das Schiff zu verlassen, das nun ungeheuer wichtig für ihn wurde. Er fühlte Schweiß im Gesicht.

»Absetzen vorn!« Cully, der neue Bootssteurer, legte die Pinne über und wartete auf das Anspringen des Motors. »Festhalten!« rief er.

Standish packte das Dollbord und spürte, wie Gischt über seinen Arm sprühte, war aber nicht imstande, diesen zu bewegen.

Motts sagte zu ihm: »Sie sollten sich hinsetzen, Sir, es wird rauher, sobald wir aus dem Lee* herauskommen.«

Er setzte sich auf eine Ducht, während das Boot mit dröhnendem Motor den Bug der Fregatte rundete und auf den Streifen hell erleuchteten Wassers zuhielt, der wie ein blendender Teppich zwischen den beiden Schiffen lag.

Plötzlich sah Standish den Frachter dicht vor sich. Seine im Scheinwerferlicht glitzernde Bordwand ragte wie eine Steilwand gen Himmel.

Er hörte zwei der Seeleute miteinander flüstern und dann fröhlich lachen. Sie waren offenbar völlig unbekümmert, vielleicht sogar froh darüber, daß endlich etwas geschah. Aber die Sorglosigkeit der Leute rührte wohl auch daher, daß er bei ihnen war: ein Offizier, der ihnen sagen würde, was zu tun war, wenn es kritisch wurde.

Standish ertappte sich dabei, daß er Dalziel plötzlich verfluchte. Hätte er nicht bis zum Hellwerden warten oder dem Frachter Befehl geben können, ihnen in den Hafen zu folgen? Aber nein, er mußte sofort handeln, ohne Rücksicht auf die Folgen. Vielleicht hatte Irvine doch recht, der Kommandant dachte mehr an seinen eigenen Ruf als an das mögliche Risiko.

Motts sagte in seine Gedanken hinein: »Sie haben eine Jakobsleiter heruntergelassen, Sir.«

Im kalten Licht des Scheinwerfers wirkte sie eher wie eine endlose Schlange und ließ die hohe Bordwand des Frachters noch unbezwingbarer erscheinen.

»Klar bei Bootshaken vorn!« rief Cully.

* dem Wind abgewandte Seite; Gegenteil: Luv

Motts wandte sich um und sah Standish an, das Gesicht im grellen Licht weiß wie das eines Zirkusclowns.

»Soll ich zuerst gehen, Sir?«

Standish stand auf und schwankte, als das Boot heftig gegen die narbenbedeckte Bordwand stieß. Jede einzelne Niete warf im Scheinwerferlicht einen schwarzen Schatten, und die großen Rostflecken wirkten wie getrocknetes Blut.

»Folgen Sie mir!« Kaum erkannte Standish seine eigene Stimme. »Das Boot kehrt zur *Terrapin* zurück und erwartet dort neue Weisungen.«

Er packte die Strickleiter. Seine Beine wurden bis über die Knie durchnäßt, als das Boot in ein Wellental sackte. Die Augen fest auf die Reling oben gerichtet, begann er zu klettern.

Er hatte bereits den größten Teil der Leiter erstiegen, als er zu seiner Linken eine leichte Bewegung wahrnahm. Eine kleine Gestalt in weißem Hemd war in der Brückennock aufgetaucht und schien ihn zu beobachten. Der Mann winkte nicht und rief nicht, wirkte eher wie ein unbeteiligter Zuschauer. Dann tauchte noch eine Gestalt auf und ging nach vorn zum Brückenkleid, von wo sie auf das Motorboot hinunterblickte, das gerade mit dem Heck voraus von der Bordwand ablegte.

Standish spürte ein Zerren an der Leiter und wußte, daß Motts und die Seeleute hinter ihm herkamen. Irgend etwas jedoch ließ ihn in der Bewegung innehalten und wie gebannt die beiden Gestalten auf der Brücke anstarren.

Als das Motorboot auf Fahrt voraus ging, um zur *Terrapin* zurückzukehren, kam plötzlich Leben in die zweite Gestalt. Im gletscherfarbenen Scheinwerferlicht schob sie etwas über das Brückenkleid. Als Standish eine Warnung hinunterrief, wurden seine Worte erstickt von dem harten, trockenen Hämmern einer automatischen Waffe.

Rasch kletterte er weiter hinauf; seine Knöchel und Knie bluteten aus einem Dutzend Schnittwunden, die er sich an der rauhen Bordwand geholt hatte, aber sein Verstand registrierte nichts außer dem wild hämmernden Feuerstoß und dem Splittern von Holz, als der Kugelhagel über das Motorboot fegte.

Dann war er oben und sprang über die Reling. Er stolperte über ein herumliegendes Tau, während er verzweifelt an der Pistolentasche zerrte. Das Feuer schwieg so abrupt, wie es begonnen hatte, und in der Stille vernahm man das schreckliche Schreien eines Menschen. Es schwoll kurz an, dann brach es genauso jäh ab wie vorher der Feuerstoß.

Der Scheinwerfer ging aus, ob abgestellt oder von einer Kugel getroffen, konnte Standish nicht sagen; es war ihm auch gleichgültig.

Ringsum hörte er seine Leute fluchen. Ihre Waffen klirrten an Deck, während sie nachtblind in der unbekannten Umgebung herumtasteten. Die aufgeregten Stimmen klangen wie am Rand einer Panik.

Auf dem Bootsdeck des Frachters flammte es kurz auf: ein neuer Feuerstoß. Diesmal fuhr er zwischen die kauernden Seeleute, schlug Funken aus einer Winsch und hämmerte in die Decksplanken.

Standish schrie: »Verteilt euch auf beide Seiten!« Er duckte sich, als eine einzelne Kugel vor seinen Füßen ins Deck schlug. »Motts, übernehmen Sie an Steuerbord!«

Die Seeleute fingen an zu rennen, dann zögerten sie und blinzelten verdutzt, als plötzlich starke Bogenlampen über ihren Köpfen aufleuchteten, jede Luke, jede Deckstütze in gleißendes Licht tauchten und ihre hell erleuchteten Gestalten schutzlos hervorhoben.

Sofort begann auch der Beschuß wieder. Die Kugeln peitschten von Brücke und Bootsdeck, es schien, als müßten sie alle innerhalb von Sekunden niedergemetzelt sein.

Motts ließ sich auf ein Knie nieder und erwiderte das Feuer mit seiner Maschinenpistole. Dazwischen hörte Standish Glas splittern und Schreie außerhalb des blendenden Lichts. »Schießt die Lampen aus!« schrie er.

Ein Seemann starrte ihn an und nickte dann, aber bevor er seine Maschinenpistole heben konnte, wurde er von den Füßen gerissen und wie ein Bündel Lumpen gegen die Verschanzung geschleudert. Standish spürte, daß ihm Blut übers Bein lief, als er die Stirling aufhob, die dem Seemann entfallen war. Er schoß auf die nächste Bogenlampe, bis das Magazin leer war.

Ein anderer Seemann brach schreiend und um sich schlagend neben einer Luke zusammen; die Hände vors Gesicht gepreßt, blieb er zwischen seinen Kameraden liegen.

Standish kroch hinter eine der Winschen, richtete sich dort halb auf und starrte ins Dunkel, bis seine Augen vor Anstrengung schmerzten. Bevor ein Feuerstoß aus Motts' Maschinenpistole die letzte Bogenlampe zerschoß, hatte er die beiden Treppen gesehen, die zur Brücke führten. Sie waren dicht mit Stacheldraht umwickelt und endeten oben vor schweren Eisentüren. Die Brücke war eine uneinnehmbare Festung.

Motts kroch neben ihn, heftig aus einer Stirnwunde blutend. »Was halten Sie davon, Sir?« fragte er atemlos.

»Weiß der Teufel! Sie haben uns ganz schön festgenagelt. Wenn wir die Brücke zu stürmen versuchen, können sie uns aus dem Stacheldraht picken wie...« Er duckte sich, als ein Feuerstoß über die Luke fegte und Holzsplitter und Persenningfetzen in alle Richtungen schleuderte.

Motts knirschte: »Damit kommt ihr uns nicht davon, ihr Halunken!«

Hinter ihnen wimmerte jemand zum Gotterbarmen, und ein anderer rief: »Ich komme, halt aus, Junge!« Aber weitere Schüsse von der Brücke brachten den Verwundeten zum Schweigen, und der andere schrie: »Ihr verfluchten Mörder! Ihr verfluchten, stinkenden Bluthunde!«

Standish sagte langsam: »So hat das keinen Zweck.« Es überraschte ihn selbst, wie ruhig er war. Als hinge er unbeteiligt im Raum.

Dann fügte er hinzu: »Wir müssen etwas unternehmen, bevor es hell wird, sonst knallen sie uns einzeln ab wie die Hasen.«

Motts fragte: »Wer sind diese Leute, Sir?«

»Der Signalmeister hat vorhin von Piraten gesprochen.« Er stützte die Stirling auf die Winsch und zielte. Aber nein, es war nur ein Schatten. *Vorhin?* War das wirklich erst vor ein paar Stunden gewesen? Irgendwo drüben in der Dunkelheit starrten jetzt Burch und die anderen auf der Brücke herüber, nahmen vermutlich an, daß sie alle bereits tot waren. Aber was konnte Dalziel anderes tun, als sich bereit halten und auf Tageslicht warten?

Ein Seemann flüsterte: »Da kommt jemand die Steuerbordtreppe herunter, Sir!« Er hob die Stirling. »Den Kerl lege ich um!«

Standish packte sein Handgelenk. »Halt, nicht schießen!«

Der Mann schloß die eiserne Tür am Fuß der Treppe auf, die ganze Zeit von einer Stablampe aus dem Bootsdeck angeleuchtet. Es war ein kleiner, kahlköpfiger Mann, auf den Schulterstücken seines zerrissenen Hemdes glänzten die Goldstreifen eines Schiffsoffiziers.

Er trat durch die eiserne Tür und verschloß sie wieder. Nach kurzem Zögern warf er den Schlüssel hinauf zum Licht der Stablampe. Vorsichtig stieg er über den Stacheldraht und kam dann mit erhobenen Armen auf sie zu, seine Schritte dröhnten laut in der Stille.

Als er in Höhe der Winsch angekommen war, packte Motts ihn am Arm und zog ihn hinunter in Deckung.

Standish fragte: »Wer sind Sie?«

Der Mann lehnte sich keuchend an und rang nach Atem. Er roch verschwitzt, und man spürte seine Angst.

»Hamlyn, Erster Offizier.« Er sprach mit deutlichem Yorkshire-Akzent und erinnerte Standish ein wenig an Pigott. »Ich komme als Parlamentär.«

Standish starrte ihn an. »Wer schickt Sie?«

Hamlyn stöhnte. »Das weiß ich selbst nicht, glauben Sie mir. Wir waren auf der Fahrt nach Songkhla, als wir zwei Dschunken sichteten. Die eine schleppte die andere, beide schienen in schlechtem Zustand zu sein. Natürlich stoppten wir, um ihnen zu helfen.«

Vielsagend sah Standish Motts an. »Natürlich« hatte er gesagt. Es war das ungeschriebene Gesetz der Seefahrt. »Was geschah weiter?«

»Alles ging so schnell. Wir hatten chinesische Passagiere an Bord, alle ordnungsgemäß überprüft, mit Arbeitsgenehmigungen für Thailand und allen erforderlichen Papieren. Aber im Augenblick, als wir bei den Dschunken längsseits gingen, stürmten sie die Brücke und setzten uns fest. Auf den Dschunken waren zwei Dutzend weitere, bis an die Zähne bewaffnete Chinesen. Es ging in Minutenschnelle.«

Motts zeigte auf die Treppen. »Was war mit dem Stacheldraht und den Türen?«

Der Handelsoffizier hob die Schultern. »Irgend jemand hatte dafür gesorgt, daß sie im richtigen Augenblick geöffnet waren. Das Ganze war kein Zufallsunternehmen, sie wußten genau, daß wir kommen würden.«

»Ihre Ladung?«

»Zum größten Teil Stückgut. Aber wir haben auch fünfzig Kisten Gewehre und automatische Waffen für die thailändische Armee, dazu zwölf Tonnen Medikamente und sonstige ärztliche Ausrüstung an Bord.« Verzweifelt fuhr er fort: »Sie lassen Ihnen sagen, Sie sollen Ihrem Schiff signalisieren, daß es abdampft. Der Anführer hat mir dafür zehn Minuten gegeben.«

Grimmig sagte Motts: »Was der für Vorstellungen hat!«

Erregt richtete Hamlyn sich auf. »Wir haben noch zwölf andere Passagiere an Bord, acht davon Frauen! Er läßt sie alle umbringen, wenn Ihr Kommandant nicht verschwindet. Nur deshalb hat unser Kapitän das Spiel mitgemacht, als Sie uns das erste Mal anhielten.«

»Um Himmels willen«, sagte Motts.

»Würde er das wirklich tun?« Standishs Hirn arbeitete fieberhaft, um eine Lösung zu finden.

»Sie haben den Rudergänger und den Dritten Offizier erschossen. Unser Funker kam ums Leben, als diese Verbrecher eine Handgranate in seine Bude warfen. Der arme Kerl hat versucht, rasch noch S.O.S. zu geben.«

»Ich weiß.« Standish hob den Blick, die Sterne schienen schon schwächer. Dieser Pirat beabsichtigte offenbar, sich mit einem anderen Schiff zu treffen, um die wertvolle Ladung auf See zu übergeben. Jerrams Patrouillenboote mußten viele Meilen im Süden stehen, womöglich wußte der Anführer auch das.

Langsam sagte er: »Ich kann mich auf einen solchen Tausch nicht einlassen.«

»Ist Ihnen klar, was Sie da sagen, Mann?« Hamlyn packte ihn am Arm. »Sie haben die Passagiere auf dem Gewissen!«

Motts sagte rasch: »Unser Erster Offizier hier ist überzeugt, daß sie uns sowieso alle umbringen.«

»Wo sind die Passagiere?« fragte Standish.

»Streng bewacht in zwei Kabinen auf der Backbordseite des Bootsdecks.« Verzweiflung schien Hamlyn zu übermannen. »Sie haben Bewaffnete im Maschinenraum, zur Überwachung des Maschinenpersonals, der Rest ist auf der Brücke bei Kapitän Tothill. Es ist zwecklos, sie haben an alles gedacht und vorgesorgt.«

Standish überlegte in aller Eile. Was er vorhatte, grenzte an Wahnsinn, aber ihnen blieb keine andere Wahl.

»Gehen Sie zurück, und sagen Sie, daß ich meinem Kommandanten signalisiere. Genau das werden sie erwarten. So verschaffen wir uns Zeit.«

Hamlyn stand auf, wäre jedoch gefallen, wenn Motts ihn nicht gehalten hätte. »Ich wollte mich dieses Jahr zur Ruhe setzen.« Ein unterdrücktes Schluchzen schüttelte ihn. »Aber jetzt . . .« Er griff plötzlich in seinen Hemdausschnitt und brachte einen mitgenommenen Lederbeutel zum Vorschein. Den drückte er Standish in die Hand. »Sehen Sie zu, daß meine Frau dies bekommt, falls Sie am Leben bleiben.« Er befreite sich aus Motts Griff. »Aber ich will nicht sterben, ohne einen Finger gerührt zu haben. Im Beutel ist auch ein Ersatzschlüssel für die Stahltür an der Steuerbordtreppe.«

Dann war er gegangen. Kurz vor der Brücke erfaßte ihn wieder der Strahl der Stablampe, und Standish sah einen Schlüssel an einer dünnen Leine vom Bootsdeck herabhängen, der dem Offizier die Rückkehr ermöglichen sollte.

Als die Lampe wieder erloschen war, fühlte Standish den Ersatzschlüssel zwischen den Fingern. Er war noch warm von Hamlyns Körper.

»Nehmen Sie die Lampe, und morsen Sie hinüber, Motts, so rasch Sie können. Aber stellen Sie sich so, daß die Lampe von der Brücke hier nicht zu sehen ist.«

Er fragte sich, warum Dalziel nicht eingegriffen, nicht einmal den Versuch gemacht hatte, über Lautsprecher Kontakt aufzunehmen.

»Fertig, Sir.«

Das Blut gerann ihnen in den Adern, als ein durchdringender Schrei die Stille zerriß. Ihm folgte ein zweiter Schrei, dann hörte man nichts mehr.

Ein Seemann stieß heiser hervor: »Das war eine Frau!«

Standish wandte den Blick ab. »Fangen Sie an, Motts. Wort für Wort, wie ich es Ihnen sage.«

Motts rief die *Terrapin* mit seiner kleinen Morselampe an, und sofort kam die Bestätigung über das schwarze Wasser. Das muß Burch sein, dachte Standish. Darin lag ein gewisser Trost.

Keine Schüsse fielen, während der Morsespruch abgegeben wurde. Es war ein Spiel mit hohem Einsatz, dachte Standish grimmig, ein Spiel, das sie alle verlieren konnten.

Schließlich setzte Motts die Lampe ab und sah ihn an. »Es war schön, mit Ihnen zusammenzuarbeiten, Sir.« Seine Stimme klang ruhig, als er fortfuhr: »Wer weiß, ob ich nachher noch die Gelegenheit habe, Ihnen das zu sagen.«

Standish blickte an ihm vorbei und versuchte, die Silhouette der *Terrapin* auszumachen. Er stellte sich die Szene auf deren Brücke vor. Dann sagte er langsam: »Wir wollen uns klarmachen. Und wenn es mich erwischt, müssen Sie die Führung übernehmen, Motts. Einen Fehlschlag würden wir alle nicht überleben.«

Motts flüsterte: »Ich sage den anderen Bescheid, Sir. Soweit sie noch am Leben sind.« Dann grinste er. »Ich hoffe nur, daß der Schlüssel auch paßt!«

Standish wandte seine Aufmerksamkeit wieder der Brücke zu. Bald würde es vorüber sein. Einen Augenblick fragte er sich, ob Alison wohl jemals darüber in den Zeitungen lesen würde. Und wenn, war es ihr vermutlich gleichgültig.

Fest packte er die Stirling des toten Seemanns und verbannte Alison aus seinen Gedanken.

Was hatte Dalziel gesagt? »Ob falsch oder richtig, es geht nicht anders.«

7 »Die Marine ist da!«

Motts glitt lautlos übers Deck heran und berührte Standishs Ellbogen. »Ich habe den Leuten gesagt, was wir vorhaben, Sir.« Er hob den Kopf und spähte über die Winsch. »Es wird schon hell.«

Standish antwortete nicht. Er hatte sich kaum bewegt, seit der kurze Morsespruch an die *Terrapin* abgegeben worden war, und seine Augen schmerzten vom scharfen Beobachten der Brücke und der tiefen Schatten rund um das Bootsdeck.

Motts murmelte ungeduldig: »Verdammt, wieso dauert das so lange?«

»Es kommt Ihnen nur so vor.« Standish straffte sich, als

ein kurzer Lichtschimmer aus den zerbrochenen Bullaugen des Funkraumes fiel. Ein Mann zündete sich dort eine Zigarette an. Sie mußten ja sehr zuversichtlich sein. Die Maschinen der *Cornwallis* waren wieder angesprungen, die Takelage, die sich dunkel vom jetzt helleren Sternenhimmel abhob, fing an zu vibrieren.

Betont ruhig sagte er: »Der Kommandant scheint sie an der Nase herumgeführt zu haben, wenigstens im Augenblick ... Gleich ist es soweit.«

Er trat von der Winsch zurück und stieß mit dem Knie gegen einen unbekannten Gegenstand. Entsetzt stellte er fest, daß es das Bein eines Seemanns war, ausgestreckt und erstarrt im Tod.

Leise fügte er hinzu: »Sagen Sie den Leuten, Motts, es wird heiß hergehen und verdammt laut werden. Sie sollen dicht zusammenbleiben und nur an diese verdammte Treppe denken!«

Er hörte, wie Motts die Weisung flüsternd weitergab. Dachten die Unbekannten auf der Brücke wirklich, daß Dalziel wegfahren und sie entkommen lassen würde? Aber auch sie hatten keine andere Wahl und nichts einzusetzen als die Geiseln. Ihm fielen wieder die entsetzlichen Schreie ein, die sie gehört hatten.

Motts zischte ihm ins Ohr: »Sehen Sie, Sir!« Aufgeregt packte er ihn am Arm. »Backbord achteraus. Die alte *Terrapin* kommt!«

Standish erhob sich halb, den Blick auf den weißen Schnurrbart am Bug der Fregatte gerichtet, die in voller Fahrt aus der Dunkelheit preschte.

An einem Ankerlieger bei schlechter Sicht längsseits zu gehen, war immer ein Risiko, aber bei einem in Fahrt befindlichen Schiff beschwor es das Unheil geradezu herauf. Standish stand jetzt voll aufgerichtet, und auch die Seeleute neben ihm starrten gebannt, ja beinahe ehrfürchtig der sich rasch nähernden *Terrapin* entgegen.

Oben auf der Brücke erklang ein lauter Ruf, und zwei

dunkle Gestalten flitzten hinaus zur Brückennock. Der Scheinwerfer der *Terrapin* leuchtete wieder auf, hüllte Brücke und Schornstein in blendendes Licht, während gleichzeitig ihre Sirene ein markerschütterndes, betäubendes Geheul ertönen ließ.

Standish zog den Schlüssel aus der Tasche und brüllte: »Jetzt, Jungs! Während sie auf der Brücke alle abgelenkt sind!«

Dann rannte er los, ohne sich um die Gestalten neben sich, um die Schreie und das Hämmern der Maschinenwaffen zu kümmern. Er konzentrierte sich ganz auf das einzige Ziel: die Stahltür zu erreichen.

Fast mühelos überwanden sie den Stacheldraht; die vom grellen Licht geblendeten Seeleute rannten gegen seinen Rücken, als er an dem groben Schloß hantierte. Dicht hinter sich hörte er ihr Keuchen und ihre ungeduldigen Rufe.

Die schwere Eisentür sprang auf, und sie stürmten die Treppe hinauf. Einen Augenblick hüllte Dunkelheit sie ein, da das Bootsdeck das Scheinwerferlicht abschirmte.

Und während der ganzen Zeit heulte die Sirene, um so lauter, je näher die *Terrapin* kam. Schon hörte Standish das Rauschen der Lüfter, das Mahlen der Schrauben und andere Schiffsgeräusche.

Auch von der Fregatte wurde geschossen, Funken sprühten aus Brücke und Bootsdeck, als die Kugeln einschlugen.

Die Gestalt eines Mannes zeichnete sich vor dem Funkraum ab; als er die herannahenden Engländer sah, versuchte er, sich im Schatten zu verbergen. Standish fühlte den heißen Luftzug einer vorbeifliegenden Kugel und sah, wie die Gestalt wild um sich schlagend an Deck stürzte. Das von einem seiner eigenen Leute abgefeuerte Geschoß mußte Standishs Kopf um Haaresbreite verfehlt haben.

Jetzt waren sie auf dem Seitendeck. Er sah die *Terrapin* dicht vor sich, von ihrer Brücke kam heftiges Feuer aus automatischen Waffen.

Und dann der Aufprall. Standish fühlte das Deck unter sich schwanken, hörte das schreckliche Geräusch zerreißenden Metalls; der Steven der Fregatte fuhr in die rostigen Platten der Bordwand wie eine Baumsäge in Holz. Fender und gezurrte Hängematten, die den ersten Aufprall ein wenig mildern sollten, wurden beiseite gefegt, als die beiden Schiffskörper mit Getöse aneinander entlangschlierten.

Motts schrie: »Dort oben, Sir!« Er raste die letzten Treppenstufen zur Brücke hinauf, die Stirling im Anschlag, während das Deck noch einmal gewaltig überholte.

Standish trat eine hölzerne Schwingtür auf, sah die um Ruder und Maschinentelegrafen versammelten Gestalten herumfahren und ihn anstarren, als sei er vom Himmel gefallen. Etwa fünfzehn Menschen, schätzte er, aber im Wechsel zwischen Dunkelheit und Helligkeit waren keine Einzelheiten zu erkennen. Ein Mann rannte zur gegenüberliegenden Tür des Steuerhauses, versuchte zu entkommen; aber diese Bewegung löste gleichzeitige Feuerstöße aller britischen Seeleute aus. Der aufgestaute Haß, die Angst entluden sich darin.

Die Stirlings feuerten wild in die dichte Menschenmasse, Kugeln durchschlugen die längst zersplitterten Brückenfenster, die Türen und Seitenwände. Die Schmerzensschreie der Getroffenen wurden übertönt vom Lärm der Maschinenpistolen, während blauer Rauch das Ganze einhüllte und gnädig verbarg.

Standish schlug Motts Arm herunter. »Genug! Halten Sie den Rest hier in Schach, ich gehe aufs Bootsdeck!« Mit drei Seeleuten rannte er zur nächsten Tür und bemerkte dabei, daß die ruckartigen Bewegungen des Schiffes in ein heftiges Rollen übergegangen waren, vermutlich vom Kielwasser der Fregatte verursacht. Die brave *Terrapin* hatte die nötige Verwirrung gestiftet, die sie für den Sturm auf die Brücke brauchten.

Er stieß Türen auf und fiel beinahe in den hell erleuchteten Gang, der offensichtlich von vorn nach achtern durch die Aufbauten des Bootsdecks führte.

Ein Schatten bewegte sich an dessen Ende, und eine Kugel schlug splitternd ins Holz hinter Standishs Schulter. Erstickte Schreie begleiteten den Schuß.

»Die letzten Kabinen! Los!« rief er seinen drei Begleitern zu.

In diesem Augenblick tauchte ein weiterer Mann auf, eine Handgranate in der erhobenen Hand, während er eine andere Tür aufstieß. Das verängstigte Schreien der Frauen wurde jetzt lauter, und Standish begriff, daß sie in diesem Raum gefangengehalten wurden. Mit der Handgranate sollten sie umgebracht werden!

Standish hob die Stirling und feuerte. Das Magazin war fast leer, aber er sah den Mann herumwirbeln, hörte das Klicken, als er die Handgranate entsicherte, und brüllte so laut er konnte: »Hinlegen! Runter mit euch!«

Im engen Gang spürte er die Detonation, hörte aber das Krachen nicht. Er empfand lediglich einen ungeheuren Druck in Ohren und Lunge, roch den beizenden Qualm und betrachtete geistesabwesend die abgesplitterte Farbe, die auf seine ausgestreckten Arme herunterrieselte wie künstlicher Schnee.

Als sein Gehör zurückkehrte, hob er den Kopf und sah, was von dem Attentäter übriggeblieben war. Körper und Beine waren in eine Ecke des Ganges geschleudert worden, der Rest hatte Wände und Decken beschmiert, ein schauerliches Gemälde.

Er wandte sich nach seinen Leuten um. Einer lehnte an der Wand, das Blut strömte ihm zwischen den Fingern der Hand hindurch, die er auf seine Hüfte preßte; die Zähne biß er vor Schmerz zusammen. Die anderen wirkten zwar benommen, schienen aber unverletzt.

Standish sagte: »Dobson, Sie bleiben hier und passen auf ihn auf, bis Hilfe kommt. Legen Sie einen Notverband an.«

Der Verwundete blickte grinsend zu ihm auf. »Ist nicht

so schlimm, Sir.« Dann schwanden ihm die Sinne, und er kippte zur Seite.

Standish erreichte die letzte Tür; bei der Detonation der Handgranate war sie zugeschlagen und jetzt über und über mit Splittereinschlägen und Blut bedeckt.

Zum erstenmal zog er seine Pistole und brachte sie in Anschlag, dann drehte er den Türgriff, öffnete vorsichtig einen kleinen Spalt und hörte die Schreie plötzlich aus nächster Nähe.

Laut rief er: »Sie sind jetzt in Sicherheit!« Ins Schweigen hinein rief er nochmals: »*Die Marine ist da!*« Er merkte, daß der Seemann neben ihm grinste, offenbar hatte er den Schock überwunden. Standish sagte: »Ein bißchen theatralisch, scheint aber gewirkt zu haben.«

Er stieß die Tür vollends auf und trat mit vorgehaltener Pistole ein. Sein Blick umfaßte die umgestülpten Koffer, das zerwühlte Bettzeug, die geduckten Gestalten mehrerer Frauen, die ihn mit weit aufgerissenen Augen anstarrten, als könnten sie nicht fassen, was sie erblickten. Von einer Bewachung war nichts zu sehen.

Eine ganz junge, dunkelhaarige Frau saß auf einer Koje, die Knie bis unters Kinn hochgezogen. Sie war fast nackt, und als Standish sie ansah, begann sie lautlos zu weinen, ihr ganzer Körper wurde von trockenem Schluchzen erschüttert.

Standish fragte: »Sind das alle?«

Eine große hagere Frau mit harten Gesichtszügen, in einen Morgenrock gehüllt, antwortete: »In der nächsten Kabine liegt die Frau des Kapitäns.« Sie zögerte. »Die Piraten haben sie umgebracht, als Ihr Schiff längsseits kam.«

Dann setzte sie sich neben das schluchzende Mädchen und legte ihm den Arm um die nackten Schultern.

»Ist sie in Ordnung?« Standish fühlte sich wie benommen.

»Ein paar Chinesen haben sie vergewaltigt.« Das junge Mädchen reagierte nicht, während die ältere Frau leise fortfuhr: »Sie wird vermutlich darüber hinwegkommen. Ich war während des letzten Krieges in Singapur und kam auch darüber hinweg.«

Standish öffnete die Tür zum Nebenraum und trat ein. Die Lampe war zertrümmert, er tastete sich also zum Bullauge und klappte die Blende auf. Erstaunt bemerkte er, daß die See bereits im ersten Morgenlicht schimmerte. Dann blickte er sich um, sah das große Doppelbett und die ältere Frau, die mit ausgebreiteten Armen auf blutigen Laken lag. Ihre gebrochenen Augen waren auf ihn gerichtet, schienen ihn verständnislos anzustarren. Er hob einen Teppich auf und bedeckte sie damit. Konnten Männer wirklich so grausam sein, einer Frau so etwas anzutun? Oder einem anderen Lebewesen? Er fiel schwer in einen Sessel, beugte sich vor und erbrach sich.

Als er endlich in den Nebenraum zurückkam und die Tür hinter sich schloß, starrten ihn alle an, als seien sie taubstumm.

Er rief: »Holen Sie Unteroffizier Motts.«

Statt mit Motts kehrte der Seemann mit dem Schiffskapitän zurück, einem weißhaarigen, großen und breitschultrigen Mann, gebaut wie ein Felsblock.

Heiser stieß der Kapitän hervor: »Gott sei Dank, daß Sie uns gefunden haben!«

Standish musterte ihn und empfand plötzlich Groll gegen diesen Mann, ohne zu wissen, warum.

»Wenn Sie vorsichtiger gewesen wären...« Dann dachte er an die verschlossene Kabinentür in seinem Rücken und fügte hinzu: »Ihre Frau ist dort drin, Kapitän.«

Der Ältere befeuchtete sich die Lippen und erwiderte: »Ich danke Ihnen.« Er sah die Frauen an und sagte: »Meine übrigen Leute sind bereits befreit, ich kehre auf die Brücke zurück, bis...« Sein Blick blieb an der verschlossenen Tür hängen; an Standish gewandt, fuhr er abrupt fort: »Ich warte die Weisungen Ihres Kommandanten ab.«

Standish reichte ihm den Geldbeutel. »Der gehört Ihrem Ersten Offizier.«

»Er ist tot.« Die Worte hingen in der Luft. »Sie schlugen ihn zusammen und brachten ihn um, als Ihr Schiff angriff.«

»Er war ein tapferer Mann.« Standish wandte den Blick ab.

»Ja, das war er.« Der Kapitän schritt langsam hinaus in den Gang, seine Arme hingen wie leblos herab. »Es ist mir früher nie klargeworden, aber er war wirklich tapfer.«

Motts kam mit dem anderen Seemann herein und sah Standish fragend an. »Befehle, Sir?« Er nickte den Frauen zu. »Guten Morgen, meine Damen! Wir werden Sie bald wieder aufmöbeln.« Dann wurde er ernst. »Unsere Leute haben zehn dieser Halunken auf dem Vordeck unter Bewachung, Sir. Alles Chinesen, keiner älter als zwanzig.«

»Und ihr Anführer?«

»Vermutlich unter denen, die auf der Brücke zusammengeschossen wurden.«

Aus dem Gang rief eine erregte Stimme: »Vom Schiff wird signalisiert, Sir! Kommen Sie?«

Standish sah sich um. Der Kampf war vorüber. »Ja, sofort.«

Als er Motts in die frische Morgenluft folgte, dachte er an das Mädchen und an das, was es durchgemacht hatte.

Auf der Brücke hinter den zerbrochenen Fenstern stand der Kapitän, das Glas auf die jetzt parallel dampfende Fregatte gerichtet. Wie hielt er es auf diesem blutigen Schlachtfeld aus?

Motts sagte fröhlich: »Sie sieht gut aus, nicht wahr, Sir?«

Standish folgte seinem Blick und betrachtete ebenfalls die *Terrapin*. Selbst im schwachen Morgenlicht erkannte man deutlich ihre verbeulten Platten am Bug, die zerbrochene Reling und die zertrümmerten Reste der Jolle.

Nachdenklich nickte er. »Ja, sie sieht wirklich gut aus.

Mir jedenfalls genügt sie.« Und er spürte, daß seine Worte der Wahrheit entsprachen.

Dalziel setzte das Glas ab, als eins der großen Rettungsboote der *Cornwallis* langsam zur *Terrapin* herüberkam.

»Großartig.« Er wandte sich um und sah Standish an, den Kopf zur Seite geneigt wie ein lauschender Vogel. »Fühlen Sie sich besser?«

Standish schwenkte den starken Kaffee noch einmal im Becher und leerte ihn dann auf einen Zug. Deutlich schmeckte er die starke Dosis Rum, die ihm jemand hineingetan hatte. »Im Augenblick ja, Sir.« Er wagte noch nicht, mehr als diese paar Worte zu sprechen. Unverwandt starrte er den hellblauen Himmel und die im Morgendunst erkennbare, dunklere Linie des Horizontes an. Kaum zu glauben, daß er vor knapp zwei Stunden noch um sein Leben gekämpft und Menschen getötet hatte.

Dalziel fuhr fort: »Der Bootssteurer und der Mechaniker kamen beim ersten Feuerüberfall ums Leben. Es gelang uns jedoch, den Bootsgast lebend zu bergen.« Nachdenklich nickte er. »Das heißt also, insgesamt vier Tote und zwei Verwundete. Es hätte schlimmer ausgehen können, sehr viel schlimmer!«

Standish erschauerte. Noch immer sah er die schluchzende junge Frau vor sich, ihr verstörtes Gesicht. Der Rest bestand nur aus vagen, unzusammenhängenden Bildern und wirren Geräuschen. Er erinnerte sich an Irvines Begrüßung, als er in einem Rettungsboot der *Cornwallis* an Bord zurückgekehrt war. Ausgerechnet Irvine! Er hatte ihm die Hände geschüttelt und geschrien: »Gut gemacht, alter Junge! Verdammt gut!« Und Wishart, der ihn nur stumm mit Tränen in den Augen angestarrt hatte. Und all die anderen, die mit Erleichterung oder Erstaunen sahen, daß er noch am Leben war.

Polternd kam Caley die Brückenleiter herauf und salutierte. »Alle Frauen sind in der Messe, Sir. Die Verwundeten habe ich in die Feldwebelmesse gelegt, die Gefangenen sind unter Bewachung.«

»Ausgezeichnet.« Dalziel ging zu seinem Brückensitz und summte leise vor sich hin.

Pigott erschien auf der anderen Leiter, das Gesicht unrasiert und völlig übermüdet. »Sir, ich habe das Gefühl, daß der Koch ein bißchen zu großzügig beim Ausgeben der Rationen war.«

Dalziel musterte ihn kalt. »Ich habe Befehl gegeben, heute Extrarationen zu verteilen, Pigott. Ein gutes Frühstück ist genau das, was wir alle brauchen, Menschenskind! Seien Sie nicht so kleinlich!«

Dickköpfig erwiderte Pigott: »Schön und gut, Sir, aber meine Kalkulation erlaubt nicht, daß . . .« Sie wandten sich um und sahen Standish an, der in unkontrolliertes Gelächter ausgebrochen war.

Pigott nahm die Brille ab und putzte sie umständlich. »Sie können leicht lachen, Number One! Aber ein Versorgungsoffizier muß alles bedenken.« Vor sich hin murmelnd, ging er zur Leiter. »Keine Hilfe, kein Verständnis, das ist mein Schicksal. Immer dasselbe.«

Dalziel glitt von seinem Sitz und begleitete Standish in den Kartenraum. Dort war es kühl und dunkel.

»Würden Sie lieber nach unten gehen?« fragte er besorgt.

Standish nahm die Mütze ab und wischte sich den Schweiß von der Stirn. Seine Haut fühlte sich feucht und fremd an, genauso fremd wie seine eigene Stimme und wie das Gelächter, das er nicht in der Gewalt hatte. Seltsam, daß Dalziel als einziger merkte, wie dicht er vor einem völligen Zusammenbruch stand.

Der Kommandant beobachtete, wie Standish sich über den Kartentisch beugte. »Sie haben gute Arbeit geleistet, Number One! Wenn Ihr Plan nicht funktioniert hätte, wären Sie wirklich in Schwierigkeiten geraten.« Er zog eine Grimasse. »Ziemliches Durcheinander, wie?«

»Und was jetzt, Sir?« Vielleicht war der Rum schuld, aber in Standishs Ohren rauschte und brauste es wie in dem Augenblick, als die Handgranate detoniert war. Er versuchte, nicht an den verstümmelten Frauenkörper in der Kabine zu denken. »Oder wissen wir es noch nicht genau?«

Dalziel reckte sich und blickte nachdenklich aus dem offenen Bullauge.

»Ich habe das Geschwader informiert, wenigstens über die hauptsächlichsten Dinge. Einen umfassenderen Bericht geben wir, wenn wir im Dock sind.«

»Im Dock?«

»Habe ich Ihnen das nicht erzählt?« fragte Dalziel beiläufig. »Wir sollen sofort nach Singapur kommen.« Sein übliches Grinsen erschien, breitete sich über das ganze Gesicht aus, als habe es schon die ganze Zeit gelauert. »Ich glaube nicht, daß wir noch irgendwelche Unfreundlichkeiten zu hören bekommen. Wir haben aller Welt bewiesen, was wir wert sind.«

Standish schlug die Augen nieder. Bewiesen? Bewiesen durch vier gefallene britische Seeleute und Gott weiß wie viele andere Tote. Und ein Mädchen, das keine Tränen mehr hatte.

»Ein paar Tage im Dock genügen für das Schiff.« Dalziel schien nicht ganz bei der Sache zu sein. »Keine allzu großen Beschädigungen, jedenfalls nicht bei uns.« Er begann, im Kartenhaus auf und ab zu gehen. »Anschlag vereitelt, Schiff gerettet und einige Gefangene als Beweis. Verdammt gute Schau.«

Irvine blickte in den Kartenraum. »Klar zur Weiterfahrt, Sir!«

»Gut. Gehen Sie auf den neuen Kurs und geben Sie an *Cornwallis*, sie soll Position recht achteraus einnehmen.« Dann sah er Standish an. »Ihre Reederei hat offenbar eingewilligt, daß sie mit uns kommt.« Er runzelte die Stirn. »Die können von Glück sagen, wenn sie demnächst überhaupt noch ein Schiff haben.«

Völlig unbeteiligt sagte Irvine: »Das Radargerät ist wieder defekt, Sir.«

Dalziel starrte ihn an, langsam kehrte sein Grinsen zurück. »Nun, schließlich kann nicht *alles* bei uns funktionieren, N.O., oder?«

Als Irvine den Kartenraum verlassen hatte, fuhr Dalziel enthusiastisch fort: »Wissen Sie, Number One, ich habe das Gefühl, daß wir an der Schwelle zu etwas Großem stehen, zu etwas wirklich Großem diesmal.«

Standish blickte auf seine Hose nieder, auf der große Blutflecken getrocknet waren wie Roststreifen. Verzweifelt kämpfte er gegen die Übelkeit an. Schließlich sagte er mühsam: »Wir hatten großes Glück, Sir.«

»Sicherlich war auch Glück dabei.« Dalziel neigte lauschend den Kopf, als die Maschinentelegrafen im Steuerhaus scheppernd klingelten und das Deck wieder zu vibrieren begann. »Aber ich ziehe es vor, mich auf mein Urteilsvermögen zu verlassen.« Zufrieden nickte er. »Urteilsvermögen und noch etwas, das die aber nicht kennen, die an Land auf ihrem Arsch sitzen, stimmt's?«

Als er zur Tür ging, sagte er noch: »Meine Seekabine steht Ihnen zur Verfügung. Waschen Sie sich, und legen Sie sich hin. Danach und nach dem besten Frühstück, das dieses Schiff jemals gesehen hat, werden Sie sich wieder wohl fühlen.«

Standish starrte auf die geschlossene Tür, als Dalziel gegangen war. Er hatte bemerkt, daß der Kommandant frisch rasiert war und ein sauberes Hemd trug.

Während sie drüben auf dem Frachter die letzten chinesischen Piraten einkreisten, die vor der Wut der befreiten Heizer aus dem Maschinenraum geflüchtet waren, und während die Toten sauber aufgerichtet vor der Brücke aufgebahrt wurden, hatte Dalziel in der einzigen Weise reagiert, die er kannte: vorschriftsmäßig. Aber konnte ein Mensch wirklich so überzeugt von sich selbst sein und dazu so bar jedes privaten Gefühls?

Müde setzte er sich auf den Deckel des Kartenkastens und lehnte den Rücken ans Schott. Er fühlte das sanfte, gleichmäßige Vibrieren der Maschinen, als versuche auch das alte Schiff genau wie Dalziel, ihn wieder zu beleben, ihn dieser Welt zurückzugeben. Als der Kommandant zehn Minuten später den Kartenraum betrat, lag Standish auf dem Kasten und schlief fest. Lächelnd ging er wieder hinaus und schloß leise die Tür.

Ihre Rückkehr nach Singapur dauerte nahezu vier volle Tage. Abgesehen davon, daß sie die qualvoll langsame Fahrt beibehalten mußten, damit die *Cornwallis* Schritt halten konnte, gab es noch andere Verzögerungen.

Am Morgen des ersten Tages drehte die *Cornwallis* bei, und während die *Terrapin* in der leichten Dünung wartete, wurden auf beiden Schiffen die Flaggen halbmast gesetzt; dann traten die Offiziere und Mannschaften, die bei dem Kampf gefallen waren, ihre letzte Reise über die Reling an. Mit ernster Miene sah Dalziel von der Brücke aus zu, wie die armseligen Segeltuchbündel auf einem Lukendeckel weit genug von der rostigen Bordwand des Frachters freigeschoben wurden; bitter bemerkte er: »Es ist schade, daß wir unseren eigenen Leuten nicht selbst diese Ehre erweisen können. Jammerschade.«

Das letzte Bündel, das über Bord ging, enthielt die sterblichen Überreste der Kapitänsfrau. Standish hatte durchs Glas gesehen, wie der Kapitän einen grob geflochtenen Kranz hinterherwarf, das Gesicht wie zu Stein erstarrt.

Standish kannte den Grund für Dalziels Bedauern: ein kurzer Funkspruch hatte ihm befohlen, die Ankunft zweier malaysischer Patrouillenboote abzuwarten und die vier Toten an diese zu übergeben. Sie sollten an Land gebracht und per Hubschrauber zusammen mit den beiden Verwundeten nach Singapur geflogen werden.

Die beiden Boote waren pünktlich eingetroffen, und nach mehreren vergeblichen Versuchen hatte es das eine endlich geschafft, bei der *Terrapin* längsseits zu gehen und die Toten und Verwundeten zu übernehmen.

Beide Patrouillenboote waren voll Militärpolizei. Ein kleiner, äußerst gewandter Major hatte eine Vollmacht vorgewiesen und Dalziel in fehlerfreiem Englisch davon in Kenntnis gesetzt, daß die chinesischen Gefangenen ebenfalls an ihn zu übergeben seien.

Als die beiden Boote schließlich ablegten und wieder zur Küste fuhren, sagte Dalziel gereizt: »Alles Taktik! Es soll offensichtlich eine rein malaiische Angelegenheit werden. Man hält es nicht für klug, *uns* die Gefangenen nach Singapur bringen zu lassen. Aber ohne uns hätten sie diese Halunken jetzt in ihrem eigenen Land, wahrscheinlich würden sie gerade einige ihrer verdammten Polizeistationen in die Luft jagen.«

Somit hatte die *Terrapin* bis auf ihre verbeulten Platten und den Verlust beider Boote wenig von ihrem abenteuerlichen Unternehmen vorzuweisen. Außer den Frauen natürlich, die während der ganzen Reise in der Messe und in Dalziels Räumen blieben. Sie schienen wenig geneigt, sich an Deck sehen zu lassen, als wäre die Scham über ihre fürchterlichen Erlebnisse größer als ihre Freude und Dankbarkeit. Am erstaunlichsten aber empfand es die Besatzung, daß in den Radionachrichten nichts über die Befreiung der *Cornwallis* gemeldet wurde. Vielleicht wollten die Behörden Dalziels persönlichen Bericht abwarten, bevor sie etwas davon in die Außenwelt gelangen ließen?

Standish ließ das alles ziemlich gleichgültig. Für ihn gab es genügend zu tun, denn die Kollision schien doch mehr Schäden verursacht zu haben, als sie zuerst glaubten. Die Ausfälle in den elektrischen und mechanischen Anlagen häuften sich, so daß er außer zum Schlafen kaum einmal das Oberdeck verließ.

Es war ihm bewußt, daß er durch harte Arbeit all das vergessen wollte, was er erlebt hatte. Falls Dalziel seine Absicht merkte, so äußerte er sich nicht dazu. Der Kommandant wurde immer leutseliger und aufgeregter, je mehr sie sich Singapur näherten. Einmal, als er feststellte, daß ein paar Seeleute auf der Back die Farbe ausbesserten, rief er ihnen zu: »Laßt das so, wie es ist! Alle sollen sehen, was es uns gekostet hat!«

Am Morgen des letzten Tages, als sie westlichen Kurs durch die Singapurstraße steuerten, kam Dalziel auf die Brücke und setzte sich nach der üblichen kurzen Überprüfung von Kompaß und Karte in seinen Stuhl.

Zu Standish sagte er: »Unser Befehl zum Eindocken ist eingetroffen, Number One.« Er blickte hinauf zu den Möwen, die träge über der reglosen Radarantenne schwebten. »Aber wir sollen zunächst an die Boje gehen. Ich lasse den N.O. eine aussuchen und den Kurs dahin absetzen.« Dann sah er Standish an. »Ich wünsche eine schneidige Einfahrt. Sehen Sie zu, daß sich unsere Leute rechtzeitig umziehen und an Oberdeck antreten. Wir wollen es ihnen zeigen!«

Standish hob das Glas und beobachtete ein kleines Fischerboot, bis es vom Bug der Fregatte freigekommen war. »Und was wird aus den Passagieren, Sir?«

»Alles veranlaßt.« Dalziel sah ihn noch immer an, die Augen im Schatten des Mützenschirms. »Der P.M.O.* hält ein Motorboot zum Abtransport und auch Unterkünfte an Land bereit. Scheint endlich mal reibungslos zu klappen.«

»Hoffentlich«, erwiderte Standish skeptisch.

Dalziel lehnte sich zurück, steckte die Hände in die Taschen und blickte träumerisch in die Ferne. »Ich nehme an, daß wir eine ganze Menge Besuche machen müssen: Presse, Interviews und so weiter. Die *Sibuyan* liegt bereits im Hafen, ich werde den Admiral sofort aufsuchen. Sie natürlich auch, schließlich waren Sie der Prisenoffizier.«

Ein Signalgast rief: »Minensucher an Steuerbord voraus, Sir.«

Es war ein kleiner Küstenminensucher, eines von den

---

* Principle Medical Officer = Chefarzt

vielseitig eingesetzten Booten, die jede örtliche Tätigkeit verrichteten – außer Minensuchen.

Der Signalgast richtete sein Glas auf das Boot, als eine Morselampe auf dessen Brücke zu stottern begann.

»*Rokesmore* an *Terrapin*!« Die Lippen des Signalgasten bewegten sich im Rhythmus der Morsebuchstaben. »Wen haben Sie denn diesmal gerammt?«

Dalziel stand auf und starrte zum Minensucher hinüber, der auf Gegenkurs lag und sich bereits entfernte.

»Was ist denn los mit diesem Idioten?« Das Grinsen lag zwar noch immer auf Dalziels Gesicht, aber als er sich umwandte, erkannte Standish die plötzliche Besorgnis in seinen Augen.

Irvine, der gerade auf die Brücke kam, sagte träge: »Sie haben offensichtlich noch nichts von uns gehört.«

Burch entriß dem jungen Signalgast die Lampe und krächzte: »Ich bitte um die Erlaubnis zu antworten, Sir!«

Dalziel rief: »Sagen Sie ihm, er soll die Zeitungen lesen.« Dann setzte er sich wieder und verfiel in Schweigen.

Irvine sah Standish an und hob die Schultern. »Was halten Sie davon, Number One?«

»Keine Ahnung.« Standish trat beiseite, als die neue Wache auf die Brücke kam.

Irvine rieb sich das Kinn und fügte nachdenklich hinzu: »In der Schule hatten wir einen Hilfslehrer.« Als Standish nichts sagte, fuhr er fort: »Bei ihm wußten wir immer, wann es gleich Krach geben oder jemand verprügelt würde. Trotzdem sagte dieser Bursche nie ein Wort, kein einziges!«

Dalziel rief scharf dazwischen: »Gehen Sie frühstücken, Number One! Ich möchte, daß Sie mich begleiten, sobald wir Changi Point erreicht haben, klar?«

Standish ging direkt in seine Kammer. Chief Steward Wills kam gerade an der offenen Tür vorbei. »Frühstück, Sir?«

»Bringen Sie's mir hierher.« Standish zog das verschwitzte und schmutzige Hemd aus. »Nur Kaffee, das genügt.«

Wills kicherte in sich hinein. »Wir haben ohnehin nicht viel mehr. Bin ich froh, wenn wir neuen Proviant übernehmen, das kann ich Ihnen sagen! Ich mache drei Kreuze, wenn die letzten Passagiere von Bord sind.«

Standish starrte sein Spiegelbild an und fuhr sich mit den Fingern durch das zerzauste Haar. Der arme Wills war Amme, Mutter und Krankenschwester für die Frauen, schien seine Rolle aber gut zu spielen.

Er hörte Schritte im Gang und sah die hagere Frau, der er in der Kabine des Frachters begegnet war. Sie trug noch immer denselben Morgenrock, hatte ein Handtuch über dem Arm und sah aus wie eine Schullehrerin auf Klassenreise in einer zweitrangigen Pension. An der offenen Tür blieb sie stehen und blickte hinein.

»Ich nehme an, daß Sie froh sind, uns loszuwerden?«

Standish setzte seinen Rasierapparat ab, plötzlich fühlte er sich schmutzig.

»Nein, eher ist es umgekehrt.« Er lächelte. »Ich hoffe, daß Sie alle noch dorthin gelangen, wohin Sie wollten, als...« Er wandte sich ab. »Und daß Sie vergessen können, was sich ereignet hat.«

Sie lächelte ihn an, was sie um Jahre jünger erscheinen ließ. »Mein Mann ist Pflanzer. Er würde es nicht einmal merken, wenn ich nach Amerika ginge.« Dann hielt sie ihm die Hand hin. »Danke. Ich werde nie vergessen, was Sie für uns getan haben. Die anderen auch nicht.«

Als sie schon ging, fragte Standish schnell: »Dieses Mädchen, das...« Er stotterte, als sie sich ihm wieder zuwandte. »Hat sie irgend jemanden hier, der ihr helfen kann?«

»Ich habe Freunde in Singapur. Sie wird bei ihnen bleiben, bis sich alles geregelt hat.«

»Gut.« Wenn sie ihn doch nicht so anstarren würde! »Das beruhigt mich. Ich dachte nur...«

»Ich weiß, was Sie dachten, und danke Ihnen auch dafür. Ihre Familie kann stolz auf Sie sein. Ich jedenfalls wäre es.«

Standish griff wieder zu seinem Rasierapparat. Er hörte, wie sie zur Messe hinüberging, und versuchte, ihre herbe Freundlichkeit zu vergessen. Familie! Was für eine Familie? Er schaltete den Rasierapparat ein und warf ihn dann wütend auf die Koje zu dem schmutzigen Hemd. Der Strom war wieder einmal ausgefallen.

Er riß den Telefonhörer vom Haken neben der Koje und schnauzte: »Sagen Sie dem Elektroingenieur, er soll mir sofort jemanden schicken, der meinen Stecker repariert.« Im Spiegel sah er deutlich den wachsenden Ärger in seinem Gesicht.

Familie! Sein Vater war während des Krieges auf See gefallen, die Mutter hatte längst wieder geheiratet und war nach Kanada ausgewandert. Und Alison ... Er brüllte ins Telefon: »Es kümmert mich einen Dreck, wo er ist! Suchen Sie ihn!« Dann knallte er den Hörer auf und ließ sich müde auf den Kojenrand sinken.

Später, als er seine Rasur beendet und ein frisches Hemd angezogen hatte, stand er endlich neben Dalziel, keine Minute zu früh, denn die Fregatte fuhr schon langsam zwischen den vor Anker liegenden Kriegsschiffen hindurch. Nur mit halbem Ohr lauschte er den schrillen Batteriepfeifen, dem Plärren der Hörner von den größeren Schiffen und Dalziels Stimme, der sein Schiff an eine freie Boje fuhr.

Irgend jemand war so vorsorglich gewesen, ihnen ein Boot mit zwei Festmachern zu schicken. Die beiden saßen bereits auf der großen Boje, und vorn am Steven wartete Wishart darauf, die letzten paar Meter der Annäherung melden zu können und dann die Stahltrosse hinunterzulassen. Eine schnittige Hafenbarkasse schaukelte in der Nähe, und inmitten der größeren Schiffe sah Standish die etwas seltsame Form der *Sibuyan*. Das Sternenbanner wirkte fremd zwischen den vielen britischen Flaggen.

»Recht so!« Dalziel lief über die Grätings, um die Boje im Auge zu behalten. Er trug eine Sonnenbrille, deshalb war es schwer, seine Gedanken zu erraten. Aber er schien zu warten, zu hoffen.

Sie hatten ein paar Signalsprüche erhalten, aber nur die üblichen Begrüßungsfloskeln, kein einziges Wort über den eingedrückten Steven, keinerlei Glückwünsche.

»Beide Maschinen stopp!« Dalziel zeigte mit dem Finger nach vorn. »Sagen Sie diesem Idioten, er soll sich mit der Gösch beeilen!«

Burch maulte: »Aye, aye, Sir.«

»Beide Maschinen langsame Fahrt zurück!« Dalziel blickte von der Brückennock hinunter, um die Boje zu beobachten, die jetzt unter dem Steven verschwunden war. Die wartenden Seeleute gerieten plötzlich in Bewegung.

Wishart wandte sich um und hob den Arm.

»Beide Maschinen stopp!« Dalziel beugte sich weit über das Brückenkleid, als die Leinen eingeschäkelt wurden, dann richtete er sich auf, um das Schlippen der Gösch über dem Vorsteven zu beobachten, während gleichzeitig vom Flaggenstock auf dem Achterdeck eine völlig neue britische Flagge in der sanften, ablandigen Brise auswehte.

Schließlich nahm er die Sonnenbrille ab und sagte: »Hauptmaschinen abstellen und Sonnensegel ausbringen, sobald das Schiff festliegt.«

»Motorboot kommt längsseits, Sir!«

Dalziel runzelte die Stirn. »Sagen Sie ihm, er soll wegbleiben, bis wir das Fallreep ausgebracht haben, verdammt!«

Geräuschvoll saugte Burch an seinen Zähnen. »Das kann ich nicht, Sir, es ist der Offizier der Hafenwache.«

»Noch weitere Verzögerungen.« Dalziel legte eine Hand auf den Kompaß, während die Vibration der Maschinen schwächer wurde und dann erstarb.

Der schmucke Oberleutnant, der auf die Brücke stieg,

war höflich, aber bestimmt. Seine Worte empfand Standish als äußerst sorgfältig gewählt.

»Ich habe Befehl, Ihren schriftlichen Bericht sofort zur U.S.S. *Sibuyan* zu bringen, Sir.«

Dalziel bohrte die Hände tief in die Taschen. »Ich werde ihn aus meinem Safe holen. Gegen Quittung.«

Der Offizier schien erleichtert. »Selbstverständlich, Sir.«

Als Dalziel die Brücke verlassen hatte, fragte Standish ruhig: »Das ist äußerst ungewöhnlich. Ich hätte gedacht, daß der C. in C.* zuerst den Kommandanten selbst zu sprechen wünscht.«

»So wurde es angeordnet, Sir.« Der Offizier fingerte an seinem Koppel herum. »Der amerikanische Admiral hat sozusagen den Oberbefehl über Ihre Unternehmungen, und ich nehme an, er ist imstande, mit dieser Situation fertig zu werden.«

Irvine blickte vom Kartentisch auf. »Situation nennen Sie das? Ich nenne es verdammt schlechte Umgangsformen!«

Standish schüttelte den Kopf. »Ruhig, N.O.« Zum Oberleutnant sagte er: »Dann wissen Sie selbst also noch nichts von den Ereignissen?«

Sie hörten die Tür von Dalziels Seekabine zuschlagen und seine Schritte im Kartenraum. Rasch sagte der Oberleutnant: »Die Drähte liefen in den letzten Tagen heiß, als wäre ein neuer Krieg ausgebrochen. Sehen Sie sich also vor!«

Dalziel kam ins Sonnenlicht und überreichte dem Offizier einen versiegelten Umschlag. Dann trat er beiseite und sah zu, wie dieser seine Unterschrift auf ein Quittungsformular setzte.

Der Offizier der Hafenwache richtete sich auf und salutierte. »Willkommen in Singapur, Sir!« Dalziel blickte ihm

---

* Commander in Chief = Oberbefehlshaber

nach, als er das Fallreep hinunterstieg, dann verließ er vor sich hin murmelnd die Brücke.

Irvine fragte: »Was hat der Kommandant gerade gesagt, Signalmeister?«

Burch sah dem davonrasenden Motorboot nach: »Ich glaube, er sagte: ›Du kannst mich mal‹, Sir.«

8 Eine Frage der Sicherheit

Der Quartermeister schob den Kopf in Standishs Kammer und räusperte sich diskret. »Verzeihung, Sir, aber da kommt ein Boot längsseits, um Sie und den Kommandanten auf das Yankeeschiff zu bringen.«

Standish hatte auf seiner Koje gelegen. Er blickte auf die Uhr und stellte fest, daß zwei Stunden vergangen waren, seit die *Terrapin* festgemacht hatte. Er nickte und stand auf. »Bin sofort unten.«

Endlich also geschah etwas. Nach dem Warten und der völligen Nachrichtensperre hatte sich offenbar jemand entschlossen, das Schweigen zu brechen.

An Deck brannte die Sonne heißer denn je, und als Standish zum Fallreep ging, stellte er fest, wie ruhig es an Bord geworden war. Rumgeruch hing über dem Schiff, und in den Messen machte sich alles zum Mittagessen bereit. Auf dem glatten Wasser der Reede fuhren lediglich ein paar kleine Fahrzeuge, und ein Boot mit Touristen steuerte so dicht wie möglich an den grauen Kriegsschiffen vorbei, damit die schnurrenden Filmapparate den besten Schußwinkel bekamen. Wishart war Offizier vom Dienst und beobachtete aufmerksam das Touristenboot, als Standish neben ihn trat.

Plötzlich sagte er: »Aha, das dachte ich mir.« Er deutete auf ein schnittiges Wachboot, das unvermutet hinter einem vor Anker liegenden Versorgungsschiff hervorkam. »Passiert jetzt schon zum dritten Mal.«

Er brauchte es nicht näher zu erklären. Standish beobachtete das Wachboot, das sich mit der Gewandtheit eines gut ausgebildeten Schäferhundes an das langsam fahrende Touristenboot heranschob; der Bootssteurer stand auf und rief etwas durch sein Megaphon, die Touristen schienen enttäuscht. Es war Standish, als läge die *Terrapin* wegen Seuchengefahr unter Quarantäne, als solle sie an ihrer Boje für immer isoliert bleiben.

Wishart sagte: »Vielleicht erfahren Sie ja den Grund, wenn Sie beim Admiral sind.« Fragend sah er Standish an. »Aber was soll das alles?«

»Sicherheitsbestimmungen, nehme ich an.« Standish blickte zu ihrem wartenden Motorboot hinunter. »Wenn nichts geschieht, liegt es immer an den Sicherheitsbestimmungen, darauf können Sie wetten.«

Die Fallreepsgäste standen still, als Dalziel durch die Schwingtür kam. Er sah frisch, munter und völlig gefaßt aus, und als er noch einmal rasch das ganze Oberdeck musterte, verriet sein Gesicht nicht das geringste.

»Gut, gehen wir's also an!«

Die Bootsmannsmaatenpfeifen schrillten, und die amerikanischen Seeleute salutierten, als Dalziel und Standish in ihr Boot hinunterstiegen.

Dalziel sagte: »Wir werden wohl auf der *Sibuyan* zu Mittag essen. Aber weiß Gott, mir ist nicht nach Essen zumute.«

Überrascht sah Standish ihn an. »Beunruhigt, Sir?«

»Besorgt.« Dalziel wandte sich einem mächtigen Zerstörer zu, an dem sie vorbeipreschten. »Es gibt heutzutage zu viele Amateurpolitiker in der Marine. Ich mag Amateure in keinem Beruf, sie sind immer gefährlich.«

Danach sprach er kein Wort mehr, bis das Boot nur noch einige Meter vom Hauptfallreep der *Sibuyan* entfernt war. Da sah er Standish an und flüsterte eindringlich: »Wenn etwas schiefgeht, bleiben Sie auf jeden Fall aus dem Spiel, ist das klar? Sie haben lediglich meine Befehle ausgeführt, nichts weiter. Ich dulde nicht, daß meine Offiziere von Außenseitern belästigt werden, nur weil sie ihre Pflicht getan haben.«

Standish folgte ihm ein schier endloses Fallreep hinauf, bis sie eine breite Relingspforte erreichten, wo die aus amerikanischen Seeleuten und Marineinfanteristen bestehenden Fallreepsgäste angetreten waren. Seitepfeifen und Salutieren, dann nahm ein tiefgebräunter Offizier sie in Empfang und geleitete sie in das kühle Innere der *Sibuyan*.

Es war mehr ein Verschlucktwerden als ein Anbordgehen im üblichen Sinne, dachte Standish. Als er Dalziel und dem amerikanischen Offizier vom Dienst durch die langen Gänge folgte, wurde er sich der gewaltigen Ansammlung von Apparaten, Maschinen und sonstigem Gerät ringsum bewußt. Durch offene Türen sah er Männer an Schreibmaschinen und Fernschreibern sitzen, und in einem Raum, der wie eine riesige stählerne Höhle wirkte, waren Unmengen von Tafeln aus Plexiglas, Monitorschirmen und eine enorme Menge von Telefonen, die meisten besetzt.

Sie drangen tiefer ins Schiffsinnere vor, bis Standish jegliche Orientierung verloren hatte. Schließlich kamen sie an einem wie versteinerten Marineinfanteristen vorbei, traten durch eine Tür mit der Aufschrift *Empfang*, hinter der ein gelangweilt aussehender Signalmeister hinter einem Pult saß, Kaugummi kaute und in einem Groschenheft las.

Er blickte nicht einmal auf, als der Offizier vom Dienst höflich zu ihnen sagte: »Wenn Sie hier bitte warten wollen, meine Herren. Ich melde dem Admiral, daß Sie an Bord gekommen sind.«

»Was für ein Raum!« Standish trat an ein Bullauge und blickte hinaus. Er sah die *Terrapin*, sie wirkte winzig aus dieser Entfernung, klein und schäbig.

Dalziel sagte: »Wenn Sie dies schon für großartig halten, dann warten Sie ab, bis Sie die Räume des Admirals sehen.« Er versuchte zu lächeln, wandte sich dann aber um und fragte scharf: »Wie lange will der Admiral uns noch warten lassen?«

Der Signalmeister blickte auf, den kauenden Kiefer halb offen. »Sie machen wohl Witze, Kapitän. Er läßt sich Zeit, und wenn er dann sagt: *springen*, dann springen wir – *alle*.«

Dalziel wandte sich ab, das Gesicht eine Maske. »Danke.«

Der Signalmeister nahm sich wieder seinen Krimi vor, und Standish sagte: »Ich nehme an, er sieht hier jeden Tag mehr hohe Stabsoffiziere, als wir in unserem ganzen Leben. Ich ...«

Er brach ab, als die andere Tür aufging und der Offizier vom Dienst sagte: »Hier entlang, meine Herren.«

Sie gingen weiter, betraten einen noch dickeren Teppich, und als der Offizier vom Dienst die Tür hinter ihnen schloß und verschwand, fand sich Standish in der größten Kajüte wieder, die er jemals gesehen hatte. Doch trotz ihrer Größe wirkte sie spartanisch; der ungeheure Schreibtisch an der gegenüberliegenden Seite schien der Mittelpunkt zu sein, das Nervenzentrum dieses ganzen komplizierten Schiffes.

Konteradmiral John P. Curtis war sonnenverbrannt und hager, beinahe einen Kopf größer als Dalziel und hielt sich leicht vornübergebeugt, was von früheren Dienstjahren auf kleineren Fahrzeugen herrühren mochte. Er hatte kurzgeschnittenes, fast völlig graues Haar, aber sein Lächeln wirkte jugendlich, und seine Augen waren die eines Mannes, der gewohnt war, Entscheidungen zu treffen, ohne sich um die Meinungen anderer zu kümmern. Kein Mann, der mit sich spaßen ließ, fand Standish.

Es waren auch andere Offiziere anwesend. Kapitän Jerram und ein gehetzt wirkender Oberleutnant saßen vor einem vollen Bücherbord, und in der Nähe des großen Schreibtisches stand ein rundgesichtiger Kapitän in der Uniform der thailändischen Marine.

Curtis sagte freundlich: »Setzen Sie sich, meine Herren. Tut mir leid, daß Sie warten mußten.« Er hob die Schultern. »Sie wissen ja selbst, wie es heute ist: Zuerst kommt die Diplomatie, dann das Handeln.«

Dalziel setzte sich ein wenig steif ihm gegenüber.

»Ich hoffe, mein Bericht war zufriedenstellend.« Er konnte die Bitterkeit in seinem Ton nicht unterdrücken. »Wenn das zutrifft, wird meiner Besatzung sicherlich ein Wort der Anerkennung zuteil.«

Curtis blätterte gelassen ein paar Papiere auf seinem Schreibtisch durch, dann erwiderte er unbeteiligt: »Ja, ich habe Ihren Bericht gelesen. Er war vollständig und in einigen Punkten sehr bestimmt.« Er wandte sich einer hinter ihm hängenden, großen farbigen Wandkarte zu. »Als ich dieses Kommando übernahm, hatte ich meine Bedenken. Es ist allzu leicht, wegen einer Serie von Zwischenfällen in Panik zu geraten, ein kommunistisches Komplott in jedem Vorkommnis zu sehen, obwohl es sich in Wirklichkeit um Einzelfälle handeln mag. Zu viel Kraft zu früh eingesetzt, dann werden wir des Gespenstersehens beschuldigt. Zu wenig, und wir haben wieder einmal eine Schlacht verloren, noch bevor sie begonnen hat.« Er wandte sich um und fragte: »Was ist Ihre Meinung, Kapitän Jerram?«

Standish warf einen Blick hinüber. Jerram hatte dagesessen, als hielte er nur mit Anstrengung still, aber jetzt sprang er auf, und in seinem Gesicht arbeitete es heftig.

»Ich weiß, daß dies eine formlose Besprechung sein soll, aber gewisse Details an Kapitän Dalziels Handlungsweise sind zumindest anfechtbar. Man wird sie später vielleicht als Beweis gegen ihn verwenden.«

Curtis nickte und blickte langsam von einem zum anderen. »Als ich die Aufgabe übernahm, hier eine Art kombinierter Streitkraft zusammenzuschweißen, war ich mir über eines klar: Die stärkste Waffe der Roten war und ist die Disharmonie unter ihren Gegnern. Ich möchte mich nicht in interne Angelegenheiten der Royal Navy mischen, Kapitän Jerram. *Jedoch*«, das Wort schien in der Luft zu hängen, »solange ich das Oberkommando habe, erwarte ich, in allen Fällen befragt zu werden.«

Jerram biß sich auf die Lippen. »Ich nehme das zur Kenntnis, Sir.«

»Gut.« Der Admiral lehnte sich in seinem drehbaren Sessel zurück und blickte zur Decke. »Jetzt lassen Sie uns zum Inhalt von Commander Dalziels Bericht kommen.« Er nahm sich noch einmal den Teil des Berichts über den Notruf und das erste Sichten der *Cornwallis* vor. »Sagen Sie mir, wie schätzen Sie selbst die von Ihnen veranlaßten Unternehmungen ein?«

Dalziel erwiderte: »Als mein Erster Offizier und sein Prisenkommando unter Feuer genommen wurden, wußte ich, daß ein Zusammenhang zwischen dem Notruf und dem Nichterkennen der *Terrapin* durch den Schiffskapitän bestehen mußte. Als Kapitänleutnant Standish mir das schlimme Ultimatum des Feindes und seinen eigenen Plan herübermorsen ließ, war mir klar, daß ich handeln mußte, und zwar *sofort*.«

Standish sah Jerrams Stirnrunzeln bei dem Wort »Feind« und spürte auch, daß Admiral Curtis ihn im Auge behielt, seit der Kommandant seinen Namen erwähnt hatte.

Dalziel fuhr fort: »Ich habe schon vor einiger Zeit die Ansicht geäußert, daß das augenblickliche System der Patrouillen veraltet ist. Ich glaube, die chinesischen Kommunisten unternehmen erneute Anstrengungen, ihre Leute in Thailand und Malaysia einsickern zu lassen, wie sie es schon an anderen Stellen mit Erfolg gemacht haben. Ich glaube jedoch nicht, daß sie nach den Methoden vorgehen, die von unseren Nachrichtendiensten beschrieben werden.«

Jerram brauste auf: »Sie vergessen sich, Dalziel! Ihre Einstellung hat schon Beschwerden seitens der Russen provoziert, nachdem Sie eines ihrer Schiffe zu stoppen versuchten. Und dann hätten Sie beinahe eine unbewaffnete Dschunke versenkt, wobei ein Zivilist ums Leben kam.«

Der Admiral hob die Hand. »Sie sollten aber auch erwähnen, Jerram, daß auf der Dschunke tatsächlich drei Terroristen gefunden wurden, als Ihre Patrouillenboote sie später durchsuchten.«

Dalziel sprach weiter: »Hätte ich nicht die *Cornwallis* gefunden und zurückerobert, wären ihre Waffen und Versorgungsgüter vermutlich ohne jede Schwierigkeit an Land geschafft worden.« Zum erstenmal sah er Jerram an, seine Augen blitzten in dem reflektierten Licht. »Der Treffpunkt, den Sie vorschlugen und zu dem ich gefahren wäre, hätte der mutige Funker der *Cornwallis* nicht noch sein S.O.S. gefunkt, war völlig verkehrt. Ich habe den Verdacht, daß Sie falschen Informationen aufgesessen sind.«

Der Admiral stand auf. »Keine Aufregung, Commander. Wir wollen uns nur an Tatsachen halten.«

Überraschend lächelte Dalziel. »Gewiß, Sir. Eine andere Tatsache, die mich beunruhigt, entdeckte ich bei der Überprüfung der Gefangenen.«

Der Admiral nickte. »In Ihrem Bericht sagten Sie, daß es reguläre Truppen seien. Woher wußten Sie das? Soweit mir bekannt ist, hat kein einziger bisher auch nur ein Wort gesagt.«

Dalziel lächelte noch immer. »Alle sind jung und ungefähr im gleichen Alter, alle gut durchtrainiert und äußerst diszipliniert. Das ist geradezu auffallend.«

Plötzlich merkte Standish, daß Curtis ihn ansah.

»Und was halten Sie von der ganzen Sache?«

Standish spürte Dalziels beobachtenden Blick und sah, daß er die Armlehnen seines Sessels umspannte.

»Ich stimme in allen Punkten mit meinem Kommandanten überein, Sir.« Dalziels Finger lockerten sich, als Standish fortfuhr: »Sie machten von Anfang an einen bestens organisierten Eindruck. Ein Schiffsoffizier des

Frachters sagte mir, daß der ganze Plan auf die Minute genau abgestimmt war.«

Curtis nickte. »Sie haben sich gut gehalten.« Dann sagte er lächelnd: »Wie ich hörte, waren Sie U-Boot-Kommandant. Nun, das war ich auch.«

Dalziel ergriff wieder das Wort. »Ich denke, wir sollten künftig mehr Patrouillenboote einsetzen, sollten die Kommunisten jagen, bevor sie die Küste völlig in der Hand haben und nach Belieben Landungsplätze aussuchen können!«

»Ich weiß Ihre Sorge und Ihr Interesse zu schätzen.« Neugierig musterte ihn der Admiral. »Aber Sie müssen sich bemühen, das alles in größerem Zusammenhang zu sehen. Wie ich schon sagte, ist die Zusammenarbeit mit unseren Verbündeten besonders wichtig, deshalb gab ich Ihnen Befehl, die Gefangenen an die malaysischen Patrouillenboote zu überstellen. Die SEATO verlangt, daß jede der beteiligten Regierungen die Landesverteidigung in die eigenen Hände nimmt. Wenn der Eindruck entstünde, wir wollten die Gesamtverteidigung übernehmen, könnten die Regierungen ein zweites Korea oder Vietnam befürchten und daß sie zu einem Schlachtfeld für die Großmächte werden, die sich nachher aus den Trümmern zurückziehen, ohne den Konflikt eindeutig gewonnen oder verloren zu haben.«

Ein Telefon auf dem Schreibtisch summte dezent, und Curtis nahm den Hörer ab. »Ja. In Ordnung.« Er legte wieder auf und warf einen Blick auf die Uhr. »Der Lunch steht bereit, meine Herren.«

Mit plötzlich besorgter Miene stand Dalziel auf. »Aber, Sir, was ist mit meiner Besatzung? Die Leute haben hart gearbeitet und gekämpft, einige haben ihr Leben gelassen, um diese großartige Leistung zu erzielen.«

Nachdenklich sah Curtis ihn an. »Morgen wird die Pressestelle einen kurzen Bericht herausgeben: S.S. *Cornwallis* wurde von Piraten gekapert, jedoch wurden diese von

H.M.S. *Terrapin* zurückgeschlagen und besiegt, die sich zu der Zeit gerade auf einer routinemäßigen Patrouillenfahrt befand.« Seine Augen wurden hart. »Ich verstehe Ihre Gefühle, Commander, und kann auch ermessen, was das Schiff Ihnen bedeutet. Aber wir sind hier, um eine für alle wichtige Aufgabe zu erfüllen, nicht mehr. Ich möchte nicht, daß tausend Reporter aus aller Welt über mein hiesiges Kommando berichten, ehe ich endgültig weiß, was die Roten vorhaben.« Der Reihe nach blickte er in ihre gespannten Gesichter. »Ganz gleich, wer aus der Reihe tanzt – wenn er unter meiner Flagge fährt, werde ich ihn zurechtstauchen. Ist das klar?«

Schließlich warf er noch einen Blick auf den thailändischen Offizier, der während der ganzen Besprechung kein Wort gesagt hatte. »Kapitän Pumhirum ist ein Offizier nach meinem Geschmack. Er spricht und versteht kein Wort Englisch, somit kommen wir bestens miteinander aus.«

Dann trat er zu Standish und hielt ihm die Hand hin. »Tut mir leid, daß Sie an dem Essen nicht teilnehmen können. Aber es ist nur für die Abteilungschefs, und daran halten wir uns streng.« Sein kurzer Händedruck war fest. »Passen Sie gut auf sich auf. Ich habe das Gefühl, daß wir Sie hier draußen noch brauchen können.« Er wandte den anderen den Rücken zu und dämpfte die Stimme. »Besonders wenn Sie Ihren Kommandanten davor bewahren können, jedesmal zu explodieren, wenn wir uns treffen. Ich habe genug eigene Sorgen und brauche nicht noch interne Probleme.«

Dalziel fing Standish ab, als er zur Tür ging. »Tut mir verdammt leid, Number One. Aber ich vermute, es soll wieder ein sogenanntes formloses Zusammensein werden.« Er sah ihn fest an, plötzlich verbittert. »Ich werde dafür sorgen, daß unsere Rolle bei dieser Unternehmung nicht vergessen wird, koste es, was es wolle!«

Zwei Marineinfanteristen mit weißen Handschuhen

öffneten die Flügeltür am anderen Ende des großen Raumes, durch die Standish eine mit viel Silber und schönem Porzellan gedeckte Tafel sowie wartende Stabsoffiziere sehen konnte. Er dachte an die schäbige Messe auf der *Terrapin*, dachte an die Kameraden, die hoffnungsvoll auf Neuigkeiten warteten.

»Ich gehe an Bord, Sir«, sagte er. »Wenn wir morgen eindocken sollen, gibt es noch eine Menge zu tun.«

Damit ging er vorbei an dem noch immer unbewegt stramm stehenden Marineinfanteristen und überdachte alles, was er gesehen und gehört hatte. Wäre es mit einem anderen Kommandanten anders verlaufen? Schlug Admiral Curtis diesen mageren Pressebericht vor, weil Jerram bereits privat gegen Dalziel Stellung genommen hatte?

Ein grinsender Seemann berührte ihn am Arm. »Nicht hier entlang, Leutnant. Folgen Sie mir, wenn Sie das Tageslicht wiedersehen wollen.«

Standish lächelte. »Gut. Gehen Sie voraus.« Und plötzlich war er froh, dieses Schiff verlassen zu können, zurückzukehren zur *Terrapin*, wo er das Gefühl hatte, daß man ihn brauchte.

Dalziel kehrte am späten Nachmittag an Bord zurück. Ein Vertreter der Werft wartete bereits auf ihn, und während sie die Einzelheiten besprachen, beobachtete Standish heimlich den Kommandanten. Er schien ihm ruhiger als üblich, aber keineswegs bedrückt.

Als der Werftbeamte sich verabschiedet hatte, sagte Dalziel: »Die paar Beulen werden wir bald ausgehämmert haben, nicht?«

Standish fragte: »Wie ist es gegangen, Sir?«

»Beim Essen?« Dalziels Stimme klang ziemlich unbeteiligt. »Ganz gut, wirklich. Es gab natürlich Huhn, wie immer auf amerikanischen Schiffen.« Er stand auf und schritt über den abgetretenen Teppich. »Konteradmiral Curtis war sehr freundlich. Er hat ja noch eine Menge Pfeffer unterm Hintern.« Plötzlich blieb er stehen und sah Standish an. »Wie haben die anderen Offiziere es aufgenommen?«

Standish dachte an das brütende Schweigen, das nach seiner kurzen Schilderung des Empfanges geherrscht hatte. »Enttäuscht natürlich, Sir. Aber ich dachte, Sie wollen selbst noch ein paar Einzelheiten hinzufügen.«

»Guter Gedanke. Vielleicht habe ich wirklich noch ein paar erfreulichere Neuigkeiten, wenn ich mit Curtis gesprochen habe.« Er spürte Standishs Überraschung und fuhr fort: »Wir haben für heute abend eine Verabredung. Möchte das Eisen schmieden, solange es heiß ist.« Er ging hinüber zum Wandschrank und holte die Karaffe mit zwei Gläsern heraus. »Ich bin richtig heiser nach all diesem Gerede.«

»Meinen Sie, Admiral Curtis wird auf Grund Ihres Berichtes etwas veranlassen, Sir?«

»Kommt darauf an.« Dalziel trank den puren Whisky mit offensichtlicher Erleichterung. »Aber Jerram macht mir Sorgen. Er ist wirklich ein altes Weib und hat keine Ahnung von der wahren Situation.« Er setzte sich auf den Tisch und beugte sich vor. »Nach meinen Beobachtungen haben die chinesischen Kommunisten es eilig. Sie halten sich nicht lange mit Subversion und Infiltration im Norden des Golfes von Siam auf. In Vietnam war das anders. Aber diesmal werden sie eine Abkürzung suchen, werden sozusagen mitten in ihr nächstes Ziel hineinspringen.«

Standish sah zu, wie neuer Whisky in die Gläser floß. »Das kann ich verstehen.«

Dalziel lächelte. »Ich weiß. Das mag ich ja gerade an Ihnen. Sie sehen über diesen ganzen Unsinn von Regeln und Bestimmungen hinweg.« Eilends fuhr er fort, bevor Standish etwas erwidern konnte: »Die Siebte Flotte der Amerikaner ertrinkt völlig in der Vielzahl ihrer Aufgaben, die sich über das ganze Südchinesische Meer und bis hinauf nach Korea erstrecken. Es ist eine ungeheuer große Marineorganisation, nichts Individuelles mehr. Sie haben das

Flaggschiff ja selbst gesehen: alles so verzahnt, so abhängig von den entsetzlich langen Verbindungswegen, daß persönliche Initiative geradezu als ketzerisch gilt.«

Standish dachte an Curtis' riesigen Schreibtisch, die Apparate, die ihn mit jedem Winkel der westlichen Welt und wahrscheinlich auch mit dem Mann an einem noch größeren Schreibtisch im Oval Office in Washington verbanden.

Dalziel fuhr fort: »Auch wenn man mitunter das Gegenteil erzählt, Kriege werden gewonnen durch Vorausdenken und persönliche Initiative. Einen anderen Weg gibt es nicht.«

»Findet sich Kapitän Jerram mit Ihren Erklärungen ab, Sir?«

»Es bleibt ihm keine Alternative, oder?« Dalziel grinste breit. »Alles, was ich im Bericht gesagt habe, entspricht den Tatsachen. Jerrams malaysische Patrouillenboote waren zu diesem Zeitpunkt völlig nutzlos, und uns wäre es genauso ergangen, wenn wir zum befohlenen Treffpunkt gefahren wären.«

Dalziels Stimme wurde lauter, auf seinen gebräunten Wangen zeigten sich rote Flecken. Es war, als brauchten seine Energie, sein Enthusiasmus ein Sicherheitsventil. »Wenn es nach Jerram ginge, müßten wir mit Scheuklappen vor den Augen auf dem weiten Ozean kreuzen. Aber da die Kommunisten wissen, daß wir hier sind, sollten wir ihnen auch zeigen, daß wir es ernst meinen. Die heutigen Politiker sind Scheinheilige, vom ersten bis zum letzten, wenn Sie mich fragen. Sie verschwenden keinen Gedanken an Ehre, sie fragen nur: ›Was fällt dabei für mich ab?‹ Oder: ›Wieviel Geld verlieren wir, wenn wir einem Land helfen, das unserem Wort vertraut hat?‹ Ganze Herden elender Parasiten leben von unserem Staat ...« Er fuhr herum und rief: »Herein!«

Obersteward Wills blickte durch die Tür. »Soll ich Ihre beste Uniform herauslegen, Sir?«

»Ja.« Dalziel entspannte sich wieder. »Säbel und meine Orden für einen Besuch beim C. in C.«

Er griff zur Karaffe, hielt sie einen Augenblick in die Luft und sah Standish nachdenklich an. »Wir könnten eigentlich heute abend selbst eine kleine Party veranstalten, was halten Sie davon? Lediglich eine interne Feier für die Offiziere, ein paar Drinks auf ihr Wohl.«

»Ich bereite alles vor, Sir.«

»Großartig. Ein Gutes bringt dieses Kommando hier mit sich, man lebt wirklich wie eine Besatzung zusammen, läuft nicht jede Nacht an Land, um in den verdammten Fernseher zu glotzen.« Er runzelte die Stirn. »Sind die Damen gut an Land gekommen?«

»Sie waren schon weg, als ich von der *Sibuyan* zurückkehrte, Sir.« Standish erinnerte sich an seine seltsame Enttäuschung bei Wisharts Mitteilung. »Ich habe gehört, daß die ganze Besatzung an Deck war, um sie zu verabschieden. Vermutlich spürten sie, daß die Damen die einzigen waren, die wirklich anerkannten, was wir getan haben.«

»Ja. Trotzdem brauchen wir deswegen nicht den Kopf hängenzulassen. Wir haben aller Welt gezeigt, was wir können. Jetzt liegt es an uns, diesen Weg weiterzugehen.«

Standish stand auf und ging zur Tür, aber Dalziel fügte noch hinzu: »Ich werde selbst zur Besatzung sprechen und den ganzen Blödsinn mit diesen Sicherheitsbestimmungen erklären.« Scheinbar ernst ergänzte er: »Aber natürlich ist es nicht möglich, einem Seemann den Mund zu verbieten, wenn er an Land geht. Also geben wir allen bis auf die Wache Urlaub bis Mitternacht. Und vielleicht bestellen Sie schon ein paar Tender, um sie heil an Bord zurückbringen zu lassen, ja?« Er sah Standish zögern. »Noch was auf dem Herzen? Wenn ja, spucken Sie's aus.«

»Ich dachte an das, was Sie vorher sagten, Sir. Vielleicht hat auch Kapitän Jerram jemanden, der ihm im Nacken sitzt. Ich würde es nicht für klug halten, das Schicksal gleich wieder herauszufordern.« Er blickte auf seine Hände hinunter. »Unsere Leute sind jetzt enttäuscht, weil sie fühlen, daß ihr kleiner Sieg ignoriert wird. Falls sich das wiederholen sollte, werden sie sich vermutlich fragen, ob ihr Einsatz überhaupt lohnt. Schließlich sind Menschen auf der *Cornwallis* gestorben, und daran werden sie sich erinnern, wenn die Erregung abgeklungen ist.« Er dachte an die Maschinenpistole in seinen Händen, an die Schnelligkeit, mit der er bereit gewesen war zu töten: der Reflex eines wilden Tieres, das nur ans Überleben denkt.

Dalziel boxte ihn spielerisch gegen den Arm. »Dann liegt es an uns, dafür zu sorgen, daß die Erregung nicht abklingt, stimmt's?«

Als Standish endlich wieder in seine eigene Kammer ging, hörte er Dalziel leise vor sich hin summen.

Oberleutnant Marcus Irvine lehnte sich behaglich im Sessel zurück und blies eine Rauchwolke zum Deckenventilator hinauf.

»Das ist die dämlichste Party, die ich jemals erlebt habe!«

Standish trat an ein offenes Bullauge und blickte zu den glitzernden Lichtern der Küste hinüber; er sah das gelegentlich aufleuchtende Kielwasser eines vorbeijagenden Motorboots, bevor es wieder von der dunklen Reede verschluckt wurde.

Alle Offiziere der Fregatte waren anwesend, ihre sauberen weißen Messejacken kontrastierten stark mit den abgenutzten Möbeln und der verschossenen Farbe. Ein Steward rührte einen gewaltigen Porzellankübel Punsch um, während Wills trübsinnig die große kalte Platte anstarrte, die er mit dem Koch angerichtet hatte. Der Toast krümmte sich bereits wie feuchte Pappe.

Irvine schimpfte weiter: »Eine Party, sagt er, aber der Hauptgast glänzt durch Abwesenheit.« Er sah auf die Uhr. »Ich könnte schon seit einer Stunde im Tang Liun Club sein, statt hier wie ein Hampelmann herumzusitzen.«

Hornby strich etwa zum zwanzigsten Mal an der Anrichte vorbei und starrte gierig auf die unberührten Leckerbissen. »Wir sollten ohne ihn anfangen, meint ihr nicht?«

Pigott grinste. »Warten Sie lieber ab. Sie wissen doch: ›Ich kann fette Offiziere nicht ausstehen!‹«

Standish lächelte trotz seiner nagenden Besorgnis. Es war wirklich seltsam, daß Dalziel noch immer an Land war. Schließlich rief er: »Also los, fangen wir an! Servieren Sie den Punsch, Wills.«

»Ich habe das Rezept aus einem Cocktailbuch, Sir«, sagte Wills entschuldigend.

Irvine lächelte milde. »Wie heißt das Buch?« Dann warf er Caley einen Blick zu. »Ich nehme an, *Sie* würden Bier vorziehen, nicht?«

Aber wenn der Punsch auch ungewöhnlich schmeckte, so war er zweifellos recht stark. Standish beobachtete besorgt, wie rasch er abnahm, und als er zur Anrichte hinübersah, stellte er fest, daß auch die Sandwiches fast alle verschwunden waren.

Hornby kaute, als hinge sein Leben davon ab. »Ich nehme an, der Kommandant wird noch ein paar Flaschen für uns mitbringen, wenn wir Glück haben.«

Irvine grinste boshaft. »Ich denke, Ihr Glück wird Sie bald verlassen, alter Junge!«

»Was?« Hornbys Sandwich blieb in der Luft hängen.

»Erinnern Sie sich daran, daß wir vor einem Jahr dem amerikanischen Geschwader zugeteilt waren?«

Hornby runzelte die Stirn. »Nur undeutlich.«

»Sie sollten sich lieber genau besinnen, mein feister Kamerad. Der Kommandant fragte mich heute morgen wegen eines besonderen Sportfonds, den Sie damals eingerichtet haben.« Er nickte, als Hornby bleich wurde. »Ich sehe, daß Ihr Gedächtnis langsam wieder zurückkehrt.«

Standish merkte, daß die anderen aufmerksam zuhörten, und fragte: »Wofür war dieser Fonds gedacht?«

Hornby schien nicht zu wissen, wo er sein Sandwich lassen sollte. »Es fehlte uns an vernünftigen Sportgeräten. Die Amerikaner hatten alles, und da wir das einzige britische Schiff im Geschwader waren, dachte ich . . .«

Irvine unterbrach ihn aalglatt. »Gedachten Sie, sich ein kleines Nestei zuzulegen, nur für Sie selbst bestimmt?«

Wütend sprang Hornby auf. »Das ist eine verdammte Lüge! Ich wollte das Geld für den Ankauf weiterer Wasserski und Tauchgeräte verwenden. Ich konnte nicht ahnen, daß wir die Amerikaner so schnell verlassen und auf diesen Vorposten fahren würden!«

»Nun, der Kommandant weiß jedenfalls davon, und Sie täten gut daran, Ihre Verteidigung vorzubereiten.« Träge sah Irvine Standish an. »Die Untersuchung wird immerhin ein bißchen Abwechslung bringen.«

Hornby sank in seinen Sessel zurück und sagte unglücklich: »Ich habe keinen einzigen Penny davon für mich ausgegeben.«

Quarrie musterte ihn finster. »Warum haben Sie es den Jungs denn nicht zurückgezahlt?«

»Die Hälfte hatte zu dem Zeitpunkt bereits das Schiff verlassen. Es war alles Spendengeld, sollte dem ganzen Schiff zugute kommen. Ich habe nichts Unrechtes getan!« Es klang, als wolle er gleich in Tränen ausbrechen.

Ruhig sagte Standish: »Ich nehme an, der Kommandant wird es genauso sehen wie Sie.«

Seltsam, daß Dalziel nicht mit ihm darüber gesprochen hatte. Aber vielleicht hielt er es für richtiger, sich gleich an Irvine zu wenden, der länger an Bord war.

Irvine fragte: »Wieviel Bargeld ist denn in dieser verdammten Kasse?«

Hornby wischte sich die schweißnasse Stirn. »Erinnern Sie sich denn nicht daran, daß wir mehrere Verlosungen veranstaltet haben? Und dann diese große Tombola in Hongkong!«

»Sie sind aber wirklich zu dämlich!« Pigott grinste

übers ganze Gesicht. »Doch wie Number One schon sagte, werden Sie die Angelegenheit ja wohl aufklären können.«

In der Tür erschien der Quartermeister. »Ein Boot legt von der Pier ab, Sir.«

Freudig sagte Standish: »Das wird der Kommandant sein. Ich komme mit hinauf.«

Zusammen mit Wishart stand er dann im Schein der Fallreepslampe unter dem großen Sonnensegel. Standish sah das grüne Seitenlicht des Bootes sich im Wasser spiegeln und spürte, wie sich sein Magen verkrampfte. Denn es erinnerte ihn an das riesige grüne Licht, das über der *Terrapin* gehangen hatte, als sie um Haaresbreite der Kollision entging.

Wishart fragte besorgt: »Wird es Krach geben wegen Hornbys Geld?«

Langsam atmete Standish aus. Zwar hatte er die Sache in der Messe heruntergespielt, um Hornby vor Irvines heimtückischer Schikane in Schutz zu nehmen, aber er war sich keineswegs sicher. Schon vielen Offizieren hatte der nachlässige Umgang mit anvertrautem Geld das Genick gebrochen.

»Wir müssen abwarten.«

Der Quartermeister schrie durch die trichterförmig gehaltenen Hände: »Boot ahoi?«

Zurück kam die Antwort: »Aye, aye!«

Wishart sagte: »Also doch nicht der Kommandant. Möglicherweise ein anderer Offizier, der uns einen Besuch abstatten will.«

Standish sah zu, wie die Hafenbarkasse längsseits tuckerte und nur kurz anhielt, um einen Passagier und zwei große Koffer ohne jegliches Zeremoniell auf der unteren Gräting des Fallreeps abzusetzen und dann alsbald wieder in der Dunkelheit zu verschwinden.

Es war ein Oberleutnant; als er vorsichtig heraufstieg ins Licht der Fallreepslampe, entdeckte Standish die dunkelrote Samtunterlage unter den beiden goldenen Ärmelstreifen.

»Hallo, Doktor«, sagte er lächelnd. »Was bringt Sie zu uns?«

Der Ankömmling blinzelte und zog einen Briefumschlag hervor. »Marinestabsarzt Peter Rideout. Bin an Bord kommandiert worden, Sir.«

Wishart grinste. »Der Kommandant hat seinen Willen also durchgesetzt, Number One. Er wollte einen richtigen Doktor für die *Terrapin* besorgen.«

Standish geleitete den Arzt durch die Schwingtür und hörte ein dumpfes Dröhnen, als dieser mit dem Kopf gegen den stählernen Decksbalken stieß.

»Mein erstes Bordkommando, man merkt es.« Rideout rieb sich reumütig den Kopf. »Und es scheint, als würde ich auch gleich selbst mein erster Patient.«

Standish öffnete eine Tür. Es roch feucht und muffig, deshalb sagte er erklärend: »Soviel ich weiß, ist dieses Schiff längere Zeit ohne Arzt gewesen. Aber wenigstens haben Sie eine Kammer für sich allein, und sie liegt nicht weit vom Krankenrevier entfernt.«

Er wartete, bis der Quartermeister die beiden Koffer an Deck gesetzt hatte, und musterte in der hellen Beleuchtung den Ankömmling eingehend. Er war schlank und fast so blond wie Irvine, aber sein blasses Gesicht verriet den frisch aus England gekommenen Neuling.

Rideout trat ans Waschbecken und drehte den Hahn auf, sprang jedoch entsetzt zurück bei dem polternden Geräusch, mit dem der bräunliche Wasserstrahl ins Becken schoß.

Standish sah zu, wie er sich so methodisch die Hände wusch, als habe er eine schwierige Operation vor.

»Wir haben gerade eine Party in der Messe. Ich kann Sie hinbringen und den anderen Offizieren vorstellen, sobald Sie fertig sind.«

Rideout drehte sich um und sah ihn an. Er hatte sehr

helle blaue Augen, und es war schwer zu sagen, ob er es wirklich ernst meinte oder spöttisch, als er erwiderte: »Ich danke Ihnen. Das ist wirklich rührend von Ihnen.«

Standish sah weg, als er mit dem Handtuch einen Finger nach dem anderen abtrocknete.

»Geben Sie nicht zuviel auf erste Eindrücke, Doktor. Die *Terrapin* ist ein altes Schiff.« Er wunderte sich selbst über den defensiven Klang seiner Worte.

»Das macht mir nichts aus«, Rideout betrachtete eingehend seine Hände und schien mit dem Ergebnis zufrieden, »da ich ja noch nie eingeschifft war. Ich hatte nicht die geringste Ahnung, daß ich an Bord versetzt werden sollte, bis der Standortoffizier nach mir schickte. Soviel ich hörte, hat ein Kapitän namens Jerram diese Anordnung getroffen. Eigentlich höchst seltsam.«

Standish wurde vorsichtiger. »Sind Sie schon lange bei der Marine?«

»Zwei Jahre, an den verschiedensten Lazaretten. Dies ist wirklich ein netter Tausch.« Rideout war offenbar ein Mensch, aus dem man nicht viel herausbekam.

»Waren Sie auch in Haslar?« Allein der Name brachte ihm sofort die bösen Erinnerungen zurück.

Wieder dieses feine Lächeln. »Nein, meist in Chatham.« Mit gerunzelter Stirn untersuchte er seinen linken Daumen. »Und kurze Zeit in Duncan House.«

Standish wandte sich zum Gehen. »Nie davon gehört.«

Rideout strich seine Uniform glatt und strahlte. »Und nun also zur Party!« Jetzt erst schien ihm aufzugehen, daß Standish etwas gesagt hatte. »Duncan House? Oh, das ist ein Hospital für alle Teilstreitkräfte.« Er nickte vielsagend. »Für Geisteskranke und ähnliche Fälle, müssen Sie wissen.«

9   Auch nur Menschen

Der Alptraum schien seinen Höhepunkt erreicht zu haben. Der stärkste Eindruck war Hitze, der nächste der völliger Hilflosigkeit. Flammen ringsum und im Mittelpunkt wie ein lebendes Bild sich windende Gestalten. Standish wußte, daß Alison dabei war, noch bevor er ihr Gesicht gesehen, den entsetzten Ausdruck wahrgenommen hatte, mit dem sie die fürchterlichen Gestalten beobachtete, die an ihrem nackten Körper zerrten. Laut rief er ihren Namen, spürte deutlich die Hitze der Flammen, durch die er sich arbeitete, um ihr zu helfen. Dann, als sich das Feuer in einem wirbelnden Nebel auflöste, drehte sie sich um und sah ihn an. Bevor auch sie endgültig verschwand, sah er, daß sie lachte. Ihn auslachte!

Er rollte sich zur Seite, kämpfte mit den Laken und merkte allmählich, daß das grelle Licht nicht nachließ.

Aber es war der Strahl einer Taschenlampe, und er hörte Wisharts besorgte Stimme: »Number One, ist alles in Ordnung?«

Standish stöhnte und richtete sich vorsichtig auf. Während des Alptraums war er von Flammen umgeben gewesen, und noch jetzt lief ihm der Schweiß in Strömen über Brust und Rücken. Aber er fror erbärmlich.

Er hob die Hand vor die Augen und blickte auf das Leuchtzifferblatt seiner Uhr: drei Uhr morgens.

»Was ist los?«

Wishart beugte sich zu ihm herunter, sein Gesicht leuchtete blaß im Licht der Stablampe.

»Es tut mir sehr leid«, sagte er bekümmert. »Aber der Quartermeister hat mich gerufen. Der Kommandant ist soeben an Bord gekommen.«

Langsam setzte Standish sich auf. Er hatte noch immer den bitteren Geschmack von Gin in der Kehle, und in seinem Schädel hämmerte es.

»Aha.« Er knipste die kleine Leselampe über seiner Koje

an und rieb sich die schmerzenden Augen. »Wußte er etwa, warum der Kommandant so spät kommt?«

Wishart schüttelte den Kopf »Er sagte nur, daß der Kommandant in einem Boot der Marinebasis gekommen sei und nicht wollte, daß der O.v.D.* geweckt würde.«

»Gut, das ist dann wohl alles.« Standish spürte, wie ungerechtfertigter Zorn in ihm aufstieg und die Erinnerung an die Messeparty, die zum Schluß in ein Besäufnis ausgeartet war. »Oder gibt's noch etwas?«

Wishart wand sich unsicher unter dem ärgerlichen Blick der grauen Augen. »Nein, das heißt, Sie sollten es vielleicht wissen: Der Kommandant ist auf der Brücke. Er wollte nicht in seine Kajüte, und der Quartermeister war der Meinung, er müsse mir das melden.«

»Gut.« Standish stand auf und lehnte sich gegen das Kojenbrett. »Ist wohl besser, ich sehe mal nach.«

Er versuchte zu grinsen, sah aber sein Spiegelbild, und das Grinsen erstarb. Er war nackt und spürte, daß Wishart auf die Flecken an seinen Oberarmen und Hüften starrte, die durch die Hautverpflanzung entstanden waren.

Wütend sagte er: »Nun hauen Sie schon ab! Wenn Sie mit Ihren Pflichten als O.v.D. nicht fertig werden, dann muß ich das eben besorgen!«

Als Wishart erschrocken rückwärts zur Tür ging, stülpte sich Standish ein Hemd über den Kopf und fügte ruhiger hinzu: »Vergessen Sie's, Sub. Es ist nicht Ihr Fehler. Vergessen Sie, was ich gesagt habe.«

Wishart sah ihm voll ins Gesicht. »Tut mir leid, Number One. Ich habe gehört, was Sie durchgemacht haben.«

Standish kämmte sein zerzaustes Haar und nahm die Mütze vom Haken. »Jetzt aber in die Koje mit Ihnen! In ein paar Stunden ist hier die Hölle los. Um acht Uhr kommen die Schlepper, um uns ins Dock zu bugsieren, dann sollte wenigstens einer von uns ausgeschlafen sein.«

---

* Offizier vom Dienst

Es war wirklich kalt auf dem Oberdeck, und er schritt zügig zur Brücke hinauf, die Mütze in der Hand, da er die kühle Luft als wohltuend empfand. Der Himmel schien schon reichlich blaß, die Umrisse der anderen vor Anker liegenden Schiffe waren bereits deutlich zu erkennen.

Auf der oberen Brücke war es still wie auf einem Geisterschiff, nur aus dem Bullauge des Kartenraums fiel ein Lichtschimmer. Standish streckte die Hand zum Türgriff aus, hielt jedoch inne. Er hörte Dalziel drinnen mit sich selbst sprechen, hörte das Scharren seiner Füße, als er in dem kleinen Raum rastlos auf und ab ging.

Da drehte er den Türgriff und hörte Dalziels scharfen Ausruf: »Wer ist da? Machen Sie, daß Sie rauskommen!«

Standish trat ein und schloß leise die Tür hinter sich.

»So, *Sie* sind es also?« Dalziel stützte sich mit beiden Händen auf den Tisch und starrte ihn an. Lediglich das kleine Licht über dem Kartentisch brannte, so daß sein Gesicht seltsam verzerrt wirkte. »Was wollen Sie?«

Standish erwiderte: »Der Quartermeister hat mir gemeldet, daß Sie an Bord zurückgekommen seien, Sir. Ich hatte ihn darum gebeten.« Die Lüge kam ihm glatt über die Lippen.

Dalziel hatte die Jacke ausgezogen, sein Hemd war verschwitzt und fleckig; nach dem Geruch zu urteilen, waren es Whiskyflecke. Er machte einen äußerst gereizten Eindruck.

»Nun, in diesem Fall . . .« Dalziel beendete den Satz nicht.

»Stimmt etwas nicht, Sir?«

Dalziel starrte auf die oberste Karte hinunter, die Hände um den Golf von Siam geschlossen, als wolle er ihn für sich beanspruchen. Undeutlich murmelte er: »Ich habe es ihnen lange genug erklärt. Selbst ein geistiger Zwerg wie Jerram müßte mich verstanden haben.«

Sein sonst so tadellos sitzendes Haar war zerwühlt, eine Strähne war ihm über die Augen gefallen und glänzte im schwachen Licht.

Plötzlich blickte er auf und sah Standish scharf an. »Ich habe ihnen die Meinung gesagt! Ich redete und redete, bis ich blau im Gesicht war. Natürlich haben sie zugehört, freundlich und höflich wie immer. Freundlich, aber dumm und verständnislos, zumindest die meisten!«

Standish wartete. Jedes unrechte Wort konnte Dalziel zur Explosion bringen.

»Den C. in C. habe ich nur ein paar Sekunden gesehen. Seine nächste Verabredung konnte nicht warten.« Die bittere Verachtung in seiner Stimme war nicht zu überhören. »Das Abendessen mit irgendeinem zu Besuch weilenden Minister ist natürlich weitaus wichtiger, als sich mit der kommunistischen Aggression im ostasiatischen Raum zu befassen!« Er hämmerte mit der Faust auf den Tisch. »Curtis übergab mich dann drei Offizieren seines Stabes, denen er wohl gesagt hatte, worum es ging und wie sie zu reagieren hätten.« Er stieß sich vom Tisch ab und ging hinüber in seine Seekabine. »Ich habe mein möglichstes getan, habe sogar meine eigenen Karten mitgenommen, um es ihnen besser verständlich zu machen. Tage habe ich damit zugebracht, meine Ideen zu Papier zu bringen. Aber ich hätte sie ebensogut in den Papierkorb werfen können.« Er erschien wieder im Kartenraum, eine Flasche in der einen und zwei Tassen in der anderen Hand.

Standish sagte: »Immerhin haben Sie es versucht, Sir.«

Dalziel füllte beide Tassen bis zum Rand. »Ich habe die Folgerungen aus meiner Erfahrung gezogen, aber sie waren nicht interessiert.« Benommen starrte er Standish an. »Einfach unglaublich!« Er führte die Tasse zum Mund, wobei er Whisky auf sein Hemd verschüttete. »Aber mein Bericht liegt vor, den müssen sie, wie er ist, an Whitehall weiterleiten. Meine Empfehlungen im Hinblick auf die Patrouillenfahrten, die Ereignisse auf der Dschunke«, er machte eine kurze Pause und sah Standish von der Seite an, »und natürlich die ausführliche Schilderung Ihrer Rolle auf der *Cornwallis*.« Er hob die Hand und versuchte,

Standish am Arm zu fassen, verschätzte sich aber und schoß mit dem Kopf voran gegen das Schott, wobei der Whisky über die Karten schwappte. »Verdammter Mist!« Dann lächelte er mit einiger Anstrengung, was sein Gesicht unglaublich traurig erscheinen ließ. »Wir werden es ihnen zeigen, nicht wahr? Werden diesen Sturköpfen einiges beibringen!«

Er beschäftigte sich wieder mit der Flasche und bemerkte dann beiläufig: »Tut mir leid wegen der Party. Aber ich wurde aufgehalten. Alles gut verlaufen?«

Standish dachte an Hornby, der sich in den Papierkorb erbrochen hatte, an Pigott und Irvine, die sich mit Stuhlbeinen duellierten, während Caley ein Glas Bier nach dem anderen trank, bis er puterrot im Gesicht war.

Langsam erwiderte er: »Ganz gut.« Als Dalziel weiterhin mit glasigen Augen auf die Karten starrte, fügte er hinzu: »Ein Arzt meldete sich an Bord, Sir. Ein Stabsarzt namens Rideout.«

In Dalziels Gesicht war keinerlei Reaktion zu entdecken. Schließlich sagte er mit schwerer Zunge: »Rideout? Das ist der blödeste Name, den ich je gehört habe. Immerhin haben wir endlich einen Doktor für die alte *Terrapin* bekommen. Das macht Hoffnung für die Zukunft.«

Standish biß sich auf die Lippen, hielt aber den Augenblick für günstig. »Scheint ein netter Kerl zu sein, Sir. Er hat bisher nur in Kliniken gearbeitet und nicht die geringste Borderfahrung. Unter anderem hat er auch eine Zeitlang in Duncan House Dienst getan.«

Dalziel schluckte krampfhaft. »Nie davon gehört.« Er schwankte gegen die Spindtür. »Mich interessiert nur, ob er ein guter Arzt ist.«

Als er sich dem Licht zuwandte, sah Standish, daß sein Gesicht schweißbedeckt war. »Geben Sie mir die Hand, Number One, und bringen Sie mich auf einen Kurs, der in meine Kajüte führt.« Fest schloß er die Augen, als Standish ihn zur Tür geleitete. Mit jedem Augenblick wurde sein

Gewicht schwerer. Wie sollten sie die Treppe hinunterkommen, ohne zu stürzen und die Wache zu alarmieren?

Eine Gestalt tauchte im Dämmerlicht auf: Wishart im Pyjama.

»Dachte, Sie brauchen mich vielleicht.« Er stand an der Leiter, jederzeit bereit, den Rückzug anzutreten.

Standish flüsterte: »Nehmen Sie ihn am anderen Arm. Noch nie ist mir jemand willkommener gewesen als Sie in diesem Augenblick.« Dalziel sackte zwischen ihnen zusammen, seine Stimme war nur noch ein undeutliches Murmeln.

»Ist er krank, Number One?«

»Nein, nicht krank, Sub.« Mühsam schleppten sie ihn zur Treppe. »Nur betrunken und völlig erschöpft.«

Später, nachdem sie den schwierigen Weg in Dalziels Schlafraum geschafft hatten, sagte Standish: »Behalten Sie das für sich, Wishart. Kommandanten sind auch nur Menschen, genau wie wir.«

Wishart folgte ihm durch den Gang, lautlos glitten seine in Pantoffeln steckenden Füße über den Kokosläufer. »Sie können sich auf mich verlassen, Number One.«

Standish kehrte in seine Kammer zurück und starrte angewidert auf die zerwühlten Laken der Koje. Oft wußte man wirklich nicht, auf wen man sich verlassen konnte, dachte er.

Stabsarzt Rideout setzte sich an dem kleinen Tisch sorgfältig zurecht und strahlte seine Gefährten an. »Das also ist die *Planters' Bar*? Wirklich faszinierend!«

Standish schob seine Beine unter den Tisch und versuchte, die Aufmerksamkeit eines Kellners zu erregen. Die Bar gehörte zu einem modernen Hotel mit Klimaanlage und war mit Bambusschirmen und imitierten Palmzweigen überreich geschmückt.

Ohne Irvines Zähigkeit hätten sie bestimmt keinen Tisch mehr bekommen, denn die Bar war restlos überfüllt, größtenteils mit Touristen: Briten, Amerikaner, dazwischen ein paar französische und deutsche Ingenieure oder Geschäftsleute.

Standish packte einen Kellner am Ärmel und brüllte: »Vier eiskalte Bier!« Der Mann hatte glasige Augen vor Überarbeitung, eilte aber dienstbeflissen von dannen.

Standish war sich noch immer nicht klar darüber, warum er eingewilligt hatte, die anderen auf einer Tour durch das Nachtleben von Singapur zu begleiten. Vielleicht befürchtete er eine alte Verbindung zwischen Dalziel und Rideout, die eventuell ausgeschlachtet werden könnte, wenn der Doktor mit Irvine allein blieb.

Der Tag war schwierig gewesen. Es fing bereits am frühen Morgen an, als die *Terrapin* ins Trockendock geschleppt wurde, wo es dann mit Inspektionen und Schadensschätzungen losging.

Falls Dalziel eine Erinnerung an die vergangene Nacht hatte, ließ er sich dies zumindest nicht anmerken. Als Standish endlich die Zeit fand, ihm den neuen Arzt vorzustellen, war Dalziel freundlich, wenn auch distanziert; aber keiner der beiden hatte irgendein Zeichen des Wiedererkennens gegeben.

Da sich das Schiff nun in den Händen der Werftarbeiter befand und der größte Teil der Besatzung an Land war, hatte Standish keinen triftigen Vorwand mehr, Rideouts Einladung abzuschlagen.

Standish kannte die Stadt, aber Rideout hatte sich wie ein Tourist aufgeführt. Zwischen ihren Füßen stand unter dem Tisch ein großer Sack mit Souvenirs, die er gekauft hatte, ohne sich um die Warnungen der anderen zu kümmern: Aschenbecher aus Messing, Porzellangeschirr und grob bemalte Statuetten, von denen wohl die meisten aus Birmingham stammten.

Sie waren durch kleine Seitengassen gewandert, hatten an Dutzenden von Essensständen die verschiedensten Speisen probiert und waren in zahlreichen Bars eingekehrt, die sonst nur von den obskureren Einwohnern frequentiert wurden.

Jetzt, zwischen Irvine und Wishart eingekeilt, schien der Doktor endlich zufrieden.

Der Kellner erschien mit dem Bier, und Irvine befahl: »Bringen Sie uns Champagner!«

Der Mann sagte: »Es ist deutscher Sekt, Sir.«

Irvine knurrte: »Bringen Sie ihn trotzdem.«

Rideout lächelte. »Was für ein Bild! Warten Sie, bis ich das meiner Mutter erzähle. Hier treffen sich wohl wirklich Seeleute aller sieben Meere.«

Standish nippte an dem eiskalten Bier und betrachtete Rideout nachdenklich. Er machte einen simplen Eindruck, war vielleicht noch nicht viel herumgekommen, wirkte aber auf keinen Fall arglistig.

Irvine sagte übellaunig: »Mir scheint, wir werden ausdocken, bevor noch die Farbe trocken ist.«

Standish nickte. Entweder hatte Dalziel viel Einfluß beim Leiter der Werft, oder irgendein Höhergestellter konnte es kaum abwarten, die *Terrapin* wieder loszuwerden. Jedenfalls war man mit der Werftleitung übereingekommen, den größten Teil der Nacht durchzuarbeiten, was zumindest ungewöhnlich war.

»Ich bin nicht traurig, wenn wir wieder auslaufen.«

Wishart drehte sich nach einer phantastisch aussehenden Blondine um, die sich am Arm eines dicklichen Begleiters den Weg zur Hotelhalle bahnte.

Irvine lächelte milde: »Mit der ist er gut bedient.«

Wishart wurde rot. »Könnte ja auch seine Tochter sein. Sie macht einen ausgesprochen netten Eindruck.«

Irvine sah Standish vielsagend an und zwinkerte: »Oh, diese jugendliche Unschuld!«

Rideout beugte sich vor, als der Kellner den Sekt eingoß, dann hob er sein Glas und sagte fröhlich: »Ich glaube, mir wird mein Aufenthalt auf der *Terrapin* wirklich gefallen.«

Irvine zog eine Grimasse. »*In* der *Terrapin*.«

Verständnislos sah Rideout ihn an. »Verzeihung?«

»Vergessen Sie's.« Irvine nippte an seinem Glas. »Nicht schlecht.« Wieder sah er den Doktor an. »Nun erzählen Sie mal was von sich selbst. Welche Erfahrungen haben Sie bisher gesammelt, um Licht in unsere kleine Klosterwelt zu bringen?«

»Oh, nur das Übliche. Nach ein paar Monaten Dienst in der Kaserne und bei Musterungen arbeitete ich bei Patienten, die es im Kopf hatten.«

Wishart schluckte heftig, und Irvine grinste. »Wo denn?«

»In einer Klinik in Hampshire, Duncan House.«

Standish versuchte, sich rasch etwas einfallen zu lassen, um die Unterhaltung auf ein anderes Gleis zu dirigieren. Vergeblich.

Irvine lehnte sich lässig zurück. »Ich wette, das ganze Haus war voll verrückter Leutnants!«

Rideout runzelte die Stirn. »Ich war der Klinik nur als Allgemeinmediziner zugeteilt.« Er schien seinen Gedanken nachzuhängen. »Nein, viele Patienten waren älter. Ich erinnere mich an einen Brigadegeneral, der darauf bestand, jeden Abend sein Bett nach Mäusen zu durchsuchen. Ohne Erfolg.«

Standish versuchte, sich zu entspannen. Es war töricht, daß er sich durch dieses Gespräch derartig beunruhigen ließ. Ganz offensichtlich hatten sich Dalziel und Rideout nie getroffen. Und doch ...

Wishart fragte: »Was wir nach dem Ausdocken wohl für eine Aufgabe bekommen?«

»Bestimmt eine, bei der wir keine Unruhe stiften können.« Irvine schüttelte die Flasche und winkte dem Kellner: »Noch eine!« Dann fügte er halblaut hinzu: »Wir werden für den Rest unseres Lebens nur noch Berichte schreiben.«

Nachdenklich musterte ihn Rideout. »Wie interessant. Ihr, ich meine, *unser* Kommandant scheint mir wirklich ein Mann der Tat zu sein. Keiner, der mit sich spaßen läßt.«

Kalt musterte ihn Irvine. »Sie meinen, er ist ein Original?«

»Nicht direkt.« Rideout schenkte sich ein weiteres Glas ein und strahlte. »Nur begegnet man heutzutage nicht allzu oft Offizieren seiner Art.«

Standish sagte: »Das heißt vermutlich, daß Sie uns alle beobachten und Notizen für später machen?« Die anderen grinsten, und er entspannte sich ein wenig.

Irvine gähnte gewaltig. »Warten Sie ab, Doktor, bis er Ihnen ein *Programm* gibt! Ich wette, daß er ein großartiges Thema findet, über das Sie referieren müssen. Etwas, das die Besatzung aufhorchen läßt.«

Ernst sah Rideout ihn an. »Ein Referat? Kommt das öfter vor?«

Wishart lächelte. »Ich muß eines halten über die Bedeutung des Computers in der Gesellschaft. Keine Ahnung, was ich da erzählen soll.«

»Das ist nicht so schlimm, wie es sich anhört, Doktor.« Standish spürte, wie Irvine ihn beobachtete. »Auf den langen und isolierten Vorpostenfahrten zahlt es sich aus, jedermann in Bewegung zu halten.« Er zwang sich zu einem Lächeln. »Sonst enden wir womöglich alle noch unter Ihrer Obhut!«

Rideout nickte. »Verstehe. Natürlich wissen Sie über diese Dinge mehr als ich.« Dann fuhr er stirnrunzelnd fort: »Aber trotzdem . . .«

»Ich gehe noch ein bißchen in den Klub.« Irvine stand auf. »Was ist mit euch?«

Rideout schüttelte den Kopf. »Besten Dank, aber ich habe genug für einen Tag. Ich gehe an Bord.«

»Ich komme mit.« Wishart half ihm, den großen Sack mit Souvenirs aufzuheben. »Habe Bill Pigott versprochen, ihn als O.v.D. abzulösen, damit er noch für eine Stunde an Land kann.«

Alle sahen Standish an, der sitzengeblieben war. Er sagte: »Ich bleibe noch eine Weile hier. Ich habe am Empfang hinterlassen, wo ich zu finden bin, falls ich gesucht werde.«

Irvine hob die Schultern. »Unwahrscheinlich. Außer natürlich, wenn die *Terrapin* sofortigen Auslaufbefehl erhält.«

Behaglich lehnte Standish sich zurück und ließ den Lärm über sich hinwegfluten. Warum sollte er sich Sorgen machen? Es war unnütz, Schranken zu errichten, bevor die Störung in Sicht war.

Er drehte sich um, als sich ein Kellner über ihn beugte.

»Entschuldigen Sie, Sir, aber da ist ein Hotelgast, der Sie gern sprechen würde. Eine Dame.«

Rasch stand Standish auf, plötzlich besorgt und verwirrt. »Eine Dame? Wo?«

Der Kellner sagte: »Wenn Sie mir bitte folgen wollen, Sir.«

Nach dem Lärm in der Bar wirkte das Foyer des Hotels wie ein Sanatorium. Lediglich ein paar ältere Gäste saßen herum, nahmen noch einen späten Kaffee zu sich oder betrachteten ihre neuesten Andenkenfotos. Durch die Fenster konnte Standish die fernen Lichter des Hafens oder ihre Spiegelung auf dem dunklen Wasser sehen.

»Kapitänleutnant Standish, Madam.« Der Kellner machte eine Verbeugung und verschwand.

»Es ist sehr nett von Ihnen, daß Sie Ihren Tisch verlassen haben und sofort gekommen sind.«

Standish starrte die Dame einige Sekunden lang wortlos an. Er spürte eine gewisse Enttäuschung, aber was hatte er denn erwartet? Daß es Alison sei, die seine Spur gefunden hatte und sich ihm wieder in die Arme werfen wollte?

Die Dame, die ihn betrachtete, war blond, schlank und Anfang der Dreißig. Ihre Augen blickten ruhig und sicher, wirkten aber nicht ganz im Einklang mit dem großen, sinnlichen Mund. All dies ging ihm durch den Sinn, während er sich fragen hörte: »Wie kann ich Ihnen helfen, Madam? Darf ich Ihnen etwas zu trinken bestellen?«

Mit einer eleganten Bewegung setzte sie sich und sagte: »Ich übernehme die Bestellung.« Sie hob den Arm, und wie durch Zauberei erschien sofort ein Kellner. »Ich möchte einen Brandy mit Soda. Und Sie?«

Sie hatte eine ruhige, aber sehr direkte Art zu sprechen; offenbar eine Frau, die gewohnt war, ihren eigenen Weg zu gehen.

»Einen Gin, bitte.«

Während sie sich umdrehte, um mit dem Kellner zu sprechen, musterte er rasch ihre Kleidung. Von Alison hatte er zumindest eines gelernt, und das war, teuren Geschmack zu erkennen. Und diese Dame, wer sie auch sein mochte, gab bestimmt ein Monatsgehalt aus, um sich für einen Abend anzuziehen.

Sie wandte sich ihm wieder zu. »Ich bin vor ein paar Tagen angekommen und war darauf vorbereitet, noch weiter nach Norden reisen zu müssen.« Sie hob die Schultern. »Aber mir scheint, die Mühe bleibt mir erspart.« Sie nahm ihr Glas vom Tablett und betrachtete es eingehend. »Ich sah Ihr Schiff einlaufen und holte ein paar Informationen ein. Als ich erfuhr, daß Sie Ihren Namen beim Empfang hinterlassen hatten, beschloß ich, Sie herzubitten.«

Standish schwenkte den Gin. »Verstehe.«

»Nein, das tun Sie natürlich nicht.« Als sie lächelte, veränderte sich ihr Gesicht völlig, leuchtete wie von innen her. »Ich bin Sarah Dalziel.«

Standish setzte sein Glas wieder ab. Das gab ihm ein paar Sekunden zum Nachdenken.

»Und warum wollten Sie mich sprechen, Mrs. Dalziel?«

Das Lächeln war aus ihrem Gesicht verschwunden. »Mein Platz ist an meines Mannes Seite. Heißt es nicht so?« Sie nippte an ihrem Glas. »Aber er hat hier draußen nichts für mich vorbereitet. Glücklicherweise bin ich nicht auf sein Gehalt angewiesen, also kam ich trotzdem.« Sie schien eine Entscheidung zu treffen. »Ich mußte Sie sehen, mußte wissen, was für ein Mensch Sie sind.«

»Und jetzt wissen Sie es?«

»Ich weiß, was für ein Mensch Sie *nicht* sind. Sie hätten beispielsweise ein typischer Untergebener sein können, mit wäßrigen Augen, oder vielleicht sogar ein Narr. Sie sind keins von beiden.«

»Danke.«

»Kein Grund, zynisch zu werden.« Ihre Augen blitzten böse. »Mir ist klar, daß ich Ihnen gegenüber im Vorteil bin. Ich habe in der heutigen *Straits Times* von Ihren Heldentaten gelesen; man hat Ihnen ziemlich viel Platz gewidmet, hat sogar Ihre bisherige Karriere erwähnt, wenigstens teilweise. Hector scheint diesmal mit seinem Ersten Offizier Glück zu haben.«

Standish stand auf. »Ich weiß nicht, wie ich Ihnen helfen soll, Mrs. Dalziel. Selbst wenn mir klar wäre, was Sie wünschen, könnte ich trotzdem nicht eingreifen.«

»Bitte bleiben Sie sitzen.« Sie beugte sich vor. »Sie wußten nicht mal, daß er verheiratet ist, wie? Bitte, hören Sie mir doch zu, bevor Sie sich ein Urteil bilden.«

Standish setzte sich wieder. »Haben Sie versucht, mit ihm Kontakt aufzunehmen?« fragte er zögernd.

»Nein. Damit wollte ich noch warten. Ich habe ein paar Freunde hier, von denen hörte ich Gerüchte über ihn und sein Schiff.«

Standish überlegte. So war das also. Kein Geheimnis blieb bei der Marine längere Zeit gewahrt.

»Die Leute sagen, mein Mann sei nur knapp an einem Gerichtsverfahren vorbeigekommen.«

»Was für Leute?«

Freimütig hielt sie seinem Blick stand. »Nicht irgendwelche Leute. Sie sind im Rang hoch genug, um zu wissen, wovon sie sprechen.«

»Ich glaube nicht, daß ich Ihnen noch länger zuhöre...«

Sie ergriff seine Hand. »Reden Sie nicht wie ein blauäugiger Kadett! Sie kennen die Marine und wissen, wie es da zugeht. Aber ich kenne sie auch. Ich wurde in sie hineingeboren, hineingetauft und auch hineinverheiratet. Als mein Vater zur Welt kam, war auch für ihn die Karriere schon vorgezeichnet.« Sie dämpfte die Stimme, als zwei andere Hotelgäste vorbeikamen. »Der Rang meines Mannes ist der niedrigste, der je von einem Mitglied meiner Familie bekleidet wurde. Ich weiß also schon einiges über Ihren kostbaren Dienst.«

Sie schien zu merken, daß ihre Hand noch immer auf der seinen lag, und fügte hinzu: »Entschuldigen Sie bitte die Dramatik, aber ich bin ein bißchen überreizt.« Sie zog die Hand zurück, doch er spürte noch immer ihre Wärme.

»Ich flog hierher, weil ich mir seinetwegen Sorgen mache. Er hat eine schlimme Zeit hinter sich. Ich möchte nicht, daß noch etwas schiefgeht.«

»Sie meinen die Kollision?«

Sie nickte. »Und andere Dinge. In gewissem Sinn war es auch mein Fehler. Ich wußte, daß er sich nach einem eigenen Schiff verzehrte, also bat ich einen Freund meines Vaters, etwas für ihn zu tun.« Traurig lächelte sie. »So erhielt er das Kommando über die *Terrapin*.«

Standish beobachtete sie. Er wollte eigentlich gehen, aber ihre Offenheit, ihre Direktheit hielten ihn fest.

»Möchten Sie, daß ich ihn von Ihrer Ankunft in Singapur unterrichte?«

Zu seiner Überraschung schüttelte sie den Kopf. »Nein, noch nicht. Sie sollen nur wissen, daß ich hier bin. Falls irgend etwas geschieht.«

Nun beugte Standish sich vor, spürte dabei ihr Parfüm, die Nähe ihres Körpers. »Das müssen Sie mir näher erklären. Was könnte sich denn ereignen?«

Sie stand auf, graziös wie eine Katze. »Das weiß ich noch nicht.«

Er folgte ihr zur Tür, spürte dabei die beobachtenden Blicke, das plötzliche Schweigen ringsum.

Draußen wandte sie sich ihm noch einmal zu und sah ihn eindringlich an. »Sie werden ihm nichts von unserem Treffen erzählen, nicht wahr?« Dann hielt sie ihm die Hand hin. »Sie wissen, wo Sie mich finden können.«

Er lächelte. »Das war nur ein Zufall. Ich bin hier noch nie gewesen.«

Als sie sich zum Fahrstuhl wandte, sagte sie ruhig: »Ich hätte Sie ohnehin gefunden.« Damit verschwand sie.

Standish trat auf die Straße und sah sich nach einem Taxi um. Je länger er über das Gespräch nachdachte, desto mehr fühlte er, daß er dazu gebracht werden sollte, Stellung zu beziehen, eine Rolle in einer Verschwörung zu spielen, die er noch nicht durchschaute.

Da er kein Taxi fand, steckte er die Hände tief in die Taschen und drängte sich durch das Gewühl der fröhlichen Menschen, die bestimmt nichts von seinen Sorgen wußten und sich auch nicht dafür interessierten.

Mit raschen Schritten ging Dalziel am Rand des Docks entlang und blieb dann stehen, damit Standish ihn einholen konnte. Mit seinem schwarzen Spazierstock zeigte er auf eine Gruppe chinesischer Werftarbeiter, die an Deck der Fregatte Farbe anrührten.

»Sagen Sie besser dem O.v.D., er soll ein Auge auf diese Burschen halten, bis sie mit der Arbeit fertig und an Land verschwunden sind.« Dann ließ er den Blick vom Bug zum Heck schweifen und fügte hinzu: »Sieht schon viel besser aus.«

Standish erwiderte: »Werden wir also morgen ausdokken?«

»Ja.« Dalziel ging weiter, bis er die Docktore erreicht hatte und ins ölige Wasser hinunterstarrte, wo gerade zwei Boote von Leuten der *Terrapin* an die Pfähle verholt wurden.

»Sind *das* unsere neuen Boote?« Es klang ungläubig.

Standish nickte. »Die Jolle ist nicht mal so schlecht, Sir.

Aber das Motorboot hat mehr Pflaster als Planken, und die Maschine war sicherlich nicht neu, als sie eingebaut wurde.«

Dalziel rieb sich das Kinn. »Das ist alles, was wir als Ersatz bekommen? Verdammte Geizkragen!«

Standish sah ihn an, erwartete einen weiteren Ausbruch, aber Dalziel schwieg nachdenklich. Standish fragte sich, ob die Werft ihnen nicht wirklich zwei bessere Boote hätte geben können. Vielleicht hatte sich jemand an Dalziel für sein ständiges Drängen rächen wollen.

Die Arbeit war wirklich zügig vorangegangen. Es war noch keine zwei Wochen her, seit die *Terrapin* zurückgekehrt und mit diskretem Schweigen empfangen worden war. Zwei Wochen harter Arbeit, in denen Dalziel seine Offiziere und die Werftbeamten so lange hin und her gehetzt hatte, bis er bekam, was er wollte, und zwar in der Hälfte der veranschlagten Zeit.

Nun sah Dalziel ihn an und fragte wie beiläufig: »Haben Sie Hornby schon gesehen?«

»Ja. Er arbeitet in seiner Werkstatt, Sir.«

»Gut.« Dalziel ging wieder zurück zur Stelling, sein Spazierstock fuhr wie ein Degen durch die Luft. »Schicken Sie ihn mir sofort, ich möchte die Dinge geregelt haben, bevor wir auslaufen.«

»Sir, wenn es wegen dieses Sportfonds ist – ich habe deswegen schon mit ihm gesprochen. Mit Sicherheit war es nur ein Versehen.«

»Natürlich, Number One.« Dalziel lächelte verschmitzt. »Aber wir können doch nicht zulassen, daß wegen dieser Nachlässigkeit ein Schatten auf den Namen des Schiffes fällt, stimmt's?«

Standish fand den E-Ingenieur in seiner Werkstatt zwischen einem Gewirr von Drähten und Schaltern, das Gesicht verkniffen vor Konzentration. So gleichmütig wie möglich sagte er: »Der Kommandant möchte Sie sprechen.«

»Wegen des Geldes?« Hornby wurde blaß.

»Ja.« Er half ihm beim Aufstehen. »Nehmen Sie sich zusammen, Mann!«

Hornby fingerte an seinem Overall herum. »Gerade habe ich meinen Sohn in eine gute Schule gesteckt. Wenn was passiert, weiß ich nicht, was ich tun soll.«

Schweigend gingen sie zu Dalziels Kajüte.

Der Kommandant untersuchte gerade ein langläufiges Jagdgewehr und warf gelegentlich einen Blick in das Handbuch des Herstellers. Dann sah er auf und lächelte. »Da sind Sie ja, Number One. Gut.« Er legte das Gewehr weg, und als er sich wieder umwandte, war das Lächeln aus seinem Gesicht verschwunden.

»Nun, Hornby, ich habe den Bericht des Ersten Offiziers gelesen und habe mir Ihre, äh, Hauptbücher angesehen. Mangels eines besser zutreffenden Wortes möchte ich sagen, daß Sie sich wie ein kompletter Idiot benommen haben.«

Unglücklich hob Hornby die feisten Schultern. »Tut mir leid, Sir. Ich . . .«

Dalziels buschige Brauen zogen sich zusammen. »Halten Sie den Mund!« Dann ging er um den Tisch herum und musterte den E-Ingenieur kalt. »Wissen Sie, wie viele Menschen schon sagten, es täte ihnen leid, bevor man sie hängte?« Mit einem Ruck schob er den Kopf vor. »Nun, wissen Sie's?«

Hornby flüsterte. »Nein, Sir.«

»Jammerschade!« Er lehnte sich an die Tischkante und schlug ein Bein über das andere. »Wie man Sie jemals zum Ingenieuroffizier machen konnte, werde ich nie begreifen. Ich selbst würde Sie nicht mal eine Taschenlampen-Batterie einsetzen lassen, ist das klar?«

»Jawohl, Sir.«

Dalziel schüttelte den Kopf. »Ich weiß nicht, was ich mit Ihnen machen soll, Hornby. Ich weiß es wirklich nicht.«

Hornby schloß und öffnete krampfhaft die Hände und

sagte verzweifelt: »Wenn ich noch einmal eine Chance bekommen könnte, Sir?«

Dalziel runzelte wieder die Stirn. »Fangen Sie nicht an zu kriechen, Hornby. Bei manchen mag das noch gehen, aber bei einem fetten Menschen wie Ihnen wirkt es obszön.« Dann hob er die Hand und lächelte böse. »Jetzt weiß ich, was wir tun werden, Hornby.« Er zeigte auf die beiden zerfledderten Hauptbücher auf dem Tisch. »Wir können die Fondsgelder nicht mehr an Leute zurückzahlen, die längst am anderen Ende der Welt sind. Leute, die möglicherweise glauben, ihr ehemaliger Sportoffizier sei ebenso schlau wie fett. Wir werden sie also ausgeben. Was halten Sie davon?«

Hornby starrte ihn an. »Sir?«

»Folgendes werden wir tun.« Er nickte noch einmal bestätigend. »Sie werden mit Ihrer Unterschrift bestätigen, daß Sie das Geld meiner Obhut anvertrauen, und Kapitänleutnant Standish wird als Zeuge unterschreiben. Dann werde *ich* das Geld ausgeben, bevor Sie etwas noch Dämlicheres damit anstellen und ich Sie nicht mehr retten kann.«

Erstaunt bemerkte Standish Hornbys offensichtliche Erleichterung. Noch ein paar Beschimpfungen, und er wäre zusammengebrochen.

Dalziel verschränkte die Arme. »Denken Sie in Zukunft daran, Hornby. Denken Sie daran, sooft Sie etwas aushecken, über das Sie dann nachher keine Kontrolle mehr haben, verstanden?«

»Jawohl, Sir.«

»Und jetzt verschwinden Sie!« Als der Oberleutnant zur Tür stolperte, rief er ihm nach: »Ich werde doch noch einen Offizier aus Ihnen machen, Hornby, und wenn es Sie umbringt!«

Die Tür schlug zu, und Dalziel meinte fröhlich: »Ich sagte Ihnen ja, wir würden es in den Griff kriegen.« Er sah auf die Uhr. »In einer Stunde muß ich noch einmal zum C.

in C. Endlich bekommen wir unsere Befehle, Number One!«

Standish folgte ihm zum Deck. »Was soll nun mit dem Geld werden, Sir?«

»Das werden wir ausgeben, bis zum letzten Penny!« Dalziel machte eine Pause und musterte argwöhnisch zwei chinesische Arbeiter. »Ich weiß genau, was ich damit kaufen werde. Das einzig richtige.« Er kicherte in sich hinein. »Sportfonds, in der Tat! Ich hoffe nur, daß Hornby nie mehr so dicht an ein Gerichtsverfahren kommt wie diesmal. Immerhin sollte er dabei ein paar Pfund abgenommen haben.«

Standish salutierte, als Dalziel, zielstrebig seinen Spazierstock schwingend, über den Dockrand davonschritt. Hornby hatte zwar einiges zu hören bekommen, aber im Grunde noch Glück gehabt.

Er blickte sich um, als der Quartermeister sagte: »Telefonanruf von Land, Sir.«

Er nahm den Telefonhörer, sein Blick folgte noch immer Dalziels entschwindender Gestalt. »Hier Standish. Wer spricht?«

»Sarah Dalziel.« Ihre Stimme klang, als stünde sie direkt neben ihm. »Ich muß Sie gleich sehen, wenn möglich.«

Standish stand stocksteif. Er hörte, wie sie atmete. »Ist es denn so dringend?«

»Sehr.« Der Hörer wurde aufgelegt.

Standish sah den Quartermeister an. »Sagen Sie dem O.v.D., ich gehe eine Stunde an Land.«

Der Seemann straffte sich, als Irvine neben ihm erschien. »Verzeihung, Sir, der Erste Offizier ist soeben für eine Stunde an Land gegangen.«

Irvine sah ihn finster an und fragte streng: »Woher kam der Anruf?«

Unsicher antwortete der Mann: »Aus dem *Bates Hotel*, Sir.«

Grübelnd ging Irvine weg. Sehr interessant, dachte er.

Wütend knurrte der Quartermeister hinter ihm her: »Verdammtes Schlitzohr! Er hat vorhin alles mitgehört!«

Der Posten machte ein angewidertes Gesicht. »Sollte sich schämen!«

Doch Irvine war bereits außer Hörweite. Aha, dachte er, das also war der Grund, weswegen Standish noch in der Hotelbar blieb. Und er nahm sich vor, dem Ersten sorgfältig auf die Finger zu sehen.

10 Aufbruch im Morgengrauen

Sarah Dalziels Suite lag im zehnten Stock des Hotels. Von hier bot sich eine weite Aussicht auf die gesamte Reede und die offene See dahinter.

Sie sagte: »Ich mixe Ihnen etwas zu trinken. Vielleicht möchten Sie zum Lunch bleiben?«

Standish sah sich in dem großen Raum um, bemerkte den Luxus und die Eleganz. »Tut mir leid, ich habe nur ein paar Minuten.« Er dachte an das Taxi, das vor dem Hoteleingang wartete. »Es sind mehr als zehn Meilen bis zur Werft und in dem Gedränge das Doppelte.«

»Dann will ich versuchen, mich kurz zu fassen.« Sie brachte ihm ein Glas und setzte sich neben ihn. »In Uniform sehen Sie ganz anders aus. Sie steht Ihnen gut.«

Er hatte das undeutliche Gefühl, an der Nase herumgeführt zu werden. »Ihre Stimme am Telefon klang so dringend, als hätte ich nicht mal mehr Zeit, mich umzuziehen.« Es sollte sarkastisch sein, wirkte aber nur kindisch, dachte er wütend.

»Mein Mann bekommt heute seinen Auslaufbefehl.« Es war unmöglich, gegen das grelle Sonnenlicht ihren Gesichtsausdruck zu erkennen. »Ein Freund erzählte es mir am Morgen.«

»Ihr Freund täte gut daran, an die Sicherheitsbestimmungen zu denken.«

»Manche schenken mir eben Vertrauen.« Sie wandte sich ihm zu, und er bemerkte das rasche Heben und Senken ihrer kleinen Brüste. Sie war sich also ihrer Sache nicht so sicher.

Abrupt sagte sie: »Ich mache mir wirklich Sorgen. Ihr Schiff hat die gleiche Aufgabe wie vorher. Es ist sein letzter Einsatz, bevor . . .« Eine Pause, dann fuhr sie fort: »Bevor es endgültig außer Dienst gestellt wird.«

»Das war zu erwarten.«

»Aber begreifen Sie denn nicht?« Sie stand auf und ging unruhig auf und ab. »Es ist Hectors letzte Chance. Wenn er mehr aus diesem Einsatz zu machen versucht als zulässig, muß er bestimmt den Dienst quittieren. Dann wird er endgültig an die Luft gesetzt.«

Aufmerksam sah Standish sie an. »Mrs. Dalziel, ich weiß nicht genau, worüber Sie so besorgt sind. Geht es Ihnen um den Ruf Ihres Mannes oder um Ihren eigenen? Wie kann ich Gerüchte ernst nehmen, die Ihnen ein alter Freund anvertraut hat?«

Sie fuhr herum. »Ist Kapitän Jerram als Quelle zuverlässig genug? Meinen Sie, es macht mir Spaß, so mit Ihnen zu sprechen?«

Jerrams Name schien überall aufzutauchen, dachte Standish. »Was hat er damit zu tun?«

»Kapitän Jerram ist ein alter Freund der Familie, ich kenne ihn seit Jahren. Manche halten ihn für übertrieben konservativ, manche für stur oder schwerfällig, aber ich kenne niemanden, der ihn nicht für ehrenhaft hält. Und er macht sich ernstlich Sorgen, daß Hector etwas Unüberlegtes tun könnte. Die Situation hier draußen ist äußerst gespannt. Wenn etwas schiefgeht, wenn er sich töricht verhält, kann ihm niemand mehr helfen.«

Standish stand auf. »Jerram war bei Ihrem Mann, als er sein Schiff verlor. Soviel ich hörte, hat er bei der Gerichtsverhandlung nicht gerade günstig für ihn ausgesagt.« Er konnte die schneidende Kälte in seinen Worten nicht unterdrücken. »Jedenfalls nicht so, wie man es von einem alten Freund der Familie erwarten würde!«

Sie erwiderte: »Vielleicht ging er durch sein Schweigen ein noch größeres Risiko ein.« Als Standish aufstand und zur Tür schritt, rief sie rasch: »Bitte warten Sie noch. Vielleicht war ich nicht ganz offen zu Ihnen. Es ist aber auch schwierig.« Als Standish sich wieder setzte, versuchte sie, sich zu konzentrieren. »Nach der Gerichtsverhandlung und nach Hectors Krankheit habe ich mich immer wieder bemüht, ihm zu helfen. Aber er wollte ein neues Schiff, und je mehr ich versuchte, ihn davon abzubringen, desto mehr zog er sich von mir zurück. Sie kennen das ja: Wen er nicht mag, den streicht er völlig aus seinem Gedächtnis.«

Sie schien Standishs Widerspruch zu erwarten; als er schwieg, fügte sie hinzu: »Wie ich Ihnen bereits sagte, bat ich dann einen Freund meines Vaters, etwas für ihn zu tun, und Hector bekam das Kommando über dieses Schiff.« Sie strich ihr Kleid glatt. »Ich dachte wirklich, es ginge ihm jetzt besser, erheblich besser. Dabei habe ich es für ihn nur schlimmer gemacht. Und für mich auch.«

Standish musterte sie kalt. »Wollen Sie Ihren Mann verlassen?«

Einen Augenblick dachte er, sie würde ihn anschreien oder zu weinen beginnen. Statt dessen erwiderte sie leise: »Ja. Er will mich nicht mehr. Ich existiere überhaupt nicht mehr für ihn.«

»Verstehe. Er erhielt sein Schiff, Sie erhalten die Scheidung.« Standish wandte den Blick ab. »Jetzt aber machen Sie sich Sorgen, weil Sie fürchten, er könnte im letzten Augenblick noch alles verderben, aus der Marine fliegen und eine Belastung für Sie werden.«

Als er sie wieder ansah, merkte er, daß sie sehr blaß geworden war.

»Spielen Sie sich nicht als Richter auf.«

»Ich habe selbst einige Erfahrungen auf diesem Gebiet, Mrs. Dalziel.«

Sie schien ihn nicht zu hören. »Ich bin noch jung.« Herausfordernd sah sie ihn an. »Und attraktiv. Ich muß an mein eigenes Leben denken.«

Standish stand wieder auf, er wollte gehen, sofort.

»Auch Ihr Mann muß selbst über seine Zukunft bestimmen. Ich kann hier nicht herumstehen und einem einseitigen Angriff auf meinen Kommandanten zuhören. Das habe ich schon viel zu lange getan.«

Sie sagte: »Er hat sich nicht geändert, denkt nur an sich selbst. Seine Vorbilder sind die Kriegshelden vergangener Zeiten. Selbst mit seiner Abstammung macht er sich etwas vor. Er sieht sie nicht so, wie sie ist, sondern wie sie seiner Meinung nach sein sollte.«

»Wenn das alles zutrifft, warum will er sich dann nicht helfen lassen?«

Traurig schüttelte sie den Kopf. »Sein Stolz hindert ihn daran, sein verdammter, übertriebener Stolz!«

»Dann lassen Sie ihm wenigstens den.« Er ging zur Tür. »Meine Loyalität gilt ihm. Eine andere Möglichkeit habe ich nicht.«

Sie erwiderte: »Hector kann froh sein, daß er Sie an Bord hat.« Beherrschter fuhr sie fort: »Ich fliege bald nach Rangun und dann weiter nach England.«

»Ich nehme an, jemand wartet auf Nachricht von Ihnen? Ob eine neue Heirat ohne Skandal möglich ist?«

Sie musterte ihn kalt. »Sie drücken es sehr grob aus. Aber ich möchte nicht mein ganzes Leben mit der Marine verheiratet bleiben. Oder mit einem Mann, der nie aus seinen Fehlern lernt. Diesmal weiß ich, was ich tue.«

»Dann wünsche ich Ihnen viel Glück.« Er öffnete die Tür. »Aber Sie haben ihn doch einmal geliebt?«

»Das war vor langer Zeit. Inzwischen bin ich erwachsen geworden.« Sie rief ihm noch nach: »Passen Sie auf ihn auf«, dann schloß sich die Tür hinter ihm.

Auf dem Weg zum Schiff dachte Standish über Sarah Dalziels Worte nach; je mehr Abstand er gewann, desto kaltblütiger, ja herzloser erschienen sie ihm. Dalziel war zwar krank gewesen, aber als geheilt entlassen worden. Nach einer Verwundung oder auch nur einem Schock blieben Narben fürs Leben zurück, er selbst wußte das am besten. Nicht ganz klar war ihm die Rolle, die Jerram dabei spielte. Eine alte Feindschaft vielleicht, die nach der Kollision wieder aufgeflammt war? Oder vielleicht die Freundschaft mit Sarah Dalziels einflußreicher Familie? Er beschloß, Dalziel nichts von dem Zusammentreffen zu sagen. Die neue Aufregung konnte bei ihm das Faß zum Überlaufen bringen und damit das ganze Schiff gefährden. Er warf einen Blick auf die *Terrapin* und rief sich ins Gedächtnis zurück, wie sie ausgesehen hatte, als er an Bord gekommen war. Was auch sonst geschehen sein mochte, Dalziel hatte jedenfalls ein neues Schiff aus ihr gemacht.

Neugierig erwartete Irvine ihn an der Relingspforte. »Gott sei Dank, daß Sie zurück sind, Number One. Der Alte war an Bord und teilte uns mit, daß das Schiff bereits heute nachmittag ausdocken soll.«

»Wollte er mich sprechen?«

Irvine blickte an Standish vorbei, die Augen halb unter den langen Wimpern verborgen. »Er bellte so etwas. Dann schoß er jedoch wieder an Land und sagte, Sie sollen das Ausdocken leiten, wenn er nicht rechtzeitig zurückkommt.«

»Verstehe. Ist das alles?«

»Er machte einen völlig normalen Eindruck, wenn Sie das meinen.« Irvine lächelte fein. »Ich habe im *Bates Hotel* angerufen, um Ihnen alles mitzuteilen, aber Sie waren gerade wieder gegangen.«

Aufmerksam musterte ihn Standish, konnte jedoch an Irvines beiläufiger Bemerkung nichts Verdächtiges finden.

»Dann gehe ich jetzt essen.« Plötzlich straffte er sich. »Himmel, was ist denn *das*?«

Das war ein langer Transporter mit einem glänzenden

Kunststoffboot, dunkelblau mit weißem Dollbord, das am Bug den Namen *Whizz-Kid* trug. Es war etwa acht Meter lang. Hinten am Lastwagen waren zwei riesige Außenbordmotoren festgezurrt und ein Firmenschild: *Tang Fu Boating Enterprises for Happy Sailing*.

Hörbar atmete Irvine aus. »Der Kommandant wird begeistert sein. Ich wette, irgendein Kaufmann hat den Dockmeister bestochen, ihm hier einen Liegeplatz zur Verfügung zu stellen.«

Mit einem Ruck hielt der Laster, und die Tür des Beifahrersitzes flog auf.

Überrascht rief Standish: »Der Kommandant!«

Dalziel kletterte bereits auf den Lastwagen und tastete den Bootskörper ab, als suche er eine Beschädigung, gefolgt von dem chinesischen Fahrer. Dann sah er hinüber zur *Terrapin* und winkte mit seinem Spazierstock.

»Na, ist das was?« Er sprang herunter und lief zur Gangway.

Standish salutierte. »*Unser* Boot, Sir?«

»Natürlich. Genau das richtige. Jeden Penny des Preises wert.«

»Aus Hornbys Sportfonds?« Standish merkte, daß mehrere Leute sich an der Reling versammelt hatten.

»Genau.« Dalziel betupfte sich die Stirn mit einem Taschentuch. »Es war das einzige anständige Boot in ganz Singapur. Ich mußte tüchtig handeln, habe aber den Burschen auf unseren Preis heruntergedrückt.«

Irvine fragte: »Ist es für Wasserski gedacht?«

Dalziel musterte ihn kühl. »Kann auch dafür benutzt werden, ja. Hornby wird selig sein, wenn er es sieht.« Dann wurde er wieder ernst. »Heute nachmittag öffnen sie die Docktore. Sagen Sie dem Chief, er soll ein paar Mechaniker schicken, damit sie die Außenbordmotoren überprüfen. Danach kann der Bootsmann es einsetzen lassen.« Kritisch schweifte sein Blick über das Oberdeck. »Er soll ein paar neue Taljen scheren, damit wir es blitzschnell zu Wasser bringen können.« Er sah auf die Uhr. »Ja, richtig, Lunch.« Dann war er verschwunden.

Irvine sagte leise: »Jetzt überrascht mich nichts mehr.«

Standish ging zur Messetür und ließ ihn stehen. Dalziel hatte kein einziges Wort über ihren Einsatzbefehl gesagt, kein Wort über eine weitere Enttäuschung. Vielleicht waren Sarah Dalziels Befürchtungen gegenstandslos? Das Boot schien anzudeuten, daß der Kommandant künftig seine Leute mit weniger gefährlichen Aufgaben in Bewegung halten wollte.

Standish hängte seine Mütze an den Haken und sah, daß der Steward ihn anstrahlte.

»Hier ist ein Brief für Sie, Sir.«

Standish nahm ihn in Empfang und wandte sich ab; die Handschrift war ihm unbekannt. Zum Lesen ließ er sich in einen Sessel fallen, während Wills einen großen Gin vor ihn hinstellte.

Der Sessel neben ihm quietschte, und Quarrie fragte: »Brief von zu Hause, Number One?«

Standish faltete den Brief zusammen und steckte ihn ein. »Meine Frau ist bei einem Verkehrsunfall ums Leben gekommen. Der Brief ist von ihrem Vater.«

Er spürte im Unterbewußtsein, daß die allgemeine Unterhaltung plötzlich verstummt war, daß Quarrie ihn anstarrte, auf seinem groben Gesicht Überraschung und Mitleid. Dann griff er zum Glas und goß den Gin mit einem Schluck hinunter.

Quarrie sagte heiser: »Zum Teufel, das tut mir leid. Ehrlich.«

»Sie starb vor sechs Wochen. Niemand fühlte sich bemüßigt, es mir mitzuteilen. Bis heute.« Er biß die Zähne zusammen, versuchte seine Stimme zu beherrschen. »Der Fahrer ihres Wagens war betrunken. Fuhr auf der Kingston Road an einen Baum.« Pigott kam herüber und legte Standish die Hand auf die Schulter. »Dieser verdammte Schuft!«

Langsam stand Standish auf. Das einzige, was ihm bewußt wurde: Pigotts Stimme war wieder in breitesten Dialekt verfallen. Ruhig sagte er: »Sie dürfen ihm das nicht übelnehmen. Schließlich hatte er offenbar schon ein paar Monate mit ihr zusammengelebt.« Dann schob er sich an ihnen vorbei aus der Messe.

Pigott war der erste, der das Schweigen brach. »Und er hat auf einen Brief gewartet, seit er an Bord ist.«

Wishart bückte sich und hob den leeren Umschlag auf. »Es ist nicht einmal ein Privatbrief, sondern auf Firmenpapier geschrieben.« Das schien ihn ziemlich zu schockieren.

In diesem Augenblick trat Irvine ein und ging zur Anrichte. »Was ist los? Warum sitzt ihr alle herum und brütet?«

Wütend drehte Quarrie sich um. »Ein für allemal, N.O.: Lassen Sie Ihr blödes Gesabbel! Ihre arrogante Art steht mir bis hier!« Er hielt die Hand waagrecht vor seine Kehle.

Irvine hob die Schultern. »Nehme ich zur Kenntnis.« Und zu Wills: »Einen Whisky, aber einen großen.«

Standish stand in seiner Kammer vor dem Spiegel und starrte benommen hinein. Alison hatte bestimmt nicht die Absicht gehabt, zurückzukehren. Er hätte sie auch nicht wieder bei sich aufgenommen. Aber nun war sie aus seinem Leben gegangen, und diese Endgültigkeit erschütterte ihn.

Ihr Vater mußte den Brief in seinem Büro zwischen zwei geschäftlichen Besprechungen geschrieben haben, »nur um es dir mitzuteilen«. Standish knüllte den Brief zusammen und warf ihn aus dem offenen Bullauge. Dann setzte er sich auf den Kojenrand und stützte den Kopf in die Hände. *Nur um es dir mitzuteilen*. Das klang wie eine Grabinschrift.

Als die *Terrapin* endlich ausgedockt und zur Ladepier verholt hatte, war es bereits Abend, und die Leute waren so müde, daß sie sich kaum noch auf den Beinen halten konnten. Auf der Pier stapelten sich die Vorräte und warteten darauf, an Bord genommen zu werden. Man hörte einen allgemeinen Seufzer der Erleichterung, als die Bootsmannsmaatenpfeife endlich »klar Deck« pfiff und die Übernahme auf den folgenden Morgen verschoben wurde.

Dalziel schritt langsam übers Oberdeck, prüfte hier, gab dort einen Kommentar ab, blieb gelegentlich stehen, holte sich einen Unteroffizier oder einen Mannschaftsdienstgrad heraus und stellte kurze, knappe Fragen.

Vorn am Bug lehnte er sich endlich entspannt gegen die Reling und ließ den Blick über sein Schiff schweifen.

»Zwar sind noch ein paar Quertreiber und Arschkriecher darunter«, bemerkte er wie geistesabwesend zu Standish, der ihm gefolgt war, »aber der Rest beginnt sich allmählich zu einer geschlossenen Besatzung zu entwickeln.« Er machte eine Pause, bis sich zwei Seeleute mit Decksschlauch und Piassavabesen entfernt hatten, dann sah er Standish an. »Habe von Ihrem Verlust gehört, Number One. Ich brauche Ihnen nicht zu sagen, wie leid mir das tut. Aber so schlimm es am Anfang auch aussieht, vielleicht stellt es sich später als das beste heraus.«

Standish beobachtete Wishart, der die Fender an Backbord inspizierte. »Meinen Sie, Sir?«

»Es ist unmöglich, ohne Schicksalsschläge durchs Leben zu gehen.« Ernst sah Dalziel ihn an. »Ihr Pech war, daß so vieles zusammenkam. Wie ich gehört habe, hat die Nachricht Sie mit ziemlicher Verspätung erreicht, aber das ist eher ein Vorteil.« Als Standish nicht antwortete, fügte er hinzu: »Sonst hätte ich Sie nach England zurückfliegen lassen müssen, damit Sie sich selbst um das Notwendige kümmern konnten. Das Schiff hätte auf einen guten Offizier verzichten müssen, zu einer Zeit, da er am meisten gebraucht wurde.«

»Es war eine Verzögerung von sechs Wochen, Sir. Damals waren Sie noch nicht mal an Bord.« Er hob die Schultern. »Aber vielleicht haben Sie recht. Auf alle Fälle ist es vorbei.«

»Gut.« Dalziel nickte. »Ich freue mich, daß Sie es so sehen. Grübeln bringt nichts. Ich werde es nicht mehr erwähnen, es sei denn, Sie wollen selbst darüber sprechen.« Er sah auf die Uhr. »Lassen Sie bitte die Leute achteraus pfeifen. Ich möchte ein paar Worte zu ihnen sagen, bevor wir sie an Land lassen.«

Standish winkte einen Bootsmannsmaaten heran, und bald darauf dröhnten die Deckslautsprecher.

»Untere Decks räumen! Alle Mann achteraus!«

Dalziel sagte: »Ich will sie nur über unsere neuen Aufgaben ins Bild setzen.« Er kicherte in sich hinein. »Nicht daß ich selbst viel darüber wüßte. Aber vielleicht muntert es sie auf.«

Unteroffizier Corbin stieg schwerfällig über die Ankerkette und salutierte. »Untere Decks geräumt, Sir.«

»Gut, Corbin. Ich komme.« Plötzlich runzelte er gereizt die Stirn, als ein Wagen sich zwischen den Kisten und Lattenverschlägen auf der Pier hindurchzwängte und vor der Gangway hielt. »Verdammt soll er sein!«

Standish erkannte Kapitän Jerram, der neben einem adrett gekleideten Marinefahrer stehenblieb und suchend übers Deck blickte, wo die Mannschaft gerade antrat.

Dalziel schnauzte: »Nun, er soll gefälligst warten. Wenn er immer zur unpassenden Zeit kommt, muß er sich diese Behandlung gefallen lassen.«

Standish ging zur Gangway und begrüßte Jerram, der langsam an Deck stieg. Er sah müde und viel älter aus, als Standish ihn in Erinnerung hatte.

»Der Kommandant läßt sich entschuldigen, Sir, aber er hatte bereits die Besatzung antreten lassen, um zu ihr zu sprechen.«

Jerram warf einen Blick nach achtern und sagte unfreundlich: »Ja, das sehe ich. Dann kann ich inzwischen einen Blick auf die ausgeführten Reparaturen werfen.«

Standish folgte ihm zur Back und wartete dort, bis Jerram die frisch gestrichenen Platten in der Bordwand besichtigt hatte.

Langsam begann Jerram: »Morgen früh laufen Sie aus.«

»Ja, der Kommandant sagte es bereits, Sir.«

Jerram zog eine kleine, schwärzliche Pfeife aus der Tasche und starrte sie an, als habe er sie noch nie gesehen. Schließlich fuhr er fort: »Versuchen Sie, dem Schiff neue Abenteuer zu ersparen, ja? Wenn es wieder beschädigt wird, können wir es nicht mehr verkaufen.« Dann schien er einen Entschluß zu fassen. »Wenn ein Schiff endgültig außer Dienst gestellt wird und die Besatzung den Kommandantenwimpel niederholt, sind plötzlich alle ohne Aufgabe. Auch Sie werden davon nicht verschont bleiben.« Er zwang sich zu einem Lächeln, was die vielen kleinen Falten in seinem Gesicht noch vertiefte. »Der junge Irvine, zum Beispiel, steht in ein paar Monaten zur Beförderung zum Kapitänleutnant an, wird möglicherweise ein eigenes Kommando bekommen. Vielleicht wird er noch Kapitän zur See, aber dann springt er ab, in die Politik oder in irgendein Familienunternehmen.«

Standish wartete. Bald würde es kommen.

Jerram fuhr mit derselben müden Stimme fort: »Bei Ihnen sieht das natürlich anders aus. Sie hatten Pech, aber das ist nichts Neues. Die kurze Kommandierung auf die *Terrapin* kann für Sie schon einen neuen Anfang bedeuten. Wenn alles gutgeht, könnte auf Sie wieder eine neue Kommandantenstellung warten.«

Standish wandte den Blick ab, er fühlte sich plötzlich angewidert von diesem Geplänkel. »Und was ist mit dem Kommandanten, Sir? Wollen wir nicht auch über ihn sprechen?«

Jerram machte ein überraschtes Gesicht und lächelte dann. »Ein bißchen empfindlich heute?«

Standish schüttelte den Kopf. »Nein, das nicht, Sir. Ich habe nur die Scheinheiligkeit satt, denn ich habe kürzlich mehr als genug davon zu spüren bekommen.« Jetzt, da er angefangen hatte, konnte er nicht mehr aufhören. »Wenn Sie mit Kapitän Dalziel nicht zufrieden sind, warum haben Sie dann seine Ernennung akzeptiert? Und wenn Sie ihm zutrauen, dieses Schiff zu kommandieren, warum hält man ihm dann nicht den Rücken frei? Während meiner Kommandantenzeit pflegte ich einem Untergebenen, mit dem ich unzufrieden war, dies offen ins Gesicht zu sagen.« Grob fügte er hinzu: »Ich habe nicht versucht, ihn bei meinem Admiral anzuschwärzen, oder ihm mit Hilfe seiner Frau übel mitgespielt!«

Jerram entgegnete kalt: »Ich denke, wir haben beide genug gesagt.«

»Das glaube ich auch, Sir. Trotz allem, der Kommandant hat das Schiff wirklich zu neuem Leben erweckt.«

Wortlos ging Jerram zum Geschütz und schaltete den Decklautsprecher ein. Dalziels Stimme ertönte, und Standish wurde an die Ansprache erinnert, die er bei Dienstantritt gehalten hatte.

». . . und so kehren wir nach Kuala Papan zurück, um dort wieder auf Vorposten zu patrouillieren. Erwarten Sie keine Wunder. Wir können nicht ständig Schiffe voll bewaffneter Terroristen denen vor der Nase wegschnappen, die sie eigentlich fangen sollten, nicht?«

Standish hörte einige Besatzungsmitglieder im Hintergrund lachen, und als er Jerram anblickte, sah er, daß dieser sich das Gesicht wischte und dabei murmelte: »Oh, dieser verdammte Idiot!«

Dalziel fuhr fort: »Wir haben ihnen jedenfalls gezeigt, was wir leisten können. Sie sind bei einer erstklassigen Waffengattung, um Ihrem Lande zu dienen und, falls erforderlich, auch für es zu sterben, obgleich mir scheint, daß dieses Bewußtsein einigen abhanden gekommen war, bis ich dann an Bord kam.« Weiteres Gelächter, diesmal noch lauter. »Wenn Sie heute abend an Land gehen, möchte ich, daß Sie etwas für mich tun. Fühlen Sie sich nicht nur als

Angehörige der britischen Marine.« Dalziel machte eine Pause, und Standish hörte Jerram heftig atmen. »Seien Sie sich auch der Tatsache bewußt, daß Sie zur *Terrapin* gehören! Stellen Sie Ihr Licht nicht unter den Scheffel, sondern prahlen Sie ruhig ein bißchen mit Ihren Taten, denn der Rest der Welt weiß nichts von unseren Erlebnissen. Sie alle aber sollen wissen, daß ich stolz auf Sie bin!«

Jerram schaltete den Lautsprecher ab und sah Standish an. »Würden Sie bitte Ihrem Kommandanten bestellen, er möchte so rasch wie möglich zu mir kommen?«

Auf der Treppe zur Back war ein leichter Schritt zu hören, dann sagte Dalziel knapp: »Hier bin ich, Sir.« Er keuchte, und sein Hemd war verschwitzt.

Jerram schien Standishs Anwesenheit zu vergessen. Schneidend sagte er: »Sie fahren nach Kuala Papan, wo Sie dem Geschwader unterstellt werden. Diesmal gibt es keine unabhängigen Aktionen, keine eigenmächtige Unternehmung ohne vorherige Genehmigung.«

Dalziel musterte ihn kalt. »Das ist mir bekannt, Sir. Ich habe es meiner Besatzung gerade mitgeteilt.«

»Das hörte ich.« Jerram packte die Reling mit beiden Händen. »Bei Ihrer Ansprache wußten Sie bereits, daß Ihre nächste Aufgabe reine Routine ist, nichts anderes als Vorpostendienst. Dennoch sprachen Sie zu Ihren Leuten, als ginge es in die größte Seeschlacht aller Zeiten.« Wütend drehte er sich um. »Um Himmels willen, Mann, was denken Sie sich eigentlich? Was tun Sie hier?«

»Meine Pflicht, Sir.« Dalziel lächelte, aber seine Augen blieben hart wie Stein. »Ich habe gelernt, daß man auf den Krieg vorbereitet sein muß, um den Frieden zu bewahren.«

Jerram schien ihn nicht gehört zu haben. »Vielleicht wird man Sie nur dazu abstellen, Proviant und andere Vorräte für das Geschwader zu befördern.«

Dalziel steckte die Hände in die Taschen. »Vorräte befördern, Sir?« Er nickte. »Dann werden wir eben Vorräte besser befördern als jedes andere Schiff in diesem Geschwader, falls man eine Ansammlung großer Blechdosen überhaupt Geschwader nennen kann!«

Jerram blickte hinüber zur anderen Seite, wo ein paar schwatzende, lachende Seeleute erschienen waren. »Hoffentlich werden sie auch nach ein oder zwei Monaten noch lachen. Das ist alles, was ich Ihnen wünschen möchte.«

Er ging zur Leiter, und Dalziel sagte: »Dank für Ihren Besuch, Sir. Bestand besonderer Anlaß dazu?«

Jerram sah ihn noch einmal an. »Ja, der bestand. Ich wollte Sie warnen. Aber als ich Ihre Ansprache hörte, wußte ich, daß es zu spät war.

Dalziel folgte ihm bis zur Gangway und salutierte.

Jerrams Wagen fuhr über den holprigen Anleger und verschwand in der Ferne.

Standish fragte: »Wir werden ihn in Kuala Papan wiedersehen, nehme ich an?«

Als Dalziel nicht antwortete, wandte er sich um und sah, daß der Kommandant zur Schiffsglocke gegangen war, die er mit einer Hand vorsichtig, beinahe zärtlich, berührte.

Standish folgte ihm, und als Dalziel ihm das Gesicht zuwandte, erschrak er. Verschwunden war die kühle Überlegenheit, unter der Sonnenbräune war sein Gesicht blaß, die Augen glänzten unnatürlich, als er durch die Zähne murmelte: »Dieser Schuft! Benutzt mein Schiff, um mir zu schaden! Dieser Schuft!«

»All Ihre Besuche beim C. in C. haben also nichts genutzt?«

»Nein. Aber ich konnte mich schließlich nicht aufs Achterdeck stellen und unseren Leuten das erzählen! Weiß der Himmel, uns ist nicht mehr viel geblieben in dieser Welt; aber dazu gehört der Stolz, und den können sie mir nicht nehmen. Weder mir noch meinem Schiff!«

Als er weitersprach, hatte er seine Stimme wieder in der Gewalt. »War nicht allzu erfreulich für Sie, was? Tut mir leid, daß ich Sie mit ihm allein lassen mußte, aber ich wollte auf alle Fälle zu den Leuten sprechen, bevor er sich einmischen konnte.«

Standish folgte ihm zur Tür. »Ich glaube, er mag mich nicht besonders.«

Dalziel blieb stehen. »Wirklich? Dann müssen Sie hereinkommen und einen Gin mit mir trinken, Number One.«

Standish hielt auf seinem Weg zur oberen Brücke inne und blickte zum Himmel. Obgleich es noch früh am Morgen war, erkannte er schon deutlich eine Wetteränderung. Lange Streifenwolken zogen drohend dahin, die Unterseiten von der noch niedrigen Sonne wie in leuchtendes Kupfer getaucht.

Durch die offene Tür des Steuerhauses sagte Corbin: »Sieht nach Wetterumschlag aus, Sir.« Es klang weder neugierig noch besorgt.

Standish nickte. »Stimmt.«

Normalerweise war es wenigstens am frühen Morgen frisch, doch jetzt war die Luft schwül, und sein Hemd fühlte sich an, als habe er darin geschlafen. Aus dem Schornstein der *Terrapin* wehte schwarzer, fettiger Qualm tief über die anderen Schiffe. Standish sah durch den Rauch den Wimpel im Topp, er stand steif wie ein Wetterhahn. Aber die Brise brachte keine Frische, nur noch mehr Feuchtigkeit.

Corbin grinste. »War ja eine stattliche Anzahl von Delinquenten, Sir! Die scheinen gestern an Land schlimm gehaust zu haben!«

Standish warf einen Blick hinunter zur Back, wo die Seeleute dabei waren, die Zurrings von den Festmachetrossen an den Pollern abzunehmen. Er hatte einige von ihnen an Bord zurückkehren gehört. Trunkenheit während des Landurlaubs kam immer wieder vor, sie waren dann laut und fröhlich. Aber als sie diesmal an Bord wankten oder von ihren Kameraden getragen wurden, meinte er, etwas anderes herauszuhören: eine Art Trotz. Viele hatten sich mit Seeleuten anderer Schiffe geprügelt, manche waren auch von Militärpatrouillen oder Polizei an Bord gebracht worden. Jetzt schien es, als habe das ganze Schiff einen Kater.

»Mit denen rechne ich später ab, Corbin.«

Er sah Dalziels Kopf und Schultern, die sich von dem helleren Himmel abhoben, und stieg zur oberen Brücke hinauf. Dort schien alles normal: der Brückenunteroffizier, die Signalgasten, die Ausgucksleute und ein Matrose, der verschütteten Kaffee aufwischte.

Irvine beugte sich über den Kartentisch, das Kinn aufgestützt, während er noch einmal die Gezeitentabellen studierte.

Standish salutierte. »Klar zum Auslaufen, Sir.«

Dalziel sah ihn an, die Augen hinter einer dunklen Sonnenbrille verborgen. »Wir können noch nicht auslaufen.« Das klang gereizt.

Vielleicht hat auch er einen Kater, dachte Standish.

Aber Dalziel fuhr fort: »Habe soeben einen Signalspruch bekommen. Wir sollen medizinische Ausrüstung für Kuala Papan mitnehmen, außerdem zwei Passagiere.«

In diesem Augenblick bremste ein Lastwagen auf der Pier, und Dalziel schnauzte: »Bootsmaat, sagen Sie Bootsmann Harris, er soll das sofort an Bord nehmen!« Als der Mann ihn nur verständnislos anblickte, fauchte er: »Laufen Sie schon, Menschenskind!«

Ein Personenwagen war dem Lastwagen gefolgt, und Standish sah zwei Gestalten aussteigen, begleitet von einem Malaien mit mehreren Koffern.

»Weibliche Passagiere?« Fragend sah Standish den Kommandanten an. »Für uns?«

»Das sehen Sie doch, Number One!« Dalziel fuhr etwas ruhiger fort: »Für Kuala Papan. Von dort reisen sie über Land weiter. Da wir sie von der *Cornwallis* übernommen haben, ist es wohl unsere Sache, sie weiterzubefördern.«

Er nahm die Sonnenbrille ab und rieb sich die Augen. »Sie können in meinen Räumen wohnen, ich werde ohnehin nur die Seekajüte benutzen. Es sieht so aus, als sollten wir ganz schön was auf die Nase bekommen.« Er blinzelte zum Himmel. »Da kommt noch mehr, eine ganze Menge mehr.«

Irvine sagte: »Bis jetzt liegt uns noch keine Sturmwarnung vor, Sir.«

Dalziel drehte sich um und musterte ihn seelenruhig. »Der Tag, an dem ich mich auf den Wetterbericht verlasse, muß erst noch kommen.«

Gereizt fuhr er fort: »Gehen Sie hinunter, und treiben Sie die Leute an, Number One! Ich habe keine Lust, den ganzen Vormittag zu vertrödeln.«

Standish trat zwischen die hastig zusammengestellte Arbeitsgruppe und sah den hohen Kistenstapel auf der Pier. Rideout musterte jedes einzelne Stück und hakte es auf einer Liste ab, schien aber mehr Hindernis als Hilfe zu sein.

Die beiden weiblichen Passagiere standen hilflos eingekeilt zwischen ihrem Gepäck und den eifrig arbeitenden Seeleuten. Es waren die grauhaarige Dame von der *Cornwallis*, die ein für dieses Klima völlig ungeeignetes Tweedkostüm trug, und eine jüngere Frau.

Lächelnd sagte Standish: »Willkommen an Bord, Mrs. Penrath.« Dann zögerte er und warf einen Blick auf ihre Begleiterin in Khaki, die so still dastand, als erwarte sie Weisung, was nun geschehen solle.

Sie hatte schwarzes Haar, das er für lang hielt; aber da sie es zu einem großen Nackenknoten geschlungen trug, konnte er das nicht mit Sicherheit sagen. Sie schien Anfang der Zwanzig zu sein und war von einer eigenartigen, ernsten Schönheit, wie sie ihm bisher noch nie begegnet war.

Als er selbst merkte, daß er sie anstarrte, sagte er rasch: »Entschuldigen Sie. Aber der Kommandant sagte, daß Sie beide schon Passagier der *Cornwallis* waren.«

Die junge Frau schlug die Augen nieder. »Können wir nicht in unsere Kabine gehen?« Sie hatte eine leise, beinahe rauhe Stimme und sprach zu der anderen Dame, nicht zu ihm.

Standish winkte Steward Wills heran. »Führen Sie die Damen in die Kommandantenkajüte.«

Zwei Seeleute nahmen die Koffer, und als das Mädchen ihnen folgte, fühlte Standish die Hand der Älteren auf seinem Arm. »Haben Sie sie wirklich nicht wiedererkannt?«

Etwas in ihrer Stimme, Trauer oder Mitleid, ließ ihn aufhorchen. Er sah ihre Begleiterin nochmals an. Und da begriff er plötzlich, wer sie war. Es versetzte ihm einen Schock.

Sogleich hatte er wieder das Bild der halbnackten jungen Frau vor sich, die völlig verzweifelten Augen, als er mit der Pistole in der Hand in die Kabine gestürmt war.

Leise fragte er: »Wo will sie hin?«

Mrs. Penrath antwortete ihm nicht direkt. »Ihr Name ist Suzane Gail. Sie war Lehrerin an einer Missionsschule in Saigon und auf dem Weg nach Thailand, als wir von den Piraten überfallen wurden. Sie wird dort heiraten. Der Mann ist Ingenieur, sie haben sich kennengelernt, als er in Vietnam arbeitete.«

»Da hat er Glück.«

Sie drückte seinen Arm. »Ich weiß, Sie meinen das ernst. Aber Sie verstehen nicht viel von Frauen, stimmt's? Suzane hat alles aufgegeben, um in Thailand ein neues Leben anzufangen, aber jetzt will sie nicht mal einen Blick auf ihre schöne neue Garderobe werfen. Sie schien so glücklich und so voll Hoffnung. Doch vielleicht geht es ihr besser, wenn sie in ganz anderer Umgebung lebt.«

Standish sah, daß die Seeleute mit der Übernahme fertig waren. »Sie müssen mich jetzt entschuldigen, Mrs. Penrath. Wir legen gleich ab.«

Dalziel wartete bereits ungeduldig auf ihn. »Dachte schon, Sie wollten an Land bleiben.« Dann sah er ihn von der Seite an. »Hat alles noch einmal heraufbeschworen, wie?«

Standish beobachtete, wie der Wind das Schiff von der Pier abdrückte, die Festmachetrossen kamen abwechselnd steif und wieder lose.

»Ja, so ähnlich.«

Dalziel grunzte und ging zur Brückennock. »Beide Maschinen Achtung!« Und zu Burch hinauf: »Geben Sie an die Signalstelle: ›Erbitte Erlaubnis zum Auslaufen.‹«

Sofort kam die Antwort: »Einverstanden, Sir.«

Dalziel sagte langsam: »Wenn wir das nächste Mal hier einlaufen, soll uns nichts zurückhalten von wegen Sicherheitsbestimmungen! Damit können sie uns nicht mehr kommen.«

Im nächsten Augenblick war er wieder ganz da. »Los achtern! Und sagen Sie Caley, wenn einer seiner Leute eine Stahltrosse in die Schrauben kommen läßt, hänge ich seine Eingeweide am Kombüsenschornstein auf!«

Eine halbe Stunde später waren die Seeleute vorn und achtern angetreten, die *Terrapin* passierte die letzten der vor Anker liegenden Kriegsschiffe und wandte sich dann der breiter werdenden Ausfahrt zu. Als ihr Steven von der heranrollenden Dünung angehoben wurde, schien das Schiff froh zu sein. Und die Besatzung auch.

11 Sturmwarnung

Chiefsteward Wills berührte Standishs Arm. »Guten Morgen, Sir. Ich habe Ihnen Tee gebracht.«

Standish rieb sich die Augen und starrte Wills an, der in

einem unmöglichen Neigungswinkel dastand und die Schiffsbewegungen ausbalancierte. Als die Schlaftrunkenheit wich, bemerkte er ein neues Geräusch: Regen, der gegen Bordwand und Aufbauten prasselte.

Wills grinste. »Hat angefangen zu blasen, Sir. Sie täten gut daran, möglichst bald zu frühstücken, bevor es schlimmer wird.« Leise lachte er in sich hinein. »Ich habe gerade dem armen Mr. Hornby Tee gebracht, er spuckt sich die Seele aus dem Leib.«

Als Standish mit nackten Füßen auf dem Teppich vor seiner Koje stand, fühlte er das heftige Rollen des Schiffes und das Beben, wenn die eine oder die andere Schraube aus dem Wasser kam. Er mußte Licht einschalten, um sich zu rasieren, denn vor dem salzverkrusteten Bullauge hing ein Himmel, fast so dunkel wie bei Nacht. Der Taifun hatte sie mit seinen Ausläufern doch noch erwischt.

Eine Viertelstunde später betrat Standish die Messe und stellte fest, daß die Sessel bereits festgezurrt, daß Schlingerleisten auf Tischen und Anrichte angebracht waren.

Zu seiner Überraschung war die Messe leer. In der kurzen Pause zwischen dem Überholen des Schiffes eilte er zu seinem Stuhl am Kopfende des Tisches und schenkte sich Kaffee ein. Er sah Wills aus der Durchreiche blicken, während hinter ihm sich ein Gehilfe bemühte, Speckscheiben auf einer Platte anzurichten, bevor sie sich selbständig machten und an Deck schlängelten.

»Guten Morgen.«

Standish wandte sich um und sah die beiden Passagiere eintreten. An der Tür blieben sie stehen, um einen günstigen Augenblick zum Überqueren der freien Strecke abzuwarten.

»Sie müssen einen kräftigen Magen haben, Mrs. Penrath.« Standish erhob sich und half ihnen bei den letzten Schritten, wobei sein Blick rasch zu der jungen Frau glitt, die sich jetzt am Tisch festhielt. Sie trug noch immer den

Buschanzug aus Khaki, und unter ihren Augen entdeckte er tiefe Schatten, als habe sie seit Tagen nicht geschlafen.

Die ältere Dame beobachtete bewundernd Wills, der ein Tablett mit Tellern und Tassen wie ein berufsmäßiger Jongleur balancierte. »Mein Magen hat mir noch nie Kummer gemacht. Die Beine schon eher.«

Caley kam herein und ließ sich schwer in einen Stuhl fallen. Während er nach Toast und Kaffeetasse griff, murmelte er: »Es bläst wie verrückt, das reinste Sauwetter.« Die Hand mit dem Toast machte vor seinem Mund halt. »Oh, tut mir leid, Madam, hatte Sie nicht gesehen«, sagte er linkisch.

Mrs. Penrath lächelte. »Mein Mann entschuldigt sich nie für seine Ausdrücke, warum also sollten Sie's tun?«

Standish beugte sich zu der jungen Frau hinüber. »Sind Sie schon in Thailand gewesen, Miss Gail?«

Sie hob den Blick nicht und erwiderte leise: »Nein, noch nie. Aber ich werde mich dort schon einleben.«

Caley murmelte mit vollem Mund: »Wär' nichts für mich, Miss. Voll schnatternder Gelber.«

Standish beobachtete, wie sich ihre Finger unter dem Tisch in den Khakistoff der Hose gruben, bis ihre Hände aussahen wie kleine, verängstigte Wesen, die sich zu verbergen suchten.

Beruhigend sagte er: »In ein oder zwei Jahren sieht es dort schon anders aus. Bis dahin sind sie auch mit dem Straßenbau weiter.«

Sie hob den Kopf und sah ihn zum erstenmal an. Ihre Augen waren groß und ausdrucksvoll. »Bekommen wir Sturm?«

»Später. Aber ehe er richtig losbricht, sollten wir schon sicher vor Anker liegen.« Lächelnd fuhr er fort: »Tut mir leid, daß Ihre Reise nicht angenehmer verläuft.«

»Reise?« Sie schlug die Augen wieder nieder. »Ja. Ich hatte sie mir auch anders vorgestellt.« Ihre Lippen bebten. »Ich – ich habe versucht zu schlafen, aber . . .«

»Vielleicht kann unser neuer Schiffsarzt helfen.« Standish fing einen raschen Seitenblick von Mrs. Penrath auf und ein Kopfschütteln. Rasch fuhr er fort: »Aber wenn Sie erst einmal an Land sind, werden Sie sich wieder besser fühlen.«

Pigott erschien am Tisch und seufzte trübe. »Die reinste Vergeudung, das gute Essen wird doch nur wieder über Bord gekippt.« Er sah Standish an und hob die Augenbrauen. »Habe noch nie erlebt, daß Sie nicht pünktlich zur Wachablösung oben sind, Number One.«

Standish starrte ihn fassungslos an und warf dann einen raschen Blick auf die Uhr: bereits zwei Minuten nach acht. Er sprang auf und spürte die beobachtenden Blicke der anderen, Pigotts Schadenfreude, die Betroffenheit der beiden Damen, Caleys sture Gleichgültigkeit. Aber in den Augen des jungen Mädchens sah er noch etwas anderes. War es Bedauern über den raschen Abbruch ihres ersten, flüchtigen Kontaktes?

Rasch sagte er: »Wenn Sie mit dem Frühstück fertig sind, kommen Sie doch auf die Brücke, falls Sie Lust haben.«

Er beobachtete sie, sah den Widerstreit ihrer Gefühle. Schließlich sagte sie: »Vielleicht. Ich habe die See noch nie so gesehen wie jetzt. So ruhelos.« Und nach einer Pause: »So grausam.«

An Deck empfingen ihn Wind und Regen mit grimmiger Wucht und nahmen ihm beinahe den Atem. Während er sich die Brückenleitern hinaufkämpfte, hörte er den Regen auf sein Ölzeug trommeln, in Sturzbächen von den Aufbauten prasseln und in den übervollen Speigatten gurgeln.

Irvine salutierte sarkastisch.

»Guten Morgen, Sir! Die Vormittagswache hat bereits abgelöst, nur ich allein bin noch übrig und anscheinend vergessen worden.« Er hielt sich am Kompaß fest, als sich das Schiff hob, innehielt und dann in ein tiefes Wellental fiel. Gischt fegte übers Brückenkleid, mischte sich mit dem Regen und peitschte ihnen ins Gesicht.

Standish steckte Kopf und Schultern unter die Schutzhaube über dem Kartentisch, studierte Irvines abgesetzten Kurs und die sauber eingetragene Position. Da er Irvines Ungeduld spürte, sagte er rasch: »Unsere E.T.A.* in Kuala Papan ist also 14 Uhr 00.«

Irvine ging zur Leiter. »Der Alte war während meiner Wache zweimal oben.« Er zog ein Gesicht. »Anscheinend traut er mir nicht.«

»Nun, Sie hatten ja auch unrecht mit Ihrer Wettervorhersage, N.O.«, sagte Standish grinsend.

Irvine war schon auf dem Weg nach unten. »Ja, ich und drei Millionen andere!«

Standish ging zur Backbord-Brückennock und blickte hinaus. Die *Terrapin* stand nur fünf Meilen vor der Küste, aber es hätten auch tausend Meilen sein können. Er beobachtete die mächtigen Seen, die ungebrochen heranrollten, das Schiff anhoben, ein paar Sekunden in dieser Lage festhielten und dann in das Wellental warfen, wo es die nächste schwere See abwartete. So ging es ständig weiter. Ihm fielen die Worte der jungen Frau ein: so ruhelos, so grausam. Für sie traf das wirklich zu, dachte er grimmig und versuchte, nicht an ihre entsetzlichen Schreie zu denken, die er auf dem Deck des Frachters gehört hatte.

Ob ihr zukünftiger Mann wußte, was sich ereignet hatte? Ob er wohl imstande war, sie das Schreckliche vergessen zu lassen?

Dalziel hustete hinter ihm und fragte gereizt: »Schlafen Sie im Stehen, Number One?«

Standish salutierte. »Guten Morgen, Sir. Ich habe den Seegang und den Regen beobachtet. Er nimmt uns jegliche Sicht.«

Dalziel grunzte etwas Unverständliches und zog einen

---

* estimated time of arrival = voraussichtliche Ankunftszeit

Schreibblock unter seiner tropfenden Öljacke hervor. »Von Hongkong Radio: Taifun unbekannter Stärke innerhalb fünfzig Meilen von Breite sechs Grad Nord und Länge einhundertundneun Grad Ost.«

Standish schürzte die Lippen. »Bewegt sich in west- bis nordwestlicher Richtung. Also sollten wir von ihm freikommen.«

Dalziel sah ihn nachdenklich an. »Das Glas fällt noch immer. Aber auch ich glaube, daß wir bereits in Kuala Papan sind, wenn es richtig losgeht.« Er hielt sich am Brückenkleid fest, als das Deck unter ihm wegtauchte. »Wishart stellt sicher, daß das neue Boot gut festgezurrt ist. Ich habe es ihm überantwortet.«

Standish hob die Schultern. »Es wäre eigentliche Sache des Bootsmanns, Sir.«

»Aber der Bootsmann gehört zu Wisharts Bereich.«

Standish sah weg, er spürte wieder das alte Unbehagen. »Tut mir leid, ich bin nicht Ihrer Meinung, Sir.«

Dalziel seufzte. »Kam mir ganz plötzlich in den Sinn. Wir brauchen ein schnelles, manövrierfähiges Boot, unser altes taugte nichts, und der Ersatz war noch viel schlechter. Also habe ich eins gekauft. Wenn wir wieder normales Wetter haben, soll der Chief im Bug ein Maschinengewehr montieren.«

Standish kniff die Lippen zusammen. Trotz der kaum verhohlenen Drohung Jerrams ging es mit Dalziel schon wieder durch. In den unteren Decks rechneten sie mit Wasserskifahren und Tauchen, Dalziel jedoch hatte das nie im Sinn gehabt. Er wollte das Boot als verlängerten Schlagarm des Schiffes benutzen.

Schon fuhr er fort: »Eine gute Browning im Bug, ein paar Stirlings für die Besatzung, dann haben wir eine gute Waffe in der Hand, stimmt's?«

Der Regen schien noch heftiger zu werden, das dröhnende Trommeln erschwerte das Sprechen und vor allem das Hören.

Dalziel brüllte: »Wir fahren unten vom Steuerhaus aus, wenn es noch schlechter wird.« Er grinste, das Gesicht glänzend vor Nässe. »Erst wenn der Regen plötzlich aufhört, wird's gefährlich.« Er klopfte aufs Brückenkleid und fuhr fort: »Ich gehe hinunter zum Frühstück. Rufen Sie mich, bevor Sie Kurs ändern.«

Standish klemmte sich zwischen Dalziels Sitz und die Reling der Brückennock und rief sich Mrs. Penraths rasches Kopfschütteln ins Gedächtnis zurück, als er ein Schlafmittel vorgeschlagen hatte. Stand es denn wirklich so schlecht um Suzane?

Der Brückenunteroffizier rief: »Besucher, Sir.«

Sie war von Kopf bis Fuß in geliehenes Ölzeug gehüllt, und als sie sich zu ihm hin hangelte, fühlte er das Bedürfnis, sie festzuhalten, ihr den Trost zu geben, den er in seiner eigenen Krise entbehrt hatte.

Sie sagte: »Das sieht ja wild aus.« Ihr Gesicht war bereits klitschnaß von Regen und Gischt, aber als er ihr einen Südwester anbot, schüttelte sie den Kopf. »Brauche ich nicht. Ich mag das ganz gern.«

Es stimmte, der Wind brachte ein wenig Farbe in ihr blasses Gesicht zurück; als sie sich wieder umwandte und den anrollenden Brechern entgegensah, bemerkte er, daß sich Haarsträhnen aus dem Kragen der Öljacke gelöst hatten und nun trotzig wie eine Flagge gegen seinen Arm wehten. Sie sah eher wie ein Kind als wie ein junges Mädchen aus, was ihm ihr Leid noch unerträglicher machte.

Freundlich sagte er: »Setzen Sie sich. Der Kommandant bleibt noch eine Weile unten.«

Mit einer weichen Bewegung wischte sie sich das Haar aus den Augen, und er sagte: »Sie sehen schon viel besser aus. Wirklich.«

Ernst musterte sie ihn, plötzlich gar nicht mehr abwehrbereit. »Stimmt das wirklich?«

Dann versuchte sie, mit ihrem steifen Ölzeug auf den Sitz zu klettern. In diesem Augenblick holte das Schiff stark über; als sie taumelte, griff Standish zu und schloß sie in die Arme. »Vorsicht! Sie können sich gleich besser hinsetzen.«

In diesen Sekunden schienen sie in einer Welt für sich zu sein. Durch das triefende Ölzeug fühlte er ihren weichen Körper, bis sie ihn plötzlich mit entsetztem Gesicht zurückstieß.

»Bitte fassen Sie mich nicht an!« rief sie. »Lassen Sie mich, um Gottes willen, lassen Sie mich los!«

Zögernd richtete sich das Schiff wieder auf, das Wasser unter den Grätings gurgelte, und Standish trat von ihr zurück.

Langsam sagte er: »Es tut mir leid. Bitte, glauben Sie mir.«

Sie sah ihn nicht an, ihr Profil wirkte wie das einer Statue: vollkommen, aber leblos. Ihre Augen waren halb geschlossen, und das über ihre Wangen rieselnde Regenwasser erweckte den Anschein, als könne sie endlich weinen.

Er hörte sich sagen: »Es wäre vielleicht besser, wenn Sie nach unten gingen. Der Regen wird stärker, wir werden die obere Brücke bald räumen.«

Sie wandte sich ihm zu. »Ja ... Tut mir leid, was ich eben gesagt habe.« Ziellos strich sie über ihre Öljacke. »Es war nicht Ihre Schuld.«

Er trat zurück, als sie vom Sitz glitt, hätte ihr gern helfend die Hand gereicht, traute sich aber nicht. »Mrs. Penrath sagt, ich verstehe nicht viel von Frauen.« Vergebens versuchte er zu lächeln. »Sie hat wohl recht.«

Suzane tastete sich langsam zur Leiter, ihr Haar klebte am Ölzeug. Beim Hinuntersteigen sagte sie: »Ich brauche noch ...« Der Rest ging im Lärm von Wind und Regen unter.

Standish wartete, bis sie das Signaldeck erreicht hatte, dann sagte er: »Gehen Sie mit ihr, Spings, nur zur Sicherheit.«

Der Bootsmannsmaat blickte ihn neugierig an. »Ist sie krank, Sir?«

Er wandte sich wieder dem Brückenkleid zu. »Nein, nicht krank.« Zu sich selbst fügte er hinzu: »Aber völlig verängstigt.«

Er nahm den Telefonhörer und wartete auf Dalziels Stimme. »Klar zur Kursänderung, Sir.« Auf Kuala Papan zu und das vorläufige Ende der Reise. Der Gedanke, daß Suzane bald von Bord und somit aus seinem Leben gehen würde, bewegte ihn mehr, als er für möglich gehalten hätte.

Dalziel erschien und schielte auf den Kompaß. »Drehen Sie auf den neuen Kurs ein, aber sagen Sie vorher allen Stellen Bescheid. Ich möchte nicht, daß auch noch der Rest unseres Porzellans zu Bruch geht.« Er musterte Standish nachdenklich und fügte hinzu: »Ich würde mich an Ihrer Stelle bei der Dame zurückhalten. Man sollte sich nicht auch noch die Sorgen anderer Leute aufbürden.«

Schweigend sah Standish ihn an. Zwei Männer, getrennt durch ein Stück nasser Brückengräting. Was wußten sie wirklich voneinander?

Steif erwiderte er: »Neuer Kurs ist zwo-neun-null, Sir.«

Dalziel hob die Schultern. »Also machen Sie weiter.«

Zögernd drehte die *Terrapin* das Heck in die von achtern auflaufende See, ihre Zwillingsschrauben wühlten das Wasser auf.

Unten in der Messe saß Mrs. Penrath allein an dem inzwischen leer gewordenen Tisch, eine unberührte Tasse Kaffee vibrierte zwischen den Schlingerleisten. Sie wandte den Blick der Tür zu, als das junge Mädchen eintrat. »Alles in Ordnung, Suzane?«

Sie hatte das Ölzeug abgelegt, aber das Haar hing ihr feucht um die Schultern. »Nur ein bißchen kalt.« Dann fragte sie leise: »Meinen Sie, daß er mich noch haben will?«

Die ältere Frau stand auf und griff nach Suzane, die von

einem unkontrollierbaren Schluchzen geschüttelt wurde. Sie preßte das Gesicht an die Schulter in der dicken Tweedjacke. Mrs. Penrath antwortete nicht, sie dachte an ihre eigene Jugend, an die Art, wie ihr Mann sie angesehen hatte, als sie nach Jahren in japanischer Gefangenschaft zurückkehrte. Es hatte lange gedauert, obwohl es für sie beide viel leichter gewesen war, denn sie hatten dieselben Leiden durchgemacht. Nun drückte sie nur die Schultern des Mädchens etwas stärker. Irgendwas mußte auf der Brücke vorgefallen sein, vielleicht hatte ein sorgloses Wort oder ein neugieriger Blick sie verstört.

Dann fiel ihr Standish ein, und sie wußte die Antwort. Unter anderen Umständen wäre er sicherlich gut für Suzane gewesen, dachte sie, ruhig und verständnisvoll und dabei doch jugendlich unbekümmert.

Wills kam in die Messe und begann, die leeren Teller abzuräumen. Die beiden Frauen traten in den Gang hinaus, wobei ihnen die jetzt noch heftigeren Schiffsbewegungen zu schaffen machten. Wills dachte daran, daß er nur noch drei Jahre Dienst vor sich hatte, danach würde er sich ein kleines Restaurant in Hampshire kaufen, mit einer hübschen Snackbar für Ferienreisende und Seeleute auf Landurlaub. Dann brauchte er keine Offiziere mehr zu bedienen, schon gar nicht auf so klapprigen Schiffen wie diesem.

Oberleutnant Hornby wankte herein, ein Taschentuch vor den Mund gepreßt, das Gesicht aschfahl. Mühsam keuchte er: »Hat jemand nach mir gerufen, Wills?«

»Ja, Sir. Anruf von der Brücke, die Beleuchtung im Kartenraum ist ausgefallen. Der Kommandant spuckt Gift und Galle.« Ungerührt sah Wills zu, wie Hornby sich durch die Tür schob.

Dalziel ging unruhig im Steuerhaus auf und ab, während die *Terrapin* mit verringerter Fahrt auf die verschwommene Silhouette des Vorgebirges zuhielt. Die Luft im Steuerhaus war feucht wie in einer Sauna, von den Seitenwänden lief das Kondenswasser, wozu die vielen Menschen und ihre nasse Kleidung erheblich beitrugen.

Standish hob sein Glas und blickte durch die Klarsichtscheibe auf das Vorland, das bei jedem Wechsel der Regendichte seine Form und Größe änderte. Allmählich schien der Regen aber nachzulassen, und als sie die äußerste Landzunge passiert hatten, hörte auch der heftige Seegang auf.

Dalziel sagte zu Standish: »Wishart soll auch den zweiten Anker klarmachen für den Fall, daß es schlimmer wird. Normalerweise lösen sich diese Stürme zwar auf, sobald sie das Land erreichen, aber man kann sich nicht darauf verlassen.« Dann wandte er sich dem Rudergänger zu. »Backbord zehn.« Er ging zur anderen Seite des Steuerhauses und rief: »Mittschiffs! Recht so!«

Corbin stand am Ruder, sein Gesicht glühte im Schein der Kompaßbeleuchtung. Die beiden Gefreiten an den Maschinentelegrafen sahen aus wie geschnitzte Holzfiguren. Aus der offenen Tür kam das ständige Stakkato der Morsezeichen, begleitet vom monotonen Piepen des Echolots, während sich das Schiff wie blind den Weg zum tiefsten Teil der Fahrrinne ertastete.

Standish sah die Ankermannschaft vorn. Sie wendete dem Regen den Rücken zu, ihr Ölzeug glänzte im grauen Licht. Die Einfahrt war hinter dichten Regenschleiern verborgen, das Wasser schien unter dem Aufprall der Tropfen zu kochen.

Dalziel wischte sich die Stirn. »An Maschine: zehn weniger! Recht so steuern, Corbin.«

Der Umdrehungszähler tickte geräuschvoll, weiter und weiter ging es an dem keilförmigen Vorland vorbei; dahinter tauchte jetzt undeutlich der erste Hügel auf. Ruhig und bestimmt gab Dalziel seine Befehle, und sofort erfolgten die Bestätigungen. Langsam schob sich die Fregatte in die Bucht hinein.

Irvine rief: »Halbe Kabellänge, Sir.«

»Gut.« Dalziel sah Standish an. »Gehen Sie hinunter zu Wishart. Er ist unter diesen Umständen vielleicht überfordert.«

Standish zog seine tropfende Öljacke wieder an und tastete sich hinunter zum Deck. Er fand Wishart, der sich an der Reling festhielt und mit zusammengekniffenen Augen zur Brücke hinaufblinzelte. Seine Ankergasten standen mit nassen und mürrischen Gesichtern herum wie Fremde.

»Nicht mehr lange, Sub.« Er mußte brüllen. »Lassen Sie den zweiten Anker klarmachen, falls wir auf Drift gehen sollten.«

Wishart nickte und wandte sich an den Telefonposten, der den Apparat unter seiner Öljacke hielt.

»Klar zum Ankern, Sir.«

Das Deck erzitterte, als die Maschinen kräftig zurückgingen.

»Fallen Anker!«

Standish sah zu, wie die Kette durch die Klüse raste, wobei sie abgesplitterte Farbe und Rostteile über Schiff und Seeleute sprühte.

Der Befehlsübermittler roch an seinem Apparat und rümpfte die Nase. Wishart sah es. »Was ist, Neal?«

Der Mann grinste. »Dachte, der Draht schmort, Sir. Aber daran liegt's nicht.« Er schnüffelte wieder und fügte hinzu: »Ich bin sicher, daß es hier verbrannt riecht.«

Halb verborgen durch den Regen, schien das nächstgelegene Land langsam auf sie zuzuschwingen, als die Schrauben stoppten und das Schiff allmählich einschwojte.

Wishart beugte sich über den Vordersteven und starrte hinunter auf die schweren Kettenglieder und die starke Gezeitenströmung.

»Melden Sie an Brücke, Neal . . .« Dann richtete er sich plötzlich auf und rief: »Verdammt, ich sehe Flammen!«

Standish blickte in die von Wishart bezeichnete Richtung und wartete schweigend, bis eine Lücke im Regenschleier den Blick auf die innere Bucht freigab. Dann sah auch er trotz des Regens hohe Flammen emporzüngeln, während ringsum alles in Dampfwolken gehüllt war wie nach einer Kesselexplosion.

Er rief: »Bleiben Sie hier, und passen Sie auf, Sub. Ich laufe zur Brücke.«

Als er die Leiter erreicht hatte, sah er, daß Dalziel bereits auf die obere Brücke kletterte, Hemd und Hose völlig durchnäßt; sein Glas schlug unbeachtet gegen die Leitersprossen.

Als Standish auf der Gräting ankam, sagte er: »Sie haben es auch gesehen? Das ganze Dorf muß in Flammen stehen.« Er blickte hinunter auf den leeren Anlegesteg. »Von Jerrams Fahrzeugen scheint keins hier zu sein. Das gibt uns die Chance, das neue Boot zu erproben. Nehmen Sie ein bewaffnetes Landungskommando und den Arzt mit und versuchen Sie herauszufinden, was in drei Teufels Namen dort drüben vorgeht.« Er lief vor Standish her in den Kartenraum, seine Schuhe quietschten auf den nassen Bodenplatten. »Ein Jammer, daß wir nicht die Zeit hatten, das Maschinengewehr zu montieren.«

Im Kartenhaus fanden sie Irvine, und Dalziel fuhr ihn an: »Der Funker soll feststellen, ob Schiffe des Geschwaders in der Nähe sind.« Ungeduldig rieb er sich das Kinn, während Standish seine Befehle durchtelefonierte. »Ausgeschlossen, daß sich ein Feuer durch Zufall so ausbreiten würde. Nicht bei diesem Regen.« Er sah Standish an und sagte langsam: »Das bedeutet, daß es Unruhen gegeben hat.«

Unteroffizier Motts wartete neben der Relingspforte, und sein Anblick weckte bei Standish sofort Erinnerungen an die vorige Unternehmung und an das vergewaltigte Mädchen.

Er fragte: »Ist das Boot zu Wasser?«

»Aye, aye, Sir.« Motts reichte ihm einen Pistolengürtel. »Der Chief hat einen guten Mechaniker abgestellt, der ein Auge auf die Außenbordmotoren halten soll. Ich habe keine Lust, bei diesem Regen zum Schiff zurückzuschwimmen.«

Unten wartete bereits der kleine Landungstrupp. Diesmal gab es weder Scherze noch Lachen. Sie hielten ihre Stirlings gepackt und starrten mit grimmigen, gespannten Gesichtern zum Land. Ermunternd rief Standish: »Alles klar, Jungs. Es wird nicht geschossen, nur auf meinen Befehl.« Er fuhr herum, als Rideout neben ihm auf die Ducht fiel, die Sanitätstasche über der einen Schulter. »Wird ja langsam Zeit!« Er schob den Arzt in das überfüllte Cockpit. »Ablegen!« Der Mechaniker war Unteroffizier Barrett, einer von Quarries erfahrensten Männern. »Nun wollen wir mal sehen, was dieses Luxusboot leistet.«

Selbst der Mechaniker war überrascht über die enorme Schnelligkeit, die das Boot entwickelte. Es gab mehr Vibration als Lärm, und mehrere der Seeleute kippten hintenüber, als es volle Fahrt aufnahm.

Rideout rief: »Was erwarten Sie drüben?«

Standish spreizte haltsuchend die Beine. »Nicht die *Planter's Bar*, das ist mal sicher, Doktor!«

Rideout preßte die Tasche an die Brust und keuchte: »Ich wünschte, ich wäre so ruhig, wie Sie aussehen.«

Standish grinste zu ihm hinunter. Wenn du wüßtest, mein Freund, dachte er. Laut aber rief er: »Aber Sie müssen zugeben, es ist besser als im Militärlazarett!«

Motts, der im Bug kauerte wie ein glänzender Wasserspeier, wandte sich plötzlich um und schrie gellend: »Hart Steuerbord! Wrack voraus!«

Barrett warf sein ganzes Gewicht gegen die Pinne, und das Boot drehte wie auf dem Teller.

Als der Gischtvorhang sich senkte, sah Standish, daß das, was jetzt an Backbord vorbeiglitt und wie eine große Bake ausgesehen hatte, in Wirklichkeit aus glänzendem, geschwärztem Holz bestand: ein Wrack! Barrett schrie heiser: »Es ist der Vorsteven eines Bootes, Sir!«

Standish nickte. »Umfahren Sie es in großem Bogen, und gehen Sie dabei mit der Fahrt herunter.«

Als sie das schwankende Ding umkreisten, wurde Standish klar, daß er es schon gesehen hatte. Auf den verkohlten Planken war sogar noch ein Teil der Nummer zu erkennen.

Rideout packte ihn am Arm; kreideweiß im Gesicht, starrte er auf das treibende Wrack. »Was ist es?«

Standish winkte dem Mechaniker, wieder auf die Küste zuzuhalten, und antwortete: »Eins von Kapitän Jerrams Patrouillenbooten, zumindest dessen vorderer Teil.«

Er bemerkte, daß der junge Signalgast ihn fragend anstarrte. »Rufen Sie das Schiff, Bunts*, und berichten Sie, was wir eben gesehen haben.«

Der Junge zögerte, deshalb fügte Standish hinzu: »In Ihren eigenen Worten. Vielleicht machen Sie heute Kriegsgeschichte, also stammeln Sie nicht, klar?«

Als sie sich dem Dorf näherten, sahen sie die züngelnden Flammen deutlicher. Es brannte jetzt ohne Unterbrechung. Vom Wind angefacht, verbreitete sich das Feuer in alle Richtungen. Ein unerträglicher Gestank nach verbranntem nassem Holz lag in der Luft, und trotz des laut klatschenden Regens hörten sie das Zischen und Prasseln der Flammen.

Der junge Signalgast blickte auf und rief: »Funkspruch, Sir: Der Kommandant läßt die Jolle zu Wasser und schickt uns Verstärkung.«

Standish knöpfte sein Pistolenhalfter auf; das Metall fühlte sich so warm an, als hätte er bereits gefeuert.

»Es wird einige Zeit dauern, bis sie die Jolle herübergepullt haben.« Er sah den Anlegesteg durch den Regen auf sie zurasen. »Aufpassen und sofort Deckung nehmen, sowie ihr auf dem Steg seid.«

---

* Bunting = Flaggentuch oder Flagge. Bunts = Spitzname der Signalgasten

Dann kletterte er im Boot nach vorn und stellte sich neben Motts. Beide beobachteten scharf den Anleger.

Ein Seemann fluchte: »Verdammt, es ist kein Bootshaken an Bord, Sir.«

Motts fuhr ihn an: »Dann nimm deine verfaulten Zähne!«

Seine Stimme klang ungewöhnlich gereizt, dachte Standish. Aber schließlich machte sich auch Motts bestimmt Gedanken darüber, was hier auf sie wartete.

Der Mechaniker schaltete auf Leerlauf, sofort verlor das Boot Fahrt und ging ruhig an dem beschädigten Steg längsseits. Standish sprang auf einen durchhängenden Holzbalken, der unter dem Anleger herausragte.

Im Dorf mußte ein Gebäude zusammengebrochen sein, denn als er sich über die nassen Steine zum Steg hinaufarbeitete, sah er eine riesige Wolke leuchtender Funken hoch in die nasse Luft wirbeln.

Neben ihm knurrte Motts: »Wie in Belfast am Samstagabend!«

Dann hörte Standish zum ersten Mal das Knattern von Gewehrfeuer, undeutlich, aber unmißverständlich.

Er rief: »Los, Jungs, bringen wir's hinter uns!«

Während die anderen ihn noch anstarrten, richtete er sich auf und schritt über den verlassenen Anleger landeinwärts.

12 Nach eigenem Ermessen

Am Ende des Stegs blieb Standish stehen und versuchte, sich einen Überblick zu verschaffen, während seine Leute hinter den Resten eines ehemaligen Lagerhauses Deckung nahmen. Über die steinerne Grundmauer hinweg sahen sie, daß die Hütten in der Nähe nur noch schwach dampften; also war dieser Teil des Dorfes zuerst angegriffen worden. Einige Häuser waren so gründlich niedergebrannt, daß sie lediglich dunkle Rechtecke aus nasser Asche bildeten.

Motts sagte: »Auch die Fischerboote sind alle verbrannt, Sir.« Er hob seine Stirling und spähte zum anderen Ende des Dorfes, wo das Feuer genauso stark wie vorher wütete. »Sie schießen noch immer. Wer zum Teufel ist das?«

Standish wandte sich nach seinen Leuten um. Außer Motts hatte bestimmt kein einziger Erfahrung im Landkampf. Sie blindlings in unbekanntes Gelände zu schicken, wo sie jeden Augenblick von Guerillas angegriffen werden konnten, wäre schierer Mord gewesen. Und dennoch zwang ihn das Knattern des Gewehrfeuers, sofort zu handeln.

Er winkte den Signalgasten heran. »Rufen Sie das Schiff an, und sagen Sie, daß wir uns am Wasser entlang vorarbeiten. Und daß wir Gewehrfeuer hören.« Der Junge nickte, und Standish meinte zu Motts: »Hoffen wir, daß die Dorfbewohner sich rechtzeitig im Dschungel verstecken konnten.«

Er wartete, bis der Signalgast seinen Spruch abgesetzt hatte, dann ging er langsam zur Straße, die nur noch ein gelber Morast war. Dabei fragte er sich, warum die japanischen Besatzer ihre großartige Landstraße nicht bis zum Anlegesteg weitergebaut hatten. Vielleicht war der Krieg für sie zu schnell zu Ende gegangen.

Motts zischte: »In der Hütte dort, Sir! Sehen Sie!«

Aber Standish hatte es schon bemerkt: ein kurzes Aufleuchten, nichts weiter. Wie in dem Augenblick auf der *Cornwallis*, als sich jemand seelenruhig eine Zigarette angesteckt hatte. Er spürte, wie sich seine Haare im Nacken sträubten, und sagte: »Lassen Sie die Leute auf der anderen Seite der Straße ausschwärmen.« Er mußte rufen, um sich beim Lärm des Regens verständlich zu machen. »Ich sehe in der Hütte nach.«

Ruhig wandte Motts ihm das schlammbespritzte Gesicht zu. »*Ich* gehe hinein, Sir. Habe Erfahrungen aus Korea.« Grinsend fuhr er fort: »Übernehmen Sie den Papierkrieg, wenn mir der Kopf abgeschossen wird?« Er wartete die Antwort nicht ab, sondern ging, die Stirling im Anschlag, wie beiläufig auf die Hütte zu.

Das Dach war weggeflogen, die Tür hing lose in den Angeln, verkohlt und von Löchern durchsiebt. Auch das war ein Lagerhaus gewesen, dachte Standish. Der Überfall verriet einen genauen Plan.

Vor der Hütte bückte sich Motts, hob einen großen Stein auf und warf ihn im hohen Bogen hinein. Noch während Standish einen Ausruf der Überraschung hörte, machte Motts einen Satz, trat mit dem Stiefel die Tür ein und warf sich durch die Öffnung, die Stirling im Anschlag.

Aber es fiel weder ein Schuß, noch sah man Motts rücklings in den Schlamm stürzen.

Im nächsten Augenblick rief er: »Alles klar, Sir.«

Standish schob zwei Seeleute zur anderen Seite der Hütte. »Beobachtet die Straße.« Dann rannte er durch den geschwärzten Türrahmen und sah Motts neben einem großen Mann knien, der sitzend an der gegenüberliegenden Wand lehnte. Seine Kleidung war voll Schlamm und Asche, und er starrte Motts an, als traue er seinen Augen nicht.

Er war korpulent und beinahe kahl, und bereits bei seinen ersten Worten erkannte Standish einen Australier in ihm.

»Dachte schon, ich müßte hier verrecken, Jungs!«

Motts sagte: »Er hat eine Schußwunde im Bein.«

»Holen Sie den Doktor.« Standish kniete sich neben den riesigen Mann und sagte ruhig: »Wir sind von einem britischen Schiff, das drüben beim Vorland ankert. Was war hier los?« Er sah die Anstrengung, mit der der Australier seine Schmerzen unterdrückte, und drängte: »Sagen Sie es mir rasch, wir haben nicht viel Zeit.«

»Hat sich alles heute morgen abgespielt. Ich bin ein Ingenieur von der Salik-Mine, etwa zwanzig Meilen landeinwärts.« Er unterbrach sich und starrte Rideout an, der die Hütte betrat und seine Tasche öffnete. »Wir erwarteten ein Schiff mit Vorräten, und ich machte mich wegen dieses verdammten Regens mit meinem Konvoi schon früh auf den Weg. Sie können binnen Sekunden in diesem Schlamm versinken, wenn Sie Pech haben.« Er knirschte mit den Zähnen, als Rideout seine zerrissene Hose aufzuschlitzen begann. Dann fuhr er schwer atmend fort: »Diese Schweinehunde überfielen uns aus dem Hinterhalt. Sie sprengten die einzige Brücke, und als wir auf dieses Dorf zuhielten, erwarteten sie uns mit ziemlich starken Kräften.«

Standish fragte: »Hatten Sie denn keinen Geleitschutz?«

»Aber sicher, einen Trupp malaiischer Polizisten. Sie waren völlig sorglos, schließlich wird man hier täglich irgendwie überfallen. Außerdem wußten wir, daß vor dem Dorf ein Patrouillenboot lag, um uns während der Übernahme zu sichern.«

Er stöhnte auf. »Tut mir leid, ist aber nötig«, murmelte Rideout.

Standish sah, daß dem Australier der Schweiß ausbrach und tiefe Rinnen durch den Schmutz auf seinem Gesicht zog. »Und wie ging es weiter?« drängte er.

»Weiter?« Erschöpft lehnte er sich zurück und schloß die Augen. »Es gab einen gewaltigen Knall. Im ersten Augenblick dachte ich, die Munitionskammer des Bootes sei in die Luft geflogen oder eine Mörserbombe an Deck gelandet. Aber ich war im letzten Krieg beim Heer und kenne Mörserdetonationen; diese Detonation war schärfer und lauter, und das Boot flog völlig auseinander.« Er seufzte. »Danach weiß ich nicht mehr viel. Mein Lastwagen brannte, genau wie das ganze Dorf. Zwei malaiische Polizisten trugen mich hier herein und verschwanden dann wieder. Ich konnte nur hier sitzen und warten. Wollte mir gerade die letzte Zigarette anzünden, als dieser Stein mir beinahe den Schädel zerschmettert hätte.«

Rideout sagte: »Ich habe ihm eine Spritze gegeben, damit er schläft. Bei soviel Schmutz kann ich die Kugel nicht entfernen.«

Der Australier grinste ihn an und murmelte schläfrig: »Wenn Sie bei der Infanterie gewesen wären! Dort gab es noch viel mehr Dreck.«

Standish stand auf und sah Motts an. »Was ist Ihre Meinung?«

Motts trat Schlamm von seinen Stiefeln. »Gut geplant, Sir. Nur der Hinterhalt war wohl improvisiert.«

Standish runzelte die Stirn. »Weshalb?«

Motts ging zur Tür und deutete mit seiner Stirling hinüber zum Anleger. »Diese Guerillas, Terroristen oder wie sie sich nennen, müssen doch gewußt haben, daß der Konvoi leer war. Vermutlich wurden sie durch sein Erscheinen überrascht.«

Standish rieb sich das Kinn. »Das leuchtet mir ein. Als sie den Konvoi kommen sahen, mußten sie ihn aufhalten, bis sie das Dorf hier vernichtet hatten.« Er schien laut zu denken. »Das Patrouillenboot wurde mit einem einzigen Schuß in die Luft gejagt.« Fragend sah er Motts an. »Rakete?«

»Vermutlich, Sir. Die Hauptmacht der Angreifer kam nicht über die Straße. Sie müssen direkt gelandet sein, von See aus.«

Standish sah zu, wie Rideout einen Notverband um das Bein des Australiers legte. Der Mann atmete schwer, war jetzt bewußtlos.

»Holen Sie sich Unteroffizier Barrett vom Boot, Doktor. Er wird Ihnen helfen, eine Bahre zu konstruieren, damit Sie den Mann auf den Steg tragen können.«

Er folgte Motts auf die Straße, und sie arbeiteten sich weiter durch den Schlamm und die niedergebrannten Hütten vor. Alle hatten schon von solchen Dingen gelesen oder kannten sie aus Fernsehberichten. Aber jetzt spielte es sich hier ab, und sie waren mittendrin.

»Sir!« Ein Seemann blieb stehen und deutete in einen Graben. Obwohl er zum Überlaufen voll war mit schmutzigem gelbem Wasser, sah man darin die gefesselten Füße eines Mannes, die sich in einer Baumwurzel verfangen hatten. Weiter unten lag ein anderer Leichnam, diesmal eine Frau, deren Gesicht zur Hälfte weggeschossen war.

Standish hörte, wie sich einer der jüngeren Seeleute erbrach, aber er selbst empfand nur eiskalte Wut über dieses sinnlose, barbarische Morden. Heiser rief er: »Weitergehen! Behaltet auch die Bäume im Auge!«

Sämtliche Lastwagen waren ausgebrannt, einige standen noch in Reih und Glied, wie sie gestoppt hatten. Andere waren umgekippt oder in den Graben gefahren, vermutlich waren ihre Fahrer schon hinterm Steuer umgekommen. Mit abgewandten Blicken schlichen die Seeleute schweigend vorbei, keiner mochte die bis zur Unkenntlichkeit verkohlten Gestalten ansehen, die noch in den verbrannten Führerkabinen kauerten oder draußen im Schlamm lagen.

Ein toter Polizist lehnte an einem leeren Faß, die Uniform durchweicht, aber ohne die geringste Blutspur. Die Augen quollen aus dem verzerrten Gesicht, die Zunge war auf das doppelte angeschwollen. Er war mit Draht erdrosselt worden.

Dann ein Platschen von Füßen auf der nassen Straße: zwei malaiische Polizisten, die beinahe in die Seeleute hineingelaufen wären, bevor sie sie sahen. Völlig erschöpft fielen sie keuchend in den Schlamm, während Motts versuchte, sie zu beruhigen.

Dann sagte er: »Dieser hier spricht englisch, Sir. Die Guerillas haben sich zurückgezogen, sie hätten noch versucht, ein paar Versprengte zu erwischen.«

Standish sah Motts' Gesicht und merkte, daß sie beide denselben Gedanken hatten: Keiner der Polizisten trug noch Waffen, und beide waren völlig verängstigt. Sie hatten bestimmt nicht gekämpft, sondern waren weggerannt.

Das Gewehrfeuer hatte aufgehört, bis auf das Trommeln des Regens und das Gurgeln des Wassers im Graben war es still. Offenbar befand sich niemand mehr in der Nähe.

Motts sagte: »Ich nehme an, die Dorfbewohner werden bald zurückkehren. Möglicherweise sind sie ja an derartige Dinge gewöhnt.«

Einer der Seeleute rief: »Dort kommen Leute von uns, Sir!« Seine Stimme klang erleichtert.

Standish wandte sich um, sah sie auf der Straße heranwaten und stellte überrascht fest, daß der Kommandant selbst dabei war.

Dalziel eilte durch den Schlamm, sein Blick schweifte über die ausgebrannten Hütten und die verkohlten Leichen. Er trug seinen schwarzen Spazierstock und über der Schulter das Jagdgewehr.

Als er Standish erreicht hatte, sagte er: »Weitergehen ist sinnlos. In diesem Regen können wir sie doch nicht finden.« Dabei schnüffelte er wie ein sichernder Terrier. »Natürlich habe ich Meldung gemacht, aber ohne die geringste Reaktion von höherer Stelle. Wie es scheint, hat es an allen möglichen Stellen Überfälle gegeben, einen sogar nur siebenunddreißig Meilen von der Provinzhauptstadt entfernt.« Er machte eine umfassende Bewegung mit seinem Stock. »Im ganzen nördlichen Territorium sind Guerillas, genau wie ich voraussagte. Sie tun alles, um unsere Verteidigung immer weiter auseinanderzuziehen.« Er schwieg und starrte einen der beiden Malaien an. »Dieser hier scheint zu verstehen, was ich sage.«

Motts nickte. »Stimmt, Sir.«

Dalziel ließ sein Jagdgewehr von der Schulter gleiten und nahm den Mündungspfropfen ab. Wie beiläufig fragte er den Mann: »Erzähl mir, was du gesehen hast.« Er senkte das Gewehr und stieß den Kolben auf den Fuß des Polizisten. »Du mußt doch irgendwas gesehen haben.«

»Wir schießen. Wir verlieren Offizier.« Der Mann starrte wie gebannt in die Gewehrmündung.

»Verdammter Lügner!« Dalziel deutete mit dem Gewehrlauf auf die nächsten Hütten. »All diese Leute wurden ermordet und das Dorf verbrannt! Du trägst keine Waffen mehr und hast dich bestimmt versteckt, als die Kämpfe losgingen.« Auffällig machte er sich am Hahn zu schaffen. »Ich gebe dir fünf Sekunden Zeit, dich daran zu erinnern.«

Standish trat vor und fragte: »Hast du ein Schiff gesehen?« Die Angst des Mannes machte ihn ganz krank.

Die Gewehrmündung hob sich langsam zum Magen des Polizisten, und Dalziel sagte kalt: »Er wird jetzt zu allem ja sagen. Es ist zwecklos, noch mehr Zeit mit ihm zu vertrödeln.«

»Bitte!« Die Augen des Malaien waren rund vor Angst. »Ich Korporal. Ich nicht Feigling.« Schluchzend fügte er hinzu: »Da war auch ein Boot.« Er schloß die Augen, die Anstrengung des Nachdenkens machte sein Gesicht so faltig wie das eines alten Mannes. »Da war große Explosion. Boot sah ich später.«

Dalziel nickte. »Das ist schon besser, viel besser.«

Standish fragte: »Wie groß?«

»Ich nicht weiß.« Er öffnete wieder die Augen und starrte auf die Gewehrmündung. »Aber nicht sehr groß. Ganz sicher.«

Dalziel zog den Hahn durch, aber das gesicherte Gewehr klickte harmlos. Dann sagte er: »Bringen Sie alle Leute auf das Schiff zurück. Wir schleppen die Jolle mit dem Motorboot.« Er warf einen raschen Blick auf die tropfenden Bäume oberhalb des Dorfes. »Hier vergeuden wir nur Zeit. Diese beiden hier und den Australier nehmen wir mit, vielleicht bekommen wir später noch etwas aus ihnen heraus.«

Standish sah ihn an, während die Leute zum Steg zurückgingen. »Was beabsichtigen Sie, Sir?«

»Ich habe so ziemlich jede unserer vorgesetzten Dienststellen angerufen.« Dalziel folgte den Seeleuten.

»Aber die Patrouillenboote sind in alle möglichen Häfen verstreut, wo sie Schutz vor dem Sturm gesucht haben. Armee und Polizei haben offenbar die Arbeit eingestellt.« Grimmig lächelte er. »Kein Mensch weiß, wo Jerram steckt. Vielleicht sitzt er auf irgendeinem überschwemmten Flugplatz fest. Verdammt soll er sein!«

»Haben Sie den Admiral erreicht, Sir?«

»Ganz kurz. Er hat mich beauftragt, dies hier aufzuklären.« Lautlos lachte er in sich hinein. »Dann kam der übliche Zusatz: ›Handeln Sie nach eigenem Ermessen.‹ Mit anderen Worten, wenn ich Mist mache, ist es meine Schuld. Wenn ich Erfolg habe, steckt ein anderer die Anerkennung dafür ein.« Das schien ihn zu amüsieren. »Der Admiral sagt, sie wollen kein neues Vietnam. Nun, jetzt bekommen sie es, ob sie wollen oder nicht.«

»Sie beabsichtigen, dieses Boot zu verfolgen?«

»Richtig.«

Sie hatten den Anlegesteg erreicht und sahen zu, wie die Seeleute den beiden Malaien in die Jolle halfen. Dalziel fuhr fort: »Wir können noch immer vor diesem verdammten Taifun herlaufen. Aber wenn wir hier liegen bleiben, werden wir von ihm für Tage festgehalten.« Lächelnd sah er Standish an. »Nun?«

Achselzuckend sagte Standish: »Wenn es hier wirklich ein Boot gab, dann muß es jetzt an der Küste entlang nach Norden fahren. Wäre es nach Süden oder Osten gelaufen, hätten wir es mit unserem Radar erfaßt.«

»Völlig richtig. Also wollen wir die Sache weiterverfolgen.«

Als sie ablegten, spürte Standish, daß der Seegang zugenommen hatte, aber die *Whizz-Kid* schleppte die große Jolle ohne Probleme. Ihm fiel auf, daß die Seeleute still vor sich hin starrten, als sähen sie noch immer die grausigen Bilder im Dorf vor sich. Plötzlich war er sehr dankbar dafür, daß sie alle überlebt hatten.

Die *Terrapin* ragte vor ihnen auf, und er folgte Dalziel

auf dem schwankenden Fallreep nach oben. Nur undeutlich nahm er die Willkommensrufe wahr, die helfenden Hände und die Befehle zum Einsetzen der Boote.

Dalziel warf einen Blick zum Himmel und nickte. »Sofort Auslaufstationen besetzen!« Er eilte weiter zur Brücke.

Irvine lief vorbei, sah Standish und zog eine Grimasse. »Wir haben noch eine Sturmwarnung bekommen. Der Wind hat etwas rückgedreht.«

Motts nahm Standishs Pistole in Empfang und murmelte: »Ich bin lieber auf See, als hier festzuliegen. Draußen haben wir wenigstens genügend Spielraum.«

Standish sah ihm nach, als er nach achtern ging. Motts war wirklich ein guter Unteroffizier. Er hatte keinen Augenblick gezögert, in diese Hütte hineinzugehen, ohne zu wissen, was ihn darin erwartete.

Standish sah Wills und sagte: »Holen Sie doch bitte Pfeife und Tabaksbeutel aus meiner Kammer, ja?« Seltsam, daß er diesmal vergessen hatte, sie mitzunehmen. Hatte er wirklich erwartet zu sterben?«

Er stieg die Leiter zur Back hinauf und ging steifbeinig zum Bug. Die Männer des Ankertrupps musterten ihn schweigend, und selbst Wishart schien bedrückt. Das Spill klickte, Glied für Glied kam die steife Kette durch die Klüse. Mit gerunzelter Stirn überlegte Standish: Wie lange hatten sie vor Anker gelegen, eine Stunde oder drei? Jegliches Zeitgefühl war ihm abhanden gekommen.

Wishart schrie: »Anker ist auf und nieder!«

Als der Anker endlich aus dem Grund brach, schien das Schiff sofort auf Drift zu gehen, bevor Schrauben und Ruder es wieder unter Kontrolle brachten. Aber auch dann brauchte Dalziel nahezu fünfzehn Minuten, um die *Terrapin* auf Auslaufkurs zu drehen. Als sie die Ausfahrt ansteuerten, wußte Standish, daß eine Rückkehr nun nicht mehr möglich war, solange der Sturm tobte, ganz gleich, was draußen passieren mochte.

»Recht so! Kurs null-vier-fünf liegt an, Sir!« Corbins riesige Hände hielten vorsichtig die polierten Speichen des Rades, während sein Blick fest auf den Kompaß gerichtet blieb.

Dalziel nickte. »Gut.« Dann sah er den Gefechtsrudergänger an und sagte: »Übergeben Sie das Rad an den Quartermeister.« Er schien Corbins Unwillen zu spüren und fügte hinzu: »Wir werden später noch Ihre ganze Geschicklichkeit brauchen, verlassen Sie sich drauf.«

Standish stand vorn an einer Klarsichtscheibe und beobachtete die endlos anrollenden Brecher. Auf diesem Kurs kamen sie von Steuerbord vorn. Auch ihre Färbung war jetzt anders. Die Kämme zeigten ein stumpfes Gelb, die Hänge glänzten dunkel wie schwarzes Glas. Der Sturm hatte noch zugenommen, man hörte ihn rund um das Steuerhaus heulen; Gischt prasselte wie Hagel gegen die Fenster.

Das ganze Schiff bebte, und Standish konnte sich die Anstrengung vorstellen, mit der Quarries Leute die von Dalziel geforderte Geschwindigkeit erreichten. Trotz allem lief die *Terrapin* vierzehn Knoten.

Dalziel rief: »Ich gehe in den Kartenraum, Number One. Übernehmen Sie. In zehn Minuten ändern wir Kurs.« Standish wußte, wenn sie erst nach Norden drehten, würde die *Terrapin* diese schweren Brecher von der Seite nehmen müssen, da sie dann nahezu quer zur See lagen.

Das rote Telefon surrte. Quarries Stimme klang undeutlich aus dem Maschinenraum herauf.

»Ja, Chief?«

Ärgerlich sagte Quarrie: »Wollen Sie bitte dem Alten sagen, er soll mit den Umdrehungen etwas heruntergehen? Viel mehr kann sie nämlich nicht aushalten.«

»Ich weiß. Aber tun Sie Ihr Bestes. Ich werde es dem Kommandanten melden.«

»Was wollen Sie mir melden?« Dalziel stand schon

wieder in der offenen Tür, sein schlanker Körper balancierte mühelos die Schiffsbewegungen aus.

»Der Chief ist besorgt wegen der Umdrehungen, Sir.«

Dalziel zog eine Grimasse. »Haben Sie jemals einen Leitenden erlebt, der sich keine Sorgen um seine kostbaren Kolben machte?« Er ging nach vorn zu den Klarsichtscheiben. »Wir werden jetzt Kurs ändern und mit der Rundumsuche beginnen. Ich habe den Radarleuten Bescheid gesagt und Wishart hinaufgeschickt, damit er mit aufpaßt.« Er rieb sich die Hände. »Auf hundert Meilen gibt es keinen einzigen anständigen Ankerplatz und nicht die kleinste Bucht. Wir werden diese Mörderbande in Grund und Boden rammen oder sonstwie versenken!«

Mit grimmigem Gesicht erschien Irvine in der offenen Tür. »Zeit zur Kursänderung, Sir!«

Dalziel schlang den Arm um eine Decksstütze. »Gut.« Er sah den Rudergänger an. »Backbord fünfzehn!«

Porter befeuchtete sich die Lippen. »Backbord fünfzehn, Sir.« Flink drehte er das Rad, den Blick fest auf den tickenden Kompaß gerichtet. »Ruder liegt Backbord fünfzehn, Sir.«

Die Wirkung trat sofort ein. Gleich beim Andrehen wurde die Steuerbordseite der Back voll von einer schweren See getroffen, das Schiff legte sich stark über, und das gesamte Vordeck bis zur Brücke wurde überflutet. Die beiden Vierzöller erbebten, als mehrere Tonnen Seewasser auf sie einstürzten. Nur das Geschützpivot ragte wie eine einsame Insel aus dem tobenden Wasser. Dann strömte die See über die Seitendecks nach achtern, und während die Speigatten noch gurgelnd die Wassermassen zu bewältigen suchten, hob sich der Bug wieder himmelwärts.

»Mittschiffs!« Dalziel verzog keine Miene. »Recht so! Und gegensteuern, Sie Idiot!«

Schweiß strömte dem Rudergänger übers Gesicht; atemlos wiederholte er: »Recht so, Sir. Kurs drei-fünf-null.« Dann jammerte er: »Ich kann sie nicht halten, Sir. Sie dreht noch immer! Drei-vier-fünf geht durch!«

»Steuerbordmaschine stopp! Steuerbordmaschine langsame Fahrt zurück!« Dalziel wandte den Blick einer neuen schweren See zu, die gegen die Steuerbordseite donnerte und ihren Gischt so hoch über die Brücke schleuderte, daß die quietschenden Klarsichtscheiben einen Augenblick blind waren.

Porter rief heiser: »Kurs drei-fünf-null liegt an!«

»Steuerbordmaschine äußerste Kraft voraus.« Dalziel sah Standish an, seine Augen schimmerten wie blanke Steine. »Recht so steuern!« Er wartete, bis der nächste schwere Brecher gegen den Rumpf dröhnte, dann fügte er hinzu: »Nicht mehr so schlimm, oder?«

Porter drehte eifrig die Speichen und zwang sich zu einem dürftigen Grinsen. »Tut mir leid, Sir.«

»Möchte ich doch annehmen.« Aber Dalziel grinste ebenfalls.

Standish beobachtete ihn und wunderte sich. Er schien es zu genießen, als kämpfe er allein gegen See und Schiff.

Plötzlich sagte Dalziel: »Der Regen läßt nach, aber es ist zu spät, um uns noch viel zu nützen. Bei dieser schlechten Sicht wird es früh dunkel werden.« Er runzelte die Stirn. »Rufen Sie Hornby, er soll das Radargerät noch einmal überprüfen.«

Standish gab den Befehl weiter und ging hinüber auf die andere Seite, wo er die wie hohe gelbe Dünen anstürmenden Brecher beobachtete. Hunderte von Meilen, dachte er, rollen sie ungehindert heran, über das weite Südchinesische Meer und in den Golf von Siam, um dann hier auf den zerbrechlichen Rumpf der *Terrapin* zu treffen.

Vielleicht hatte das Boot, nach dem sie suchten, inzwischen irgendwo Unterschlupf gefunden, vielleicht lag es auch schon als Wrack an der Küste. Die Minuten dehnten sich zu Stunden. Die ständige Bewegung machte sie körperlich müde, außerdem trugen viele Seeleute bei dem wilden Rollen, Stampfen und Schlingern Prellungen davon.

Keuchend erschien Wills im Steuerhaus. »Kaffee, Sir!« Er war völlig durchweicht, sein Haar klebte an der Stirn. »Ich habe ihn ein bißchen aufgemöbelt.«

Standish nahm den Becher und kostete. Es war mehr Rum als Kaffee, dachte er, aber wahrscheinlich im Augenblick das richtige.

Irvine stand mit gespanntem Gesicht am Radarschirm und meldete wohl zum hundertstenmal: »Noch nichts, Sir.«

Dalziel sagte: »Gehen Sie besser durchs Schiff, Number One, und überzeugen Sie sich selbst, daß alles seefest gezurrt ist.«

Standish zog das Ölzeug an, froh über den Auftrag.

Kleine Gruppen hatten sich überall zusammengedrängt. Burch und seine Signalgasten sahen in dem triefenden, glänzenden Ölzeug aus wie nasse Seehunde auf einem überspülten Felsen. Weiter unten stand Harris, der Bootsmann, und beobachtete mißtrauisch die in ihren Davits schaukelnde Jolle, während eine See nach der anderen das Deck überflutete. Griffbereit baumelte sein schweres Bordmesser am Gürtel. Motts war ebenfalls unterwegs, er hangelte sich am Strecktau vorwärts, während er seine Gruppe überwachte, die alle Zurrings überprüfte. Alle beobachteten fluchend die See, um den richtigen Augenblick abzupassen.

Caley stand ganz achtern am Heck und überprüfte mit zwei Leuten die Wasserbombenwerfer. Als er Standish sah, schrie er: »Ein Rettungsfloß ist weg! Es muß sich aus seiner Halterung gerissen haben, weiß Gott, wann!«

Standish hielt sich an einem Stag fest und spürte, wie das zurückflutende Wasser gierig an seinen Beinen riß. »Wenn wir vor dem Sturmzentrum bleiben können, geht alles in Ordnung.« Er sah Caley skeptisch nicken. »Sobald wir dieses Boot gefunden haben, können wir es weiter vor uns hertreiben, bis es aufgibt. Wir haben den ganzen Golf von Siam zur Verfügung.«

Caley wischte sich das Wasser aus dem Gesicht. »Aber erst müssen wir das Schwein finden!«

Auf den unteren Decks war es ruhiger, doch genauso bedrohlich. Die Kammern wirkten unnatürlich leer, einige der Türen glitten quietschend in ihren Laufschienen hin und her, wie von unsichtbaren Händen bewegt. Ständig donnerte die See gegen die Bordwand.

Aber nicht alle Kammern waren leer. Pigott saß in der Ecke seiner Koje festgekeilt, während er eifrig Zahlen in ein langes Abrechnungsbuch eintrug. Im Krankenzimmer lag der australische Ingenieur noch immer in tiefem Schlaf, auf der schwankenden Koje festgebunden; Mackie, der Medizinalassistent, saß in Rideouts Drehstuhl und schlief genauso tief.

In der Messe fand Standish die beiden Damen auf Stühlen, die jemand an einem Dampfrohr festgezurrt hatte.

Er sagte: »Ich wollte Ihnen nur mitteilen, daß wir trotz allem gute Fahrt machen.« Dann wußte er nicht weiter. Beide sahen ihn an, und er merkte, daß seine Hosenbeine und Schuhe noch immer schlamm- und schmutzbedeckt waren.

Das junge Mädchen sagte ruhig: »Danke, daß Sie zu uns kommen. Hier unten fühlt man sich so hilflos.« Sie packte die Armlehne, als das Schiff sich stark überlegte. »Aber für Sie da oben muß es viel schlimmer sein.«

Standish nahm seine Mütze ab und schüttelte sie über dem Teppich aus. »Die alte *Terrapin* hat schon Schlimmeres erlebt. Früher baute man die Schiffe stabiler als heutzutage.«

Mrs. Penrath fragte: »Werden Sie dieses Boot finden?«

Ernst sah sie ihn an. »Und wenn ja, was dann?«

Standish lauschte dem Durchschlagen der Schrauben, da offenbar das Heck aus dem Wasser ragte.

»Dann bleiben wir in Sichtweite, bis sich das Wetter bessert.« Seltsam, bis jetzt hatte er noch gar nicht darüber nachgedacht. »Wir können jederzeit die malaysischen Patrouillenboote herbeirufen oder auch die thailändische Armee, je nachdem, wo wir uns befinden.«

Sie nickte. »Gehen wir denn so weit nach Norden hinauf?«

»Kann schon sein.« Plötzlich fiel ihm die *Cornwallis* ein. Sie fuhren in dasselbe Gebiet, wo damals der Kampf stattgefunden hatte. Er warf der jungen Frau einen raschen Blick zu und fragte sich, ob auch sie daran dachte.

Er sagte: »Hier sind Sie aber in Sicherheit. Wills ist in der Pantry, falls Sie etwas wünschen.«

Er verließ die Messe und ging durch den schwankenden Gang zwischen den Kammern. Dann drehte er sich noch einmal um und sah, daß die junge Frau hinter ihm stand. »Ja?«

Am Geländer tastete sie sich zu ihm hin. »Ich wollte Sie noch einmal sehen, wollte Ihnen erklären . . .« Sie brach ab und schlug die Augen nieder.

»Ich verstehe.« Er ergriff ihr Handgelenk, es war sehr schlank und ganz kalt. »Sie wollen versuchen, endlich die grauenvolle Erinnerung loszuwerden. Das braucht seine Zeit.«

Sie schüttelte den Kopf, das schwarze Haar fiel ihr dabei übers Gesicht. »Nein, das ist es nicht. Sie sollen nur nicht denken, ich sei undankbar. Ich werde nie vergessen, was Sie für uns getan haben, besonders für mich.« Sie hob den Blick, und er sah Verzweiflung in ihren Augen. »Ich habe von Ihren eigenen Sorgen gehört, habe erfahren, was Sie durchgemacht haben.« Sie blickte hinunter auf ihre Hand, die er umspannt hielt. »Es tut mir so leid.«

Er erwiderte: »Das ist vorbei. Vergessen Sie's.« Er machte eine Pause, weil das Schiff gerade in ein tiefes Wellental sackte. Es schien eine Ewigkeit zu dauern, bis das Rauschen über ihren Köpfen endlich verstummte. Und während der ganzen Zeit dachte er nur an sie, an ihre

Nähe, an seine Sehnsucht nach ihr. Schließlich sagte er: »Wenn dies vorüber ist...« Er beendete den Satz nicht. »Wenn Sie jemals das Gefühl haben, daß Sie nicht damit fertig werden, möchte ich, daß Sie mir schreiben. Versprechen Sie das?«

Sie streckte die andere Hand aus und berührte seine Öljacke. »Ich verspreche es.«

Wills kam aus der Messetür gestürzt und rief: »Sir!« Dann schien er zu merken, was sich abspielte, und fügte ruhiger hinzu: »Der Kommandant läßt Ihnen sagen, Sie sollen sofort auf die Brücke kommen, Sir. Wir haben einen Radarkontakt.«

Standish sah Suzane noch einmal an. »Bin schon unterwegs.« Und zu ihr, als Wills zurück zum Messetelefon rannte: »Auf einem Schiff ist man nie allein.«

Während er zur Brückentreppe lief, stand ihm noch immer ihr Gesicht vor Augen. Zum erstenmal hatte er sie zaghaft lächeln gesehen.

Als er das Steuerhaus betrat, rief Dalziel: »Nun, was habe ich gesagt?« Seine Augen funkelten vor Erregung. »Klarer Kontakt in Rot vier-fünf, Entfernung zehn Meilen.« Er folgte Standish zum Radarschirm. »Kein starkes Echo, ein Wunder, daß sie es bei diesem Wetter überhaupt gefunden haben.«

Es war äußerst schwierig, auf dem kleinen, von Reflexen übersäten Bildschirm etwas auszumachen.

»Oben in der Radarkabine ist das Bild besser.« Stirnrunzelnd fügte Dalziel hinzu: »Das Echo ist viel kleiner, als ich erwartet hätte. Vielleicht ein Schnellboot.« Er warf Irvine einen Blick zu. »Geben Sie an die Maschine, ich möchte die höchste Umdrehungszahl, die möglich ist. Dreimal äußerste Kraft voraus.«

Corbin erschien im Steuerhaus, und Dalziel sagte trokken: »Sie kommen gerade recht. Übernehmen Sie wieder das Ruder.«

Im Lautsprecher über der Tür ertönte Wisharts Stimme:

»Das andere Schiff hat Kurs geändert, Sir. Es steuert jetzt annähernd null-fünf-null.«

Dalziel knurrte: »Unmöglich. Dieser Kurs führt weg von Land und genau in die Bahn des Sturmzentrums. Gehen Sie hinauf, Number One. Sehen Sie selbst nach.«

Die Radarkabine triefte von Schwitzwasser, die Gesichter der Radargasten glänzten im Widerschein der großen Bildschirme wie Wachsmasken. Wishart war da, auch Hornby, und alle sahen zu, wie Standish über Vines Schultern hinweg auf das Bild starrte.

»Was halten Sie davon, Vine?« fragte er.

Vine fingerte an Knöpfen und Schaltern herum und schimpfte: »Dieses Gerät hätte schon vor Jahren ausrangiert werden müssen, Sir. Ich dachte, ich hätte das Echo fest, aber jetzt bin ich nicht mehr so sicher.« Er richtete sich auf, und Standish sah den winzigen Lichtpunkt einen Augenblick klar und hell auf dem Schirm. »Schnellboot, denke ich, oder ein ähnliches kleines Fahrzeug. Mit recht hoher Fahrt.« Er seufzte, als das klare Bild auf dem Schirm verblaßte und nur noch ein verschwommenes Gewirr von Doppelechos zu sehen war. »Schon wieder weg.«

Dalziels Stimme krächzte aus dem Sprechgerät. »Reden Sie schon, Number One!«

Standish erwiderte: »Er scheint wirklich null-fünf-null zu steuern, Sir. Das einzige bewegliche Ziel weit und breit, soviel ich sehen kann.«

»Kommen Sie wieder herunter, Number One.«

Im Steuerhaus sagte Standish: »Kein Fahrzeug von so geringer Größe würde bei diesem Wetter hinaus in die offene See steuern. Nicht einmal ein Verrückter täte das.« Er sah die gespannte Erwartung in Dalziels Augen. »Ich frage mich, Sir . . .«

»In drei Teufels Namen, spucken Sie's aus!«

»Und wenn es überhaupt kein Schnellboot ist?« Standish wandte den anderen den Rücken zu und fuhr leise fort: »Sondern der Turm eines Unterseebootes?«

Sekundenlang starrte Dalziel ihn wortlos an. Dann sagte er ebenso leise: »Mann Gottes ... Sie haben es getroffen. Diese Größe und Geschwindigkeit ...« Mit einer Armbewegung deutete er über die salzverkrusteten Fenster hinaus. »Rundum ist das Wasser hier zu flach, als daß er sicher tauchen könnte.«

Ernst nickte Standish. »Er steuert vermutlich größere Tiefen an.« Plötzlich fiel ihm die Unsicherheit des malaiischen Polizisten ein. Ein halbgetauchtes U-Boot mußte einem Eingeborenen in dieser Situation natürlich unlösbare Rätsel aufgeben. Und Kuala Papan lag an einer der hier seltenen Buchten, deren Wassertiefe selbst für ein Schiff wie die *Sibuyan* ausreichten.

Das rote Maschinentelefon surrte, Irvine nahm ab und sagte nach kurzem Zuhören: »Der Chief möchte sofort die Geschwindigkeit reduzieren, Sir. Die Steuerbordwelle macht ihm Sorgen, er will sie genauer untersuchen.«

Mit drei Schritten war Dalziel neben ihm und riß ihm das Telefon aus der Hand. »Chief? Hier spricht der Kommandant. Sie wissen also nicht, ob die Welle *wirklich* beschädigt ist?« Nach einer kurzen Pause schnauzte er ins Telefon: »Ich gebe einen Dreck auf Ihre Instinkte, hören Sie? Vor uns ist ein aufgetauchtes feindliches U-Boot, und das will ich schnappen!« Wieder eine Pause, alle lauschten eifrig, bis auf Corbin, der sich viel zu sehr auf Ruder und Kompaß konzentrieren mußte. Dann sagte Dalziel betont ruhig: »Wenn Sie dieses Dorf gesehen hätten, Chief, würden Sie anders reden. Sie behalten die höchste Umdrehungszahl bei.« Er hängte ein und sah Standish zornig an. »Wir sind nicht im Krieg, sagt er. Wo war er denn all die Jahre?«

Dann sah er Irvine an. »Geben Sie mir den Abfangkurs, N.O., aber schnell!« Und an alle gewandt: »Jeder Angler gilt als Lügner, bis er den Fisch vorzeigt. Aber ich werde denen einen Fang vorweisen, daß selbst der blindeste Politiker hineinbeißen kann!«

Standish wartete, bis Dalziel wieder nach vorn zu den Klarsichtscheiben gekommen war. »Ich kann mich auch geirrt haben, Sir«, sagte er.

»Darüber machen wir uns später Gedanken.« Dalziel sah ihn nachdenklich an. »Aber ich glaube es nicht, Number One. Sie verstehen vielleicht nichts von Frauen, aber von U-Booten verstehen Sie was.«

Irvine rief: »Der Abfangkurs ist null-zwo-null, Sir.«

Dalziel nickte. »Warnen Sie alle Stellen, bevor wir andrehen. Von jetzt an kann es ungemütlich werden.« Dann lächelte er vielsagend. »Vorpostentätigkeit, wie? Vorräte transportieren, so hieß es doch? Wir haben bei Gott anderes zu tun!«

Irvine sagte: »Klar zur Kursänderung, Sir.« Seine Stimme klang heiser.

Dalziel schlang den Arm um eine Deckstütze. »Also los!«

13 Im Taifun

Der Himmel war jetzt fast dunkel, nur die heranrasenden hellen Wellenkämme ermöglichten eine Unterscheidung zwischen See und Wolken. Standish stand breitbeinig hinter der Steuerbordklarsichtscheibe und beobachtete, wie die Back wieder einmal unter einem ungeheuren donnernden Wasserfall verschwand. Das Deck glitt unter ihm weg, während die Scheibe sich vorübergehend in ein undurchsichtiges grauweißes Gebilde verwandelte. Er hatte jegliches Zeitgefühl verloren, sein Bewußtsein schien sich auf das Steuerhaus zu beschränken und auf Dalziels und Corbins Anstrengung, das Schiff auf Kurs und unter Kontrolle zu halten.

In ungleichmäßigen Abständen drang Vines Stimme aus dem Sprechgerät. Das andere Schiff war noch immer da und schien allen Bemühungen, es einzuholen, zu spotten.

Dalziel rief: »Wie peilt es jetzt?«

Müde und heiser antwortete Vine: »Echo peilt Rot null-null-fünf, Entfernung null-acht-null.« Jemand hustete im Hintergrund, dann fuhr Vine fort: »Es scheint leicht Kurs geändert zu haben, steuert jetzt null-sechs-null Grad.«

Dalziel drehte sich um und starrte Standish an. »Er macht mindestens sechzehn Knoten und wird unseren Kurs kreuzen.«

Standish beobachtete, wie sich das Vorschiff wieder hob. »Es muß wirklich ein U-Boot sein, Sir. Kein kleines Überwasserfahrzeug könnte unter diesen Bedingungen einen so gleichmäßigen Kurs beibehalten.« Langsam fügte er hinzu: »Er wird wahrscheinlich bald tauchen. Nach der Karte fällt der Meeresgrund dort, wo er sich jetzt befindet, auf fünfunddreißig Faden ab, so daß er in spätestens einer halben Stunde bequem auf Tiefe gehen kann.«

Dalziel kämpfte sich das schrägliegende Deck herauf. »Wir können ihm noch immer den Weg abschneiden.« Er fuhr herum. »Ändern Sie Kurs fünf Grad nach Steuerbord! Und sagen Sie dem Maschinenraum, ich brauche höhere Umdrehungen, wir müssen mit der Fahrt heraufgehen.«

Standish griff zum Telefon, den Blick auf Corbin gerichtet, dessen riesige Gestalt sich beinahe um dreißig Grad neigte, um die Bewegung auszugleichen.

Es war diesmal nicht Quarrie, der antwortete, sondern Unteroffizier Barrett. »Der Chief ist achtern, Sir!«

Standish hörte im Telefon das pulsierende Stampfen der Kolben und das Heulen der Lüfter aus dem Maschinenraum. Er sagte: »Der Kommandant möchte, daß Sie das letzte an Geschwindigkeit hergeben, über das Sie verfügen.«

»Das tun wir bereits seit Stunden, Sir.«

»Ich weiß. Aber tun Sie, was Sie können.« Er hängte ein und wäre beinahe gestürzt, weil das Deck plötzlich unter seinen Füßen wegsackte.

Corbin schrie: »Sie fällt ab, Sir! Null-zwo-null! Null-eins-fünf! Null-eins-null!« Er klammerte sich an die Speichen, sein Gesicht glänzte vor Schweiß.

Dalziel schlang einen Arm um den Maschinentelegrafen und beugte sich über den Tochterkompaß. »Steuerbordmaschine stopp! Steuerbordmaschine halbe Fahrt zurück!« Er brauchte beide Arme, um sich festzuhalten, als das Schiff sich noch weiter überlegte. Einige Seeleute im Steuerhaus stürzten hin und rutschten als verschlungenes Knäuel fluchend nach unten.

»Steuerbordmaschine geht halbe Fahrt zurück, Sir.«

Plötzlich war es draußen ganz ruhig geworden. Mit Entsetzen stellte Standish fest, daß das Schiff wie von beiden Seiten eingeschlossen in einem tiefen Wellental lag und daß eine turmhohe See auf sie zurollte. Fasziniert sah er den Gipfel des Wasserberges vornüberkippen, hörte Irvines Keuchen, dann donnerte die gewaltige Wasserwand wie eine Lawine auf das Schiff herunter.

Corbin schrie: »Ich kann sie nicht halten, Sir! Sie steuert nicht mehr!«

»Steuerbordmaschine dreimal äußerste Kraft zurück!« Dalziels Stimme klang unnatürlich laut in der Stille des Wellentals.

Der Rumpf schüttelte sich wild, als die Schrauben verzweifelt gegeneinander kämpften, um den Bug wieder auf Kurs zu bringen.

Dann endlich, als bereits die nächste See das stark überliegende Schiff eindeckte, krächzte Corbin: »Sie kommt auf, Sir!« Man hörte das Ticken des sich rasch drehenden Kreiselkompasses. »Null-eins-fünf; null-zwo-null.«

Dalziel stieß den an seinem Maschinentelegrafen erstarrten Seemann an. »Steuerbord stopp! Steuerbordmaschine äußerste Kraft voraus!«

Als der Bug sich langsam aus dem kochenden Wasser hob und zu drehen begann, kehrten der Lärm, das Tosen von Sturm und Regen mit voller Gewalt zurück.

Dalziel sagte ruhig: »Steuern Sie null-drei-null.« Er wartete, bis Corbin Ruder gelegt hatte. »Dieser Kurs ist etwas günstiger, sie wird sich jetzt besser steuern lassen.«

Irvine rief heiser: »Der Regen hat aufgehört!«

Niemand antwortete, aber Standish sah, daß Dalziel einen raschen Blick hinauswarf, bevor er sich wieder dem Kompaß zuwandte. Er erinnerte sich an Dalziels Worte: »Wenn der Regen plötzlich aufhört, dann heißt es aufpassen.« Sie kamen also in die Bahn des Taifuns.

Irvine hangelte sich heran und rief ihm ins Ohr: »Das Barometer ist in den Keller gefallen. Wir steuern genau auf das Zentrum zu!«

Und dann wieder Vines unerschütterliche Stimme: »Echo peilt Rot null-null-fünf. Entfernung null-siebennull.«

Dalziel sah Standish und Irvine triumphierend an, seine Zähne leuchteten im dunklen Gesicht. »Wir kommen näher! Die letzte Kursänderung hat doch etwas gebracht. Wenn wir noch eine einzige Meile zulegen können, haben wir ihn!«

Standish hielt sich fest, da der Bug sich auf einer ungebrochenen See steil aufrichtete. Aufwärts ging es, bis der Steven wie eine schwarze Pfeilspitze in die vorüberrasenden Wolken zeigte. Dann, als die See brechend auf die *Terrapin* herabdonnerte, fühlte er beinahe schmerzlich, wie das Vorschiff in das wartende Wellental fiel. Ihm taten die Männer leid, die in den unteren Decks fünfzehn Meter hochgehoben wurden und dann ebenso tief hinunterstürzten, blind und ohne sich wappnen zu können.

Er dachte auch an das namenlose U-Boot und seinen Kommandanten. Dieser wartete offenbar mit dem Tauchen so lange wie möglich, fuhr sogar dem sich rasch nähernden Zentrum des Orkans entgegen, um im letzten Augenblick in die ruhigen, tieferen Wasserschichten zu verschwinden. Es mußte ein herkömmliches, kein atomgetriebenes Boot sein, und der Kommandant brauchte vielleicht die Überwasserfahrt, um seine Akkumulatoren nach dem Überfall wieder aufzuladen.

Die Vorstellung war bedrückend, daß das U-Boot sich unbehelligt und in aller Ruhe der Verfolgung entziehen konnte, während seine Besatzung in sicherer Tiefe dem Schraubengeräusch der verfolgenden Fregatte lauschte, die dann mühsam vor dem herannahenden Orkanzentrum fliehen mußte.

Das rote Telefon surrte erneut, und der Bootsmannsmaat rief: »Mr. Quarrie für Sie, Sir.«

»Kommandant.« Mit dem Telefon am Ohr beugte sich Dalziel vor, um durch die Klarsichtscheibe zu blicken. »Was gibt's?«

Irvine murmelte: »Die alte *Terrapin* bricht wohl auseinander.«

Standish ignorierte ihn und versuchte Quarries Worte zu erraten. Dalziel sagte nur wenig, seine Stimme blieb völlig ausdruckslos.

»Unmöglich, Chief. Kommt nicht in Frage.« Mit dem Hörer in der Hand rief er Corbin zu: »Fünf Grad nach Steuerbord, Corbin. Steuern Sie null-drei-fünf«

Dr. Rideout tauchte neben Irvine auf und flüsterte aufgeregt: »Es geht ja wild her, aber die Bewegungen sind jetzt etwas besser.« Er blickte fragend von einem zum anderen. »Ist es nicht so?«

Irvine sagte böse: »Es scheint immer besser, wenn die anlaufende See ein wenig vorlicher als dwars einkommt und man sie sehen kann. Aber bald müssen wir drehen.« Er blickte wieder nach vorn.

Dalziel knallte wütend den Telefonhörer auf. »Mir scheint, der Wind hat ein oder zwei Strich gedreht.«

Rideout schluckte heftig, als die *Terrapin* sich nach vorn und abwärts warf; die See brach jetzt über die Back herein und raste dann auf beiden Seiten nach achtern, wobei sie am Geschützpivot hochsprang wie eine gewaltige Fontäne. Standish sah, daß sich die Lippen des Arztes bewegten, als zähle er die Sekunden, bis der Bug wieder auftauchte. Es schien so lange zu dauern, als strebe das Schiff bereits dem Meeresgrund zu.

Rideout atmete hörbar aus, als das glänzende Vorschiff wieder auftauchte und sich dunkel von den leuchtenden Wellenkämmen abhob. Dann rief er: »Ein Stück Reling ist verschwunden!«

Standish wandte sich ab. »Das ist erst der Anfang. Nachher wird es noch lebhafter.« Er sah Dalziel an, als Vines Stimme ertönte: »Tut mir leid, Sir, ich habe das Echo verloren. Wahrscheinlich hat er jetzt getaucht.«

Dalziel starrte bestürzt den Lautsprecher an. »Beobachten Sie weiter!« Dann hangelte er sich selbst zum Radarschirm und preßte das Gesicht dagegen.

Scheinbar gelassen sagte Irvine: »Wir müssen kehrtmachen, Sir, solange wir noch Zeit dazu haben.«

Dalziel fuhr herum: »Behalten Sie Ihre Ratschläge für sich!« Dann entdeckte er Rideout. »Was zum Teufel haben Sie hier zu suchen?« Er strauchelte und suchte rasch Halt an einem der Sprachrohre. »Verschwinden Sie von meiner Brücke, und kümmern Sie sich um Ihre Kranken!«

Als Rideout zur Tür eilte, wurde er von einer untersetzten, vor Nässe triefenden Gestalt beiseite gestoßen: Quarrie. Er war direkt vom Maschinenraum über das gefährliche Oberdeck zur Brücke gekommen und trug weder Ölzeug noch Schwimmweste.

Standish sah die schwarzen Ölflecken auf Quarries Hemd und Hose und fühlte beinahe körperlich dessen Wut, als er jetzt auf Dalziel zuwankte und brüllte: »Seid ihr denn alle verrückt hier oben?« Dann sah er Standish und fügte aufgeregt hinzu: »An der Steuerbordwelle ist ein Lager heißgelaufen, bei der achteren Dichtungsflansch!«

Dalziel erwiderte: »Beherrschen Sie sich!«

»Beherrschen?« Quarrie machte ein Gesicht, als wolle

er Dalziel niederschlagen. »Es ist das achtere Wellenlager, verstehen Sie nicht?« Er sah die anderen an, plötzlich verzweifelt flehend. »Wahrscheinlich eine blockierte Schmierölleitung. Wenn ich sie nicht reparieren kann, sitzt die Welle in kürzester Zeit fest wie ein Felsblock!«

»Ein äußerst günstiger Augenblick, mir das zu melden.« Dalziel stand noch immer bei den Sprachrohren, das Gesicht im Schatten.

»Ich habe es schon vorher gemeldet!« Wild fuchtelte Quarrie mit der freien Hand in der Luft. »Ich habe Sie gewarnt, habe erklärt, was passieren wird, wenn wir diese irrsinnigen Umdrehungen beibehalten!«

Standish sagte beruhigend: »Nur keine Aufregung, Chief. Auch hier oben ist eine Menge los.«

Dalziel entschied: »Wir gehen zum letzten Schiffsort des U-Bootes und machen dort eine Rundumsuche mit dem Sonargerät. Dann haben wir noch eine Chance, das Boot zu orten.«

Quarrie schien völlig verwirrt. »Dieses Schiff wird in etwa dreißig Minuten sehr viel tiefer liegen als jedes verdammte U-Boot!«

Irvine sah Standish an und fragte rasch: »Was meinen Sie, Number One? Sie kennen sich doch aus mit U-Booten.«

»Ich durchschaue Sie, N.O.« Dalziels Stimme war gefährlich ruhig. »Vergessen Sie's. Ich bin nicht interessiert an Meinungen, nur an Tatsachen. Und die einzige Tatsache ist jetzt dieses U-Boot.«

Er blickte wieder nach vorn, weil ein dumpfes Dröhnen schauerlich den allgemeinen Lärm übertönte. Das Vorschiff hob sich, erbebte und tauchte dann mit Wucht in den nächsten Brecher, worauf sich das dumpfe Dröhnen wiederholte. Es klang, als schlüge jemand mit einer schweren Eisenstange auf ein riesiges Faß.

Der Brückenunteroffizier nahm einen Telefonhörer ab und meldete mit entsetzter Stimme: »Der Bootsmann sagt, der Backbordanker hat sich aus seiner Halterung gerissen und schlägt gegen die Bordwand, Sir.«

Dalziel fingerte am Kragen seines zerknüllten Hemdes herum. »Anker?« Dann schien er zu begreifen und rief scharf: »Wishart sofort zu mir!« Wie zu sich selbst fügte er hinzu: »Ist hier an Bord denn kein einziger Mensch, auf den man sich verlassen kann?«

Wishart erschien im Steuerhaus und stolperte beinahe rückwärts unter dem Ansturm von Dalziels Wut.

»Können Sie denn nie was richtig machen? Bilden Sie sich bloß nicht ein, daß jemals ein Offizier aus Ihnen wird!« Dalziel hob die Faust, als wieder das dumpfe Dröhnen ertönte. »Hat der Erste Offizier Sie gewarnt und Ihnen gesagt, daß Sie die Anker doppelt sichern sollen? Oder hat er das nicht?«

Wishart warf Standish einen verzweifelten Blick zu und murmelte unglücklich: »Ja, Sir.«

»Ja, Sir, *was*?« Dalziel starrte ihn wütend an. »Antworten Sie!«

»Ja, er hat mich gewarnt, Sir. Ich dachte, ich hätte alle Vorsichtsmaßnahmen . . .«

Er stockte, als Quarrie grob unterbrach: »Und was ist mit meiner Welle? Ich muß darauf bestehen, daß Sie sofort mit der Fahrt heruntergehen!«

Dalziel schien ihn nicht zu hören. »Also, Sub, sammeln Sie Ihre Leute, gehen Sie nach vorn, und bringen Sie das wieder in Ordnung, sofort!«

Im selben Augenblick ertönte der Lautsprecher: »Steuerhaus! Hier Sonar. Kein Kontakt.«

Standish sagte eindringlich: »Niemand kann dort vorn arbeiten, ohne über Bord gerissen zu werden, Sir. Nicht bei diesen Bedingungen.«

»Das stimmt.« Wieder zerrte Dalziel an seinem Hemdkragen. »Wegen der Nachlässigkeit dieses sogenannten Offiziers sieht es so aus, als müßten wir aufgeben!« Dann sah er wieder Wishart an. »Holen Sie Ihre Männer, und erwarten Sie meine Befehle.« Und zu Quarrie: »Sie können in Ihren Maschinenraum zurückkehren, Chief, in zehn Minuten machen wir kehrt.«

Quarrie wiederholte eigensinnig: »Und meine Welle, Sir?«

»Wenn wir Kurs geändert haben, gehe ich mit der Fahrt herunter.« Als Quarrie die Tür erreicht hatte, fügte er wütend hinzu: »Es sei denn, Sie wollen schon in die Boote gehen!«

Quarrie schlug die Tür hinter sich zu.

Etwas ruhiger fuhr Dalziel fort: »Die See kann die Hauptarbeit für uns verrichten. Ich werde etwas nach Backbord drehen und mit der Backbordmaschine halbe Fahrt zurückgehen.«

Bum. Der Ton ging allen im Steuerhaus auf die bereits strapazierten Nerven.

Standish sagte: »Wishart hat alles getan, was er konnte, Sir. Wahrscheinlich hat diese gewaltige See vorhin das Ankergeschirr beschädigt. Kette und Anker sind an Bord, seit das Schiff in die ostasiatischen Gewässer kam.«

»Es liegt nicht am Geschirr.« Dalziel starrte unverwandt in den Radarschirm, als hoffe er noch immer auf einen Kontakt. Dann blickte er hinüber zu Irvine. »Aber wenn dies die Art und Weise ist, wie meine Offiziere mir mitspielen wollen, dann gnade ihnen...«

Der Bootsmannsmaat sagte: »Anruf vom Maschinenraum, Sir. Maschine Achtung.«

Dalziel grunzte: »Backbord fünfzehn. Backbordmaschine stopp, Backbordmaschine halbe Fahrt zurück!«

Corbin hatte kaum angefangen, das Rad zu drehen, als das Schiff sich vor einer herannahenden ungeheuren Wasserwand ruckartig auf die Seite legte. Alle möglichen Gegenstände rissen sich los und polterten durch das Steuerhaus; irgendwo unten schrie jemand entsetzt auf.

Dalziel sprach durch die Zähne. »Backbord zwanzig. Backbordmaschine äußerste Kraft zurück!«

Die nächste See traf das Vorschiff mit voller Wucht. Das Deck war jetzt in derartig steilem Winkel geneigt, daß Standish von seiner Position am Backbordbullauge unmittelbar in das längs der Bordwand tobende Wasser hinunterblickte. Es fehlten nur noch wenige Grade, dann war ein Kentern unvermeidlich. Er wunderte sich, daß er noch atmen konnte. Dann tauchte durch den fliegenden Gischt ein Stück verbeulter Reling auf, und er wußte, daß sich das Schiff wieder aufrichtete.

Er spürte, wie der Druck, mit dem er gegen das Schott gepreßt wurde, langsam nachließ, und drehte sich steif nach Dalziel um, als dieser rief: »Beide Maschinen halbe Fahrt zurück. Ruder mittschiffs!« Dann rieb er die Scheibe mit dem Ärmel ab und rief: »Recht so jetzt! *Recht so!*«

Corbin sagte ruhig: »Recht so, Sir.«

Standish blickte sich um; er sah die müden Wachgänger sich verzweifelt festhalten, sah Corbin breitbeinig und dickköpfig am Ruder stehen, als könne nichts auf der Welt ihn erschüttern, er sah Dalziel in den Kompaß blikken, das Gesicht zur Maske erstarrt. Er sagte: »Ich gehe hinunter und helfe Wishart, Sir.«

Im schmalen Gang hinter dem Steuerhaus stolperte er über Rideout, der sich bemühte, eine Schwimmweste aufzublasen. Aber der Arzt war nicht allein. Dutzende dunkler Gestalten schienen überall herumzustehen und sich festzuhalten, anonym in ihren orangefarbenen Schwimmwesten. Wortlos bahnte er sich einen Weg zwischen ihnen hindurch. Die verängstigten Freiwächter drängten sich aus den unteren Decks nach oben; es wäre zwecklos gewesen, sie wegzujagen.

Unter der Brücke fand er Wishart, der mit seinen Männern auf den Einsatzbefehl des Kommandanten wartete. Gelegentlich blitzte der Strahl einer Stablampe auf und beleuchtete ihre gespannten Gesichter. Jenseits der wasserdichten Stahltür hörten sie die Wassermassen zurückfluten und den Anker wie eine Kirchenglocke in nächster Nähe dröhnen.

Wishart sah ihn an und stammelte: »Danke für Ihr Kommen, Number One.«

Eine andere, kräftige Stimme ließ sich vernehmen: »Ich habe ein paar neue Stahlstropps hier, Sir.« Das war Harris, der Bootsmann. Unerschütterlich fuhr er fort: »Und ich habe zwei gute Leute nach unten in den Kettenkasten geschickt, damit sie die Kette schlippen.«

Standish nickte. Harris war wie Motts, ihm brauchte man nichts zu sagen. Es war völlig sinnlos, den Anker sichern zu wollen, das gewaltige Gewicht des Wassers mußte ihn aus der Klüse gerissen haben. Jetzt hing er frei und schwang bei jedem Überholen des Schiffes gegen die Bordwand. Wenn er erst die relativ dünnen Platten einschlug, würde die See rasch den Rest besorgen, wasserdichte Schotten hin oder her.

Wishart sagte: »Es muß schnell gehen.« Er räusperte sich. »Ich . . . Ich laufe zuerst.«

Harris lachte in sich hinein. »Wir gehen *beide*, Sir.« Er stieß die Seeleute an, die hinter ihm standen. »White und Bundy, ihr nehmt die Stropps. Dobson, Sie halten die Sicherungsleine. Wenn ich mit meinem Hammer das Zeichen gebe, schlagen die beiden unten das Verbindungsstück aus dem Schäkel, und wir besorgen den Rest, klar?« Sie nickten. Ein Seemann fragte heiser: »Was ist, wenn uns wieder so eine Monstersee erwischt, Bootsmann?«

Harris grinste. »Darüber machen Sie sich mal keine Gedanken, Knocker. Ihre Frau bekommt dann die Pension eben ein bißchen früher.« Scharf rief er: »Los, Jungs! Macht die verdammte Tür auf!«

Da das Schiff gedreht hatte und die schweren Seen jetzt von achtern ausliefen, war es vor der Brücke relativ geschützt. Vorsichtig tasteten sie sich an dem Strecktau voran, zunächst bis zum Geschützpivot, wo sie sich sammelten und unter den Doppelrohren einen Augenblick pausierten.

Standish setzte sich an die Spitze des Trupps und blickte nach vorn zum Steven. Die *Terrapin* schien kaum noch Fahrt zu machen, das lag aber daran, daß die verfolgenden Wellen fast genauso schnell waren. Das Deck vibrierte noch immer heftig; Standish wußte, daß Corbin sein Ruder mit viel Gefühl handhaben würde, stets auf dem Sprung, Dalziel zu warnen, wenn sie sich nicht mehr steuern ließ. Falls das eintrat, würde das Schiff querschlagen oder mit dem Heck so angehoben werden, daß es vorn unterschnitt.

Der Bug tauchte jetzt langsam ein, das Wasser schoß durch die Klüsen und über die Reste der Reling.

Er rief: »*Jetzt!*«

Als sich das Vorschiff mühsam wieder aufrichtete, rannten sie am Strecktau über das schlüpfrige Deck und klammerten sich vorn an das Stag, das für sie Leben oder Tod bedeutete.

Harris warf sich rittlings über die Backbordkette und rief aus: »Hier haben wir den Mist! Taugte nichts mehr!« Er lachte in den Gischt hinein und hielt ein Metallstück hoch. »Glatt abgeschert!«

Das Schiff legte sich wieder stärker über, mehr Wasser fegte über sie hinweg, erstickte ihre Schreie und Flüche, blendete sie, bis der Bug sich abermals an die Oberfläche kämpfte.

Und die ganze Zeit arbeitete Harris, während Dobson ihn an der Sicherungsleine hielt.

Dann schlug der Bootsmann mit dem Hammer aufs Deck und rief: »Achtung, es geht los!«

Stöhnend kam die Kette steif, und die Stahlstropps nahmen den Zug auf. Jetzt hämmerte Harris zweimal, von unten hörten sie das plötzliche Knirschen von Metall und dann das Antwortsignal.

Harris schrie: »Gott sei Dank, daß das Zwischenglied nicht auch verrostet war!«

Standish umklammerte das Stag und rief: »Zurück! Der Bootsmann schlippt jetzt!« Dicht neben seinem Arm sah er

Wisharts Gesicht, blaß und verängstigt. Standish fuhr fort: »Er muß den richtigen Augenblick abwarten!«

Er wußte, wie schwer Harris es hatte, sich festzuhalten. Wenn er aber zu früh schlippte, würde der Anker im Fallen gegen die Bordwand schlagen.

Der Bug tauchte, holte etwas nach Backbord über, und Standish schrie: »Schlipp!«

Mit gewaltigem Schwung schlug Harris zu, der Hammer dröhnte, und der Bootsmann warf sich zurück in Standishs Arme, während das kurze Kettenstück mit Donnergrollen übers Deck raste und durch die Klüse verschwand.

Harris klammerte sich an die beiden Offiziere und rief lachend: »Der Fisch, den das trifft, kriegt Kopfschmerzen!«

Eilends kämpften sie sich wieder am Strecktau nach achtern, bis sie das Geschützpivot erreichten, halb geblendet und taub.

Wishart schrie: »Hätte nie gedacht, daß das so lange dauert!« Halb lachend, halb schluchzend fuhr er fort: »Es wird schon hell!«

Standish blickte an ihm vorbei und erstarrte. Der blasse Streifen, der sich scharf von den dunklen Wolken abhob, war nicht die Dämmerung, sondern der leuchtende Kamm der gewaltigsten See, die er je gesehen hatte. Sie erstreckte sich über ihr ganzes Gesichtsfeld und schien höher zu sein als die Mastspitze.

Er brüllte: »Festhalten!« Die gewaltige Wand hob das Heck an, bis das Schiff vorwärts schoß wie ein Surfbrett. Wäre die Monstersee jetzt gebrochen und auf das Schiff gestürzt, so wäre es zerschmettert worden; aber erst als sie die Brücke erreichte, schien sie zu schwanken und brach dann in einer Anzahl gewaltiger Einzelseen.

Standish sah eine sich neben der Bordwand erheben wie eine ungeheure Mauer. Er beobachtete, wie sie brach und sich über das Schiff ergoß, das sich schwer auf die Seite legte, als die gewaltigen Wassermassen gegen die Aufbauten brandeten und sich donnernd zum Bug wälzten.

Die Luft wurde ihm aus den Lungen gepreßt, als hätte ihn eine Lawine begraben. Er versuchte zu schreien, aber Salzwasser drang ihm in den Mund und riß an seinen Beinen, während er sich verzweifelt anklammerte.

Dann war es vorbei. Als er mühsam versuchte, wieder auf die Beine zu kommen, stellte er fest, daß er allein war.

Er rannte um den triefenden Geschützsockel. Die zusammengekrümmte Gestalt eines Mannes lag um eine verbogene Relingsstütze geworfen wie ein Bündel Kleider. Als er ihn erreichte und verzweifelt an seiner Öljacke zerrte, erkannte er Wishart. Er holte ihn binnenbords und hörte ihn keuchen: »Der Bootsmann! Hier unten!«

Zwei Seeleute eilten herbei und ergriffen Wishart; als Standish sich über Bord beugte, sah er Harris direkt unter sich, die Hände um ein herabhängendes Stück Reling gekrampft. Er spürte, daß jemand seine Beine packte, beugte sich tiefer hinab, ergriff den Bootsmann an den Handgelenken und versuchte mit aller Kraft, ihn nach oben zu ziehen.

Harris krächzte: »Verdammter Mist! Mein Bein ist hin!«

Standish packte ihn fester und schrie den Männern hinter sich zu: »Zieht, Jungs!« In diesem Augenblick sah er auf der anderen Seite die nächste hohe See emporsteigen.

Diesmal hörte er überhaupt nichts, war sich nur der erdrückenden, erstickenden Gewalt des Wassers bewußt und spürte, daß ihm die Handgelenke des Bootsmanns durch die Finger glitten. Er wollte rufen, aber seine Lunge schien mit Wasser gefüllt. Harris starrte zu ihm auf, beobachtete ihn, wußte, daß er jetzt sterben würde.

Standish glaubte, auch mit ihm sei es aus. Als ihm die beiden kalten Hände entglitten, schwanden ihm die Sinne. Er sah und spürte nichts mehr.

Als er die Augen öffnete, dauerte es mehrere Minuten, bis er seine Umgebung wahrnahm. Am gegenüberliegenden

Schott brannte ein Licht, und alles ringsum war weiß. Er bewegte die aufgesprungenen Lippen und versuchte zu sprechen.

Dann sah er Dr. Rideout, der mit traurigem Lächeln auf ihn herunterblickte.

»Bleiben Sie ganz ruhig, Number One. Sie haben viel durchgemacht.«

Blitzartig kehrte die Erinnerung zurück.

Heiser flüsterte er: »Harris?«

Der Arzt senkte den Blick. »Sie haben getan, was Sie konnten. Es war nicht zu verhindern.«

Standish schloß die schmerzenden Augen. Gleichzeitig spürte er, daß die Bewegungen des Schiffes ruhiger waren.

Er strich über das Laken, mit dem er zugedeckt war, und fragte: »Wie lange liege ich schon hier?«

»Fünf Stunden. Mußte Ihnen eine Spritze geben. Sie versuchten immer wieder, an Deck zu laufen.«

Standish sah ihn verständnislos an. »Davon weiß ich nichts.«

»Sie standen unter Schock.« Interessiert betrachtete ihn Rideout. »Das ist ganz normal.«

»Aber nicht für Harris.« Er wünschte, Rideout würde verschwinden, ihn allein lassen, damit er mit sich selbst ins reine kommen konnte.

»Ich weiß. Aber ohne Ihr Eingreifen wäre auch der junge Wishart nicht mehr am Leben.«

Standish drehte das Gesicht zur Wand. Er fühlte, wie der Schlaf zurückkehrte, aber wenn er die Augen schloß, sah er die Szene wieder vor sich, undeutlich und wie in Nebel gehüllt.

Rideout beobachtete ihn, bis er wieder eingeschlafen war, und ging dann zögernd zur Tür. Draußen fand er Irvine, der rauchend am Schott lehnte.

»Tut mir leid, aber Sie können ihn jetzt noch nicht besuchen. Er ist nicht bei Bewußtsein.«

Irvine blickte auf seine Zigarette nieder. »Das will ich

auch nicht«, sagte er. »Aber mit *Ihnen* möchte ich sprechen.«

Rideout hob die Augenbrauen. »Worüber denn?«

Irvine warf einen Blick über die Schulter, schien sich zu vergewissern, daß sie allein waren. »Kommen Sie mit in meine Kammer. Ich brauche in einer sehr wichtigen Angelegenheit Ihren Rat.« Und mit einem vielsagenden Blick: »Wichtig für uns alle.«

Der Sturm dauerte noch sechsunddreißig Stunden, aber die *Terrapin* hatte insofern Glück, als sie nur von seinen Ausläufern getroffen wurde. Während dieser Zeit änderte der Wind die Richtung und kam jetzt aus Norden. Auch regnete es wieder stark, und als die Funker Wetterberuhigung meldeten, wurde allmählich allen klar, daß die Hauptgefahr vorüber war.

Schlaf für die Freiwache war nahezu unmöglich. In den Messen, Gängen und unteren Decks schwappte das Wasser, das durch die verstopften Speigatten nicht mehr ablaufen konnte, und sein Gurgeln hielt die müden Seeleute wach.

Auf der Brücke war es nicht viel besser; die meisten Wachgänger waren zu erschöpft, um rechtzeitig auf die noch immer heftigen Schiffsbewegungen zu reagieren. Rideout kam überhaupt nicht mehr aus seinem Krankenrevier heraus. Er hatte alle Hände voll zu tun, um Prellungen, Schnitte und auch einige Frakturen zu behandeln.

Trotz Rideouts Warnung nahm Standish seinen Dienst wieder auf, sobald er auf den Beinen stehen konnte. Er war entsetzt über die Veränderung an Bord. Selbst als die Wolken allmählich aufbrachen und die ersten wässerigen Sonnenstrahlen Leben und Farbe zurückbrachten, spürte er die Depression, die Verzweiflung, die über dem ganzen Schiff lag.

Der Himmel klarte vollständig auf; als die Decks und Aufbauten in der Wärme dampften, kehrten die Wachgänger zur oberen Brücke zurück und registrierten die Schäden, die das Schiff erlitten hatte.

Die Grätings waren gesplittert, der Kartentisch war zertrümmert. Die Aufbauten sahen aus, als sei die Farbe abgekratzt worden.

Dalziel hatte kaum geschlafen, aber davon zeugten nur die Schatten unter seinen tiefliegenden Augen und ein dunkler Stoppelbart. Sonst schien es ihm nichts ausgemacht zu haben. Zumindest nicht physisch. Aber er wirkte völlig in sich gekehrt und war allen gegenüber von unpersönlicher Kälte.

Zu Standish sagte er: »Ich habe einen Funkspruch bekommen. Wir sollen nach Songkhla gehen, dort mit Bordmitteln die notwendigsten Reparaturen ausführen und weitere Weisungen abwarten.« Knapp fügte er hinzu: »Ich gehe in meine Seekabine. E.T.A. Songkhla morgen null-neun-null-null.« Das war alles.

In der Morgendämmerung des folgenden Tages stand Standish vorn auf der Brücke und beobachtete den langen Streifen der Küstenlinie, der im ersten Sonnenlicht immer mehr hervortrat, bis er mit seinem saftigen Grün den ganzen Horizont einnahm. Darüber schwebten ein paar rosa Wölkchen, die nichts mehr mit den dunklen, drohenden Wolken der Taifunausläufer gemein hatten.

Staub knirschte unter Standishs Schuhen, der von einer leichten ablandigen Brise herübergeweht wurde; sie tilgte auch die letzten Erinnerungen an turmhoch aufragende Brecher mit weißschäumenden Kämmen. Und an rutschende, stürzende oder brusttief im Wasser stehende Männer, besonders an einen Mann, den die See in den Tod gerissen hatte.

Bootsmann Harris war der beste Freund von Motts und an Bord sehr beliebt gewesen. Aber die schwere Depression an Bord schien nicht allein von seinem Tod herzurühren, sondern erheblich tiefer zu sitzen. Doch niemand sprach seine Gedanken offen aus. Es war wie vor einem Sturm, dachte Standish. Die Anzeichen waren da, aber niemand wußte, aus welcher Richtung er losbrechen würde.

Er hörte einen Schritt hinter sich und sah Wishart mühsam die Leiter heraufsteigen, den linken Arm in einer Schlinge.

»Wie geht's, Sub?«

Wishart blickte zu dem leuchtendem Streifen der Küste hinüber. »Thailand«, murmelte er. Dann fügte er hinzu: »Es ist kein Bruch, nur eine Verstauchung. Aber ich muß immer an Harris denken. Er hat versucht, *mich* zu retten, als er ausrutschte. Jedesmal, wenn ich schlafen will, sehe ich sein Gesicht vor mir.«

Standish erwiderte: »Jeden von uns hätte es treffen können. Oder uns alle.« Aber was nutzten hier Worte? Auch er dachte ständig an Harris und fragte sich, was er in diesen letzten schrecklichen Sekunden empfunden haben mochte. Vielleicht hatte er noch lange genug gelebt, um sein Schiff im Dunkel verschwinden zu sehen. Vielleicht war er auch in die wirbelnden Schrauben gezogen worden. Heiser fügte er hinzu: »Es war nicht Ihre Schuld, das müssen Sie sich immer sagen.«

Irvine erschien auf der Brücke und fragte: »Kann ich mit Ihnen sprechen, Number One?«

»Worüber?«

Irvine warf einen Blick auf Wishart. »Allein.«

»Kann das nicht warten?« Standish grauste vor einer weiteren Diskussion, weiteren Beschwerden und Anschuldigungen.

Wishart sagte rasch: »Ich gehe.«

Als er nach unten kletterte, sagte Irvine: »Ich glaube, wir sollten uns zusammensetzen und dieses letzte Fiasko besprechen, bevor wir alle hineingezogen werden.« Standish blickte durch das salzverkrustete Brückenkleid. »Hineingezogen in was?«

»Sehen Sie, Number One, wir alle kennen Ihre Stellung an Bord und respektieren sie. Aber es gehört auch zu Ihrer

Verantwortung, uns anzuhören.« Er räusperte sich und fuhr fort: »Die Offiziere, meine ich.«

Standish sah ihm kalt ins Gesicht. »Haben Sie wieder überall Ihre Meinung ausposaunt?«

Irvine preßte die Lippen zusammen. »Seien Sie unbesorgt, ich will keine Meuterei. Aber es muß gesagt werden. Der Kommandant hätte uns beinahe in das Taifunzentrum hineingefahren, das wissen Sie genau.« Als Standish nicht antwortete, fuhr er fort: »Vielleicht war da wirklich ein U-Boot, vielleicht auch nicht. Das werden wir niemals genau wissen. Aber angenommen, es wäre eins dagewesen, was hätten wir tun sollen? Es gibt keinen Beweis, daß es wirklich für die Vernichtung des Patrouillenbootes verantwortlich war. Natürlich hätten wir Wasserbomben werfen können, aber selbst wenn es dann aufgetaucht wäre – hätte es sich von uns widerstandslos kapern lassen? Das Ganze ist doch verdammter Blödsinn!«

»Sie scheinen zu einem Entschluß gekommen zu sein. Sprechen Sie ihn aus, wenn es Sie erleichtert.«

»Es gibt so viele Rätsel um den Kommandanten. Nach der Kollision mit dem Flugzeugträger kam er zwar mit einem Verweis davon, aber woher sollen wir wissen, ob es nicht doch seine Schuld war?« Eindringlich sah er Standish an. »Und er behauptet, nicht verheiratet zu sein. Aber wir wissen doch beide, daß dies eine Lüge ist!«

Standish musterte ihn gleichgültig. »Sie hätten Privatdetektiv werden sollen. Bilden Sie sich wirklich ein, daß Sie das was angeht?«

Irvine runzelte die Stirn. »Vielleicht nicht unmittelbar, aber zusammen mit den anderen Symptomen ergibt sich daraus, daß der Kommandant nicht das ist, was er uns vorspielt.«

»Symptome? Haben Sie etwa mit dem Arzt gesprochen?«

Irvine schien unsicher zu werden. »Ich habe ihm gegenüber lediglich ein paar Dinge erwähnt.«

»So, haben Sie? Dann schlage ich Ihnen folgendes vor: Sie bringen all Ihre Bedenken zu Papier, dann übergebe ich sie dem Kommandanten persönlich. Sie können Ihre Versetzung beantragen oder auch eine offizielle Beschwerde beim C. in C. einreichen. Ich achte darauf, daß der Empfang bestätigt wird.«

Irvine biß sich auf die Lippen. »Das würde mich in ein schlechtes Licht rücken. Und meine Beförderungsaussichten beeinträchtigen.«

Standish drehte sich um und blickte wieder zum Land hinüber. Er sah jetzt weiße Streifen vor dem grünen Hintergrund, vermutlich Häuser am Strand. Schließlich sagte er: »Mir wird übel, wenn ich Ihnen noch lange zuhöre. Sie wollen, daß andere die Schmutzarbeit für Sie verrichten und die Verantwortung übernehmen, wenn es schiefgeht. Ehrliche Feigheit kann ich ertragen, aber Ihre Art finde ich widerlich.« Als er keine Antwort erhielt, blickte er sich um und sah Irvine bereits die Leiter hinuntersteigen.

Er packte das vibrierende Brückenkleid und atmete tief aus. Wie Dalziels Frau wollte auch Irvine ihn dazu bringen, der Verschwörung beizutreten.

Ein Signalgast rief: »Motorboot an Backbord, Sir, mit der Flagge der thailändischen Kriegsmarine.«

»Gut. Ich unterrichte den Kommandanten.« Als er zum Telefon ging, dachte er noch immer über Irvines Worte nach.

Angenommen, er hatte recht? Er griff zum Telefon, wartete aber noch mit dem Anruf. Hätte Dalziel sie nicht so weit in die Nähe des Taifunzentrums getrieben, wäre das Drehen des Schiffes nicht so gefährlich gewesen und Harris noch am Leben. Und dann der Anker. Wenn er nicht gegen die Bordwand geschlagen hätte, wäre Dalziel bestimmt weitergefahren, ohne Rücksicht auf die Konsequenzen. Er dachte an Quarries wütenden Trotz und an seine eigene Unsicherheit, ob es sich wirklich um ein U-Boot gehandelt hatte. Schließlich konnte es auch ein kleines, schnelles Fahrzeug gewesen sein. Der Funkraum hatte schon mehrere Verlustmeldungen aufgefangen, und selbst ein größerer Frachter war in der Nähe der Orkanbahn spurlos verschwunden.

Schließlich merkte er, daß er den Telefonhörer ans Ohr hielt, und sagte: »Bis zum Ankerplatz sind es noch vier Meilen, Sir. Ein Motorboot der thailändischen Marine kommt auf uns zu, möglicherweise hat es einen Lotsen an Bord.« Er hörte Dalziels schwere Atemzüge.

»Gut, ich komme hinauf.«

Standish ging auf die Rückseite der oberen Brücke und blickte hinunter. Die beiden Damen waren auf dem Seitendeck erschienen. Die jüngere hatte ein grünes Kopftuch umgebunden, trug aber noch immer ihre Khakijacke. Neben Mrs. Penrath wirkte sie zierlich und schutzbedürftig.

Der Sturm mußte die beiden ziemlich mitgenommen haben, dachte er. Aber jetzt näherte sich das Schiff wieder der Küste, und zwar dem Bestimmungshafen, den die *Cornwallis* hatte ansteuern sollen. Damit blieb keine Zeit mehr, ihre kurze Bekanntschaft zu vertiefen.

14 Nur gute Freunde

Oberleutnant Pigott kam in Standishs Kammer und legte eine maschinengeschriebene Liste auf den Klapptisch. »Die persönlichen Dinge von Bootsmann Harris. Nicht viel nach zwanzig Dienstjahren.«

Standish lehnte sich im Stuhl zurück und betrachtete ihn nachdenklich. »Alles ruhig an Deck?«

»Die Arbeit geht routinemäßig voran«, sagte Pigott achselzuckend.

Durch das offene Bullauge schien die Nachmittagssonne. Aus der Stille schloß Standish, daß im Augenblick überhaupt nicht viel gearbeitet wurde. Der Kommandant war am Vormittag mit dem thailändischen Marineboot an Land gefahren, um die Behörden aufzusuchen und das Löschen der medizinischen Ausrüstung zu besprechen. Er hatte die beiden Damen mitgenommen und war bisher noch nicht zurückgekehrt.

»Ich gehe an Deck«, sagte Standish.

Zusammen stiegen sie hinauf und blieben unter einem Sonnensegel stehen. In dem klaren und einladenden Wasser waren deutlich Schwärme bunter Fische zu sehen, die auf die reglosen Schrauben zuschossen, dort einen Augenblick verharrten und dann blitzartig verschwanden. Hier und da arbeiteten Seeleute ohne besondere Begeisterung, ihre nackten Oberkörper hoben sich braun vom blauen Himmel und dem in Dunst gehüllten Strand ab. Nur wenige Fahrzeuge waren in der Nähe. Obgleich die Stadt ruhig wirkte, vermutete Standish, daß auch dort der Sturm seine Spuren hinterlassen hatte und die Bevölkerung mit Aufräumarbeiten beschäftigt war.

Die Boote der *Terrapin* waren zu Wasser gelassen worden und lagen längsseits. In der *Whizz-Kid* legten zwei Mechaniker letzte Hand an die Montage des Maschinengewehrs. Motts, der die Leute beaufsichtigte, kam nach achtern und salutierte.

Standish fragte: »Irgendwelche Beschwerden?«

Motts hob die Schultern. »Ich habe nach unserem neuen Spielzeug gesehen, Sir.« Nach einer Pause fügte er bitter hinzu: »Und mich gefragt, wer der nächste arme Schlucker sein wird, der ins Gras beißen muß.«

Pigott warf Standish einen Blick zu und sagte leise: »Das kann ich ihm nicht verdenken.«

Standish glaubte, Irvine zu sehen, der im Kartenraum hin und her ging. Sie hatten einander bis auf die wenigen dienstlichen Anlässe gemieden, aber die Spannung, sogar Feindschaft, war ihnen beiden bewußt.

Er dachte an Suzane und fragte sich, ob sie wohl schon den Mann getroffen hatte, den sie heiraten wollte. Vielleicht war sie noch in der Stadt, grübelte über ihre unsichere Zukunft.

Motts fragte plötzlich: »Wird es eine gerichtliche Untersuchung geben nach dem, was sich ereignet hat? Ich weiß, es steht mir nicht zu, danach zu fragen, aber man kann es doch nicht einfach unter den Tisch fallen lassen.«

Pigott sagte zustimmend: »Sie sind länger an Bord als die meisten. Ich denke, Sie haben ein Recht dazu.«

Standish steckte die Hände in die Taschen. »Sie sind lange genug an Bord, um zu wissen, daß Sie *kein* Recht dazu haben.« Er sah die Veränderung in Motts' Gesicht, unterdrückte aber das in ihm aufkommende Mitleid und fügte streng hinzu: »Was sind Sie, der Sprecher einer Deputation oder so ähnlich?«

»Ich bin kein Zwischendecksadvokat, Sir.« Motts blickte ihn trotzig an. »Aber jeder in unserer Messe weiß doch, daß die Tage des alten Kastens gezählt sind, und niemand sieht einen Sinn darin, für das Schiff zu sterben, zumal wir ja nicht im Krieg sind.«

Standish musterte ihn ruhig. »Ich weiß, Harris war Ihr Freund. Aber in einem Sturm kann jeder von uns ums Leben kommen. Es hat nicht das geringste mit Krieg zu tun, und das wissen Sie genau.«

Pigott sagte: »Es sind aber noch andere gestorben.«

Standish erwiderte: »Vielleicht werden es noch mehr. Auf jeden Fall ist es nicht Ihre Sache, Befehle in Frage zu stellen. Machen Sie also mit der Arbeit weiter, Motts.«

Als er wegging, sagte Standish zu Pigott: »Das war ein saublöder Standpunkt, den Sie da vor Motts vertreten haben. Hat Irvine mit Ihnen gesprochen?«

Pigott wurde rot. »Was soll's, jeder redet doch darüber. Nur vor Ihnen halten sie den Mund, weil sie entweder zu viel Respekt vor Ihnen haben oder befürchten, dem Kommandanten gegenübergestellt zu werden.« Er zwang sich zu einem Lächeln. »Ich möchte bei der Marine bleiben, das wissen Sie, und würde meinen Kopf nicht in die

Schlinge stecken, wenn ich mir nicht große Sorgen machte.«

Standish versuchte, die quälende Unsicherheit zu verdrängen, die ihn seit Harris' Tod befallen hatte. Es war nicht damit getan, Pigotts Ausführungen anzuhören, er mußte selbst etwas unternehmen. Aber was?

Der Quartermeister rief: »Das Boot kommt zurück, Sir!«

Es war dasselbe thailändische Regierungsboot, aber ohne den Kommandanten. Die beiden Passagiere an Bord trugen zwar gut sitzende Zivilanzüge, aber aus der leichtfüßigen Art, wie sie das Fallreep hinaufliefen, schloß Standish, daß sie von der Marine sein mußten.

Der erste, ein glatthaariger Mann mit raschen, ruhelosen Augen, stellte sich vor. »Kapitänleutnant Lamb, britischer Verbindungsoffizier bei Konteradmiral Curtis. Und dies ist Oberleutnant Rhodes, United States Navy, ebenfalls von der *Sibuyan*.«

Der Amerikaner war groß und hatte für seine Jugend spärliches Haar. Er wirkte eifrig, dabei aber völlig entspannt.

»Nachrichtenübermittlung ist mein Gebiet«, sagte er im schleppenden Tonfall des Südstaatlers.

Standish geleitete die beiden zur Schwingtür. »Leider ist der Kommandant noch an Land, aber vielleicht kann ich Ihnen helfen?«

»Ja, vielleicht können Sie das.« Dalziels Abwesenheit schien Lamb bereits bekannt zu sein.

In der leeren Messe sagte Lamb: »Ich habe ein paar Weisungen, die Sie bitte dem Kommandanten mitteilen wollen. Zum größten Teil reine Routine.«

Rhodes schlenderte durch die Messe, musterte das Schiffswappen, die Brief- und Zeitschriftenregale und schien an allem interessiert zu sein.

Lamb fuhr fort: »Aus Sicherheitsgründen wird Ihr Aufenthalt hier zum Höflichkeitsbesuch deklariert. Die thailändischen Behörden hoffen, daß Sie alles an Bord haben, was Sie benötigen, da die Möglichkeiten hier ziemlich beschränkt sind.«

Standish dachte an Quarrie und seine Leute, die mit allen Mitteln versuchten, ihre Maschinenanlage zu reparieren. »Könnten Sie einige Ersatzteile einfliegen, falls erforderlich?« sagte er.

Lamb sah sich um und machte ein böses Gesicht, als der Amerikaner lachend sagte: »Klar.«

»Sie werden es doch bald erfahren, also kann ich gleich zur Sache kommen.« Lamb blickte auf seine Uhr. »In drei Monaten wird die *Terrapin* nach Singapur zurückkehren und dort außer Dienst gestellt. Sowohl der C. in C. wie auch das integrierte Kommando, dem Sie jetzt zugeteilt sind, wäre dankbar, wenn die Ersatzteilanforderungen so gering wie möglich gehalten würden, am besten ganz entfielen.«

»Verstehe.« Standish überdachte den Urteilsspruch. Außer Dienst gestellt. Erledigt! Er hatte es vorausgesehen, seit er an Bord gekommen war; aber irgend etwas an der beiläufigen Mitteilung ärgerte ihn.

Der Amerikaner fragte: »Ist es Ihnen recht, wenn ich mir Signaldeck und Funkraum ansehe?«

Lamb nickte. »Aber bitte nicht länger als fünfzehn Minuten.«

»Bestimmt nicht.« Der Oberleutnant sah sich noch einmal mit trägem Blick in der Messe um. »Wie komme ich hin?«

Standish sagte erstaunt: »Der Quartermeister wird Sie führen.« Als der Amerikaner die Messe verlassen hatte, sagte er: »Dachte eigentlich, er würde den Weg allein finden.«

Lamb rutschte auf seinem Stuhl hin und her, enthielt sich aber der Antwort. Statt dessen sagte er etwas unsicher: »Ich wollte mit Ihnen allein sprechen, ohne Zuhörer. Sie wissen, was für eine Menge Staub Ihr kürzliches Abenteuer aufgewirbelt hat. Dieses angebliche U-Boot, das Sie gesehen haben wollen . . .«

»Es war da.« Standish spürte Lambs Unbehagen und war neugierig, wie er die Sache handhaben würde.

»Vielleicht. Wir bekamen zwar keine Meldungen über irgendwelche U-Boote in diesem Seegebiet, aber ich vermute, daß die Chinesen oder auch die Russen eins eingeschmuggelt haben. Möglich ist alles.«

»Ist das die Meinung des Admirals?«

Lamb wurde rot. »Er war natürlich an dem Bericht interessiert und wird ihn auch auswerten, daran brauchen Sie nicht zu zweifeln.«

»Bestimmt ist Kapitän Jerram von dieser Idee nicht sehr begeistert?« Standish sah, daß der Schuß gesessen hatte, und weidete sich an Lambs zunehmender Verwirrung.

Schließlich stand der Verbindungsoffizier auf und trat an das offene Bullauge. »Ja, so könnten Sie es nennen.«

Kühl beobachtete ihn Standish. »In drei Monaten wird dieses Schiff also von der Marineliste gestrichen. Warum kann man diese kurze Zeit nicht einfach in Ruhe abwarten? Oder hat Ihr Herr und Meister schon die Axt geschärft, um ein anderes, vorzeitiges Ende herbeizuführen?«

Finster sah Lamb ihn an. »Ich bin nicht gern mit dieser Nachricht gekommen. Aber als Stabsoffizier habe ich zu tun, was mir befohlen wird, genau wie Sie. Es hat viel Gerede gegeben und eine Menge Gerüchte. Ich will von Ihnen keinen Bericht, ich möchte nur, daß Sie so zu mir sprechen, als säßen wir zusammen in einer Bar.« Er holte tief Luft. »Wenn man Sie fragen würde, ob Sie vorübergehend das Kommando über dieses Schiff übernehmen würden, bis es außer Dienst gestellt wird, was würden Sie antworten?«

Überrascht starrte Standish ihn an. »Und Kapitän Dalziel?«

»Nun, das ist eine – eine etwas delikate Angelegenheit.«

»Warum?« Standish lehnte sich zurück und sah ihn ruhig an. »Als Stabsoffizier sind Sie doch sicher versiert in delikaten Angelegenheiten?«

Lamb wandte sich ab. »Diese Einstellung habe ich von Ihnen erwartet. Ich hoffe, daß ich in Ihrer Situation genauso handeln würde. Aber Sie müssen mich bis zum Ende anhören. Offiziell gilt Dalziel nach der damaligen Kollision als gesund und borddiensfähig. Trotzdem ist es unwahrscheinlich, daß er dieses Kommando auf normalem Weg erhalten hätte. Vielleicht wurde von irgendeiner Seite Druck ausgeübt, das weiß ich nicht, es interessiert mich auch nicht. Was ich aber ganz bestimmt weiß: Ihrer Majestät Regierung ist nicht bereit, sich in eine größere fernöstliche Verwicklung hineinziehen zu lassen, nur wegen eines völlig unnötigen Zwischenfalles. Habe ich mich klar ausgedrückt?«

»Und die Amerikaner sind nach Vietnam sicherlich genausowenig bereit dazu?« ergänzte Standish bissig. »Aber nur ein Narr würde eine wirkliche Bedrohung durch die Kommunisten ignorieren.«

»Gewiß. Sie haben ganz recht.« Lamb sah erneut auf die Uhr. »Sie sind also nicht interessiert?«

»Nein.« Standish war überrascht, daß er nicht einen Augenblick gezögert hatte. »Was wäre geschehen, wenn ich eingewilligt hätte?«

Lamb zuckte mit den Achseln. »Wenn Sie ohne jede Einschränkung bereit gewesen wären, hätte es wenig Mühe gemacht. Kapitän Dalziel wäre in den vorzeitigen Ruhestand versetzt worden. So etwas ist schon vorgekommen.«

Standish stand auf. »Aber natürlich waren Sie Ihrer Sache nicht sicher, oder?« Trocken fügte er hinzu: »Keinerlei Aufsehen. Es wird nur ein Mann aus dem Verkehr gezogen, weil seine Ansichten zufällig nicht mit denen eines Vorgesetzten übereinstimmen. Kein Gerichtsverfahren, keine Untersuchung, nichts so Vulgäres. Schwamm drüber und vergessen, das ist alles!«

Lamb sah ihn an. »Wir haben nur spekuliert, denken Sie

daran.« Er ging zur Tür. »Ich hoffe um Ihretwillen, daß Sie in den nächsten drei Monaten Ruhe haben. Sonst gibt es etwas anderes als eine Untersuchung, das kann ich Ihnen versichern!«

An Deck fanden sie den Amerikaner lässig an die Reling gelehnt. Lamb sagte freudlos: »Sie können Ihren Leuten Landurlaub geben. Aber sie müssen sich den Anweisungen der örtlichen Militärpatrouillen fügen und innerhalb der Ortschaft bleiben. Kürzlich hat es hier Unruhen gegeben, wie Sie wissen.«

»Ja, ich weiß.« Standish sah das verbrannte Dorf, die verkohlten Leichen vor sich. »Aber nichts, was Sie nicht unter Kontrolle hätten, oder?«

Der Amerikaner musterte ihn mit unverhohlenem Interesse. Während Lamb zum Fallreep ging, streckte er die Hand aus und berührte Standish am Arm. »Habe mir alles angesehen. Sehr interessanter Besuch.« Seine Augen leuchteten im Sonnenlicht. »Dieser Sturm muß ziemlich schlimm gewesen sein.« Dann folgte er Lamb die Fallreepstreppe hinunter.

Als das Boot ablegte und mit hoher Geschwindigkeit wegfuhr, sah Standish den Funkmaaten von der Brücke kommen.

»Haben Sie dem Amerikaner alles gezeigt, was er sehen wollte, Keeble?«

Der Unteroffizier hob die Schultern. »Nein, Sir. Er wollte nichts von mir. Er interessierte sich mehr für die Radaranlage und den Kartenraum.«

Standish nickte. »Hat Oberleutnant Irvine ihn betreut?«

Keeble erwiderte: »Ja, Sir. Seltsamer Offizier, muß ich sagen. Seine Fragen waren so naiv, als käme er gerade aus der Schule.«

Standish ging zurück zum Achterdeck und überlegte. Oberleutnant Rhodes besaß offenbar wenig Kenntnisse über Funkerei, war aber nach Standishs Ansicht kein

Dummkopf. Konteradmiral Curtis hätte seinen Stab nicht mit solchen Leuten belastet. Was also war seine Aufgabe?

Er ging noch immer grübelnd unterm Sonnensegel auf und ab, als der Quartermeister die Rückkehr des Kommandanten meldete.

Dalziel hörte sich den Bericht über die Arbeiten des ersten Tages an, und als Standish die Besucher erwähnte, fragte er lediglich: »Was war mit Rhodes, dem Amerikaner?«

»Nachrichtenwesen.« Standish machte eine Pause. »Wenigstens sagte er das.«

»Sie glaubten ihm nicht?«

»Ich glaube, er ist von der Abwehr, Sir.«

Dalziel schien nicht interessiert. »Könnte sein.« Er warf ihm einen raschen Blick zu, seine tiefliegenden Augen wirkten müde. »In drei Monaten stellen wir das Schiff außer Dienst, aber das hat Lamb Ihnen wohl mitgeteilt?«

»Ja, Sir.«

Trübsinnig blickte Dalziel über das Oberdeck. Standish malte sich aus, wie er die kommenden Jahre verbringen würde, mit zwei gerahmten Fotografien, die ihn an sein Lebenswerk erinnerten: den Zerstörer, der von einem Flugzeugträger in zwei Teile zerschnitten worden war, und die ältliche Fregatte *Terrapin*, die ihm auf raffiniertere, aber genauso brutale Weise genommen wurde.

Dalziel spürte Standishs Blick und sagte: »Ich gehe duschen. Ich bleibe danach an Bord, falls Sie also in die Stadt wollen?«

»Danke, Sir. Ich glaube, das mache ich.«

Dalziel ging zur Tür. »Das Hotel Europa ist das einzig annehmbare.« Er zögerte ein wenig. »Miss Gail ist wahrscheinlich noch dort, aber ich kann mich auch irren.«

Standish sah ihm nach und war jetzt froh, daß er ihm nicht von Lambs vorsichtigen Fragen und Hinweisen erzählt hatte.

Das mindeste, was Dalziel verdiente, war Loyalität. Nein, dachte er bitter, er brauchte sie.

Das Hotel Europa lag an der Ecke einer breiten Straße und bot unbehinderten Ausblick über die See. Als Standish endlich an Land kam, verschwand die Sonne gerade hinter den Hügeln, und die langen, purpurnen Abendschatten wurden hier und da schon von erleuchteten Fenstern und offenen Türen erhellt. Trotzdem blieb die Schäbigkeit des Hotels unverkennbar. Es war ein dreistöckiges Gebäude mit Balkons vor den oberen Räumen, aber die Farbe splitterte überall ab, das Holz war von der starken Sonne ausgedörrt. Nur das Schild mit dem Namen war frisch gestrichen, und Standish vermutete, daß der Name seit Bestehen des Hotels oft geändert worden war.

Die Stadt, oder wenigstens der Teil, den er auf seinem Weg von der Anlegebrücke gesehen hatte, wurde von Gegensätzen geprägt. Dem Hotel gegenüber befand sich ein kleines Kino, das auf einem riesigen grellen Plakat in thailändischer Schrift einen amerikanischen Western anpries. Daneben stand ein mit Schnitzereien reichverzierter Reliquienschrein, unter dem mit völlig ausdruckslosen Gesichtern drei buddhistische Mönche saßen, die von der bunten Menge, die sich vorbeidrängte, nicht die geringste Notiz nahmen.

Überall sah man Militär. In vielen Seitenstraßen parkten Jeeps, deren uniformierte Insassen träge die Passanten beobachteten, die Waffen stets schußbereit.

Trotzdem war die Atmosphäre ausgesprochen friedvoll. Standish hörte die verschiedensten Sprachen und Dialekte, roch das Gemisch von Weihrauch und Fisch, während im Verkehr riesige amerikanische Wagen mit Ochsenkarren und Rikschas wetteiferten.

Der rundgesichtige Hotelportier strahlte ihn an und warf dann einen vielsagenden Blick zur Decke. »Das Licht ist eben erst wieder angegangen.« Achselzuckend fuhr er fort: »Stromausfall durch den Sturm oder Banditen, wer weiß?«

Standish musterte Vestibül und Bar, in der ein paar Europäer herumsaßen. »Wohnt hier eine Miss Gail?«

Der Mann betrachtete ihn mit neuem Interesse. »Möglich.«

»Kann ich sie sprechen?«

»Das ließe sich vielleicht arrangieren.« Er hüstelte, aber dann erschien ein Lächeln auf seinem Gesicht, als Standish ein Trinkgeld auf sein Pult legte.

»Ich werde es sofort veranlassen, Sir.«

Er winkte einen Pagen herbei. »Wenn Sie ihm bitte folgen wollen, Sir? Er wird Sie zu der englischen Dame führen.«

Im zweiten Stock öffnete der Junge eine Tür und deutete ins Zimmer. Durch die Fenstertür sah er auf dem Balkon eine Frau stehen, die aufs Meer hinausblickte.

Als sie sich umwandte und vom Licht der Zimmerlampe beschienen wurde, erkannte er sie kaum. Sie trug ein einfaches gelbes Kleid, das ihre gebräunten Arme und Beine freiließ, während ihr das lange, glänzend schwarze Haar lose über die Schultern hing.

Standish sagte unsicher: »Ich wollte nach Ihnen sehen und mich überzeugen, daß alles in Ordnung ist.« Wütend dachte er, daß er sich wieder einmal zum Narren gemacht hatte. Verschwunden war die Khakijacke, verschwunden war ihre Verzweiflung. Sie sah ganz entzückend aus, wirkte jedoch völlig unerreichbar. Er glaubte, Trotz in ihren Augen zu erkennen, als sie erwiderte: »Das ist sehr nett von Ihnen. Bitte setzen Sie sich doch.«

Aber bevor er einen Stuhl erreichte, war sie wieder auf den Balkon getreten.

»Ich habe Ihr Schiff betrachtet. Von hier aus scheint es so winzig.«

Standish folgte ihr, stellte sich neben sie und stützte die

Hände auf das abgeblätterte Geländer. Er spürte ihre Nähe, ihre Wärme und den Duft ihres Haares.

Leise fragte er: »Haben Sie schon etwas gehört?«

Sie schüttelte den Kopf. »Ein Bote war hier und teilte mir mit, daß er mir einen Wagen zum Hotel schicken würde. Vielleicht ist er irgendwo aufgehalten worden.« Es klang wie eine Frage.

Standish sagte: »Vielleicht. Auf den Straßen hat es Unruhe gegeben. Möglicherweise hat die Armee den Verkehr unterbunden.« Zögernd fuhr er fort: »Ist Mrs. Penrath schon weg?«

»Ja. Ihr Mann hat sie abgeholt. Sie wollte mich nicht allein lassen, aber es wäre unfair gewesen, sie hier festzuhalten. Ihr Mann mußte zurück zu seiner Arbeit.«

Freundlich sagte Standish: »Sie sollten sich nicht so absondern. Sie könnten doch ausgehen, sich ein wenig umsehen.«

»Das habe ich heute nachmittag versucht.« Sie blickte weg. »Wahrscheinlich war es meine Schuld, aber da waren ein paar junge Männer, die mich ständig anstarrten und mir folgten.«

Standish fluchte in sich hinein. »Möglicherweise Amerikaner auf Urlaub. Man kann es ihnen kaum verdenken, daß sie sich nach Ihnen umsahen. Als ich eben hereinkam, dachte ich . . .«

Sie fuhr herum. »Was dachten Sie? Daß ich aussehe wie ein Mädchen, das leicht zu haben ist?«

Hilflos ließ sie die Arme hängen, als Standish ihr die Hände auf die Schultern legte.

»Sie wissen genau, daß ich das nicht dachte.« Er spürte ihren Widerstand, der jedoch nachließ, als er sie sanft an seine Brust zog. »Ich möchte Sie nur glücklich sehen, möchte Ihnen bei dem Versuch helfen, alles andere zu vergessen.« Sanft strich er ihr übers Haar, fühlte aber, daß sie sich wieder versteifte. »Ich hatte keinerlei Recht herzukommen, bin aber trotzdem froh, daß ich's getan habe.«

»Was soll ich bloß tun?« Der Trotz war verschwunden, ihre Stimme klang verwirrt und unsicher.

»Vor morgen früh brauche ich nicht an Bord zurück.« Er sprach sehr vorsichtig, um das zarte Bindeglied zwischen ihnen nicht zu zerbrechen. »Ich werde auf der *Terrapin* Bescheid geben, wo ich bin, und mir hier im Hotel ein Zimmer nehmen.« Sie schien sich von ihm lösen zu wollen, aber er fuhr fort: »Alles völlig harmlos, das verspreche ich Ihnen. Aber Ihr künftiger Mann würde es bestimmt nicht gern sehen, wenn er wüßte, daß Sie hier allein sind.«

»Warum tun Sie das alles für mich?«

»Wenn Sie meine Schwester wären, wäre mir der Gedanke auch nicht angenehm, Sie hier allein zu wissen.«

Sie lehnte sich ein wenig zurück und blickte ihm forschend ins Gesicht. »Aber Sie sind nicht mein Bruder.«

»Nein.« Er versuchte zu lächeln, doch es gelang ihm nicht. »Ich bin nichts für Sie.«

Sie trat einen Schritt zurück und berührte seinen Arm mit den Fingerspitzen.

»Ich würde mich freuen, wenn Sie blieben. Danke.« Lächelnd strich sie sich das Haar aus dem Gesicht. »Immer muß ich mich bei Ihnen bedanken, nicht wahr?«

Zornige Stimmen und Geklirr tönten von der Straße herauf, und als Standish nach unten blickte, sah er einige weißgekleidete Gestalten in einer Seitenstraße verschwinden. Seeleute der *Terrapin* auf Landurlaub! Nach dieser Nacht würde es wieder manch verkaterten Sünder an Bord geben. Der Gedanke, Suzane nach diesem Abend nie mehr wiederzusehen, schien ihm unerträglich.

Die Tür öffnete sich einen kleinen Spalt, und der weißgekleidete Junge sagte zögernd: »Eine Nachricht für Sie, Miss: Mr. Winter ist aufgehalten worden, er trifft irgendwann heute nacht ein.«

Standish sah sie an, zum ersten Mal hatte er den Namen ihres Verlobten gehört.

Leise sagte sie: »Das ist Roger. Er kommt.«

Er sah, wie sich ihre Hände zu Fäusten ballten, sah das rasche, schmerzliche Heben und Senken ihrer Brüste unter dem gelben Kleid, als wäre sie am Rande einer Panik. »Möchten Sie etwas trinken? Vielleicht hilft es.« Diesmal schaffte er ein Lächeln. »Ich wette, er ist mindestens genauso nervös wie Sie.«

Sie starrte ihn an, als hätte sie seine Worte nicht gehört. Dann erwiderte sie rasch: »Nein, danke.« Sie trat in die Mitte des Raumes, ihr Haar glänzte im Lampenlicht wie schwarze Seide.

»Ich denke, ich gehe jetzt besser schlafen«, sagte sie und wartete ein wenig. »Vielleicht muß ich heute nacht schon weg. Ich – ich weiß es nicht genau.«

»Ich bleibe ohnehin hier«, sagte Standish und nahm ihre Hand. »Für alle Fälle.« Er wußte nicht, wie es weitergehen sollte, brachte es aber auch nicht fertig, sie zu verlassen. »Das Schiff liegt noch mehrere Tage hier. Vielleicht sehen wir uns noch einmal, wenn . . .«

Sie hob die Hand und berührte leicht seine Lippen. Ihre Fingerspitzen waren kalt.

»Sagen Sie nichts mehr, bitte. Es nützt keinem von uns.«

Er nahm ihre Hand und küßte sie.

»Nein. Ich fürchte, Sie haben recht. Das alles tut mir so leid!«

»Soll es aber nicht.« Sie zog ihre Hand aus der seinen und trat zurück. »Sie haben viel für mich getan, mehr als Ihnen selbst jemals klar sein wird.« Ihre Augen weiteten sich plötzlich. »Und dabei weiß ich nicht mal Ihren Vornamen.«

Er stand ganz still. »Rex.« Es klang schal und endgültig.

»Leben Sie wohl, Rex. Ich halte mein Versprechen und werde Ihnen schreiben, wenn . . .« Sie drehte sich um.

Ein paar Sekunden starrte er sie an. »Leben Sie wohl, Suzane.«

Später, als er in dem arg mitgenommenen Rohrsessel seines Hotelzimmers saß, eine Flasche Wodka neben sich, fragte er sich, was er tun sollte. Früher war alles genau geplant gewesen, alles überschaubar. Nach dem Unterseeboot *Electra* hatte er beabsichtigt, sich auf eins der neuen Atom-U-Boote versetzen zu lassen. Aber das Feuer und Alison hatten alles verändert.

Als er einen Blick auf die Flasche warf, sah er, daß sie halb leer war. Aber er war vollkommen nüchtern.

Was blieb ihm noch übrig? Welchen Zweck hatte sein Leben?

Er dachte an das Mädchen am anderen Ende des Korridors und malte sich aus, was hätte sein können. Ein hoffnungsloser Traum.

Draußen unter dem Fenster erklang eine Polizeisirene, und das schrille Geschrei der Seevögel, die schlafend auf dem Wellblechdach des Hotels gesessen hatten, antwortete.

Langsam und ohne es recht zu wissen, stopfte Standish seine Pfeife und blickte zu den Sternen über dem Balkon auf. Er hatte die Pfeife noch nicht angezündet, als sein Kopf hintenüber an die Rücklehne des Sessels fiel und er in einen tiefen, traumlosen Schlaf sank.

Um fünf Uhr morgens kam leise ein barfüßiger Bediensteter mit einer Tasse schwarzen Kaffees in sein Zimmer. Er schüttelte Standishs Schulter, bis dieser endlich erwachte, dann trat er zurück und starrte mißbilligend das unberührte Bett an.

Standish stand auf, betrachtete seine zerknitterten Kleider und strich sich über das unrasierte Kinn. Jetzt spürte er den Wodka in seinem Schädel.

Er fragte: »Die junge englische Dame – ist sie wach?«

Der Kellner schüttelte grinsend den Kopf. »Sie hat das Hotel noch in der Nacht verlassen. Ihr Mann war in großer Eile.«

»Und ich habe geschlafen.« Standish trat an das offene

Fenster und blickte über die dunkel schimmernde See zum Horizont. »Irgendwelche Nachrichten für mich?«

Der Bedienstete zog die Stirn in Falten. »Vom britischen Schiff, Sir?« Dann sah er Standishs Gesicht und fügte hastig hinzu: »Nein, keine Nachricht, Sir.«

Was hätte sie ihm auch hinterlassen sollen? Er trat auf den Balkon und starrte hinunter auf die leere Straße.

Es war zu Ende.

15 Suzane

Nach drei Tagen waren die gröbsten Sturmschäden beseitigt. Quarrie meldete, die Steuerbordwelle sei wieder klar, soweit dies unter den obwaltenden Umständen möglich war.

Der kurze Besuch der *Terrapin* verlief nicht glücklich. An Land hatte es viel Unruhe gegeben, Kämpfe mit der Polizei, Krach mit den Ladenbesitzern und völlig sinnlose Ausbrüche ohne den geringsten Anlaß. Ein Gefreiter mußte mit einer schweren Kopfwunde nach Singapur geflogen werden, deren Herkunft für ihn ebenso unerklärlich war wie für die Militärpolizei, die ihn blutüberströmt und mit zerrissener Uniform in einer Seitenstraße gefunden hatte.

Dalziel hatte von den örtlichen Behörden mehrere Beschwerden erhalten, aber alle mit der Bemerkung abgetan: »Hochstimmung. Das geht vorüber.«

Doch an Bord nahm er einen anderen Standpunkt ein. Trotz des wachsenden Widerstandes hatte er Offiziere und Mannschaften mit derselben Entschlossenheit zur Arbeit getrieben wie damals, als er das Kommando übernahm.

Am letzten Abend waren die Offiziere in der nach frischer Farbe riechenden Messe versammelt, während aus den Baderäumen das Rasseln und Dröhnen der Rohrleitungen ertönte, da die Freiwache sich landfein machte, um diesen »Höflichkeitsbesuch« mit einem letzten Paukenschlag zu beenden.

Standish saß in seinem Sessel, ein unberührtes Glas neben dem Ellbogen, und sah den anderen zu, die sich um die offenen Bullaugen gruppierten.

Auf irgendwelchen Wegen hatte ein Sack mit Post das Schiff erreicht, und zumindest vorübergehend waren nicht die inneren Probleme der *Terrapin* der Hauptgesprächsstoff gewesen, sondern jene andere, ferne Welt, die Standish schon beinahe vergessen hatte.

Caley war ungewöhnlich mitteilsam und selbst zu dieser frühen Nachmittagsstunde schon gut mit Bier gefüllt. Wie es schien, wollte seine siebzehnjährige Tochter heiraten, einen Korporal der Marineinfanterie im Stab des Admirals in Portsmouth.

Mit schwerer Zunge sagte Caley: »Ein guter Junge, soviel ich feststellen kann.« Mit gerunzelter Stirn fügte er hinzu: »Ich begreife nur nicht, warum die jungen Leute solche Eile haben.«

Pigott warf Rideout einen vielsagenden Blick zu und hob eine Augenbraue. Der Arzt wandte sich rasch ab, um sein Grinsen zu verbergen.

Auf der anderen Seite hörte Quarrie offensichtlich gelangweilt Hornbys Neuigkeiten aus der Heimat zu. Sein Sohn war zum Kapitän der Kricketmannschaft seiner Schule ernannt worden.

Rideout hatte ein ganzes Bündel Briefe erhalten, aber den einzigen amtlichen zuerst geöffnet. Nach einem kurzen Blick darauf war er in seiner Kammer verschwunden, um ihn dort in Ruhe zu lesen. Standish konnte sich nicht vorstellen, was an einem amtlichen Schreiben so interessant sein sollte.

Er blickte in sein Glas und beschloß, mit dem Nachfüllen noch ein wenig zu warten. Während der letzten Tage hatte er so viel getrunken, daß er kaum jemals völlig nüchtern war. Die Arbeit, die Sonne, die ständigen Probleme und

Beschwerden waren nur so zu ertragen gewesen. Die anderen Offiziere verhielten sich ihm gegenüber zwar freundlich, aber unsicher. Wahrscheinlich vermuteten sie, daß sein dumpfes Brüten noch immer mit dem Tod seiner Frau zusammenhing.

Wishart kam und setzte sich neben ihn. »Morgen laufen wir also aus?«

Standish dachte an Dalziels Gesicht, als er ihm vor einer Stunde von dem neuen Einsatzbefehl erzählt hatte. Wieder Vorpostendienst, aber diesmal hoch oben im Golf von Siam. Wenn die Patrouille nicht eingestellt oder das Schiff abgelöst wurde, kämen sie dem Land nicht ein einziges Mal näher als hundert Meilen.

Er nickte. »Die Abwehr befürchtet anscheinend dort Waffenschmuggel oder Austausch verbotener Waren auf See.« Er ließ sich doch noch einen Gin einschenken. »Fischerboote anhalten und durchsuchen, das ist wieder mal unsere Aufgabe.«

Wishart nickte. »Bißchen langweilig.«

»So könnte man es nennen.« Standish ignorierte Wisharts neugierigen Blick. Dem Kommandanten hatte er fast dasselbe gesagt. Noch jetzt, als er sich daran erinnerte, hatte Standish ein ungutes Gefühl. Dalziel hatte einen so niedergeschlagenen Eindruck gemacht, war so in seine Gedanken vertieft, daß er für einen Augenblick völlig seine gewohnte optimistische Maske fallen ließ.

Wishart fragte weiter: »Was wird aus dem Schiff?«

Standish winkte dem Steward und ließ sich einen weiteren Gin einschenken. »Vielleicht wird man es an ein Entwicklungsland verkaufen. Sie kennen das ja.«

Schwere Schritte näherten sich der Messetür, dann stieg eine mächtige Gestalt, auf zwei Krücken gestützt, über das Süll. Es war der riesige australische Ingenieur, den sie in dem brennenden Dorf gefunden hatten. Sein Gesicht war unnatürlich gerötet, und aus jeder seiner beiden Außentaschen ragte eine Flasche.

Während sie ihm auf die Schultern klopften, sagte er strahlend: »Ich mußte einfach noch einmal an Bord kommen, bevor Sie auslaufen. So habe ich bei meinen beiden Freunden hier eine Überfahrt erbettelt, um mit euch Abschied zu feiern.«

Seine »Freunde« waren zwei thailändische Zollbeamte, die sich während der Liegezeit der *Terrapin* ständig an Bord aufhielten. Sie sprachen kaum Englisch, strahlten aber über das ganze Gesicht, als sie so unerwartet in den Vordergrund gerückt wurden.

Der Australier tippte sich an die Nase. »Natürlich muß ich sicher sein, daß ich auch wieder zurückgefahren werde, aber das macht ihr doch, Jungs?«

Er entdeckte Standish, hopste mit seinen Krücken zu ihm hinüber und ließ sich schwer in einen Stuhl fallen. »Ich wollte Ihnen auf alle Fälle noch mal die Hand schütteln und Ihnen für die Mühe danken«, keuchte er und klopfte vorsichtig gegen sein Bein. »Es ging wirklich um Haaresbreite.«

Standish gab Wills ein Zeichen. Nachdem der Steward dem Australier Gin gebracht hatte, sagte er: »Ich dachte, Sie würden jeden Abend an Land gehen und mit dieser niedlichen kleinen Biene tanzen.«

Standish lächelte, um seine Verzweiflung zu verbergen. »Sie ist längst weg, hat das Schiff vor drei Tagen verlassen.«

Der Australier trank seinen Gin und leckte sich die Lippen. »Ich hätte selbst gern noch einmal mit ihr gesprochen, bevor ich wieder zu meinem verdammten Job zurückkehre. Eine wirklich süße Person.« Er seufzte. »Aber bei diesem verdammten Verkehr war ich mit meinem Bein nicht schnell genug. Als ich endlich auf der anderen Straßenseite ankam, war sie schon weg.«

Standish starrte ihn verblüfft an. »Wann war das?«

»Was ist los, sind Sie taub?« Grinsend fuhr er fort: »Jetzt eben, als ich auf dem Weg hierher war.«

Standish packte sein Glas. Suzane war zurück, und er saß noch immer hier und trank. Sein Herz schlug plötzlich wie eine Trommel.

»Sind Sie sicher?«

»Natürlich. Es war in dieser Straße mit dem kleinen Kino, Mann. Sie sind aber schwer zu überzeugen!«

Standish war aufgesprungen, in seinem Kopf brummte es, und er verfluchte sich wegen seines übermäßigen Trinkens. »Haben Sie jemals einen Ingenieur namens Winter getroffen?« fragte er.

»Klar. Das ist doch der Kerl, der diesen dicken Job weiter oben an der Küste hat. Was ist mit ihm?«

»Was ist er für ein Mensch?«

Irgend etwas in Standishs Ton machte den Australier stutzig. »Er ist jung, hat viel Grips und schon mehr Titel als ich Zähne im Mund. Eben einer von denen, für die wir anderen später mal arbeiten werden. Aber er ist kein Mann, den man wirklich kennt. Ich will es mal so ausdrücken: Er ist ein verdammter Perfektionist. Genau der Typ, der noch in der Sahara einen seidenen Pyjama tragen würde.«

Standish sah sich um. »Ich muß sofort an Land. Wenn ich nicht zurück bin, bevor Sie von Bord gehen, wünsche ich Ihnen viel Glück und weiterhin gute Besserung.« Er gab ihm die Hand. »Ich bin froh, daß wir Sie damals rechtzeitig gefunden haben.« Und zu Wishart: »Ich gehe an Land, Sub. Sagen Sie es bitte dem O.v.D.«

Wishart fragte: »Soll ich das Motorboot klarpfeifen lassen?«

»Nein. Ich fahre mit dem thailändischen Boot, zusammen mit den anderen Landgängern.«

Als Standish die Messe verließ, sagte Wishart: »Das scheint ja sehr dringend zu sein.«

Der Australier sah ihn augenzwinkernd an. »Ich glaube, da haben Sie ganz recht, junger Mann. Würden Sie jetzt bitte Ihren Steward rufen, damit er das Glas eines alten Mannes wieder füllt, bevor dieser verdurstet?«

Standish beachtete kaum das peinliche Schweigen an Bord, als das Boot auf den Anlegesteg zujagte. Es war voll Landgänger der Freiwache, von denen einige erst vor kurzem als Delinquenten vor ihm gestanden hatten. Sein unerwartetes Erscheinen machte sie unsicher.

Mit langen Schritten hastete er durch die Dämmerung dem Hotel Europa zu, dem einzigen Ort, an dem er Suzane zu finden hoffte.

Derselbe Portier hockte hinter dem Empfangspult und starrte Standish ein paar Sekunden an, ohne ihn zu erkennen, denn im Gegensatz zu seinem früheren Besuch war dieser in Uniform. Standish zog die Brieftasche und fragte: »Miss Gail – ist sie hier?«

»Oh, Sie sind es, Sir!« Der Blick des Portiers ruhte gierig auf der Brieftasche. »Ja, natürlich. Wir hatten zwar allerhand Mühe, als sie zurückkam, aber ich habe alles getan...«

Standish unterbrach ihn grob: »Dasselbe Zimmer?«

Er nickte. »Jawohl, Sir.«

»Ich gehe hinauf.« Er schob einen Geldschein über den Tisch. »Wenn Sie so weitermachen, können Sie bald das Hotel kaufen.«

Der Mann sah ihm nach und schürzte die Lippen. Das Hotel kaufen? Später vielleicht. Aber zunächst einmal einen großen amerikanischen Wagen, dachte er träumerisch.

Standish stand vor Suzanes Tür und war sich des bedrückenden Schweigens ringsum bewußt. Es war, als hielte das ganze Gebäude den Atem an. Als er klopfte, spürte er das schmerzliche Pochen seines Herzens und die Trockenheit in seiner Kehle.

Ihre Stimme schien von weit her zu kommen. »Herein. Die Tür ist unverschlossen.«

Nur eine kleine Lampe neben dem Bett brannte, sonst war das Zimmer dunkel. Suzane stand draußen vor der offenen Balkontür, ihre Gestalt hob sich hell vom dunklen

Himmel ab. Wie an dem Abend, als sie zusammen zur *Terrapin* hinübergeblickt hatten.

Sie wandte sich um und sagte: »Ich habe keinen Hunger, aber stellen Sie das Tablett neben das Bett. Wenn ich etwas...« Sie brach ab. »Rex!«

»Ich hörte, daß du zurück bist. Da mußte ich kommen.« Er warf seine Mütze auf den Fußboden. »Warum hast du mir nichts gesagt? Ich hätte vielleicht nie davon erfahren, wenn nicht...«

Noch immer starrte sie ihn an, das schwache Licht spiegelte sich in ihren Augen.

Nun trat er zu ihr. »Was ist passiert, Suzane? Kann ich etwas für dich tun?«

Bevor er sie erreichte, wich sie zum Geländer zurück und packte es mit beiden Händen.

»Ich konnte es dir nicht sagen«, flüsterte sie. »Nach allem, was du schon für mich getan hast, konnte ich dich nicht noch einmal um Hilfe bitten. Es wäre unfair gewesen.«

Jetzt stand er neben ihr und blickte ebenfalls hinaus aufs Meer, wo der Mond einen schmalen Silberstreifen zum Horizont warf. Er wollte sie berühren, wollte sie festhalten, aber ihm war klar, daß dies nicht der richtige Augenblick war. Selbst ihre Stimme schien ihm verändert, als sei ihr letzter Widerstand gebrochen.

Schließlich sagte sie: »Er kam damals in der Nacht. Es ging alles so schnell, daß ich keine Gelegenheit hatte, ihm etwas zu sagen, bis wir bereits auf der Straße waren. Selbst danach sagte er nicht viel. Er fuhr und fuhr.« Standish spürte, wie sie erbebte. »Kurz vor der Morgendämmerung kamen wir zu seinem Bungalow, aber ich sah nicht viel davon. Auf alle Fälle fing er an zu sprechen und schien nun nicht mehr aufhören zu wollen. Er wirkte auf mich wie ein Fremder.« Sie schüttelte den Kopf. »Das klingt alles ziemlich verworren, nicht wahr?«

»Bitte hör nicht auf. Sprich dich aus. Bring es hinter

dich.« Vorsichtig legte er ihr den Arm um die Schultern. »Es wird kühl hier draußen.«

Sie fuhr fort: »Ständig fragte er nach Einzelheiten, wollte wissen, wie sich alles abgespielt hatte. Er war nicht wütend oder entsetzt, nichts dergleichen. Er schien geradezu fasziniert zu sein.«

Standish drückte ihre Schulter. Er sah den Bungalow so deutlich vor sich, als sei er mit Suzane dort gewesen, hörte den Mann Fragen stellen, bohrend und inquisitorisch, spürte, wie er mit seiner Hartnäckigkeit ihre Seele entblößte.

»Ich versuchte, ruhig zu bleiben, von etwas anderem zu sprechen, aber nichts konnte ihn von diesem Thema abbringen. So sagte ich schließlich, ich sei müde. Da wurde er beinahe wieder rücksichtsvoll und entschuldigte sich sogar dafür, daß er nicht dagewesen sei, um mich in Empfang zu nehmen.«

Es traf Standish völlig unvorbereitet, als sie jetzt leise fortfuhr: »Wenn ich nicht so übermüdet gewesen wäre, hätte ich es vielleicht gleich gemerkt.« Ihre Stimme bebte. »Ich zog mich in einem Schlafzimmer aus, als er hereinkam. Es war natürlich sein eigenes Schlafzimmer, das hätte ich gleich sehen müssen.« Sie sprach jetzt schneller, wollte es hinter sich bringen. »Er kam und nahm mich in die Arme, wobei er ständig wiederholte, wie leid ihm das alles täte. Aber eine Heirat sei ja schließlich nicht so wichtig. Dabei versuchte er, mich auszuziehen.« Sie zitterte am ganzen Körper. »Bis dahin war ich entschlossen gewesen, alles zu akzeptieren. Ich wollte meine Gefühle unterdrücken, so wie du mir geraten hattest, und alles andere . . .«, sie räusperte sich, ». . . aus meinem Gedächtnis streichen.«

Langsam drehte sie sich um und blickte zu ihm auf, das Gesicht im Schatten verborgen.

»Aber es ging nicht. Ich merkte plötzlich, daß ich ihn nicht mehr mochte.«

Standish zog sie an seine Brust, wo sie ihr Gesicht verbarg und fortfuhr: »Er schrie mich an. Am liebsten wäre ich weggelaufen und hätte mich versteckt, so übel war mir. Ich zog mein Kleid wieder an, und als er merkte, daß ich Ernst machte, bedachte er mich mit den schlimmsten Schimpfwörtern . . .« Endlich kamen ihr die Tränen.

Standish führte sie ins Zimmer, wo sie schluchzend sagte: »Also kam ich hierher zurück. Es war der einzige Ort . . .«

»Ich weiß.« Vorsichtig setzte er sie auf einen Stuhl und kniete neben ihr nieder. »Wenn du es mir nur schon früher gesagt hättest.«

Die Tränen strömten ihr jetzt über das Gesicht, aber ihre Augen waren weit offen, während sie ihn betrachtete, als sähe sie ihn zum ersten Mal. Dann sagte sie heiser: »Ich wollte hierbleiben, bis das Schiff ausläuft. Vorher konnte ich nicht weg.«

Er zog ihre Hand an die Lippen. »Und ich hätte möglicherweise nichts davon erfahren.«

»Ich wollte nicht, daß du denkst, ich käme nur deswegen zu dir zurück, weil sich das ereignet hatte.«

Im schwachen Licht der Leselampe sah er, daß sie noch immer das gelbe Kleid trug, nur war es jetzt zerdrückt, und am Saum sah er einen großen Ölfleck.

Er sagte: »Ich wäre sofort gekommen. Seit wir uns das erstemal gesehen haben, warst du im Geist immer bei mir.« Er spürte, wie ihr Haar sein Gesicht streifte, als sie sich über ihn beugte. »Das Schiff läuft morgen früh aus. Ich habe etwas Geld bei mir . . .« Er legte ihr die Hand auf die Lippen, als sie protestieren wollte. »Könntest du – würdest du auf mich warten? Drei Monate lang?« Sie schwieg, und er fügte rasch hinzu: »Das Schiff kehrt nach Singapur zurück, sobald die drei Monate um sind. Wenn du dorthin fliegst, gebe ich dir eine Adresse mit, wo du bleiben kannst. Wo du warten und in Ruhe einen Entschluß fassen kannst.«

Sie warf ihm die Arme um den Hals, ihre Worte klangen

von Schluchzern halb erstickt, auch wenn sie gleichzeitig zu lachen schien.

»Ich brauche keine drei Monate, um meinen Entschluß zu fassen. Das weiß ich schon jetzt. Genau wie du habe ich es wohl von Anfang an gewußt.«

Er sagte: »Ich muß eine Nachricht an Bord schicken. Vor morgen früh werde ich nicht gebraucht.«

Sie löste die Arme von seinem Hals und flüsterte: »Versprich mir, daß du nicht lange wegbleibst. Es gibt so vieles, was ich von dir hören möchte.« Sie führte seine Hand an ihre Wange und küßte sie. »Ich fühle mich schon jetzt wie ein Stück von dir.«

Es dauerte doch länger, als Standish erwartet hatte, bis der Portier endlich verstand, was er von ihm wollte. Als er ins Zimmer zurückkam, stand Suzane wieder am Fenster, aber statt des gelben Kleides trug sie jetzt einen weißen Bademantel. Das Kleid lag in einer Ecke des Zimmers; als er einen Blick darauf warf, sagte sie: »Ich werde es nie wieder tragen. Dann sah sie die Flasche und die beiden Gläser, die er in der Hand hatte. »Ist das Wein?«

Er nickte. »Der Portier hat ein Gefühl für den richtigen Anlaß, genau wie er den Wert des Geldes zu schätzen weiß.«

Er schenkte zwei Gläser ein und spürte die plötzliche Spannung zwischen ihnen. Deshalb sagte er: »Der Portier hat mir dasselbe Zimmer gegeben, das ich neulich hatte.« Er reichte ihr ein Glas und nahm ihre andere Hand. »Auf unser Wohl. Und auf ein glückliches Wiedersehen in Singapur.«

»Wann mußt du aufbrechen?«

»Um fünf Uhr morgens.« Er versuchte zu lächeln. »Die Marine steht immer mit den Hühnern auf. Niemand weiß so recht, warum.«

Sie zitterte, und er sagte rasch: »Komm weg vom Fenster. Es wird nachts recht kalt.«

Als er die hölzernen Läden schloß, sagte sie leise: »Die

Kälte ist es nicht. Ich habe Angst.« Sie widerstrebte nicht, als er sie in die Arme nahm. »Heute nacht brauchst du nicht in dein Zimmer zu gehen«, flüsterte sie.

Er strich ihr übers Haar, es fühlte sich an wie warme Seide. »Ich kann warten, Liebling. Ich möchte nur, daß du dir keine Sorgen mehr machst.«

Als er versuchte, ihr ins Gesicht zu sehen, preßte sie es an seine Brust, so daß er kaum verstand, was sie sagte.

»Ich muß es wissen, Rex. Ich möchte dich nicht enttäuschen oder dich noch einmal verletzen.« Sie bebte am ganzen Körper, aber als er ihr Kinn hob, spürte er, daß ihre Haut nicht kalt, sondern eher fiebrig heiß war.

Leise sagte er: »Du könntest mich nicht enttäuschen, selbst wenn du es wolltest.«

Sie schüttelte den Kopf. »Es wäre doch möglich. Und mit dieser Ungewißheit könnte ich nicht drei Monate warten. Dafür liebe ich dich viel zu sehr.« Ruhig sah sie ihn an. »Du verstehst, was ich meine?«

»Ja, ich verstehe.«

Sie trat zurück. »Ich liebe dich, denke immer daran.«

Als sie nach dem Lichtschalter griff, sagte Standish rasch: »Nein, bitte nicht.«

Gehorsam zog sie die Hand zurück, zögerte ein wenig und ließ dann den Bademantel fallen.

Schweigend betrachtete er sie. Das Licht spielte auf der sanften Kurve ihrer Hüften, ihre Haut glänzte wie heller Satin. Er wartete, denn ihm war klar, daß sie mit ihrer Angst kämpfte.

Dann drehte sie sich langsam um und sah ihm ins Gesicht. Ihre Lippen bebten, Tränen liefen ihr über die Wangen, aber sie streckte die Arme aus und sagte noch einmal: »Ich liebe dich, was auch kommen mag.«

Sie wandte den Blick nicht von seinem Gesicht, als er sie auf die Arme nahm und sanft aufs Bett legte. Erst als er sich auszuziehen begann, sprach sie wieder. »Nimm mich, ganz gleich, was ich auch sage. *Nimm mich!*«

Eine Weile wartete er noch, stand neben dem Bett und blickte auf sie hinunter, auf ihre geschmeidige, vollkommene Gestalt. Ihre Augen waren geschlossen und ihre Hände zu Fäusten geballt. Sie schien den Atem anzuhalten, als wolle sie ihren Körper zwingen, ihr zu gehorchen.

Als sein Schatten über sie fiel, sah er sie erstarren und bemerkte ihren raschen, nervösen Pulsschlag. In seinem Kopf dröhnte es, und er war sich des Verlangens bewußt, das ihn wie Feuer durchströmte. Sie lieben und beschützen, das wollte er. Aber es war richtig, sie hier und jetzt zu nehmen, ohne Rücksicht auf ihren Widerstand oder Protest; er mußte ein für allemal die grauenvolle Erinnerung an die Vergewaltigung auf der *Cornwallis* in ihr auslöschen. Dies und vieles andere ging ihm durch den Kopf, und als er schließlich mit der Hand ihre Schulter berührte, war es, als sei er nur ein Zuschauer.

Dann lag er neben ihr, fühlte ihre Haut an der seinen, ihr weiches Haar auf seinen Armen.

Draußen im Korridor schlug eine Tür, jemand rief etwas Wütendes, aber er hörte es nicht. Seine Hand streichelte sie und fühlte ihr Erschauern.

Ihr Körper blieb jedoch völlig steif und regte sich nicht, als er sie liebkoste. Er küßte sie, murmelte unhörbare Worte und drückte sie an sich, als wolle er die Angst in ihr wie etwas Lebendiges vernichten.

Plötzlich versuchte ihr Arm, ihn wegzustoßen, während sie sich gleichzeitig bemühte, das Gesicht abzuwenden. Trotzdem hielt er sie weiter umschlungen, ihre Lippen vereinigten sich. Ganz allmählich spürte er, daß seine Begierde erwidert wurde, daß ihre Arme ihn umklammerten und ihr ganzer Körper ihm entgegenkam, bis sie eins wurden und eine ungeheure Woge sie verschlang.

Als sie später mit dem Kopf auf seiner Brust lag, sagte sie: »Müssen wir schlafen? Müssen wir die wenige Zeit, die uns noch bleibt, so vergeuden?«

Standish griff zum Nachttisch und schenkte Wein ein. Als er ihr ein Glas reichte, sagte er: »Wie schön du bist.«

Sie lächelte, etwas Wein tropfte auf seine Brust. Er bemerkte, daß ihr Blick auf seine Narben fiel. Sie berührte sie mit den Fingerspitzen, beugte sich dann herab und küßte sie; ihr weiches Haar berührte seinen Körper wie eine warme Brise.

Das Glas rollte unbeachtet auf den Boden.

Als das erste helle Grau des Morgens durch die Fensterläden schimmerte, war Standish noch immer wach, drückte Suzane an sich, lauschte ihrem entspannten Atem, dem gleichmäßigen Schlag ihres Herzens. Er wollte wach bleiben, wollte sich jede Form ihres Körpers einprägen, nichts sollte seinem Gedächtnis verlorengehen.

Ein Wagen fuhr unten auf der Straße vorbei, und er hörte jemanden pfeifen, vielleicht auf dem Weg zur Arbeit. Ganz vorsichtig zog er den Arm unter ihrem Kopf hervor und stand auf. Als er nach seiner Uniform griff, spürte er eine sonderbare Leichtigkeit, als sei ein schweres Gewicht von ihm genommen.

Als er sie wieder ansah, waren ihre Augen geöffnet und beobachteten ihn. Er setzte sich noch einmal auf den Bettrand und strich ihr übers Haar. »Es wird Zeit.«

Er legte einen Umschlag auf den Tisch und fügte hinzu: »Dies ist die Adresse in Singapur. Ich werde die notwendigen Anordnungen treffen.«

Noch einmal streichelte er ihr über den Hals, über die Brüste. Diesmal war nichts von Spannung zu spüren. Sie betrachtete ihn und sagte heiser: »Wenn du mich noch einmal berührst, lasse ich dich nicht gehen.«

Er hörte Schritte im Korridor und malte sich die Verblüffung des Nachtportiers aus, der an ein leeres Zimmer klopfte, um ihn zu wecken.

Schließlich sagte er: »Ich werde die ganze Zeit auf See an dich denken.«

Sie zog ihn noch einmal an sich. Mit Tränen in den Augen fragte sie: »Bedauerst du es? Sag es mir, bitte.«

»Nur, daß es so lange gedauert hat, dich zu finden.« Er küßte sie, hielt sie noch einmal von sich ab und prägte sich jeden Zug ihres Gesichtes, ihres Körpers ein. »Auf Wiedersehen in Singapur.«

Sie nickte und sagte mit zuckenden Lippen: »Paß gut auf dich auf.«

Es wurde Zeit. Er öffnete die Tür und blickte noch einmal zurück.

Sie stand im ersten Lichtschimmer, der durch die Fensterläden drang, sah ihm nach und sagte: »Ich liebe dich.«

Dann war er im Korridor und eilte durch das schäbige Treppenhaus. Seltsam, jetzt kam es ihm nicht mehr ganz so schäbig vor. Im Vorbeigehen winkte er dem überraschten Nachtportier zu, der ein Tablett mit Kaffee trug.

»Brauche ich nicht mehr. Trotzdem danke!« Der Mann starrte ihm verwundert nach, als er leichten Schrittes die Stufen hinablief und auf die Straße trat, die zum Hafen führte.

Die Stadt lag noch halb im Frühdunst verborgen, als die neue Ankerkette der *Terrapin* Glied für Glied durch die Klüse polterte.

Standish stand auf der oberen Brücke, die Mütze gegen die tiefstehende Sonne fast über die Augen gezogen, und beobachtete Wishart, der sich über die Reling beugte und auf die Kette starrte. Überall waren die Seewachen auf Station, und vorn auf der Gräting putzte Dalziel sein Doppelglas.

»Stellen Sie sicher, daß unser neues Motorboot gut festgezurrt ist«, sagte Dalziel gereizt.

Standish hörte, wie diese Weisung weitergegeben wurde, und wunderte sich, wie wenig all dies ihn berührte. Über ihren Köpfen stieg eine gleichmäßige schwarze Rauchwolke aus dem Schornstein; ob Quarrie wohl an die Besonderheit dieses Tages dachte? Es war vermutlich die letzte Reise der *Terrapin* – bis auf die Fahrt zur Abwrackwerft.

Matrosengefreiter Neal kam zur Brücke und salutierte. »Das neue Motorboot ist gut auf seinen Klampen festgezurrt, Sir.«

Dalziel fuhr herum, die Augen hinter der Sonnenbrille verborgen. »Was? Ach so, ja, gut.«

Von vorn kam der Ruf: »Auf und nieder, Sir!«

Neal hatte kehrtgemacht und wollte schon gehen, da schnauzte Dalziel ihn an: »Warten Sie!« Er nickte Standish zu: »Beide Maschinen langsame Fahrt voraus.«

Als die Maschinentelegrafen klingelten, sprach Dalziel erneut den mit ausdruckslosem Gesicht wartenden Seemann an. »Wenn ich einen Befehl von dieser Bedeutung gebe, dann erwarte ich, daß der Bootsmann selbst zu mir kommt und mir die Ausführung meldet, klar?«

Neal sah ihn gleichgültig an. »Aye, aye, Sir.«

»Beide Maschinen langsame Fahrt voraus, Sir. Ruder liegt mittschiffs.« Corbins Stimme klang blechern durch das Sprachrohr, aber niemand zollte ihm viel Aufmerksamkeit. Alle Gesichter starrten Dalziel an, als dieser wütend schrie: »Sagen Sie Bootsmann Harris, er soll sofort heraufkommen, aber ein bißchen plötzlich!«

Von vorn kam der Ruf: »Anker ist aus dem Grund, Sir!«

Neal sagte: »Bootsmann Harris ist tot, Sir. Der Erste Offizier hat mich zum stellvertretenden Bootsmann ernannt.«

Dalziel starrte ihn an. »Tot?« Er warf einen Blick auf die anderen. »Ja, natürlich. Ja.« Er schien nicht zu wissen, was er mit seinen Händen anfangen sollte. Dann steckte er sie in die Tasche und rief: »Steuerbord zehn.« Er ging zum Kompaß. »Mittschiffs. Recht so.«

Standish sah Dalziel an, spürte, wie seine Besorgnis zurückkehrte. Die Gesichter ringsum waren wie Masken aus Feindseligkeit, Ärger und Verachtung. Dalziel schien erst jetzt zu merken, daß Neal noch immer wartete, und sagte: »Machen Sie weiter, Neal. Wenn Sie sich bewähren, werde ich sehen ...« Er beendete den Satz nicht.

Corbins Stimme ertönte unbeteiligt: »Kurs null-vier-fünf, Sir.«

Dalziel beugte sich zum Sprachrohr. »Recht so steuern, Corbin, bis wir die Reede hinter uns haben.«

Standish hob das Glas und versuchte vergeblich, das Hotel im vorbeiziehenden Dächergewirr zu finden. Aber sie konnte das Schiff auf alle Fälle sehen. Sie würde der *Terrapin* nachblicken, die jetzt auf Auslaufkurs drehte und langsam vom Land abhielt, während der fettige Qualm hinter ihr herzog wie ein schmutziges Banner.

Standish trat von der Gräting herunter, und der Brückenmaat sagte: »Hier, Sir. Sie haben etwas verloren.«

»Danke, Spings.« Es war ein kleines Taschentuch. Vermutlich hatte Suzane es fallen gelassen, als sie auf der Veranda in Tränen ausgebrochen war. Lange starrte er es an, hörte im Geist noch einmal ihre Stimme, fühlte die Berührung ihres Körpers. Dann faltete er es sorgsam zusammen und steckte es in seine Brieftasche.

Irvine beobachtete ihn mit undurchdringlichem Gesicht von der Kartenraumtür her.

Dalziel knurrte: »Tut mir nicht leid, diese Stadt zu verlassen.« Seinen Worten fehlte aber der übliche Schwung, in Gedanken schien er ganz woanders zu sein.

Standish hob wieder sein Glas und blickte hinüber, aber die Stadt war schon vom Frühdunst verschluckt worden.

Drei Monate ... Doch wenn das Schiff jetzt außer Dienst gestellt wurde, bedeutete es für ihn nicht mehr das Ende. Er berührte seine Brieftasche und lächelte. Für ihn hatte die Zukunft eben erst begonnen.

16 Ein Boot mit doppeltem Boden

Es war wieder ein heißer Tag gewesen; als die Sonne sich jetzt dem westlichen Horizont näherte, schien die See zu dampfen.

Standish stand in der Backbordbrückennock und richtete sein Glas auf die *Whizz-Kid*, die mit schäumendem Kielwasser zwischen den verstreuten Fischerbooten kreuzte.

Gestoppt rollte die *Terrapin* in der leichten Dünung, Rumpf und Aufbauten glühten golden in den Strahlen der untergehenden Sonne. Die Fischerboote waren über ein weites Gebiet verstreut. Im niedrigen, über der Wasserfläche liegenden Dunst sah es aus, als hätten sie keine Bootskörper, sondern bestünden nur aus den bewegungslos gen Himmel ragenden Mattensegeln, die ihnen eine gewisse Würde verliehen. Sie erinnerten Standish an ein altes Gemälde.

Der Signalmeister sagte müde: »Ohne Ergebnis, Sir.«

Standish machte sich nicht die Mühe zu antworten. Seit ihrem Auslaufen waren drei Wochen vergangen, und während der ganzen Zeit hatten sie kein Land gesehen, auch kein Schiff, das größer war als diese Fischerboote. Tag für Tag, Stunde für Stunde war die *Terrapin* auf Vorposten hin und zurück gedampft: hundertzwanzig Meilen nach Norden, hundertzwanzig Meilen nach Süden, dasselbe nach Osten und Westen. Nichts hatte die Eintönigkeit unterbrochen.

Ihr Patrouillengebiet lag nicht einmal in der Nähe der Frachterroute, und die kleineren Schiffe waren sorgsam darauf bedacht, dicht unter der Küste zu bleiben. Lediglich die Fischer am Golf hatten keine andere Wahl. Ohne Rücksicht auf das Wetter mußten sie zu ihren Fanggebieten, wobei sie sich mehr auf ihre lange Erfahrung als auf die Stabilität ihrer schwachen Boote verließen.

Das Logbuch war voll derartiger Begegnungen, und Dalziel hatte seine Befehle stets buchstabengetreu ausgeführt.

Anfangs verursachte jede Durchsuchung Aufregung, wenn die *Whizz-Kid* schnittig zwischen den Fischerbooten hin und her flitzte; Standish hatte Wishart angewiesen, die Zusammensetzung der Prisenkommandos jeweils zu ändern, um allen Besatzungsmitgliedern eine Abwechslung zu gönnen.

Jetzt beobachtete er, wie die *Whizz-Kid* von einem Fischerboot abstieß und das nächste ansteuerte. Er sah Wishart, nur mit Khakishorts und Mütze bekleidet, jedoch mit umgeschnallter Pistole auf dem Dollbord sitzen und konnte sich vorstellen, daß er dieser Einsätze längst überdrüssig war. Immer wieder mußte er zwischen stinkenden und überfüllten Decks herumklettern auf der Suche nach etwas, das sein Eindringen rechtfertigen konnte, während die Fischer sich ärgerten.

An Bord überwogen Verstimmung und Gereiztheit: Verstimmung über diese vergeblichen Patrouillenfahrten, die sie fast als Strafe ansahen, und Gereiztheit über Dalziel, in dem viele den Schuldigen für ihre mißliche Lage vermuteten. Nur der Gedanke an Suzane befähigte Standish, Dalziels brütende Verschlossenheit zu ertragen, die schlimmer wurde, je mehr ereignislose Tage verstrichen.

Jetzt hörte er Dalziels Schritt auf den Grätings und gleich darauf die Frage: »Wie kommt er voran?«

Dalziel hatte den größten Teil der Wache im Kartenhaus verbracht. Oft änderte er den Kurs oder das augenblickliche Suchgebiet, sehr zu Irvines Zorn, da der Kommandant diese Dinge niemals vorher mit ihm besprach.

»Nichts gefunden, Sir«, erwiderte Standish.

Dalziel preßte die Lippen zusammen. »*Noch* nichts, meinen Sie.«

Pigott erschien auf der Brücke, ein Bündel Papiere in der Hand. »Hier ist der Bestandsbericht, den Sie angefordert haben, Sir.«

Dalziel überflog die sauber getippten Listen.

Standish beobachtete ihn. Ihr Proviant war sicherlich

mehr als dürftig. Es fehlte an Fleisch und frischem Gemüse, Pigott hatte nur noch Konserven zur Verfügung. Auch Quarries Treibstofftanks waren schon beinahe leer, trotz der wirtschaftlich günstigen Geschwindigkeit von zehn Knoten, die sie ständig beibehielten. Es sah so aus, als sollte auch der letzte Liter Dieselöl, das letzte Glas Marmelade verbraucht werden, bevor das Schiff an die Werft übergeben wurde.

Dalziel fuhr plötzlich auf: »Hier ist ein Fehler!« Er hielt Pigott die Papiere hin. »Völlig falsch, Pigott. Selbst ich kann sehen, daß Sie eine verkehrte Rechnung aufgemacht haben. Es ist eine Schande! Kein Wunder, daß wir wie Armenhäusler leben!«

Pigott trat vor, das Gesicht vor Empörung gerötet. »Aber, Sir, Sie haben *zwei* Seiten umgeblättert statt einer.«

Dalziel starrte auf die Papiere nieder, dann riß er eine Büroklammer von der obersten Seite und warf sie grimmig über Bord.

»Wissen Sie nicht, daß Sie keine Büroklammern benutzen dürfen?« Wütend starrte er Pigott an. »Ich kannte einen Funkoffizier, der eine Büroklammer benutzte, genau wie Sie. Zwei Funksprüche waren aneinandergeklammert, und der untere wurde übersehen. Das Ergebnis war ein Trümmerhaufen. Hätte sich das während des Krieges ereignet, wäre der Verlust von Menschenleben die Folge gewesen.«

Pigott sah ihn ausdruckslos an. »Jawohl, Sir.«

Dalziel tigerte auf und ab. »Passen Sie in Zukunft gefälligst besser auf, und benutzen Sie keine Büroklammern mehr.«

Pigott schluckte. »Ist das alles, Sir?«

Dalziel nickte. »Machen Sie weiter.« Gereizt sagte er zu Standish: »Wenn die Pigotts dieser Erde sich ein bißchen mehr um die Kleinigkeiten kümmern würden, könnten wir besser mit den wichtigen Dingen fertig werden.«

Plötzlich richtete er sich auf und zeigte zu den Booten hinüber. »Was zum Teufel macht Wishart dort?«

Standish hob das Glas und sah die *Whizz-Kid* an einem Fischerboot längsseits liegen. Entweder aus Gutmütigkeit oder um seinen Leuten eine Abwechslung zu bieten, hatte Wishart eine Pause eingelegt. Auch ohne Glas sah man sie im Wasser planschen, während Wishart und der Bootssteurer allein im Boot standen und offensichtlich vergnügt zuschauten.

Dalziel schrie: »Diese verdammten Idioten! Rufen Sie sofort das Boot zurück.« Dann starrte er Standish an. »In Zukunft versuchen Sie gefälligst, meine Offiziere besser zu beaufsichtigen. Das Maß an Ungehorsam ist langsam voll!«

Standish nickte und wandte sich wieder dem Motorboot zu. Quarrie erschien auf der Brücke und sagte leise: »Das lasse ich mir gefallen. So eine Erfrischung könnte ich auch gebrauchen.«

Dalziel rief von der anderen Seite der Brücke: »Ich bin im Kartenraum. Teilen Sie es mir mit, wenn Wishart das Boot eingesetzt hat.« Dann schlug die Tür zu.

Quarrie hob die Schultern. »Der Kommandant kann einem leid tun.«

Verwundert sah Standish ihn an. Nach Quarries Verhalten während des Sturmes überraschte ihn diese Bemerkung.

Quarrie fuhr fort: »Die *Terrapin* ist ein gutes altes Schiff. Sie wird mir sehr fehlen.«

»Sie kennen das Schiff schon eine ganze Weile, nicht wahr?«

Quarries Gesicht wirkte plötzlich müde. »Mit siebzehn kam ich als Heizer an Bord.« Er zog eine Grimasse. »Können Sie sich das vorstellen? Mein erstes Kommando, und gleich ging es hinaus in den Atlantik, der Kampf ums Überleben begann.«

Standish fragte: »Haben Sie Familie?«

Quarrie schüttelte den Kopf. »Meine Frau wurde von einem Auto überfahren.« Er warf Standish einen Blick zu. »Wie Ihre.« Dann fuhr er fort: »Trotzdem muß ich mir etwas suchen, irgendeine Arbeit für den Ruhestand.« Er seufzte. »Am besten nicht weit von der See.«

»Boot ist längsseits, Sir.«

»Gut.« Standish sah auf seine Uhr. »Lassen Sie es einsetzen.« Dann sagte er zu Quarrie: »Sie finden bestimmt etwas, Chief.«

Quarrie beobachtete die treibenden Fischerboote. »Ich könnte vielleicht fischen wie diese armen Kerle dort.«

Standish hörte, daß Wishart seine Leute antreten ließ.

Plötzlich sagte Quarrie: »Dieses ist das einzige Boot in der ganzen Flotte, das etwas gefangen hat.«

Standish starrte ihn an. »Was sagen Sie?«

»Ich bin in der Nähe von Grimsby aufgewachsen. Mein Vater nahm mich öfter mit, wenn die Trawler einliefen. Er konnte ihren Fang genau schätzen, noch bevor sie an der Pier waren.« Jetzt zeigte er auf das in Frage kommende Boot. »Sehen Sie sich das an: Es liegt zwei Planken tiefer im Wasser als alle anderen.«

Mit rotem Gesicht erschien Wishart auf der Brücke. »Sie wollten mich sprechen, Number One?«

»Der Kommandant will Sie sprechen, Sub.« Dann sah er wieder Quarrie an. »Der Chief hier hat mich soeben auf etwas aufmerksam gemacht.« Er deutete hinüber zu dem betreffenden Boot. »Haben Sie es durchsucht?«

Wishart nickte. »Ja. Ich wollte gerade das letzte durchsuchen, als ich den Rückruf erhielt. Die Leute hatten ein Bad verdient, ich übernehme die Verantwortung dafür.«

Quarrie grinste. »Das müssen Sie auch, junger Held.«

Standish lächelte nicht. »Was haben Sie auf diesem Boot gefunden?«

»Nicht viel. Die üblichen Geräte und zwei Körbe voll Fisch.«

»Gehen Sie wieder hinunter, und stoppen Sie das Einsetzen des Bootes, Sub.« Als Wishart davoneilte, sah er Quarrie an und sagte ruhig: »Ich glaube, Chief, das kann ich riskieren.«

In diesem Augenblick erschien Dalziel auf der Brücke. Ohne die Sonnenbrille wirkten seine rotgeränderten Augen müde. »Was bedeutet diese Verzögerung?«

Standish sagte: »Das Boot dort an Backbord voraus, Sir. Es ist durchsucht worden, aber es liegt wesentlich tiefer im Wasser als alle anderen. Sein Fang ist völlig unbedeutend.«

Er beobachtete Dalziels Profil, sah das nervöse Hämmern seiner Pulsader und hörte ihn sagen: »Das ist in der Tat seltsam.«

Quarrie sagte: »Während des Krieges, als wir Singapur und Hongkong verloren, haben manche Chinesen ihre Dschunken umgebaut und darin Verpflegung für unsere zurückgebliebenen Leute geschmuggelt.«

Dalziel ließ das Glas sinken und sah Standish an. Seine Augen waren mit einem Male völlig klar.

»Doppelboden? Ich muß blind gewesen sein, daß ich das nicht bemerkt habe!«

Standish fragte: »Soll ich mit hinüberfahren?«

Wieder hob Dalziel das Glas. »Ja. Passen Sie aber gut auf, achten Sie auf Fallen. Sobald Sie an Bord sind, lasse ich die Geschütze auf dieses Boot richten. Man kann nie wissen.« Grinsend fuhr er fort: »Chief, Sie sind wirklich ein Mann der Überraschungen!«

Er lief in den Kartenraum und kam einen Augenblick später mit seinem Jagdgewehr in der Hand zurück. Als er Standishs erstauntes Gesicht sah, lachte er.

»Wenn irgend jemand dort drüben meinen Ersten Offizier belästigt, werde ich nicht eine Sekunde zögern, ihm ein Loch in den Schädel zu schießen, klar?« Er gestikulierte mit dem Gewehrlauf. »Also los, und achten Sie auf das Licht. In dreißig Minuten ist Sonnenuntergang.«

Als er zur Leiter lief, sah Standish, daß Dalziel ein

Zielfernrohr auf sein Jagdgewehr schraubte. Er sprang ins Boot und rief: »Absetzen vorn! Werft die Motoren an!«

Wishart saß mit verwirrtem Gesicht neben ihm. »Was haben wir vor?«

Standish antwortete nicht. Sie rundeten das Heck des Fischerbootes und gingen geräuschvoll längsseits.

Etwa ein Dutzend ärmlich gekleideter Fischer standen an Deck, als Standish sich über die Reling schwang. Sie wichen zurück zum Steuerhaus, wo ein Chinese in gestepptem Kittel lässig an der Tür lehnte.

Wishart sagte: »Das ist der Skipper. Ich habe schon mit ihm gesprochen.« Er machte Platz, als die bewaffneten Seeleute an Bord kletterten. »Er spricht nicht englisch, aber etwas französisch.«

Standish sah sich auf dem unordentlichen Deck um. Es war für seine Größe ein recht kräftiges Boot, mit zwei Masten und einer großen Luke in der Mitte. Nach den Ölflecken zu urteilen, mußte es einen Motor haben.

»Sagen Sie ihm, Wishart, daß wir sein Boot nochmals durchsuchen. Seine Leute sollen hier oben bleiben.« Er warf einen Blick auf die Seeleute an der Verschanzung und fügte leise hinzu: »Zieht eure Waffen, aber nicht zu auffällig.« Das sagte er lächelnd, merkte aber an der Veränderung in ihren Gesichtern, daß sie begriffen.

Während Wishart zum Steuerhaus ging, winkte Standish einen großen, kräftigen Seemann heran. »Sie kommen mit, Maine.«

Unten war es trotz eines dicken gläsernen Oberlichtes fast dunkel. Als sie über Lattenverschläge und loses Tauwerk stolperten, roch Standish den entsetzlichen Gestank und verstand Wisharts Hast bei der Untersuchung jetzt besser. Die Stehhöhe betrug nur eineinhalb Meter, und er hörte Maine leise fluchen, als er mit dem Kopf gegen einen Decksbalken stieß.

Standish rief: »Kommen Sie mit Ihrer Stablampe hierher.« Einen Augenblick dachte er, er hätte sich getäuscht, aber als der helle Strahl auf den Boden fiel, sah er einen dunkleren Fleck neben einem Haufen aus Fischernetzen und altem Tauwerk.

»Wir müssen diesen ganzen Mist wegräumen«, sagte er.

Maine spuckte in die Hände und legte seine Lampe beiseite. »Wenn Sie's sagen, Sir? Aber der Gestank dreht mir fast den Magen um.«

Sie atmeten so flach wie möglich und arbeiteten schweigend. Dann, als Maine das letzte Bündel verrotteten Tauwerks und einen Haufen Fischabfälle beiseite zerrte, kniete Standish nieder und tastete die Planken ab. Ein rechteckiger Teil, etwa zwei mal drei Meter, war jetzt klar als getarnter Lukendeckel zu erkennen. Selbst der sorgfältig in die Ritzen getretene Schmutz konnte die beiden parallel verlaufenden Nähte nicht verbergen.

Standish sagte: »Nehmen Sie Ihr Messer.«

Maine klappte den Marlspieker an seinem Messer aus und schob ihn in den Spalt. »Hoffentlich geht das nicht durch bis ins Wasser, Sir«, murmelte er.

Der Spalt wurde breiter, beide Männer krallten die Finger hinein und zerrten mit aller Kraft. Als der Lukendeckel sich erst einmal bewegte, ging alles erstaunlich leicht. Am Decksbalken über ihnen war eine Drahtschlinge, die sie vorher nicht entdeckt hatten. Sie diente zum Festhalten des geöffneten Lukendeckels.

Standish starrte hinunter in das schwarze Rechteck und rief nach der Lampe. Die Luft im Versteck war kühl, und ein vertrauter Geruch kam ihnen daraus entgegen.

Maine sagte: »Hier, sehen Sie sich das an, Sir!«

Der Strahl der Stablampe bewegte sich langsam über glänzende schwarze Formen; Standish legte sich flach auf den Bauch, um festzustellen, wie weit die Ladung reichte. Es mußten mehr als fünfzig Dieselfässer sein, dachte er grimmig. Jedes Faß enthielt, wie aus der Aufschrift zu ersehen, zweihundert Liter Dieselöl. Die Fässer waren so dicht gestaut, daß sie auch bei starker Schiffsbewegung weder verrutschten noch klapperten.

»So, und nun wollen wir hören, was der Skipper uns zu erzählen hat.«

Als Maine das Messer wieder in den Gürtel stecken wollte, rutschte es ihm durch die Finger und fiel laut scheppernd zwischen die Fässer.

»Jetzt muß ich warten, bis die Ladung gelöscht ist, bevor ich mein Messer zurückbekomme, Sir.«

In diesem Augenblick erklangen Stimmen und hastige Schritte über ihnen.

Standish eilte zur Leiter und wurde beinahe von einem Seemann umgerannt, als er aus der Luke stieg. Inzwischen war es erheblich dunkler geworden; die untergehende Sonne tauchte die Masten und geflickten Segel in feuriges Rot. Aber Standishs Aufmerksamkeit wurde rasch auf die kleine Gruppe im Heck des Bootes gelenkt. Seine Leute standen vor Überraschung oder Ärger wie angewurzelt. Nichts regte sich. Dann sah er den chinesischen Skipper neben dem Steuerhaus stehen, den Arm um den Hals eines Seemanns gelegt, während er ihm mit der anderen Hand eine schwere Pistole an die Schläfe hielt.

Wishart stand etwa zwei Meter entfernt so still, als befürchte er, die Pistole durch eine Bewegung zur Explosion zu bringen.

Er schien zu spüren, daß Standish wieder an Deck war, und sagte, ohne ihm den Kopf zuzuwenden: »Der Skipper hörte Sie unten arbeiten. Wir sprachen gerade, als er Dolan packte und ...«

Der gefangene Seemann keuchte heiser: »Helfen Sie mir, Sir! Er bringt mich um!«

Wishart fuhr halblaut fort: »Er will Dolan erschießen, wenn unsere Leute nicht die Waffen niederlegen. Ich bin überzeugt, daß er es ernst meint.«

Standish sprach sehr langsam und eindringlich. »Er hat

keine Chance. Wenn Sie sich umdrehen, sehen Sie, daß die Bofors auf das Boot gerichtet ist. Sagen Sie ihm, falls er diese Dieselfässer gestohlen hat, wird er eine Möglichkeit bekommen, sich zu rechtfertigen.«

Als Wishart in langsames, sorgfältiges Französisch übersetzte, warf Standish rasch einen Blick auf die See. Es war jetzt erheblich dunkler, Dunst hing wie eine Wolke aus rosa Rauch vor dem letzten schwachen Tageslicht im Westen. Wenn sie nicht rasch etwas unternahmen, konnte man bald nicht mehr die Hand vor Augen sehen.

Wishart berichtete: »Er weigert sich. Wir sollen die Waffen niederlegen, oder er schießt.«

Matrosengefreiter Dolan schloß die Augen, als die Pistolenmündung jetzt mit einem scharfen Ruck gegen seinen Kopf stieß.

Standish rief: »Legt eure Waffen nieder! Aber in Reichweite – für den Fall, daß sie uns angreifen.« Er hörte die Stirlings an Deck poltern und hielt den Blick fest auf die beiden Gestalten gerichtet, die sich jetzt langsam an die Heckreling zurückzogen.

Maine flüsterte: »Er will über Bord springen und sich ertränken, Sir.«

Standish schüttelte den Kopf. »Nein. Er wird zu einem der anderen Boote schwimmen. Bei Dunkelheit können wir ihn nicht finden, und bis zur Morgendämmerung sind sie bereits in alle Winde zerstreut.«

Der Skipper löste jetzt den Griff um Dolans Hals, hielt aber die Pistole weiter auf dessen Genick gerichtet, während er dichter an die Reling heranrückte. Seine Augen blitzten im letzten schwachen Licht.

Als er bereits ein Bein über die Reling schwang, hörte Standish ein leises Klicken und wußte, daß der Mann Dolan erschießen wollte, bevor er über Bord sprang.

Standish schrie: »Runter, Dolan! Hinwerfen!«

Der Ruf lenkte den Chinesen einen Augenblick ab. Dolan stand wie versteinert, zu entsetzt, um Standishs Warnung zu befolgen; die Pistole befand sich noch immer in Höhe seines Nackens.

Ein scharfes, kurzes Knacken war zu hören, und Standish glaubte zunächst, der Chinese habe einen Schalldämpfer benutzt. Dolan schlug wimmernd die Hände vors Gesicht, aber er fiel nicht. Statt seiner sackte der Chinese zusammen, die Pistole entfiel seinen Händen und polterte an Deck, während er selbst mit einem halberstickten Keuchen daneben zusammenbrach.

Nun schrien alle zugleich. Die Seeleute packten ihre Waffen, während Wishart rief: »Ich habe gefühlt, wie die Kugel an meinem Kopf vorbeiging! Sie muß mich um wenige Zoll verfehlt haben!«

Standish ging langsam nach achtern und musterte den Leichnam. Blut sickerte durch den dicken Steppkittel, die Zähne in dem halbgeöffneten Mund waren entblößt wie die Fänge eines Raubtiers in der Falle.

Er bückte sich und hob die Pistole auf. Dalziel mußte auf hundert Meter Entfernung gefeuert haben. Standish spürte, wie seine Hand mit der Pistole zitterte. Hundert Meter und gegen das Licht des Sonnenuntergangs. Der geringste Fehler hätte Dolan oder Wishart das Leben kosten können. Die Hochleistungswaffe mit ihrer enormen Durchschlagskraft hätte unter Umständen auch beide durchbohrt.

Heiser sagte er: »Versucht, die Maschine in Gang zu setzen. Wir gehen bei der *Terrapin* längsseits.« Er hörte die Männer so eifrig arbeiten, als seien sie froh, daß ihnen jemand etwas zu tun gab.

Wishart fragte erschüttert: »Ist er . . .«

»Ja. Er war wohl sofort tot.« Standish gab ihm die Waffe und sagte: »Das nächste Mal setzen Sie sie hoffentlich rechtzeitig ein. Ich schlage vor, daß Sie noch einige Fischer hier vernehmen. Es könnte den Zorn des Kommandanten mildern, daß Sie sich so überrumpeln ließen.«

Damit verschwand er ins Steuerhaus, wo Maine bereits

am Ruder stand und sagte: »Tut mir leid, Sir, daß mein Messer uns verraten hat.«

Standish fühlte kühle Luft im Gesicht und atmete tief durch. »Es hat uns möglicherweise viel Zeit gespart. Ich würde aber nicht damit rechnen, daß Sie das Messer wiederbekommen.«

Als das Fischerboot bei der Fregatte längsseits ging, sah er Dalziel schon an der Reling stehen.

»Was haben Sie gefunden?« fragte der Kommandant.

»Dieselöl als Schmuggelgut, Sir.« Standishs Beine waren schwer wie Blei. »Sehr gut versteckt. Die Fässer konnte man leicht übersehen.«

»Wirklich?« Prüfend sah Dalziel ihn an. »Sie haben sie aber nicht übersehen, stimmt's?« Er fuhr herum, als Wishart an Deck kletterte. »Nun?«

Heiser erklärte Wishart: »Ich habe inzwischen die anderen vernommen, Sir, sie scheinen wirklich nur Fischer zu sein. Der Skipper hat ihnen alles befohlen.« Er schluckte. »Und der ist tot.«

Prüfend sah Dalziel ihn an. »Irgendwelche Karten oder Aufzeichnungen an Bord?«

Standish sagte: »Nein, Sir. Das ist vermutlich auch der Grund, warum ein entschlossener Mann Fischer als Tarnung benutzt. Sie brauchen keine Karten, wie Sie wissen.«

»Das leuchtet mir ein.« Dalziel nickte rasch. »Äußerst schlau. Mischen sich in eine große Fischereiflotte, deren Boote alle aus verschiedenen Häfen stammen.« Er sah Rideout in der Dämmerung herumlungern und schnauzte: »Holen Sie den Leichnam an Bord und durchsuchen Sie ihn. Ich möchte einen lückenlosen Bericht über alles, auch die kleinsten Gegenstände, die Sie bei ihm finden.« Er drehte ihm wieder den Rücken zu. »In fünfzehn Minuten Besprechung im Kartenraum, klar?«

Standish erläuterte: »Dies erhärtet unseren vorhergehenden Bericht, Sir. Das Dieselöl ist für ein Unterseeboot bestimmt, wenn ich mich nicht sehr täusche. Der hauptsächlichste Einwand gegen Ihre Theorie war doch der, daß ein U-Boot hier im Golf ohne Treibstoffergänzung nicht operieren könnte.« Er blickte noch einmal zu den Fischerbooten hinüber und sah, daß sie bereits in der Dunkelheit verschwanden. Vielleicht wußten sie etwas von der Rolle des gekaperten Bootes, vielleicht aber auch nicht. Er sagte: »Wenn wir gleich einen Funkspruch aufgeben, Sir, könnte man eine Luftaufklärung organisieren.«

»Funkspruch?« sagte Dalziel erstaunt. »Das kann noch warten. Vergessen Sie nicht: Besprechung!«

Quarrie stellte sich neben Standish an die Reling und sagte leise: »Mit dem Kommandanten ist nicht zu spaßen. Das war ein verdammt gefährlicher Schuß.«

Standish sah zu, wie Dolan an Bord gebracht wurde. Er stand noch immer unter Schock und wimmerte leise vor sich hin, als man ihn unter Deck führte.

Quarrie fragte: »Was meinen Sie, ist dies nun das Ende der Affäre?«

Standish blickte an ihm vorbei, rief sich noch einmal Dalziels ausweichende Antwort ins Gedächtnis. »Was ich meine, sage ich Ihnen *nach* der Besprechung.«

Dalziel trat aus seiner Seekabine und musterte die versammelten Offiziere. Mit Ausnahme von Caley waren alle zugegen, und dessen ruhelosen Schritt hörten sie über ihren Köpfen.

Dalziel schien von keinem besondere Notiz zu nehmen, lediglich Standish nickte er zu und legte dann eine Karte so auf den Tisch, daß alle sie sehen konnten. Darauf hatte er bestimmte Zonen in verschiedenen Farben schraffiert, und rings um ihr Einsatzgebiet waren Nadeln oder Reißzwecken gesteckt. An den Rändern hatte er Bemerkungen notiert und Berechnungen angestellt.

Lebhaft fragte er: »Nun, meine Herren, was haben wir hier vor uns?«

Niemand sagte etwas, und Standish hörte die Schiffsgeräusche ungewöhnlich laut.

»Dann will ich es zusammenfassen.« Dalziel beugte sich über den Tisch. »Das Dieselöl war zweifellos für das von uns geortete U-Boot bestimmt. Aus der Beschriftung der Fässer geht hervor, daß es amerikanischen Ursprungs ist und von einem Militärdepot in Vietnam gestohlen wurde.« Er sah Irvine an, der anscheinend eine Frage stellen wollte, fuhr jedoch, ohne ihn zu beachten, fort: »Wishart hat die Fischer eingehend vernommen, wobei sich herausstellte, daß sie aus dem Mekong-Delta kommen.«

Quarrie sagte eigensinnig: »Ich verstehe nicht, warum sie sich nicht dagegen gesträubt haben, daß der Kerl ihr Boot übernahm.«

Ungeduldig zuckte Dalziel die Achseln: »Belanglos. Angst vor Vergeltungsmaßnahmen der Guerillas, Gier nach besserem Verdienst, wer kann das sagen?« Er sah sie der Reihe nach an. »Aber alles deutet auf das U-Boot hin. *Unser* U-Boot.«

Irvine sagte: »Wir haben keinerlei Ermächtigung, gegen ausländische Kriegsschiffe vorzugehen, Sir. Wir können nicht einmal beweisen, daß dieses U-Boot sich gesetzwidrig verhalten hat.«

»Unsere Aufgabe ist es, zu *untersuchen*, N.O.« Dalziels Ton war beinahe sanft. »Wenn das U-Boot sich gesetzmäßig verhält, warum dann diese Geheimnistuerei? Es könnte auf See und bei Tageslicht Treibstoff übernehmen. Die in Frage kommenden Staaten haben bereits mehrere Male bestätigt, daß ihnen nichts über ein U-Boot in diesen Gewässern bekannt ist; einige zweifelten sogar an dessen Existenz. Dies deutet ganz und gar nicht auf eine friedliche Patrouillentätigkeit hin, oder?«

Beharrlich erwiderte Irvine: »Dann müßte dies meiner Ansicht nach jemand anderer bestätigen, Sir. Der Arzt hat beim Durchsuchen des Toten nicht das geringste gefunden.«

Alle sahen Rideout an. Er sagte: »Nur ein paar Kleinigkeiten, die ich dem Kommandanten übergeben habe. Die Kugel ist in seine linke obere ...«

Dalziel hob die Hand. »Wir kommen ohne Obduktionsbericht aus, danke.« Ruhig lächelnd fuhr er fort: »Der Mann war allem Anschein nach Chinese. Er trug eine Ausgabe der Mao-Fibel in chinesischer Schrift bei sich. Außerdem einen Zettel mit dem Namen eines Schiffes: *Bombay Queen*.«

Dalziel wirkte kühl und entspannt, aber Standish kannte ihn gut genug, um das zu durchschauen. Offenbar genoß er das Spiel, machte sich über sie lustig und sparte sich das wichtigste Indiz bis zum Schluß auf.

Jetzt rief er: »Machen Sie sich keine Mühe, Sub!«

Wishart hatte zum Handbuch der Handelsschiffahrt gegriffen, stellte es aber bei Dalziels Worten wieder ins Regal zurück.

Quarrie sagte: »Bedeutet das, daß wir wieder nach einem Schiff suchen müssen, Sir? Dafür reicht aber mein Treibstoff nicht aus.«

»Kommen Sie, Chief, seien Sie nicht so bescheiden. Sie waren schließlich derjenige, der bemerkt hat, daß die *Cornwallis* sich seltsam benahm. Und auch, daß dieses Fischerboot unnatürlich tief im Wasser lag.« Er warf Wishart einen vernichtenden Blick zu. »Während andere sich mehr aufs Baden konzentrierten!«

Ruhiger fuhr er fort: »Die *Bombay Queen* steht in keinem Handbuch. Sie hörte vor achtundzwanzig Jahren auf zu existieren, als sie auf einem Riff strandete und mit Mann und Maus unterging. Sie war vollgepackt mit Flüchtlingen, versuchte, den Japanern zu entkommen, geriet in einen Taifun und erlitt Schiffbruch. Das ist alles, was wir von ihr wissen.«

Standish warf einen Blick auf die anderen Offiziere. Sie starrten Dalziel gespannt an, und er ließ sie nicht lange warten.

Er tippte auf die Karte und sagte wie beiläufig: »Hier ist unsere augenblickliche Position. Ungefähr hundert Meilen nordöstlich liegen die Riffe, auf denen die *Bombay Queen* gestrandet ist. Sie liegt noch dort, obwohl ihr Wrack auf keiner Karte verzeichnet ist. An diesen Riffen scheitern zu viele, als daß man sie noch verzeichnen würde.«

Irvines Augen leuchteten in beruflichem Interesse. »Sechzig Meilen vor der kambodschanischen Küste, Sir. Und außerhalb unseres Patrouillengebietes.«

Dalziel überging den Einwand. »Diese Riffe sollen früher Inseln gewesen sein, und in dem ganzen Gebiet gibt es noch immer zahlreiche Inselchen. Die Schiffahrt meidet es, mit Recht. Einige Riffe sind auf keiner Karte verzeichnet.« Mit glänzenden Augen sah er sie an. »Aber es gibt dort auch stellenweise sehr große Wassertiefen und keine unerwünschten Beobachter, meine Herren. Hervorragend geeignet für ein geheimes Treibstoffdepot!«

Irvine sagte: »Wir sollten einen Funkspruch mit dieser Information absetzen.«

»Zur gegebenen Zeit, N.O.« Dalziel lächelte ihn an. »Aber zuerst müssen wir die Sache untersuchen und *beweisen*. Habe ich mich klar genug ausgedrückt?«

»Darf *ich* etwas klarstellen, Sir?« Irvine sprach sehr korrekt, aber grimmig. »Beabsichtigen Sie, das uns zugeteilte Gebiet ohne Erlaubnis zu verlassen?«

»Von meinem Navigationsoffizier hätte ich erwartet, daß er sich schon früher darüber klar geworden wäre.« Seelenruhig musterte ihn Dalziel. »Noch etwas?«

»Dann muß ich protestieren, Sir. Ich...«

Dalziel unterbrach ihn streng. »Ihr Protest wird notiert. Und wenn Sie sonst nichts beizutragen haben, würden Sie dann vielleicht die Freundlichkeit besitzen, den neuen Kurs einzutragen?« Wieder tippte er auf seine Karte. »Eines Tages wird diese Karte vielleicht als Blaupause für unsere gesamte fernöstliche Strategie benutzt werden.«

Dann sah er Standish an. »Wir besprechen die Einzelheiten später. Im Augenblick möchte ich, daß Sie vier gute Seeleute als freiwillige Prisenbesatzung für das Fischerboot aussuchen. Geben Sie ihnen den Kurs nach Kota Bharu, und erklären Sie ihnen, was von ihnen erwartet wird. In drei oder vier Tagen sollten sie auf eine Patrouille der malaysischen Marine treffen. Aber dann werden *wir* bereits etwas Interessanteres anzubieten haben, klar?«

Als die Offiziere gingen, ergriff Irvine Standish am Arm und sagte aufgeregt: »Sie müssen ihn stoppen. Er reißt uns noch alle mit hinein, wenn wir ihn weitermachen lassen.«

Standish schüttelte seine Hand ab. »Dieses Riff liegt dreißig Meilen außerhalb unseres Patrouillengebietes. Ist das wirklich so viel, wenn wir den Beweis erbringen, daß dort ein geheimes Treibstofflager existiert?«

»Und wenn nicht? Dann wird dieses Schiff wieder dem allgemeinen Gelächter preisgegeben.«

»Nun, Sie brauchen sich ja nicht zu sorgen, N.O. Ihr schriftlicher Protest wird Sie dann völlig reinwaschen und sich bestimmt gut machen, wenn Sie zur Beförderung eingereicht werden.« Im Weggehen fügte er hinzu: »Denken Sie darüber nach, N.O. Und denken Sie auch daran, daß Dreck klebenbleibt, auch an demjenigen, der ihn wirft.«

Standish eilte die Leiter zum Oberdeck hinunter und fragte sich, warum er über Irvines Worte so wütend geworden war. Er hatte möglicherweise recht, das Ganze konnte sich wieder als vergebliche Suche erweisen. Aber sie saßen alle im selben Boot, ob sie wollten oder nicht: Quarrie, der als erster das überladene Fischerboot entdeckt hatte; Wishart, dessen unerlaubtes Badefest sie erst darauf aufmerksam gemacht hatte. Und schließlich er selbst, vielleicht am stärksten beteiligt, weil er Dalziel den Hinweis auf ein U-Boot gegeben hatte.

Er blieb stehen und warf einen Blick auf die dunkle Silhouette des Schornsteins. In ein paar Wochen war ohnehin alles vorbei. Dann hatten sie wenigstens etwas, das des Erinnerns wert war.

17 Die *Bombay Queen*

Bei Hellwerden erreichte die *Terrapin* ihren Bestimmungsort. Sie fuhr durch eine der bekannten Passagen zwischen den wie Perlen aufgereihten Riffen und Inselchen, dann begann sie eine langsame und systematische Suche. Als die Sonne höher stieg, wurde die geradezu bedrohliche Verlassenheit des Gebietes offenbar. Einige Inselchen waren kaum mehr als Felsbuckel und nur ganz wenige über zwei Meilen lang. Während die Fregatte dicht an solch einer Insel entlangfuhr, wobei ihr Echolot ständig die Wassertiefe meldete, studierte Standish sie eingehend im Glas. Er sah die steil abfallenden Hänge, die wirbelnden Strömungen und vor allem das völlige Fehlen jeglicher Vegetation. Nur Seevögel gab es genug, und was zuerst wie heller Stechginster auf den Klippen ausgesehen hatte, erwies sich aus der Nähe als eine dicke Decke Vogelkot. Sobald das Schiff ein wenig zu nahe herankam, füllte sich die Luft mit kreisenden, schreienden und krächzenden Seevögeln jeglicher Größe. Das Wasser war hier leuchtend grün, lediglich einige schmutzigbraune Flecken wiesen auf lauernde Riffe hin.

Ein gefährliches Gebiet; hätte das Wetter sich geändert, wäre ein Sturm aufgekommen, hätte die Suche abgebrochen werden müssen. Aber der Himmel blieb klar und wolkenlos, die Dünung gleichmäßig.

Mittags ließ Dalziel ankern, und während das Schiff träge an seiner Kette zerrte, wurden die Motorboote ausgesetzt.

Dalziel sagte: »Diese beiden Inseln sind die größten der Kette. Ich möchte, daß mir alles gemeldet wird, wie nebensächlich es auch scheinen mag. Wir setzen die Suche so lange fort, bis wir einen Anhaltspunkt finden.«

Die *Whizz-Kid* verschwand als erste, und nach zwei kleineren Motorpannen tuckerte auch das andere Boot, von Irvine befehligt, in der entgegengesetzten Richtung davon. Bereits nach einer Stunde kehrte es zurück, und Irvine machte aus seinen Gefühlen keinen Hehl.

»Nichts, Sir. Es gibt nicht einmal eine Möglichkeit, an Land zu kommen. Ein riesiger Block aus Granit, mehr nicht.«

Als Wishart wenig später auf der Brücke erschien, klang sein Bericht nicht viel besser.

»Ich hätte an Land gehen können, Sir, aber dann wäre das Boot in Gefahr gewesen. Es steht eine hohe Dünung in diesen Einschnitt hinein, und die Brandung hat unter den Klippen Höhlen ausgewaschen. Aber selbst in die größte würde höchstens ein Motorboot passen.«

Dalziel machte einige Eintragungen in seine Spezialkarte und sagte scharf: »Gut, wir haben einen Anfang gemacht. Es geht besser als erwartet.«

Irvine lächelte spöttisch. »Wirklich, Sir?«

Dalziel schien es nicht zu bemerken, er studierte weiter seine Karte. »Das Riff erstreckt sich in nordwestlicher Richtung etwa zwanzig Meilen weit. Nach dem Lunch gehen wir ankerauf und setzen die Suche fort.« Er sah sie an. »Das ist alles, meine Herren.«

Die Unternehmungen des Nachmittags gingen nicht ganz so glatt, denn der Motor des alten Bootes lief heiß und mußte abgestellt werden. Während die Schiffsbesatzung aus einer Meile Entfernung hilflos zusehen mußte, war die Crew vollauf damit beschäftigt, ihr Boot mit Haken und Füßen von einigen übel aussehenden Riffen abzuhalten. Sie schwebten in wirklicher Gefahr, bis die *Whizz-Kid* schließlich erschien und sie freischleppte. Als die Mechaniker die Motorpanne endlich behoben hatten, war der größte Teil des Nachmittags verstrichen, und Dalziel erklärte gereizt: »Wir bleiben bis morgen früh vor Anker. Sofort bei Hellwerden setzen wir dann die Suche fort.«

Nach dem Abendessen verließ Standish die Messe und ging zum Achterdeck. Unter dem sternübersäten Himmel wirkte die nahe Insel finster und so unwirklich wie ein

Stück Mondoberfläche. Er hörte das dumpfe Donnern der Brandung und das Zischen der See in den tiefen Höhlen. Eines Tages würde das Meer sie so angenagt haben, daß sie einstürzen und sich dem Rest der Unterwasserriffe zugesellen mußten.

Wenn sie nur etwas gefunden hätten! Selbst der kleinste Beweis konnte Dalziel rechtfertigen, denn in Verbindung mit dem geschmuggelten Dieselöl hätten sie dann doch etwas vorzuweisen. Aber Irvine hatte recht, hier gab es nichts. Es fehlte nur noch ein Funkspruch von Jerram, der sie zurückrufen oder zumindest ihre genaue Position anfordern würde, und Dalziel kam vor ein Kriegsgericht.

Er zündete seine Pfeife an und dachte an Suzane. Inzwischen mußte sie in Singapur sein, und vermutlich dachte sie ebenfalls an ihn und an die *Terrapin*.

Er drehte sich um, als unterdrücktes Hurrarufen aus der Messe drang. Eine Gestalt tastete sich über das dunkle Deck heran, dann rief Wisharts Stimme aufgeregt: »Hier, Number One! Wir haben gerade einen Funkspruch bekommen!«

Standish starrte ihn an. »Was für einen Funkspruch?«

Wishart winkte glücklich. »Unseren Rückruf!« Er kam dichter heran. »Es ist alles vorbei. Wir haben Befehl erhalten, die Patrouillentätigkeit sofort abzubrechen und nach Singapur zu gehen.«

»Ist der Kommandant in der Messe?«

»Nein, er hat den Funker in die Messe geschickt. Ich kann es noch gar nicht fassen.« Er senkte die Stimme und fügte leise hinzu: »Ich freue mich auch für Sie, Number One. Es bedeutet für Sie einen neuen Anfang. Nach allem, was Sie für mich getan haben, hoffe ich sehr, daß wir uns nicht aus den Augen verlieren.«

Standish klopfte seine Pfeife aus und steckte sie in die Tasche. »Danke, Sub.« Vergeblich versuchte er, sich über seine Gefühle klarzuwerden. »Bin gleich wieder zurück. Ich muß zum Kommandanten.« Rasch stieg er zur Brücke hinauf und fand Dalziel in seiner kleinen Seekabine, die Karte unter der Leselampe auf seiner Koje ausgebreitet.

»Ich habe soeben von dem Funkspruch gehört, Sir.« Standish wartete, denn er bemerkte den konzentrierten Ausdruck im Gesicht des Kommandanten.

Dalziel wandte den Blick nicht von seiner Karte. »Nördlich von uns ist eine tiefe Durchfahrt, dann kommen zwei weitere kleine Inseln. Vielleicht war es verkehrt, zuerst die größeren zu untersuchen. Aber aus der Karte ist wirklich nicht viel zu ersehen.« Endlich blickte er mit glänzenden Augen auf. »Was haben Sie gehört?«

»Den Rückruf, Sir. Wir kehren nach Singapur zurück?«

»Natürlich. Ich habe Ihnen ja schon beim Auslaufen gesagt, die werden noch vor Staunen den Mund nicht zukriegen. Und ich hatte recht.«

»Haben Sie den Funkspruch quittiert, Sir?«

Dalziel lächelte. »Selbstverständlich. Wollen doch keinen unnötigen Argwohn wecken, oder?«

Standish fühlte, wie eine kalte Hand nach seinem Herzen griff. »Wir sind außerhalb unseres Patrouillengebietes, und jede weitere Verzögerung müßte das noch verdeutlichen.« Zögernd fuhr er fort: »Es sähe schlecht für Sie aus, Sir.«

Dalziel warf den Kopf zurück und lachte. »Schlecht? Klar, sie würden mir am liebsten das Fell über die Ohren ziehen. Aber Sie wissen ja, Number One, in der Marinegeschichte war es immer dasselbe: Wenn Sie hinterher beweisen können, daß Sie recht hatten, wird Ihnen ein so kleiner Fehler ohne weiteres verziehen.«

»Ich folgere daraus, daß Sie hierbleiben wollen, bis die Suche beendet ist, Sir?«

»Folgern Sie ruhig, ja. Warum, haben Sie Einwendungen?«

Standish sah ihn an. »Ich weiß, daß mich genausoviel Schuld trifft wie jeden anderen, Sir. Zuerst habe ich Ihnen zugestimmt. Aber wie es jetzt aussieht, sollten, nein, *müs-*

sen wir nach Singapur zurückkehren. So lautet unser Befehl.«

Dalziel starrte ihn verständnislos an. »Ich bin überrascht, daß Sie so etwas sagen. Ich dachte immer, Sie wären anders. Aber vielleicht war es falsch, zuviel Vertrauen in Sie zu setzen. Ich brauchte jedoch Ihre Unterstützung und brauche sie noch immer.« Er stand auf und schritt ruhelos zum offenen Bullauge. »Aber mit Ihrer Unterstützung oder ohne, ich beabsichtige, diese Suche bis zum Ende zu führen.« Plötzlich fuhr er wütend herum. »Verstehen Sie? Ich habe mehr eingesteckt, als ich verdauen konnte. Und jetzt, an der Schwelle zum Erfolg, muß ich erleben, daß auch Sie gegen mich sind! Was soll ich davon halten?«

Zwei leuchtendrote Flecken glühten auf seinen Wangen, und Standish sah, daß die Knöchel sich weiß auf seinen zu Fäusten geballten Händen abprägten.

»Ich bin keineswegs gegen Sie, Sir. Ich möchte Sie nur nicht ans Kreuz genagelt sehen, das ist alles.«

Dalziel wandte sich ab. »Wirklich?« Einen Augenblick schien er verwirrt. »Oh, ich verstehe. In diesem Fall . . .« Er sprach nicht weiter.

Standish legte die Hand auf den Türdrücker. »Aber ich werde Sie selbstverständlich weiterhin unterstützen. Was auch geschieht.«

Dalziel reckte die Schultern. »Gut, dann ist das klar.« Wie von weit her fuhr er fort: »Ich hatte einen jungen Offizier auf der *Harrier*, der konnte niemals Entscheidungen treffen, die Verantwortung war ihm zu groß. Verstehen Sie? Aber mit der Zeit hätte ich einen guten Offizier aus ihm gemacht.« Traurig sah er Standish an. »Er kam bei der Kollision ums Leben. Und er war der einzige, der diesen selbstgefälligen Idioten bei der Gerichtsverhandlung hätte sagen können, was sich wirklich abgespielt hat. In dieser Welt muß man Verantwortung übernehmen. Das Leben wäre nicht lebenswert, wenn wir uns wie eine Herde Schafe treiben ließen, stimmt's?«

»Soviel ich hörte, war Kapitän Jerram bei Ihnen an Bord, als sich die Kollision ereignete, Sir.«

»Was?« Dalziels Kopf schoß vor. »Wo haben Sie das gehört?«

»Ich glaube, Sie haben es einmal erwähnt.«

»So, habe ich das?« Dalziel glich mit den Beinen das Rollen des Schiffes aus. »Der verdammte Schweinehund hatte alles gesehen. Nur ein einziges Wort wäre nötig gewesen, und mein Name wäre völlig unbefleckt geblieben. Aber nein, er stand da wie ein Holzklotz. Hatte nichts gesehen. Hatte nichts sehen *wollen*, das ist die Wahrheit!« Dalziel sprach jetzt schnell und laut. »Er war schon immer ein Kriecher. Habe ihm niemals so recht getraut. Selbst als meine Frau mir sagte, daß...« Jählings brach er ab. »Das war vor langer Zeit. Ist längst vorbei.«

»Ich gehe jetzt lieber und mache meine Runde, Sir.«

»Ja. Tut mir leid, daß ich Sie vorhin so angefahren habe. Ich bin wohl ein bißchen nervös.« Sein ganzes Gesicht schien zu leuchten, als er sagte: »Aber es wird sich lohnen, ihre Gesichter zu sehen, wenn sie die Schlagzeilen lesen. Und Sie brauchen sich wegen Ihres nächsten Kommandos bestimmt keine Sorgen zu machen. Ich werde festhalten, was Sie zu dem Erfolg beigetragen haben. Ich erinnere mich noch, wie ich Sie zum ersten Mal sah. Es war an dem Tag, als ich auf dem Versorger aus dem Hubschrauber stieg. Sie standen da und warteten auf mich, überlegten wohl, was für ein Übelbold der neue Kommandant sein würde. Und ich dachte, hier steht ein junger Mensch, der das Zeug zu einem guten Offizier hat. Ein bißchen zerzaust, ein bißchen bedrückt von einem alten Kummer oder dem Kater von gestern.« Sein Grinsen wurde breiter. »Wie das Schiff selbst. Aber beide hatten das Zeug, etwas aus sich zu machen.« Das Grinsen verschwand. »Gute Nacht, Number One. Morgen früh machen wir mit der Aufgabe weiter, für die wir hier sind.«

Standish trat hinaus auf die dunkle Brücke; in Gedanken

hörte er noch immer Dalziels Worte, aus denen Eifer und eine irgendwie rührende Verwundbarkeit sprachen.

In der Messe fand er die anderen, die den Rückruf erörterten.

Er wartete, bis ihn alle ansahen, dann sagte er: »Morgen früh geht die Suche weiter. Bootsbesatzungen um sieben Uhr antreten zur Unterweisung.«

Irvine war der erste, der das verblüffte Schweigen brach, genau wie Standish erwartet hatte.

»So ist das also! Jetzt hat er aber den Bogen endgültig überspannt!« Er sah die anderen an. »Ich habe mich schon gefragt, ob es wohl soweit kommen würde. Auf alle Fälle wird es interessant, die Weiterentwicklung zu beobachten.«

Pigott knurrte heiser: »Verdammt und zugenäht!«

Standish sah unbeirrt Irvine an. »Falls Sie scharf beobachten, geben Sie einen erstklassigen Zeugen ab.« Damit drehte er sich um und ließ alle in tiefem Schweigen zurück.

Die letzten beiden Inselchen lagen eine halbe Meile vom Ankerplatz der *Terrapin* entfernt und sahen im grellen Sonnenlicht des Nachmittags aus wie groteske braune Ungeheuer. Als das Schiff langsam an den Riffen entlangfuhr, Echolot und Sonargerät ständig eingeschaltet, gab es keinen einzigen Mann an Bord, der nicht besorgt das Aufspritzen von Gischt über den überspülten Felsen beobachtet hätte.

Das Sonargerät hatte mehrere Wracks geortet, von denen einige als gefährlich nahe der Oberfläche auf der Karte verzeichnet waren, während andere in die tieferen Spalten und Unterwassergräben versunken waren. Jedes von ihnen konnte die *Bombay Queen* sein.

Während der Tag sich dahinzog, mußte Standish immer öfter an die Wracks denken. Ob sie Opfer vergangener Kriege oder Stürme geworden waren, machte längst keinen Unterschied mehr. Die Riffe so dicht vorbeigleiten zu sehen, ließ sie die Gefahr, in der sich das Schiff befand, keinen

Augenblick vergessen. Jenseits der unbewohnten Inselchen und Felsenklippen erstreckten sich etwa sechzig Meilen offene See bis zur Küste von Kambodscha. Aber Entfernung zählte hier wenig. Die *Terrapin* war das letzte schwimmende Schiff, das diese Riffe seit langem gesehen hatten.

Schließlich ankerten sie so dicht wie möglich vor der nächsten kleinen Insel, mußten ständig die Kette beobachten und regelmäßig Peilungen nehmen, um sicherzustellen, daß sie nicht abtrieben. Der felsige Boden fiel hier steil ab, und ein Gewirr dunkler Steine ragte in ein paar hundert Metern Entfernung aus dem Wasser.

Als die beiden Motorboote zu Wasser gelassen wurden, sah Standish die Besatzung zur Brücke hinaufschauen, von wo Dalziel seine Instruktionen zu Irvine und Wishart hinunterrief. Die meisten Leute machten kaum noch ein Hehl aus ihrem Ärger, denn es war im ganzen Schiff bekanntgeworden, daß der Kommandant sie widerrechtlich festhielt, obwohl sie schon längst den Befehl zur Rückkehr nach Singapur erhalten hatten.

Standish wußte, daß es nicht mehr lange so weitergehen konnte. Wenn die Boote wieder ohne Ergebnis zurückkehrten und Dalziel auf Fortführung der Suche bestand, war mit Konsequenzen zu rechnen.

Wills erschien auf der Brücke mit Kaffee und hartem Schiffszwieback. Das Brot war bereits alle, auch jeglicher Frischproviant. Pigott hatte verkündet, daß sogar kaum noch Kaffee übrig sei.

Dalziel beobachtete Wishart durchs Glas, bis die *Whizz-Kid* hinter der nächsten Felsnase außer Sicht kam. Erheblich langsamer tuckerte Irvine im alten Motorboot zur näher gelegenen Bucht. »Ich habe so ein Gefühl, daß dies der große Tag sein wird, Number One«, sagte der Kommandant.

Standish sah ihn an, plötzlich bewegt durch seine unerschütterliche Zuversicht. »Ich hoffe es, Sir.«

»Mir ist jetzt alles klar. Kein Wunder, daß weder die Amerikaner noch unsere Leute jemals Berichte über ein U-Boot bekamen, das durch unser Gebiet fuhr. Sobald es erst hier im Golf operierte, konnte es bleiben, so lange es wollte, denn es konnte Treibstoff, Proviant und Wasser jederzeit ergänzen. Sicherlich beschattete es alle wichtigen Fahrzeuge und berichtete darüber. Ich möchte wetten, daß es auch der *Cornwallis* folgte.«

Standish blickte übers glitzernde Wasser und rieb sich die schmerzenden Augen. »Vielleicht war es auch die letzte Fahrt des U-Boots, Sir. Möglich, daß der Angriff auf das Dorf nicht zu vermeiden war. Meiner Ansicht nach ist aber seine eigentliche Aufgabe der Transport von Guerillas und Nachschub. Ich könnte mir denken, daß es nach dem Absetzen dieser Leute so schnell wie möglich zurückkehrt, denn die Küstengewässer sind hier im allgemeinen zu flach für ein U-Boot.«

Dalziel nickte geistesabwesend. »Das mag für viele Gebiete zutreffen, aber hier im Riff ist es tief genug. Jenseits der Zwanzig-Faden-Linie fällt der Grund steil ab. Daher ist hier auch der Treffpunkt für . . .«

Er brach ab, als Burch rief: »Mr. Wishart kehrt zurück, Sir.« Dann senkte er sein großes Fernglas. »Er signalisiert: kein Ergebnis, Sir.«

»Danke, Signalmeister.« Dalziel nahm seine Kaffeetasse auf und sah sie an, schien aber nicht zu erkennen, was er in der Hand hatte. »Macht nichts.« Aber sein Lächeln war verschwunden.

Als die *Whizz-Kid* an Backbord längsseits ging, hörte Standish spöttische Hurrarufe vom Oberdeck und sah auch, daß mehrere Seeleute offenbar höhnische Bemerkungen zum Boot hinunterriefen.

Dalziel sagte eifrig: »Nun, das klingt ja ganz fröhlich. Mir scheint, sie sehen die Notwendigkeit unserer Unternehmung ein.«

Standish biß sich auf die Lippen. Plötzlich kamen ihm

Sarah Dalziels Worte in den Sinn: Etwas, das ihm mißfällt oder dem er mißtraut, schließt er völlig aus seinen Gedanken aus.

Wishart wirkte wirklich enttäuscht, als er auf der Brücke erschien. Dalziel hörte seinen Bericht und erwiderte: »Nun, dann müssen wir eben weitermachen, nicht?«

Als etwa dreißig Minuten später das alte Motorboot zurückkehrte, kam Irvine nachlässig auf die Brücke, sah Dalziel an und machte sich nicht einmal die Mühe zu salutieren.

»Die Bucht ist dreihundertsiebzig Meter lang und nicht ganz hundert Meter breit, aber die Wände sind so steil wie ein Haus.« Er machte eine Pause. »Die *Bombay Queen* liegt gleich am Eingang der Bucht, deswegen haben wir sie von See aus nicht gesehen.«

Dalziel starrte ihm so intensiv auf die Lippen, als befürchte er, ein Wort zu verpassen. Als Irvine schwieg, drängte er: »Und? Was weiter?«

»Nichts.« Irvine warf einen Blick über die Umstehenden, als wolle er seinen Worten mehr Nachdruck verleihen. »Keine Boote, keine Leichter und, soviel ich sehen konnte, auch kein einziger Mensch, seit die *Bombay Queen* vor achtundzwanzig Jahren hier auf Grund lief.«

Niemand sprach. Standish blickte hinunter zum Oberdeck, wo ein Mechaniker der Freiwache seelenruhig seine Angel auswarf, ohne etwas von dem Drama auf der Brücke zu merken.

Plötzlich sagte Dalziel: »Sie sind ganz sicher, daß es das richtige Schiff war?«

»Ja, Sir.« Das klang ein wenig verächtlich. »Nur das Vorschiff ist noch da, aber der Name ist leserlich. Der Rest ist verrosteter Schrott.«

»Trotzdem.« Dalziel ging ruhelos hin und her. »Da muß doch irgend etwas zu sehen sein! Vielleicht ein Ölfleck auf dem Wasser, treibender Abfall?«

»Nichts, Sir.« Irvine atmete heftig. »Ist Ihnen denn nie

in den Sinn gekommen, daß dieses Fischerboot gestohlenes Dieselöl schmuggelte, sonst nichts?«

Dalziel wirkte mit einem Mal sehr müde, die Linien um seinen Mund waren noch tiefer als sonst. Er sagte leise: »Ich fahre selbst hinüber.«

Wishart warf Standish einen besorgten Blick zu. »Mein Boot muß Treibstoff übernehmen, Sir.«

Dalziel ging an ihm vorbei. »Ich fahre mit dem alten Motorboot.«

Standish folgte ihm zum Deck hinunter und fragte leise: »Warum lassen Sie mich nicht fahren, Sir?«

»Nein.« Mit leerem Gesicht sah Dalziel ihn an. »Ich möchte selbst nachsehen. Sollte das Wetter umschlagen, geben Sie mir mit der Sirene ein Signal.« Ohne ein weiteres Wort stieg er hinunter ins Boot, setzte sich ins Cockpit und starrte vor sich hin.

Als Standish wieder auf die Brücke kam, standen dort Irvine und Wishart und sahen dem Boot nach, das zur klippenstarrenden Insel hinüberfuhr.

Irvine warf Standish einen Blick zu. »Der Doktor möchte Sie sprechen. Er ist im Kartenhaus.«

Standish nickte und trat in den kühlen Kartenraum, versuchte, nicht an Dalziels enttäuschtes Gesicht zu denken. So würde er vermutlich aussehen, wenn er die *Terrapin* für immer verlassen mußte.

Rideout wartete neben dem Tisch. »Ich nehme an, Sie wissen, worüber ich mit Ihnen sprechen will?«

Standish setzte sich. »Sprechen Sie trotzdem.«

Rideout hob eine rotgeschrubbte Hand und betrachtete sie sorgfältig. »Sie wissen es vielleicht noch nicht, aber ich werde die Marine in Kürze verlassen. Mir wurde eine Stelle in Manchester angeboten, die ich angenommen habe.« Er lächelte. »Vielleicht weniger aufregend, aber besser bezahlt. Als Arzt dieses Schiffes habe ich jedoch noch eine letzte Aufgabe.« Er machte eine Pause und sah Standish an. »Ich habe mich nicht danach gedrängt, das möchte ich klarstellen. Aber gewisse Vorschläge und Beschwerden, die mir zu Ohren gekommen sind, sowie das kürzliche Benehmen des Kommandanten ließen mir keine Alternative.«

Standish richtete sich auf. »Haben sich einige Offiziere bei Ihnen beschwert?«

Rideout antwortete nicht direkt. »Es gab mehrere Dinge, die mich von Anfang an interessierten. Später fiel mir ein bestimmtes Muster im seltsamen Benehmen des Kommandanten auf. Außerdem ist da diese Liste, die ich zusammengestellt habe.«

»Liste?« Standish beobachtete das unbewegliche Gesicht des Arztes, der durchs offene Bullauge starrte.

»Der Kommandant hat verschiedentlich gegen die Dienstvorschriften verstoßen: Mißbrauch von Vorräten, ein Sportfonds, den er für seine Zwecke nutzte, und anderes mehr.«

Standish erwiderte kalt: »Einige Offiziere schicken Sie vor, um ihre Beschwerden vorbringen zu lassen, scheint mir.«

Achselzuckend erwiderte Rideout: »Sie sind aktive Offiziere. Möglicherweise ist ihnen klar, daß ein offener Protest ihnen ebenso schaden könnte wie dem Kommandanten. Aber am Disziplinarrecht bin ich nicht interessiert. Es geht hier um etwas anderes, und das ist der Starrsinn des Kommandanten, der absolute Vorrang, den er seinen persönlichen Interessen gibt. Aber Sie wissen bestimmt mehr darüber, als Sie zugeben wollen.«

Standish sagte ruhig: »Lenken Sie nicht ab.«

»Zuerst verstand ich nicht, warum Kapitän Jerram mich so plötzlich auf dieses Schiff kommandierte. Dies und einige andere Vorkommnisse machten mich neugierig. Jetzt weiß ich, Jerram wollte mich als Aufpasser einschleusen, da er von meiner früheren Tätigkeit im Duncan House erfahren hatte.«

»War dies der Brief, den Sie kürzlich erhielten?«

»Ja. Ich schrieb an einen Freund dort, wußte aber schon vorher Bescheid. Es waren Dalziels Wahnvorstellungen, die die Sache ins Rollen brachten. Ich erinnerte mich, daß wir im Duncan House damals einen Patienten hatten, der den anderen Insassen Vorträge über Seekriegsgeschichte und Seeschlachten hielt. Ich selbst habe ihn nicht gesehen, aber eine Menge über ihn gehört.«

»Der Kommandant wurde als völlig geheilt entlassen.«

»Sicher. Aber man weiß so was nie genau. Vielleicht wäre es in einer Stellung, die ihn nicht so stark gefordert hätte, auch gutgegangen. Jetzt jedoch bin ich mir nicht mehr sicher. Stets findet er eine plausible Begründung für sein Verhalten. Zum Beispiel die Weigerung, seine Frau anzuerkennen. Das liegt wahrscheinlich daran, daß er die Wahrheit niemals akzeptiert, wenn sie für ihn ungünstig ist: daß er dieses Kommando durch die Fürsprache seiner Frau und nicht auf Grund seiner Befähigung erhalten hat. Und dann Ihre erste Begegnung mit dieser Dschunke, bei der ein unschuldiger Zivilist erschossen wurde. Dalziel war völlig überzeugt, daß er Terrorist war. Daß dort später wirklich verborgene Terroristen gefunden wurden, hat nichts mit ihm zu tun, wirkte sich aber natürlich für ihn günstig aus.«

Standish sprach betont ruhig, zwang sich, seinen Ärger und seine Besorgnis zu verbergen. »Haben Sie vergessen, wie er dieses Schiff wieder auf Schwung gebracht hat? Oder wie er es im Taifun führte?« Noch während er die Worte aussprach, sah er, daß sich Rideouts Lippen zu einem Lächeln verzogen.

»Bei allem Respekt, aber ich bin der Meinung, daß Sie während des Sturmes entscheidender waren als er. Zum Glück ist es die veraltete *Terrapin*, die er fährt. Aber haben Sie sich ihn mal als Kommandant eines Flugzeugträgers oder eines Polaris-U-Boots vorgestellt?« Er schüttelte den Kopf. »Tut mir leid, Number One, aber das wäre wohl zu riskant.«

»Was beabsichtigen Sie zu tun?«

»Ich fürchte, das hängt von Ihnen ab.« Traurig blickte Rideout ihn an. »Ich kann einen Bericht erstellen, mein Drängen auf Dalziels sofortige Ablösung begründen, und Sie müßten einen entsprechenden Funkspruch absetzen. Kein Tadel würde Sie treffen. Aber je länger wir hier bleiben, um so schwieriger wird es für jeden an Bord. Immer wird allen der Makel anhaften, zu einem streunenden Schiff gehört zu haben. Zu einer Besatzung, die aus Unentschlossenheit oder Unfähigkeit zusah, wie ihr Kommandant langsam irrsinnig wurde.«

Standish stand auf und trat ans offene Bullauge. Die Insel draußen schien sich über ihn lustig zu machen.

»Ich weiß, daß es Ihnen nicht um Ihren eigenen guten Ruf geht.« Rideouts Stimme war sehr sanft. »Sie sind der Meinung, daß Ihre Loyalität Dalziel gegenüber wichtiger ist. Manchmal mag das zutreffen. Aber jetzt gehört Ihre Loyalität und Ihre Verantwortung dem Schiff. Ich bin sicher, daß viele es Ihnen danken werden, wenn Sie sofort handeln.«

Standish drehte sich um und fragte schroff: »Und der Kommandant? Wird auch er mir danken?«

Wieder einmal blickte Rideout auf seine Hände nieder. »Ja. Ich glaube, später wird er das tun. Im Grunde ist er ein ehrlicher Mann. Sein Pech ist, daß er zweihundert Jahre zu spät geboren wurde. Die Tage der Einzelkämpfer sind vorbei.«

»Und angenommen, der Kommandant willigt ein, sofort befehlsgemäß nach Singapur zurückzukehren?« Standish lauschte seiner Stimme und verachtete sich dafür, daß es ihm nicht gelungen war, Rideout zu widerlegen.

Der Arzt nickte. »Das wäre natürlich für alle am besten. Sobald wir in Singapur sind, könnte ich mit dem P.M.O. sprechen, der ein sehr vernünftiger Mann...«

Standish hob die Hand. »Sie werden mit niemandem sprechen! Ich werde einen Bericht aufsetzen und für den

Kommandanten tun, was ich kann. Er muß sich mit genug Problemen auseinandersetzen, auch ohne daß ihm noch ein Experte in den Rücken fällt.«

Rideout senkte den Blick. »Es tut mir sehr leid, ehrlich.«

Langsam ging Standish zur Tür. »In Ihrer neuen Stellung in Manchester werden Sie Ihren Studenten von diesem interessanten Fall berichten können.« Er öffnete die Tür. »Aber bitte denken Sie daran, daß es Dalziel und Männern wie ihm zu verdanken ist, wenn Sie am Leben sind. Während Sie Ihr Medizinstudium absolvierten, war er auf See und kämpfte unter den ungünstigsten Bedingungen für sein Land. Vielleicht hatte er seine Wahnvorstellungen«, mit einer Armbewegung umfaßte er den kleinen Kartenraum, »aber er hatte wirklich nicht viel Gelegenheit, etwas daraus zu machen. Man wird ihn vernichten, aber seine Würde sollte man ihm wenigstens lassen!«

Er trat hinaus in den Sonnenschein und sah Irvine am Kompaß stehen. Ein wenig linkisch sagte der Navigationsoffizier: »Tut mir leid, daß wir Sie hineinziehen mußten. Aber wir alle meinten, so sei es am besten.«

»So, meinten Sie?« Eiskalt sah Standish ihn an. »Dann hoffe ich, daß Sie jetzt zufrieden sind.«

Eilends stieg er die Leiter hinunter zu Wishart. »Fahren Sie mich zum Kommandanten, Sub.« Er stieg in das kleine Cockpit, setzte sich zu den drei bewaffneten Seeleuten und fügte hinzu: »So schnell Sie können.«

Wishart blickte ihn an und sagte leise: »Ich habe mit der ganzen Sache nichts zu tun. Die haben mich nicht einmal gefragt, wie ich darüber denke.«

»War auch besser so.«

»Ich wünschte, wir könnten . . .« Der Rest seiner Worte ging unter im Dröhnen der Motoren, als die *Whizz-Kid* ablegte und zur Insel jagte.

Sobald sie in der engen Bucht waren, fiel die Temperatur merklich. Es war, als führen sie in einen riesigen Kühlraum. Durch die Felswände auf beiden Seiten lag die schmale Bucht ständig im Schatten. Der Himmel über ihnen wirkte plötzlich fern und unerreichbar.

Sie sahen das Motorboot, das auf der wirbelnden Strömung unterhalb einer Klippe trieb, und gegenüber, grotesk auf einer Reihe gezackter Felsen, die Reste der *Bombay Queen*. Sie sah genauso aus, wie Irvine sie beschrieben hatte. Die Brücke war noch da, aber das gesamte Achterschiff fehlte, und ihre rostigen Eingeweide lagen ringsum verstreut. Sie zeugten von der gewaltigen Kraft der Riesenwelle, die sie in diese schmale Bucht und auf ihren letzten Ruheplatz geworfen hatte.

Standish sagte: »Fahren Sie zurück zum Schiff, Sub. Ich muß mit dem Kommandanten sprechen.« Er sah Wishart nicht an; als sich die beiden Boote einen Augenblick berührten, sprang er hinüber.

Er wartete, bis der Lärm der *Whizz-Kid* ein wenig abebbte, und sagte dann: »Nun haben Sie sie doch gefunden, Sir.«

Dalziel starrte hinauf zu dem zerschlagenen Schiffsrumpf mit seinen rostigen Platten und riesigen Löchern.

»Freut mich, daß Sie selbst gekommen sind, um sie zu sehen.« Seine Stimme klang niedergeschlagen. »Kein erfreulicher Anblick.«

Der Bootsgast vorn im Bug schlug die Augen nieder, als Standish ihn ansah. Genauso wie der Bootssteurer und der bewaffnete Seemann schien auch er sich zu fragen, wie lange der Kommandant noch bleiben und das Wrack anstarren wollte. Vielleicht sah Dalziel in diesem Wrack ein Symbol für sein eigenes Leben, dachte Standish.

Der Bootsgast rief: »Ihr Namensschild hängt noch dran, Sir! Soll ich es mit dem Bootshaken herunterholen?«

Standish hatte das von einem Bolzen hängende Schild mit dem Schiffsnamen auch schon bemerkt. Warum nicht? Vielleicht konnte Dalziel später einen Blick auf den Namen der alten *Bombay Queen* werfen und Trost darin finden.

Er nickte. »Ja, versuchen Sie's.«

Der Motor sprang wieder an, und das Boot zwängte sich langsam zwischen zwei glatten Felsen hindurch, während der Bootsgast vorn im Bug mit seinem Haken bereitstand, um das Schild herunterzuziehen.

Standish hörte, wie der Haken über die rostige Platte schrammte, dann blickte er übers Dollbord, um sicherzustellen, daß dem Boot von den anderen Felsen keine Gefahr drohte. In diesem Augenblick sah er es: ein langes schwarzes Mundstück an zwei neuen, glänzenden Schäkeln. An das Mundstück angeschlossen war ein dicker Schlauch von etwa achtzehn Zoll Umfang.

Er packte Dalziels Arm und zeigte hin. »Sehen Sie? Ein Ölschlauch!«

Das Boot schwankte, als Dalziel zur einen Seite hinüberlief. »Er geht durch das ganze Wrack nach oben, ich kann es deutlich sehen!« rief er.

»Voll zurück! Raus hier!« befahl Standish.

Der Bootsgast drehte sich um und starrte sie an, den Bootshaken noch immer nach oben gerichtet. »Was soll das? Um ein Haar wäre ich über Bord gefallen!«

Das plötzliche Hämmern automatischer Waffen prallte von den hohen Felswänden zurück, so daß es schien, als käme es aus allen Richtungen.

Standish sah das Gesicht des Bootsgasten sich erschreckend verändern. Als die Kugeln in seinen Rücken schlugen, stieß er einen schrillen Schrei aus und stürzte kopfüber ins Wasser.

Die Geschosse hämmerten ins Boot, rissen Splitter los und prallten vom Motorblock ab, während es mit voller Kraft achteraus fuhr. Als Standish aufblickte, sah er die Rauchwölkchen der Abschüsse neben der fensterlosen Brücke des Wracks, hörte das schmerzliche Aufstöhnen des Bootssteurers, der neben der Pinne zu Boden sank.

Der bewaffnete Seemann zerrte verzweifelt an seiner Stirling, brachte sie in Stellung und feuerte blindlings zur Brücke des Wracks hinauf. Die Kugeln schlugen Rost ab und hinterließen eine schwankende Linie von Löchern zwischen zwei leeren Bullaugen.

Die Feuerstöße vom Wrack hörten nicht auf. Noch eine Waffe fiel jetzt ein; sie schoß vom Bug hinter den Resten des Ankerspills hervor.

Rings um ihr Boot tanzten die Spritzer der Aufschläge, und als Standish nach unten blickte, sah er das Wasser bereits gierig durch die Löcher im Boden schießen.

Dalziel ächzte und preßte die Hand gegen die Seite. Sein Blut sah im Schatten aus wie schwarze Farbe.

Durch die zusammengebissenen Zähne keuchte er: »Nehmen Sie die Pinne! Zurück zum Schiff!«

Standish taumelte nach achtern, bemerkte erst jetzt, daß die Stirling schwieg, der Seemann auf dem Rücken lag und zum Himmel aufblickte. Mitten in der Stirn hatte er ein rundes Loch.

»Es ist zwecklos!« Standish merkte nicht, daß er es laut ausrief. »Das verdammte Boot sackt unter uns weg.«

Dalziel kämpfte sich nach vorn und hob die Stirling auf. Nach einem kurzen Feuerstoß auf das Wrack knurrte er: »Leer!« Er sah Standish an und sagte heiser: »Sie haben die ganze Zeit dort oben gelauert!« Dann preßte er beide Hände auf die Rippen und fuhr fort: »Bleiben Sie im Rückwärtsgang. Wenn Sie zu drehen versuchen, wird man auch Sie treffen.«

Schweiß strömte Standish unter der Mütze hervor, und er spürte, wie der Atem durch seine Kehle pfiff, als er mit aller Kraft versuchte, die Pinne gegen den starken Druck des rückwärts fahrenden Bootes zu halten. Es war hoffnungslos. Sie machten zu stark Wasser, und wenn das erst den Motor erreichte ... Er blickte auf und sah etwas Blau-Weißes auf sich zukommen. Dalziel murmelte: »Mein Gott, es ist dieser junge Narr!«

Die *Whizz-Kid* raste heran, Gischt sprühte von ihrem Bug, während ihr Bootssteurer genau auf das sinkende Motorboot zuhielt. Wieder hämmerten Schüsse, und

Standish sah Kugeln in den Glasfiberrumpf der *Whizz-Kid* schlagen, wo zwei Seeleute das Feuer mit dem Maschinengewehr erwiderten.

Wishart beugte sich über ihn und zog ihn über das Dollbord hinüber. Ein anderer Mann half Dalziel aus dem vollaufenden Boot.

Standish versuchte zu grinsen und keuchte: »Zurück zum Schiff, Sub, und vielen Dank!« Dann sah er Wisharts Gesicht, es wirkte wie das eines Veteranen. Während das Boot davonraste, kroch Standish neben Dalziel, öffnete dessen Hemd, steckte die Hand hinein und hörte ihn sagen: »Die Idioten dachten, wir hätten sie gesehen!« Er entblößte die Zähne, als Standish nach der Wunde tastete. Sicherlich war es der Schmerz, aber es sah im Grunde aus wie sein übliches, jungenhaftes Grinsen.

Schließlich stieß Dalziel hervor: »Aber da haben sie sich verdammt geirrt, stimmt's?« Dann legte er sich zurück und schloß die Augen.

18 Fünfundsechzig Tage

Als die *Whizz-Kid* bei der Fregatte längsseits ging, stand die Reling voll herabstarrender Menschen. Jetzt erst wurde Standish klar, daß keiner von ihnen das Schießen gehört hatte, denn die Felswände der engen Bucht hatten jeden Laut erstickt. Als einige ins Boot sprangen, andere von oben herunterriefen, spürte er Ärger.

Pigott beugte sich über die Reling. »Was war denn los?«

»Das zweite Boot ist versenkt worden!« Standish half mit, Dalziel über die Reling zu heben. »Wir haben drei Tote zurücklassen müssen!« Er merkte, daß die Dünung höher geworden war und die *Whizz-Kid* ziemlich heftig stampfte.

Er drängte sich zwischen den Seeleuten hindurch. Der Arzt rannte auf sie zu, das Gesicht eine einzige Frage. Aufgeregt sagte er: »Wir bringen ihn besser hinunter ins Lazarett.«

In diesem Augenblick schien Dalziel zu neuem Leben zu erwachen. Er schob Rideout beiseite, obwohl er gegen die Reling taumelte, und stieß heiser hervor: »Hände weg! Ich brauche keinen Arzt, der mir sagt, was ich zu tun habe. Solange ich das Kommando habe, gebe ich die Befehle, klar?« Er fuhr herum und suchte Standish. »Helfen Sie mir auf die Brücke. Wir haben nicht viel Zeit.«

Auf der Leiter rief Dalziel über die Schulter: »Sagen Sie dem Chief, er soll Dampf aufmachen. Wir gehen sofort ankerauf.«

Wishart fragte atemlos: »Was ist mit dem Boot, Sir? Soll ich es einsetzen?«

Dalziel starrte ihn an. »Ich sage Ihnen schon, wann es eingesetzt werden soll!« Ruhiger fuhr er fort: »Sie haben sich verdammt gut benommen, Sub. Verderben Sie das jetzt nicht durch unnötige Fragen.«

Es schien endlos zu dauern, bis sie die obere Brücke erreicht hatten. Neugierige Gesichter starrten sie an, und als sie endlich oben waren, schwitzte Dalziel erheblich.

Dr. Rideout, der hinter ihm herkletterte, befahl er: »Nur einen Verband über diese Schramme hier!« Er zog das Hemd über den Kopf und warf es an Deck, schien das Blut nicht zu bemerken, das an seiner Seite auf die Grätings herunterlief.

Irvine fuhr er an: »Sie waren wieder einmal zu hastig, N.O.! Die Halunken waren doch auf dem Wrack!« Dann sah er sich auf der Brücke um. »Aber jetzt sind sie unsere Gefangenen. Sie können nicht weg, und ich werde sie in ihrem verdammten Geheimdepot festhalten, bis Hilfe kommt!«

Er merkte, daß Irvine ihn noch immer anstarrte, und fragte: »Was glotzen Sie mich so an? Können Sie nicht ein einziges Mal zugeben, daß Sie unrecht hatten?« Er hob die Arme, damit ihm Rideout einen großen Verband um die Rippen legen konnte.

Zögernd sagte Irvine: »Kurz bevor Sie zurückkamen, empfingen wir einen Funkspruch, Sir.« Er sah Standish an. »Irgendein Frachter ist offenbar in Schwierigkeiten. Ladung übergegangen. Er hat S.O.S. gefunkt, und wir sind aufgefordert worden, unsere augenblickliche Position anzugeben und mitzuteilen, ob wir ihn erreichen und Hilfe leisten können.«

Dalziel ließ die Arme wieder sinken und bewegte sie vorsichtig, wobei er sichtlich Schmerzen litt. »Zeigen Sie mir den Funkspruch.« Er las ihn. »Selbst wenn wir hier schon abgedampft wären, könnten wir nicht vor anderen Schiffen eintreffen. Der Havarist liegt auf der Hauptschiffahrtsroute und wird also genug Beistand finden. Außerdem ist er ein Grieche, wahrscheinlich ist es also mehr Panik als echte Gefahr.«

Wills war erschienen und überreichte Dalziel ein frisches Hemd.

»Diese Schurken auf dem Wrack könnten eine ganze Armee in Schach halten.« Dalziels Stimme klang erstickt, weil er in das Hemd schlüpfte. »Aber möglicherweise ist ein Flugzeugträger irgendwo im Golf. Ich werde Beistand anfordern und einige Hubschrauber. Mit etwas Luftsicherung können wir die Halunken leicht niederhalten.« Er griff nach seiner Mütze, wischte den Staub ab und sagte: »Aber denken Sie daran, es ist *unser* Fang!«

Irvine sagte: »Wir haben keine andere Wahl, Sir. Wir müssen sofort umkehren.« Er zeigte hinüber zur Insel. »Die kommen nicht weit. Wir können zusätzliche Unterstützung anfordern, die es dann zu Ende führt.« Sein Ton wurde härter. »Sie haben kein Recht, hierzubleiben.«

Dalziel starrte ihn an. »Kein Recht? Dort drüben starben drei von uns, hauptsächlich deswegen, weil Sie nur sahen, was Sie sehen wollten. Wieder einmal hat Ihre verdammte Nachlässigkeit Menschenleben gekostet, und jetzt besitzen Sie die Unverschämtheit, meine Befehle in Frage zu stellen?«

Rideout unterbrach ihn rasch. »Es wäre besser, wenn Sie mit ins Krankenrevier kämen, Sir. Die Wunde ist sehr groß. Niemand kann Sie tadeln, wenn Sie das Kommando vorübergehend abgeben.« Er schlug die Augen nieder. »Sie haben bewiesen, daß Sie recht hatten. Jetzt können die anderen hier aufräumen.«

Dalziel wankte zum Brückenkleid. »Sie haben kein Wort verstanden. Ist Ihnen nicht klar, daß diese Mörder längst abgeholt werden können, bevor Verstärkung eintrifft? Nur unsere Anwesenheit hält sie hier fest und damit auch den Beweis für ihre Schuld.«

Irvine sah Rideout an, und als dieser schwieg, sagte er grob: »Ich glaube nicht, daß das noch von Ihrer Entscheidung abhängt, Sir. Wenn der Doktor nicht sprechen will, dann tue ich es. Für mich steht zu viel auf dem Spiel, als daß ich es wegen irgendwelcher Hirngespinste oder einiger Ölfässer wegwerfen würde.« Dalziel hielt den Blick starr auf die Insel gerichtet, so daß Irvine fortfuhr: »Ich schlage vor, daß wir sofort unsere *genaue* Position und die übrigen Fakten über Funk melden. Wenn dann entschieden wird, daß wir hierbleiben und Unterstützung abwarten sollen, ist alles in Ordnung. Aber da der Seegang bereits zunimmt, halte ich das für unwahrscheinlich.« Er warf Rideout einen scharfen Blick zu. »Es wäre nur vernünftig, wenn Sie den Kommandanten sofort für krank erklären würden. Number One kann das Kommando übernehmen, bis wir weitere Befehle erhalten.«

Dalziel sah Standish an. »Ist das auch *Ihre* Ansicht?« Seine Stimme war vollkommen ruhig, aber in Dalziels tiefliegenden Augen las Standish eine Bitte.

Irvine sagte barsch: »Es ist gleichgültig, was er denkt, Sir. Nur was richtig ist, zählt.«

Dalziel wandte den Blick nicht von Standish. »Sie wissen, daß ich recht habe. Falls wir Zeit vertrödeln, obwohl Seegang aufkommt, dann ist bestimmt nichts mehr hier, wenn Hilfe eintrifft. Trotz allem, was wir wissen, werden die vom Stab vor der Angelegenheit die Augen verschließen, weil das bequemer ist.«

Ruhig erwiderte Standish: »Drei Männer haben soeben ihr Leben lassen müssen. Ohne jede Warnung wurden sie erschossen.« Er sah Irvine an und bemerkte, daß auch Pigott und Hornby zu ihm getreten waren. »Sie sollen nicht vergebens gestorben sein, Sir. Aber wir müssen einen Funkspruch abgeben, müssen Admiral Curtis mitteilen, was sich hier ereignet hat. Lassen wir ihn die Entscheidung treffen.« Den Blick auf Irvine gerichtet, fügte er mit fester Stimme hinzu: »Aber Sie werden den Funkspruch aufsetzen, Sir, niemand sonst.«

Quarrie kam auf die Brücke geklettert. »Ich habe immer noch Dampf am Spill.« Fragend blickte er von einem zum anderen. »Was ist das, eine Konferenz?«

Dalziel hob einen Telefonhörer. »Funkraum? Kommandant hier. Halten Sie sich klar, einen Funkspruch abzusetzen. Dringend.«

Marsh, der junge Signalgast, kam heraus und ging auf die Steuerbordseite, um den versammelten Offizieren aus dem Weg zu gehen. Er vermutete wohl, was sich hier abspielte, verstand es aber nicht. Später wollte er den Signalmeister fragen; der alte Burch wußte immer eine Antwort. Er packte das Brückenkleid, als das Schiff unruhig an der Kette zerrte. Und als er dann sprach, war seine Stimme so leise, daß sie beinahe vom Wasser übertönt wurde, das am Schiffsrumpf entlangstrich. Aber die Wirkung seiner Worte schlug ein wie der Blitz.

»Entschuldigen Sie bitte, aber da ist ein U-Boot an Steuerbord.« Er schluckte heftig. »Sehen Sie dort, Sir!«

Dalziel ließ das Telefon fallen und sprang hinüber. Standish folgte ihm und starrte die niedrige Form an, die langsam an der anderen Insel vorbeizog, etwa anderthalb Meilen entfernt. Er nahm ein Glas, richtete es auf das U-Boot, und sein Mund wurde plötzlich trocken, als er es im Blickfeld hatte. Er sah den Algenbewuchs auf dem dunklen

Rumpf, spürte die besondere Bedrohung, die von jedem U-Boot ausging und ihm so vertraut war; hier jedoch, auf der offenen Brücke der *Terrapin*, wirkte sie fremdartig.

Dalziel sagte leise: »Sehen Sie? Es steuert die Bucht an. Der Kommandant hat wahrscheinlich alles mitbekommen, was sich hier abspielte. Jetzt will er seine Leute abholen und das einzige Beweisstück in die Luft sprengen.« Seine Stimme klang halb erstickt. »Sehen Sie nur! Er denkt, wir lassen ihn gewähren!«

Standish sagte leise: »Es ist ein ehemals russisches U-Boot. Die Russen haben den Chinesen mehrere davon übergeben, bevor die Beziehungen zwischen ihnen gespannter wurden.« Er wunderte sich, daß er so ruhig sprechen konnte.

Hinter sich hörte er wieder Irvine; dessen Stimme klang, als wiederhole er eine auswendig gelernte Lektion. »Geben Sie den Funkspruch ab, Sir. Wir können nichts tun. Nichts.«

Dalziel drehte sich um, als Standish sagte: »Wären wir nur etwas früher hier gewesen. Wenn wir vor dem Eingang der Bucht geankert hätten, wäre er jetzt hilflos.«

Ein Sprachrohr pfiff, und der Brückenunteroffizier sagte: »Mr. Caley ruft von der Back, Sir. Er meint, der Anker schliert.«

Dalziel nickte. »Alle Mann auf Seestationen. Wir hieven den Anker sofort ein.«

Als der Befehl wiederholt und ausgepfiffen wurde, verschwanden die Gestalten an der Reling blitzartig, während andere bei Caley auf der Back erschienen. Lärm und plötzliche Aktivität schienen jedoch nicht bis zur Brücke zu dringen, wo Offiziere und Wachgänger noch immer bewegungslos zu dem langsam fahrenden U-Boot hinüberstarrten. Auf seinem Turm konnte man jetzt zwei Köpfe ausmachen, und das Aufblitzen von Gläsern verriet, daß die *Terrapin* beobachtet wurde.

Standish wandte endlich den Blick vom U-Boot ab und

sah Dalziel an. Würde er einen Angriff befehlen oder wenigstens diesem namenlosen Feind Widerstand leisten?

Von vorn kam das gleichmäßige Poltern der eingehievten Kette, und auf dem Seitendeck schickten sich Wishart und seine Leute an, die *Whizz-Kid* einzusetzen.

Dalziel sagte tonlos: »Setzen Sie den Funkspruch auf, Number One. Melden Sie unsere Position und die Absicht des U-Bootes.«

Pigott murmelte: »Wenigstens können sie diese Bucht dann nicht mehr als Depot benutzen.«

Ohne den Blick vom U-Boot zu wenden, sagte Dalziel: »Es gibt andere Orte.«

Irvine gab mit starrem Gesicht weiter: »Maschine meldet klar, Sir.«

Ein Ausguck rief: »Das U-Boot hat gestoppt, Sir.«

Standish hielt auf seinem Weg zum Kartenraum inne und hob das Glas. Noch immer kein Anzeichen von Leben auf dem U-Boot, außer den beiden Köpfen. Nicht einmal ein Geschütz war zu sehen, wie sonst bei diesem Typ üblich.

Er zwinkerte rasch, um klarer zu sehen, und murmelte: »Irgendwas bewegt sich dort.« Er versuchte, das Glas trotz der Schiffsbewegungen ruhiger zu halten. »Vor dem Turm – was zum Teufel ...« Da rannte er schon über die Grätings und rief: »Es ist mit Raketen bewaffnet! Sie sind auf uns gerichtet!«

Von der Back kam weiterhin das gleichmäßige Poltern der Ankerkette, und Wisharts Gruppe hatte die *Whizz-Kid* aus dem Wasser gehievt. Sie hing in halber Höhe. Dalziels Stimme übertönte die anderen Geräusche: »Kappt die Kette! Beeilung!« Er tastete nach dem roten Alarmknopf. »Auf Gefechtsstationen! Schafft die Leute vom Oberdeck!«

Als die schrillen Alarmglocken in den Decks ertönten, erwachte Caley plötzlich zum Leben. Fluchend schob er seine Leute vor sich her.

Dalziel rief: »Funkspruch. Dringend. Wir werden ...«
Er brach ab, als er Standishs Gesicht sah, und wandte sich wieder dem U-Boot zu.

Standish stand reglos und beobachtete den winzigen Lichtschein, der sich jetzt vom U-Boot abhob und tief über der bewegten See auf sie zukam. Er wirkte wie ein Tropfen flüssiger Lava und hatte eine so flache Flugbahn, daß er beim Passieren die Wasserfläche aufwühlte.

Pigott schrie: »Das kann er doch nicht machen! Er kann doch nicht einfach auf uns feuern!«

Dann kam die Detonation. Sie war wie ein Donnerschlag, und Standish fühlte, daß die Brücke erschüttert wurde, wie von einer ungeheuren Woge getroffen. Er wurde gegen etwas Hartes geschleudert und vorübergehend vom Gischt geblendet. Aus seiner Lunge entwich die Luft, und seine Kehle brannte wie Feuer. Ringsum fielen die Männer schreiend und fluchend zu Boden, während das Schiff taumelte und sich erst allmählich wieder aufrichtete. Er schleppte sich zum Brückenkleid und sah, daß das Seitendeck schwarz versengt war: die Reling fehlte, und der Schornstein war eingedrückt wie ein altes Ölfaß. Aus dem Rauch ragten die Überreste der Bootsdavits, und Standish vermutete, daß die Rakete an der *Whizz-Kid* detoniert war, die gerade aufgeheißt wurde. Ohne sie wäre die Detonation mitten im Schiffsinneren erfolgt.

Er spürte das träge Rollen des Schiffes und wußte, daß die Ankerkette geschlippt worden war. Als er nach vorn blickte, sah er Caley und seine Leute zu den Geschützen eilen, während hinter ihnen drei bewegungslose Gestalten vor der leeren Klüse liegenblieben, von der Druckwelle niedergemäht.

Dalziel rief: »Funken Sie in Klartext: Werde von unbekanntem U-Boot mit Raketen angegriffen.« Er lief zum Sprachrohr: »Backbord fünfzehn!« Dann sah er hinüber zu Irvine. »Haben Sie das mitbekommen?« Er warf einen

Blick auf den Kompaß. Und weiter: »Erbitte sofortigen Beistand.« Sein Mund wurde hart. »Bin im Kampf.«

Irvine löste die verkrampften Finger vom Brückenkleid und taumelte zur Kartenhaustür.

»Mittschiffs! Beide Maschinen äußerste Kraft voraus!« Dalziels Augen glänzten wie Stahl, als er rief: »Hier kommt noch eine!«

Diesmal traf die Rakete voll. Als die Fregatte in weitem Kreis drehte, schlug die Rakete an Steuerbord unter der Brücke ein. Das ganze Schiff rollte wie wild, und als Standish sich duckte, um den Glassplittern des zertrümmerten Brückenkleides auszuweichen, sah er, daß aus einem Sprachrohr Rauch quoll. Von allen Seiten ertönten Schreie und Flüche und mischten sich in das Kreischen zerreißenden Metalls.

Über dem Lärm hörte er Wishart aus dem Lautsprecher rufen: »Geschütz A fertig. Zentralabfeuerung ausgefallen, habe auf Handfeuerung geschaltet.«

Dalziels Stimme klang gepreßt. »Mittschiffs! Recht so!« Er beugte sich über den Kompaß und beobachtete, wie die niedrige Form des Unterseeboots vor ihrem Bug vorbeizog.

Irvine erschien, ein Taschentuch vor den Mund gepreßt. »Funkraum in Trümmern!« Er würgte heftig. »Keeble und die anderen sind . . .« Diesmal erbrach er sich hilflos.

Dalziel sah Standish an. »Da haben wir es! Völlig allein!« Dann rief er: »*Feuer!*«

Der rechte Vierzöller fuhr zurück, Sekunden später warf die einschlagende Granate eine hohe Wassersäule hinter dem U-Boot auf. Auch das andere Geschütz feuerte, und Standish wunderte sich, daß Wishart überlebt hatte, obwohl die erste Detonation die meisten seiner Leute getötet haben mußte.

Der Brückenmaat sagte heiser: »Schadenskontrolle meldet fünf Tote im Funkraum, Sir.« Er fuhr zusammen, als die Geschütze donnerten. »Feuer ist jetzt unter Kontrolle, Sir. Kein Schaden in der Außenhaut.«

Dalziel entblößte die Zähne. »Gut.« Er hob das Glas. »Die Aufschläge liegen noch immer zu weit. Aber ich wette, sie haben ihnen einen Schrecken eingejagt.«

Das U-Boot bewegte sich, aus der ansteigenden Bugwelle war zu erkennen, daß es hohe Fahrt lief. Geschütz A schoß wieder, die Wassersäule stieg kurz vor dem Bug drüben himmelwärts. Wishart rief: »Hundert zurück!«

Standish malte sich die Geschützführer aus, die über ihre Zieleinrichtungen peilten und darauf warteten, die niedrige Form des Gegners ins Fadenkreuz zu bekommen. Ein einziger Treffer war alles, was sie brauchten. Das Wasser war hier zu flach zum Tauchen, das Boot mußte kämpfen oder flüchten, auf jeden Fall hatte es jetzt seinen Überraschungsvorteil verloren.

Wahrscheinlich begriff sein Kommandant, daß die *Terrapin* beabsichtigte, ihm den Zugang zur Bucht zu verwehren. Vielleicht erkannte er auch die alte Fregatte wieder, die ihn in Kuala Papan beinahe abgefangen hätte. Möglicherweise war er auch damals in der Dunkelheit bei der *Cornwallis* gewesen.

Standish spürte, wie die Umdrehungen mit jeder Sekunde zunahmen, sah die Bugwelle höher und höher werden und sich an den Riffen brechen.

Er sah auch, daß der junge Signalgast, der das U-Boot entdeckt hatte, neben ihm stand und mit weitaufgerissenen Augen das Ziel anstarrte. Sein Haar flatterte im Wind.

Standish nahm einen Stahlhelm, reichte ihn dem Jungen und tippte ihm gegen den Kopf. »Setz den auf. Du hast schließlich nicht nur Stroh hier drin.«

Der Junge starrte ihn an und nickte. Es war derselbe, der Standish ins brennende Dorf begleitet hatte.

In diesem Augenblick merkte er, daß er fiel. Es war beinahe, als schwebe er frei im Raum, während die Dinge ringsum unwirklich wurden wie in einem Alptraum. Im Stahldeck klafften ausgefranste Löcher, und er sah Burch gegen den Flaggenspind sacken, das Blut strömte ihm aus dem Mund. Der Signalgast griff nach Burchs Beinen, als wolle er ihn vor dem Fallen bewahren, aber als er nach unten blickte, merkte Standish, daß von Burch unterhalb der Gürtellinie nicht mehr viel übrig war.

Nur Irvine schien am Leben geblieben zu sein. Als er gegen den Kompaß taumelte, krächzte er etwas Unverständliches. Vielleicht lag es aber auch daran, daß Standish nicht hören konnte. In Panik klammerte er sich an die Sprachrohre, seine Schuhe rutschten im Blut aus, als er zu Dalziel hinüberstarrte.

Der Kommandant richtete sich gerade wieder auf, das Haar hing ihm lose über die Augen, gesprenkelt von Farbsplittern. Standishs Gehör kehrte zurück, und jetzt wußte er auch, was Irvine hatte sagen wollen, denn als er sich zu Dalziel schleppte, sah er Rauch über der Brücke aufsteigen. Er hörte das Reißen von Stahl, als sich irgend etwas Schweres löste und polternd in den beschädigten Rumpf stürzte.

»Steuerhaus antwortet nicht!« Irvines Stimme klang plötzlich sehr laut. »Volltreffer!«

Dalziel öffnete die Augen und leckte sich die Lippen. »Wir müssen von achtern steuern. So geht es nicht.« Standish sah Blut über Dalziels Beine laufen. »Gehen Sie nach unten, und sorgen Sie dafür, Number One. Ich komme hier schon zurecht. Aber bleiben Sie nicht zu lange.«

Eine neue Druckwelle warf das Schiff aus dem Kurs. Als er zur Leiter lief, sah Standish, daß die Rakete vorbeigegangen und am Riff detoniert war. Er entdeckte auch, daß die beiden Vierzollrohre gen Himmel zeigten, die Mündungen rauchten noch, als hätten sie eben erst gefeuert. Vom Schutzschild war nichts mehr übriggeblieben, und Standish verschloß Augen und Ohren vor dem schluchzenden Wesen, das aus den verkohlten Überresten kroch und wie eine Fackel brannte. Es konnte Wishart sein. Standish betete, daß ihm lange Qualen erspart blieben.

Als er am Steuerhaus vorbeikam, hörte er jemanden rufen: »Matrosengefreiter MacNair am Ruder, Sir.« Nach einem Hustenanfall fuhr der Mann fort: »Hier sind alle tot! Aber das Schiff steuert wieder!« Ein Wirbelwind hob den Rauch, doch Standish sah das U-Boot nicht mehr. Jetzt hat es Zeit, dachte er, jetzt kann es seine Absicht ausführen. Danach würde es zurückkehren und die verkrüppelte *Terrapin* versenken. Der Funker hatte dem Kommandanten bestimmt schon gemeldet, daß die Fregatte keine Hilferufe aussandte, daß sie nicht mehr funken konnte.

Aus den veränderten Vibrationen folgerte Standish, daß Quarrie mit der Geschwindigkeit heruntergegangen war. Vermutlich hatte die letzte Detonation die Außenhaut aufgerissen, so daß die Platten bei jeder Fahrtvermehrung abgestreift wurden wie Schuppen von einem Fisch.

Er sah Rideout neben einem Seemann knien, die Hände nicht mehr sauber, sondern blutig wie die eines Schlachters, während er hastig Verbände anlegte. Der Arzt blickte auf und sagte heiser: »Sie haben ohne jeden Grund auf uns gefeuert.«

»Sie hatten ihre Gründe.« Standish sah achteraus. Das gesamte Achterschiff war fast ohne Kratzer davongekommen, aber das nützte auch nichts mehr.

Rideout stand auf. »Sie haben eine böse Wunde am Arm. Lassen Sie mich ...«

Standish stieß ihn beiseite und wickelte sich selbst rasch einen Verband um den Arm. Die Wunde blutete heftig, aber er hatte nichts davon gemerkt.

»Gehen Sie hinauf, und helfen Sie dem Kommandanten.« Und als der Arzt ihn mit glasigen Augen anstarrte: »Er ist sehr schwer verwundet.«

Er sah Hornby mit aschfahlem Gesicht bei den Wasserbombenwerfern sitzen.

»Sammeln Sie Ihre Leute, und überprüfen Sie alle elektrischen Hauptleitungen. Sie übernehmen jetzt die Schadenskontrolle, klar?« Er schüttelte Hornby am Arm, merkte aber, daß dieser zu sehr zitterte, um stehen zu können. Angewidert machte er kehrt und setzte seinen Weg zum Vorschiff fort.

Wegen der Beleuchtung brauchte er sich keine Sorgen zu machen, denn der Himmel schien hell durch den gewaltigen Krater im Deck.

Zwei Träger mit einer Bahre schritten knirschend über die Glassplitter, aber der Verwundete schien bereits tot zu sein. Sein Gesicht war von einer blutigen Bandage bedeckt, lediglich ein winziger Schlitz klaffte über der Mundgegend. Als sie an ihm vorbeihasteten, griff eine Hand nach Standishs Bein, schwarz wie ein verkohltes Stück Holz. Die Träger hielten an, und Standish wußte jetzt, daß sie Wishart trugen.

Sanitäter Mackie stieg über das Gewirr aus zerfetztem Stahl, berührte Standish am Arm und schüttelte kurz den Kopf. Dann lief er eilig weiter, verschiedene Namen rufend.

Vorsichtig ergriff Standish die verkohlte Klaue und sah erschüttert, wie sich die Bandage um den kleinen Schlitz bewegte. Die Träger standen still wie Statuen, als er sich über den Verwundeten beugte und sein Ohr dicht an den Schlitz hielt.

»Ich bin hier, Sub.« Er fühlte, daß sich die Finger leicht bewegten. »Alles halb so schlimm. Bald sind Sie wieder in Ordnung.«

Die Antwort schien aus weiter Ferne zu kommen, sie klang, als flüsterte ein Mann im leeren Raum. »Tut – mir – leid – wegen der Geschütze.« Die Hand zuckte ein wenig. »Hatte – keine – richtige – Ausbildung.«

Standish hörte Schreie über seinem Kopf, das Schrillen einer Batteriepfeife und Motts seinen Namen rufen. Er mußte gehen.

Ruhig sagte er: »Sie haben es sehr gut gemacht.«

Aber es kam keine Antwort mehr, und als er die Hand losließ, fiel sie schlaff herunter und bewegte sich nicht mehr.

Mackie kam zurück. »Setzt ihn ab, ihr beiden, und kommt mit.« Auch Standish zwang sich, ans Tageslicht zurückzukehren.

Er war nur fünfzehn Minuten unten gewesen, aber als er jetzt wieder auf die Brücke zurückkehrte, schien ihm mindestens eine Stunde vergangen zu sein. Dalziel saß in seinem Stuhl, hatte die Mütze wieder auf und starrte durch das zerbrochene Brückenkleid.

Standish meldete: »Die Pumpen schaffen es, Sir. Es ist schwer zu sagen, wie viele Lecks wir haben, aber das Schiff schwimmt noch.« Erstaunt stellte er fest, daß Pigott am Sprachrohr stand. Irvine rieb sich die Augen und schwankte wie ein Betrunkener hin und her.

Dalziel nickte. »Ich habe die Berichte gehört. Nahezu dreißig Mann sind tot oder verwundet.« Mit schmerzverzerrtem Gesicht drehte er sich um und blickte Standish an. »Auch der junge Wishart. Es tut mir leid um ihn. Sie waren Freunde, nicht wahr?«

Standish packte die Brückenreling. »Ja.«

Dalziel nickte. »Das verdammte U-Boot ist jetzt in der Bucht, muß aber bald zurückkommen. Dunkel wird es in etwa vier Stunden.« Sein Blick begegnete dem Standishs. »Sie wissen, was das bedeutet? Die Steuerbordschraubenwelle hat sich wieder heißgelaufen, also könnten wir nicht einmal entkommen.« Bitter lächelte er. »Nicht daß ich das vorhätte!«

Standish betrachtete die Stromkabelungen an einem Riff. »Und er kann tiefes Wasser auf keinem anderen Weg erreichen.« Er fuhr sich mit den Fingern durch das Haar. »Also muß er hier vorbeikommen.«

Dalziel lehnte sich zurück. »Es ist wirklich eine Ironie des Schicksals, daß die *Terrapin* ihr Leben beim Kampf mit einem U-Boot beenden wird.« Er runzelte die Stirn. »Armes altes Schiffchen!« Er streichelte den schmutzigen Stahl und wiederholte: »Armes altes, mißverstandenes Schiffchen.«

Caley erschien am Kopf der Leiter. »Meine T.A.S.-Anlage ist ausgefallen, Sir, alle Leitungen sind zerstört.« Er warf einen Blick auf die Leichen, die mit Mänteln oder Flaggen bedeckt waren. »Mit Hornby ist nicht mehr viel anzufangen. Ich fürchte, er . . .«

Dalziel sah ihn an und grinste. »Hat sich in die Hosen gemacht?« Er wartete, bis über Caleys grobes Gesicht ein Lächeln huschte. »Macht nichts. Wir haben die Bofors und eine gute Besatzung. Viele haben mit weniger gekämpft.«

Als Caley wieder hinuntergestiegen war, sagte Dalziel bedrückt: »Ich kann's ihm nachfühlen. Seine kostbaren Wasserbomben sind gerade jetzt nicht einsatzbereit, wo wir sie dringend brauchen.«

Standish fragte: »Was ist mit Ihrer Wunde, Sir?«

»Wenn ich behaupte, es geht mir gut, glauben Sie mir doch nicht. Also sage ich Ihnen die Wahrheit: Ich möchte am liebsten schreien. Aber trotzdem kann ich weitermachen, glaube ich.«

Ein Ausguck rief: »U-Boot Backbord voraus, Sir!«

Es wirkte wie die Fortsetzung des Felsvorsprungs, der die Einfahrt zur Bucht zu bewachen schien; aber als es länger wurde und sich in den Umrissen klarer abzeichnete, hatte Standish das Gefühl, daß es Zeit wurde. Er dachte an Suzane, sah sie klar und deutlich vor sich und hätte am liebsten ihr Taschentuch aus der Brieftasche geholt, um es noch einmal zu berühren.

Er dachte auch an Wishart. Als er sich erinnerte, wie dessen Hand in seiner gelegen hatte, spürte er wieder dieses unwirkliche Gefühl. Es war so unwirklich wie Dalziels Grinsen oder die Tatsache, daß die malträtierte *Terrapin* trotz ihrer schweren Beschädigungen noch immer weiterfuhr.

Er sah Pigott an und rief: »Geben Sie an alle Geschütze: klar zum Feuern!« Der Versorgungsoffizier lief zum Sprachrohr, wobei er gegen Irvine stieß, der ihn mit völlig leerem Gesicht und ohne die geringste Reaktion anstarrte.

Dalziel griff zum roten Maschinentelefon. »Chief? Kommandant hier. Höchste Umdrehungszahl, wenn ich es verlange, klar?« Er sah hinunter aufs durchlöcherte Deck. »Ich weiß, daß Sie es schaffen. Es dauert nicht mehr lange, fürchte ich.«

Standish sagte: »Ich habe Motts ans Ruder gestellt. Sie brauchen jetzt jemanden mit klarem Kopf.«

Dalziel schien zu sich selbst zu sprechen, vielleicht aber auch zur *Terrapin*. »Corbin ist also auch tot. So viele gute Leute sind heute gefallen. Aber wir werden unser Leben so teuer wie möglich verkaufen.«

Der Ausguck rief: »U-Boot dreht auf uns zu, Sir.«

Standish blickte zum Himmel auf und versuchte, an ein Gebet zu denken. Aber ihm fiel nichts ein.

Vage sagte er: »Mein Gott, bin ich durstig.«

Dann feuerte das U-Boot die vierte Rakete ab. Bei der Entfernung von nahezu zwei Meilen schien es eine Ewigkeit zu dauern, bis sie ihr Ziel erreichte.

Sie traf die *Terrapin* mittschiffs an Backbord, gut einen Meter über der Wasserlinie. Die Detonation im Schiffsinneren pflanzte sich durch das Stahldeck nach oben fort wie ein Atompilz. Die Fregatte ruckte einmal gewaltig, und als Standish der Länge nach hinfiel, sah er, daß der Gittermast sich zur Seite neigte. Im Qualm schien er sich sehr langsam zu bewegen, erst bei einer weiteren Erschütterung des Schiffes wurde er schneller und stürzte über Bord, das ganze Gewirr von Takelage und Antennen hinter sich herschleppend.

Standish kämpfte sich wieder hoch und rannte in die Brückennock. Im ersten Augenblick konnte er nichts sehen vor Rauch; als er sich hustend die tränenden Augen wischte, hatte er den Eindruck, das Schiff habe sich das Rückgrat gebrochen. Ein riesiger Krater gähnte im Seitendeck bis beinahe zur Wasserlinie, und als Standish sich über die Brückenreling beugte, erkannte er auch unten das volle Ausmaß der Zerstörung. Er sah ein Gewirr verbogener Platten, baumelnde Drähte und dazwischen das gefährlich glitzernde Wasser. Hinter sich hörte er Dalziel rufen: »Die Bofors sollen Feuer eröffnen!«

Standish schleppte sich zurück über das schiefliegende Deck. »Hat keinen Zweck mehr!« rief er. Denn die eine Bofors war vollständig weggefegt, die andere lag auf der Seite, den Lauf verbogen wie das Knie eines Wasserrohrs. Ein Mann der Geschützbedienung lag tot daneben.

Mit wildem Blick starrte Dalziel ihn an. Das Schiff krängte noch immer steil und richtete sich nicht wieder auf. »Die Pumpen schaffen es nicht mehr!« rief er heiser.

Pigott griff zum Telefon. Sein Gesicht war geschwärzt, eine Hand preßte er aufs Auge. Der Detonationsdruck hatte ihm die Brille zertrümmert, zwischen den Fingern sickerte Blut hervor.

Er rief: »Maschinenraum meldet: Das Wasser steigt und steht bereits im Kesselraum.«

Dalziel wandte den Blick ab, seine Schultern hingen müde herab wie die eines alten Mannes.

Der Brückenmaat lief über die zerbrochenen Grätings herbei. »Das U-Boot erhöht Fahrt! Es dreht!«

Standish schüttelte den Kopf. Die letzte Rakete hatte die Fregatte aus ihrem Kurs geschleudert wie ein Spielzeugschiff. Das U-Boot steuerte noch immer die Tiefwasserrinne an, wenn auch jetzt mit erhöhter Fahrt, wie an seiner zunehmenden Hecksee zu erkennen war. Der Kurs führte genau am Bug seines Opfers vorbei.

Dalziel sagte wütend: »Er haut ab!«

Matrosengefreiter Neal war vor ein paar Minuten auf die Brücke gekommen, um beim Abtransport der Verwundeten zu helfen. Jetzt zeigte er zum Himmel, wo durch den Rauch ein winziger, glitzernder Silberfleck zu sehen war.

Standish nickte. Ein Flugzeug, vielleicht eine Passagiermaschine auf dem Weg nach Saigon. Grausam, sich vorzustellen, daß die Passagiere dort oben bequem in ihren Sesseln saßen, an ihren Getränken nippten und vielleicht einen Film ansahen. Der U-Boot-Kommandant mußte es ebenfalls gesehen haben, vielleicht hatte er auch Radarkontakt. Er würde keinen Augenblick länger als unbedingt nötig bleiben, würde auf direktem Weg das tiefe Wasser ansteuern und tauchen: ein Meuchelmörder nach begangener Untat.

Dalziel sah Standish an und sagte langsam: »Es ist wohl besser, wir sagen dem Chief, er soll seine Leute an Deck schicken.« Kaum konnte er die Worte artikulieren. »Diesen letzten Treffer verdaut sie nicht mehr. Wahrscheinlich hatten Sie doch recht: zu alt für den Krieg.«

Langsam drehte das U-Boot, seine Bugwelle schlug gegen das Riff, als wolle es seine Verachtung vor diesem schwächlichen Gegner zeigen. Dalziel fügte hinzu: »Gehen Sie selbst, Number One. Die Leute sollen sich fertigmachen zum Aussteigen. Sehen Sie zu, was Sie noch für sie tun können.«

Er zuckte zusammen, als sich etwas Schweres unten im Schiffsrumpf losriß und mit lautem Gepolter gegen ein Schott oder gegen die Bordwand donnerte.

Standish blickte sich um. Er sah Pigott mit dem gesunden Auge das U-Boot beobachten und Irvine, der hilflos die Hände vor der Brust gefaltet hielt wie im Gebet. Er sah Neal und die anderen, die noch immer, mit gespreizten Beinen die starke Schlagseite ausgleichend, auf der schwer beschädigten Brücke aushielten. Ihre Füße berührten die starren Körper derer, die einst ihre Freunde gewesen waren.

Er lief die Leiter hinunter, warf einen kurzen Blick ins Steuerhaus, wo Motts am Ruder lehnte, während ein Seemann ihm das blutende Bein verband.

Hinab ging es zum Großdeck, vorbei an verbogenen Stahlteilen und bewegungslosen Gestalten, vielfach bis zur Unkenntlichkeit verkohlt. Er sah Hornby auf einer Winsch sitzen, den Kopf in die Hände gestützt, während sich ein Mechaniker bemühte, ihm eine Schwimmweste um die feisten Schultern zu legen.

Er fand Rideout mit blutverschmiertem Hemd in der Messe, wo er Verwundete versorgte. Die Sonne malte leuchtende Kringel auf das Schott, wo sie durch die zahlreichen Löcher der Außenhaut fiel. Standishs Fuß stieß gegen etwas Kleines, und als er hinunterblickte, sah er Pigotts Kalender; jedes verflossene Datum war mit einem Kreis umrandet. Er spürte, wie das Deck erbebte, und hörte einige Verwundete stöhnen vor Schmerz, Angst oder Einsamkeit.

Das Markieren der Kalendertage war ursprünglich ein Scherz gewesen. Jetzt aber ging Dalziels Kommandantenzeit zu Ende: fünfundsechzig Tage genau.

Das Telefon schnarrte, und Standish starrte es sekundenlang an, wobei die verschiedensten Bilder blitzschnell an seinem inneren Auge vorüberzogen.

Er sah Wishart ans Telefon gehen, nachdem er gegen die anderen und für Dalziel gesprochen hatte. Er sah Wills, den Steward, von seinem kleinen Restaurant an der Küste träumen. Standish hatte seine Leiche in der Pantry zwischen zerbrochenem Porzellan liegen gesehen. Er war gestorben, wie er gelebt hatte: ruhig und bescheiden.

Schließlich hob er den Hörer ab. »Ja?« Es war Dalziel, und einen Augenblick fürchtete Standish, das Schiff sinke schon.

»Das U-Boot hat wieder gedreht, Number One. Es war im Begriff zu tauchen, aber ...« Im Hintergrund hörte er Pigotts Stimme, dann fuhr Dalziel fort: »Eine von Wisharts Granaten muß wohl doch ein Streifschuß gewesen sein. Mir scheint, sie können die Raketenkammer nicht schließen.«

Standish starrte den Hörer an. »Ich komme hinauf!« Als er zur Tür rannte, rief er: »Der Chief schickt ein paar Leute, die Ihnen mit den Verwundeten helfen, Doktor. Vielleicht müssen sie alle blitzschnell nach oben!« Er erreichte die Brücke und nahm Pigotts Glas.

Es war ziemlich dunstig über der Fahrrinne zwischen

den Riffen, aber durch die starken Linsen erkannte er doch kleine Gestalten auf dem Deck des U-Boots. Andere kletterten eilends vom Turm.

Er merkte, daß er taumelte, und stellte fest, daß sich das Schiff wieder aufrichtete.

Dalziel sagte lächelnd: »Eine weitere Abteilung geflutet. Sie wehrt sich noch immer.«

Standish starrte ihn an. Er spürte, daß er am ganzen Körper zitterte und kaum sprechen konnte.

»Warum wollen wir es nicht versuchen, Sir?« Er hielt sich an dem zerbrochenen Glas des Brückenkleids fest, denn seine Füße rutschten im Blut aus. »Warum sollten wir ihn nicht rammen?«

Dalziel begegnete seinem Blick, den Mund schmerzverzerrt. Dann griff er zum roten Maschinentelefon.

»Sind Ihre Leute an Deck, Chief?« Er nickte. »Gut. Schicken Sie sie in die Messe, damit sie helfen, die Verwundeten an Deck zu bringen.« Dann schluckte er. »Das U-Boot liegt ungefähr eine Meile entfernt, Chief. Es kann nicht mehr tauchen, und wir können nicht schießen.« Er machte eine Pause, als irgend etwas abbrach und klatschend ins Wasser fiel. Dann sagte er scharf: »Das müssen Sie entscheiden, Chief. Ich möchte nicht, daß Sie für uns alle dort unten lebendig gekocht werden.« Er lächelte. »Also gut! Geben Sie mir alles an Umdrehungen, was Sie herausholen können!« Er blickte hinüber zu Standish und Pigott und wiederholte: »*Alles!*«

Fast im selben Augenblick begann das Schiff Fahrt aufzunehmen. Das Wasser schoß an den riesigen Kratern in der Bordwand vorbei, Gischt sprühte übers Vorschiff und wurde zu Dampf, wo er auf glühende Trümmer traf.

Dalziel kehrte zu seinem Sitz zurück und warf einen Blick auf das Blut an seinen Beinen. Zu Standish sagte er: »Übernehmen Sie! Ich sehe von hier aus zu.«

Die Umdrehungszahl stieg, und über ihrem cremefarbenen Kielwasser sah Standish fettigen Qualm, der sich mit dem Rauch der noch nicht gelöschten Brände mischte. Wie schaffte sie das nur? Was hielt sie zusammen? Er sah, wie die Verwundeten neben Caleys nutzlosen Mörsern aufgereiht wurden, ihre Verbände hoben sich weiß vom Rauch ab. Andere standen herum, ohne recht zu begreifen, was sich abspielte.

Aber auf dem U-Boot hatte man ihre Absicht erkannt. Standish hörte Neals Warnruf, und als er sich umblickte, sah er den Bogen der Leuchtspurgeschosse, die vom U-Boot-Turm aufstiegen, sich wieder senkten und wie eine Bandsäge die Back und die Vorkante Brücke peitschten.

Durchs Sprachrohr hörte er Motts wütend schreien: »Schießt, ihr Schlafmützen! Schießt mit allem, was ihr habt!«

Sein wildes Geschrei schien zu wirken, denn gleich darauf übertönte das Hämmern ihrer Maschinenpistolen das Donnern der Maschinenraumlüfter.

Standish spürte die Begeisterung der Leute, am liebsten hätte er mitgeschossen. Als weitere Leuchtspurgeschosse auf der Brücke einschlugen, knurrte er: »Ihr könnt uns nichts mehr anhaben!« Wen meinte er, das Schiff oder die Menschen?

Dalziel beugte sich vor, das Gesicht ganz dicht am Brückenkleid. Durch die zusammengebissenen Zähne sagte er zu Pigott: »Lassen Sie klarmachen zum Aussteigen! Alle verfügbaren Flöße und auch sonst alles, was schwimmt.« Dann befahl er schärfer: »Mehr nach Backbord!«

Standish blickte auf den Kompaß. »Backbord zehn.« Er hielt den Atem an, beobachtete die dunkle Form des U-Bootes, die jetzt nach vorn auswanderte. »Mittschiffs! Recht so!«

Durchs Sprachrohr hörte er Motts' Wiederholung und dann die Worte: »Sie hat jetzt ganz schöne Fahrt, Sir!«

Der Brückenaufbau bebte, als wolle er sich vom Schiff losreißen. Standish sah die gewaltige Bugsee, den dichten weißen Schaum, der im Sonnenlicht fast wie etwas Festes wirkte. Als er den Blick wieder auf das U-Boot richtete, stellte er fest, daß sie keine halbe Meile mehr entfernt waren. Schon konnte er den grünen Bewuchs und die Narben auf dem Bootskörper mit bloßem Auge erkennen. Mehrere Gestalten erschienen auf dem Turm, der in der starken Strömung heftig schwankte.

Dalziel hielt sich an der Brückenreling fest und deutete auf das U-Boot. »Sie drehen wieder!«

Standish sagte nichts. Angestrengt beobachtete er das plötzliche Aufschäumen um die Satteltanks, sah das ausströmende Wasser am Heck und die zunächst langsame, dann immer rascher werdende Drehung.

Dalziel griff zum roten Telefon. »Chief? Das U-Boot ändert Kurs. Ich glaube, es will noch einmal eine Rakete auf uns abfeuern!«

Die Antwort klang wie ein Seufzer. »Ich tue, was ich kann.« Dann schwieg das Telefon.

Alles ringsum vibrierte noch heftiger, im Kartenraum fielen lose Gegenstände unbeachtet zu Boden.

Schneller! Standish fühlte die verzweifelten Anstrengungen des Schiffes. Bestimmt hatte die *Terrapin* seit ihrer ersten Probefahrt nie diese Geschwindigkeit erreicht. Jetzt machte sie trotz ihrer tiefen Wunden bereits neunzehn Knoten, und er war davon überzeugt, daß die Zeiger auf Quarries Meßgeräten längst den roten Warnstrich überschritten hatten.

Ein Schornsteinstag brach, und der verbeulte Schornstein legte sich noch mehr über. Es sah geradezu grotesk aus. Radarmechaniker Vine kam die Brückenleiter herauf, beschattete die Augen mit der Hand und beobachtete das rasche Näherkommen des Gegners. Vielleicht dachte er daran, wie er mit seinem alten Gerät den ersten Kontakt zu diesem U-Boot hergestellt hatte. Wieso er überlebt hatte, als der hintere Teil der Brücke weggerissen wurde, war allen ein Rätsel.

Eiskalt hob Standish wieder das Glas und richtete es auf den Buckel hinter dem Turm des U-Bootes, in dem der Raketenwerfer untergebracht war: die Waffe, die so viele Menschen getötet oder verstümmelt hatte, hier wie damals im Dorf. Während er noch hinsah, schlossen sich die Stahltüren, und ein Blick in Dalziels enttäuschtes Gesicht verriet Standish, daß auch dieser es bemerkt hatte.

»Er hat die Türen geschlossen.« Er sah sich um, dann sagte er triumphierend: »Aber es ist zu spät für ihn.«

Verzweifelt versuchte der U-Boot-Kommandant, vom heranrasenden Vordersteven der Fregatte wegzudrehen. Der schlanke U-Boot-Körper holte bei der gewaltigen Beanspruchung durch Schrauben und Ruder stark über.

Man sah die Leute auf den Turm zurückklettern, und als Gischt aus seinen Tanks sprühte, war klar, daß sie fluten und gleich tauchen würden. Im Lärm der Lüfter und Maschinen hörte er die Männer drüben rufen, hörte ein Signalhorn und sah den Bug des Bootes sich senken. Schäumend überspülte das Wasser das Vorschiff, als es anfing unterzuschneiden.

»Steuerbord zehn!« rief Standish. »Mittschiffs! Recht so!« Er wischte sich den Schweiß aus den Augen, um das U-Boot besser sehen zu können, das jetzt wie ein riesiger Wal quer vor ihrem Bug lag. Die letzten fünfzig Meter schien die *Terrapin* in Sekundenschnelle zurückzulegen. Im nächsten Augenblick hatte sie den Bootskörper vor ihrem gezackten Vordersteven, der Rumpf war fast unter Wasser verschwunden. Dann war sie heran, der Turm wuchs plötzlich hoch vor ihr auf und überragte ihr Vorschiff; der grüne Algenbewuchs leuchtete im Sonnenlicht.

Standish schlang die Arme um den Tochterkompaß, während Dalziel schrie: »Beide Maschinen stopp! Klar zum Rammstoß!«

Der Aufprall war ungeheuerlich. Standish fühlte, wie das Kompaßgehäuse in seinen Brustkorb gedrückt wurde, während das entsetzliche Kreischen zerreißenden Metalls ertönte, so lange, bis er das Zeitgefühl verlor. Fasziniert beobachtete er, wie der Bootskörper von der anstürmenden Fregatte aufgerissen und unter Wasser gedrückt wurde, bis das gewaltige, triumphierende Donnern des hereinschießenden Wassers alles andere übertönte. Opfer und Sieger hatten die Rollen getauscht.

Dann war es vorüber. Die *Terrapin* schwankte wie betrunken über ihrem eigenen Schatten, die wirbelnde, schäumende See beruhigte sich unter einem rasch wachsenden Ölfleck, der schon fast bis zu den Riffen reichte.

Dalziel sank in seinem Sitz zusammen, seine Stimme klang erschöpft, als er leise sagte: »Stellen Sie die Schäden fest, Number One. Besser, wir halten uns zum Aussteigen bereit.«

Wieder verließ Standish die Brücke, kam vorbei an denselben Gesichtern und Gestalten. Als er kurz danach zurückkehrte, spürte er, daß die Unwirklichkeit wie eine Droge von ihm Besitz ergriffen hatte.

Er sah einen Seemann die orangefarbene Schwimmweste anlegen, klopfte ihm auf die Schulter und sagte heiser: »Das können Sie vergessen. Vorläufig wird's noch nichts mit Schwimmen.«

Es war unglaublich. Trotz ihres eingedrückten Stevens und des durchlöcherten Rumpfes weigerte sich die *Terrapin* zu sterben. Das vordere Kollisionsschott hielt, ja es leckte nicht einmal, obwohl es die einzige Trennwand zwischen der See und dem Vorschiff war. Vielleicht weil das Gewicht der beiden verlorenen Anker fehlte? Eine der Pumpen hatte die Arbeit wieder aufgenommen, man hörte ihr gleichmäßiges Stampfen, und der grinsend aus seiner Luke steigende Quarrie hatte die Hand zum Siegeszeichen erhoben.

Als Standish wieder auf die Brücke kam, sah er Rideout mit bleichem Gesicht neben dem Sitz des Kommandanten stehen. Mit drei Schritten war Standish bei ihm.

»Wie fühlen Sie sich, Sir?« Er brauchte nicht erst den

breiten Verband zu sehen, den Rideout über Dalziels Hüfte angelegt hatte, um die Antwort zu kennen. Die Binden waren bereits durchgeblutet.

Der Arzt schlug die Augen nieder und murmelte mit zitternden Lippen: »Die ganze Zeit hat er mit dieser ungeheuren Wunde hier gesessen. Es ist unglaublich!«

Dalziel streckte die Hand aus und packte Standish am Ärmel. »Sie wollten mir gerade melden, daß die *Terrapin* es schafft?«

Gebannt starrte er Standish auf den Mund, als dieser erwiderte: »Sie schafft es, Sir. Gott weiß, wie und warum, aber wir werden sie nach Hause bringen. So, wie Sie es wollten.«

Dalziel nickte. »Sie haben es verstanden, nicht wahr?« Er verzog das Gesicht. »Das wird sie diesmal aber von den Sitzen reißen!« Mühsam drehte er sich um, als Quarrie auf die Brücke geklettert kam. »Tut mir leid um Ihre Maschine, Chief.«

Quarries Augen weiteten sich, dann erwiderte er: »Fünfzehn Knoten kann ich noch immer für Sie herausholen, Sir. Die Pumpen haben den Wasserstand jetzt unter Kontrolle.« Er wandte den Blick ab. »Ich hab's ja immer gesagt, die alte *Terrapin* ist ein gutes Schiff!«

Standish legte den Arm um Dalziels Schulter und sah, wie das Leben aus den tiefliegenden Augen entwich, während der Kommandant mühsam sagte: »Es wird schon dunkel. Sie wissen, Number One, ich kann« – die Worte wurden undeutlich –, »nicht leiden...« Sein Kopf kippte nach vorn, die Mütze mit dem Eichenlaub am Schirm rollte vor Quarries Füße.

Quarrie hob sie auf und sagte laut: »Ihr könnt behaupten, was ihr wollt.« Er reichte Standish die Mütze. »Aber er war ein Mann!«

Standish schob die Mütze unter das zersplitterte Brückenkleid. Es gab noch so viel zu tun, ein weiter Weg lag vor ihnen.

Er warf einen Blick auf Quarrie und die anderen. »Wir wollen es in kleineren Etappen versuchen und abwarten, wie sie reagiert.« Dann wandte er sich um, als erwarte er, daß der Kommandant ihn unterbrach. Einen Augenblick stand er nur da und betrachtete Dalziel, dessen Kopf jetzt leicht mit der Bewegung des Schiffes hin und her schwankte. Eine Hand schloß sich noch immer um den Riemen des Glases, als wolle er es gleich benutzen.

Standish versuchte, Schmerz und Verlassenheit zu unterdrücken. Was hatte Rideout gesagt? »Sein Pech ist es, daß er zweihundert Jahre zu spät geboren wurde.«

Vielleicht stimmte das. Aber ohne Dalziel hätten sie dies alles nicht mehr erlebt, ohne ihn wäre keiner von ihnen noch am Leben.

Ruhig sagte er: »Machen Sie weiter, meine Herren. In zehn Minuten fahren wir.« Aber sie blieben alle noch stehen, ihre Gesichter schienen plötzlich älter geworden zu sein, als sie sich vergegenwärtigten, daß sie zu den wenigen gehörten, die überlebt hatten.

Standish fuhr fort: »Los, fangen Sie an, meine Herren! Wir haben nicht die ganze verdammte Nacht zur Verfügung!«

In seinem Rücken glaubte er, Dalziels Lachen zu hören.

Epilog

Eine Woche nach Dalziels Tod fand in einem nüchternen Raum hoch über Singapurs Reede die Gerichtsverhandlung statt, bei der die Umstände geklärt werden sollten, die zum Verlust Ihrer Majestät Fregatte *Terrapin* geführt hatten.

Als Standish vor dem großen, mit grünem Filz bezogenen Tisch den strengen Mienen der höhere Marineoffiziere gegenüberstand, lauschte er beinahe ungläubig seiner eigenen gleichmütigen Stimme; er konnte noch immer nicht fassen, daß die *Terrapin* trotz ihrer Anstrengungen schließlich doch untergegangen war. Es kam ihm vor, als brauche er nur den Kopf zu wenden, um sie draußen auf Reede an ihrer Boje liegen zu sehen, zerschlagen und durchlöchert, aber mit dieser trotzigen Keckheit, die er im Lauf der Zeit so liebgewonnen hatte.

Hätte er selbst die genaue Position und den richtigen Zeitpunkt des Untergangs wählen sollen, er hätte ihn nicht besser getroffen als die *Terrapin* selbst. Vierundzwanzig Stunden nach dem schweren Gefecht mit dem U-Boot und nachdem sie in hoffnungslosem Zustand den Rückmarsch angetreten hatten, kam ein amerikanischer Zerstörer in Sicht. Damit gelangte die *Terrapin* wohl zu dem Schluß, daß sie ihre langsame, einsame Heimreise jetzt beenden könne. Der Zerstörer hatte sie angemorst, war herangeschoren – und in diesem Augenblick hatte Quarrie gemeldet, daß der Maschinenraum volllief. Die Pumpen – nicht mehr in der Lage, den plötzlichen Wassereinbruch zu bewältigen – blieben beide stehen, und als der Zerstörer längsseits lag, trat die *Terrapin* ihren Weg in die Tiefe an.

Standish bemerkte das Schweigen, das während seines Berichts herrschte, wie er auch vorher die Spannung gespürt hatte, als der amerikanische Zerstörerkommandant die letzten Augenblicke der alten Fregatte rekapitulierte. Er hatte besser als jeder andere die unglaublichen Beschädigungen gesehen, mit denen sich das Schiff noch volle vierundzwanzig Stunden über Wasser gehalten hatte.

Für dieses seltsame Benehmen der *Terrapin* gab es keinen plausiblen Grund. Die See war ruhig und glatt gewesen wie ein Ententeich, nicht die leichteste Brise kräuselte ihre Oberfläche. Sie ließ ihnen noch so viel Zeit, daß alle einschließlich der Verwundeten auf den Zerstörer übersteigen konnten, und erst als Standish als letzter von Bord gegangen war, machte die *Terrapin* ihre abschließende Verbeugung, enthüllte noch einmal ihre gräßlich klaffenden Wunden und verschwand dann kopfüber in der Tiefe. Die Toten nahm sie mit, sie war also in guter Gesellschaft.

Während der Fahrt nach Singapur mußte Standish ständig an diese letzten Minuten denken. Als er sie dem schweigend lauschenden Gerichtshof beschrieb, kamen ihm immer wieder so viele Einzelheiten in den Sinn, so viele vertraute Gesichter und Stimmen, daß es ihm schien, als spräche er für sie, nicht über sie.

Die Verhandlung dauerte den ganzen Tag; Überlebende und technische Experten wurden als Zeugen vernommen.

Kapitän Jerram hatte lange und ausführlich über Dalziel gesprochen, hatte mit ernster Stimme dessen Marinelaufbahn bis zur Übernahme der *Terrapin* umrissen. Was er wirklich dabei dachte, ließ sich kaum erkennen. Vielleicht war er froh, das alte Schiff und den unbequemen Kommandanten auf diese Weise losgeworden zu sein, war erleichtert darüber, daß es ihm erspart blieb, Dalziel hier im Gerichtssaal gegenüberzustehen.

Admiral Curtis beschrieb nur knapp die Aufgaben seines integrierten Kommandos und die Rolle der *Terrapin* darin. Seine Aussage war von auffallender Kürze. Vielleicht hielt er es für sinnlos, ausführlicher zu werden, da sich der Rest der Welt bereits seine eigenen Meinungen gebildet hatte. Sie waren so unterschiedlich, wie vorauszusehen. Briten und Amerikaner hatten den durch nichts provozierten Angriff auf die *Terrapin* als skrupellose Aggression verurteilt und den Mut und die Entschlossenheit der Besatzung herausgestellt.

Die Russen hatten sehr wenig gesagt; wahrscheinlich waren sie froh darüber, China in den unerklärten Krieg zwischen Ost und West verwickelt zu sehen, wodurch die Aufmerksamkeit der Welt wenigstens für den Augenblick von Rußlands eigenen Aktivitäten in Europa abgelenkt wurde.

Die Chinesen hatten rundweg geleugnet, ein U-Boot

verloren zu haben. Aber in Peking war die britische Botschaft von Rotgardisten angegriffen und zwei englische Journalisten wegen angeblicher Spionage verhaftet worden. China schien sich auf die nächste Runde vorzubereiten.

Oberleutnant Rhodes war während der gesamten Verhandlung zugegen, sagte aber nichts. Standish hatte ihn beobachtet, während Admiral Curtis sprach, hatte versucht, hinter seine Maske aus Ruhe und Gleichgültigkeit zu blicken, denn er war überzeugt, daß Rhodes mehr als jeder andere imstande gewesen wäre, die Vorgänge aufzuklären. Mit Admiral Curtis' Zustimmung hätte er auch über Dalziels Besessenheit aussagen können, denn ihm mußte klar gewesen sein, daß Dalziel bei der geringsten Aussicht auf Erfolg losschlagen würde. Wenn Curtis dies ebenfalls vermutete, so ließ er es sich jedenfalls nicht anmerken.

Curtis hatte sich umgesehen und ruhig festgestellt: »Dies war kein gewöhnliches Seegefecht, meine Herren. Es gab keine Flaggen, keine Hinweise auf Staatsangehörigkeit. Nach allem, was wir hier gehört haben, wissen wir, was wir künftig zu erwarten haben. Dies war auch kein zweiter *Pueblo*-Zwischenfall, sondern hier kämpfte ein kleines, veraltetes Schiff mit vollem Einsatz, ehrenhaft und äußerst tapfer. Das sind Werte, die in der freien Gesellschaft noch immer hoch geschätzt werden.«

Gelegentlich hatten Mitglieder des Gerichtshofs Fragen gestellt oder um nähere Erläuterungen gebeten. Als Irvine seine Version darlegte, hatte ein Kapitän zur See gefragt: »Haben Sie zu irgendeiner Zeit erwartet oder vielleicht sogar gehofft, daß Ihr Schiff sich dem klar überlegenen Gegner ergeben würde?«

Irvine, der bis zu diesem Augenblick völlig entspannt und selbstsicher gesprochen hatte, warf einen raschen Blick auf Standish und begann zum erstenmal zu stottern. Vielleicht sah er sich selbst in jenen letzten Minuten, bevor die *Terrapin* sich wieder aufrichtete und dann auf den Gegner losstürmte. Auch Standish konnte sich mühelos Irvines entsetztes Gesicht, seine völlige Hilflosigkeit ins Gedächtnis rufen, als Pigott ihn beiseite stieß und seine Aufgaben übernahm. Es mußte Irvine klar sein, daß sich Standish wie Pigott seines kläglichen Versagens vollauf bewußt waren.

Leise und unsicher antwortete er: »Nein, Sir. Ich glaubte fest daran, daß dem Kommandanten noch etwas einfallen würde.«

Schließlich war es Quarrie, der ein ehrliches Bild der an Bord herrschenden Spannung und Verbitterung zeichnete.

Er vor allem hatte den Verlust des Schiffes als etwas Persönliches, ja Unersetzliches empfunden. Jetzt, da die *Terrapin* nicht mehr existierte und er somit das einzige verloren hatte, was ihm ans Herz gewachsen war, fiel es ihm leichter, den Dienst zu quittieren.

Als der Vernehmungsoffizier ihn nach seiner Meinung über Dalziel fragte, sagte er langsam: »Ich habe ihn wie die meisten von uns wohl kaum gekannt, Sir. In einigen Punkten stimmte ich nicht mit ihm überein, jedoch betrafen diese Differenzen niemals seine Absichten oder Beweggründe.« Dann sah er Irvine an. »Aber bevor Sie entscheiden, wo seine Stärken und Schwächen lagen, müssen Sie sich fragen, wer sich hier voll für seine Pflicht, für sein Land und für seine persönliche Ehre eingesetzt hat.« Ärgerlich wischte er sich übers Gesicht. »Sie sollten sich auch fragen, welche Einstellung, welche Haltung Sie heutzutage einem jungen Offizier empfehlen würden. Kapitän Dalziel hatte diese Einstellung, besaß diese Haltung in hohem Maße, während andere . . .« Er brach ab.

In der Stille, die seinen Worten folgte, blätterte der Vorsitzende offensichtlich bewegt in den Papieren auf seinem Schreibtisch.

Es folgte eine kurze Unterbrechung, während sich das Gericht zur Beratung zurückzog. Standish hatte das Gebäude verlassen und hinübergeblickt zu den auf Reede liegenden Schiffen und den ersten Lichtern, ohne jedoch wirklich etwas zu sehen.

Was bedeutete Dalziel denen, die jetzt über ihn urteilen wollten? Ein Rätsel? Ein unbequemer Fall? Held oder Sündenbock? Dann kam ihm Sarah Dalziel in den Sinn. Jetzt hatte sie ihre Freiheit; aber was würde sie in den vor ihr liegenden Jahren mit ihrem neuen Ehemann wohl empfinden, wenn sie an Hector Dalziel dachte?

Fünfzehn Minuten später wurde das Urteil verkündet. Weder Schuld noch Tadel trafen Kapitän Dalziel; seine Haltung verdiente nach einstimmigem Urteil das höchste Lob und entsprach bester Marinetradition.

Als Standish aus dem Verhandlungssaal ging, wiederholte er sich noch einmal diese Feststellung. Sie hätte Dalziel gefallen, entschied er.

Vor dem Portal sah er Suzane in einem offenen Wagen auf ihn warten. Besorgt blickte sie ihm entgegen, als er auf sie zueilte.

Die *Terrapin* existierte nicht mehr; aber vor ihrem Untergang hatte sie ihm die Möglichkeit zu einem neuen Anfang gezeigt, eine Chance, die er nutzen wollte; die Erinnerung an dieses Schiff würde ihn jedoch nie mehr verlassen.

Richard Woodman

Die Nathaniel-Drinkwater-Romane

Die Augen der Flotte
(UB 23154)

Kutterkorsaren *(UB 22776)*

Kurier zum Kap der Stürme
(UB 23247)

Die Mörserflottille
(UB 23689)

Die Korvette *(UB 23694)*

Die Wracks von Trafalgar
(UB 23690)

Der Mann unterm Floß
(UB 20881)

In fernen Gewässern
(UB 22124)

Der falsche Lotse
(UB 22375)

Unter falscher Flagge
(UB 22553)

Das Fliegende Geschwader
(UB 23230)

Unter dem Nordlicht
(UB 23785)

Ullstein

Alexander Kent

Die modernen Seekriegs-romane

Kanonenboot *(UB 23318)*

Rendezvous im Südatlantik *(UB 23790)*

Finale mit Granaten *(UB 23691)*

Aus der Tiefe kommen wir *(UB 23619)*

Torpedo läuft! *(UB 23688)*

Freiwillige vor! *(UB 20765)*

Feindpeilung steht! *(UB 23784)*

Der Eiserne Pirat *(UB 23695)*

H.M.S. Saracen *(UB 20937)*

Feuer aus der See *(UB 22043)*

Mittelmeerpartisanen *(UB 22081)*

Atlantikwölfe *(UB 22151)*

Die Zerstörer *(UB 22219)*

Insel im Taifun *(UB 23692)*

Die weißen Kanonen *(UB 22403)*

In der Stunde der Gefahr *(UB 22509)*

Das Wasser am Hals *(UB 22647)*

Das Netz im Meer *(UB 22680)*

Die U-Boot-Jäger *(UB 22900)*

Kurs Hongkong *(UB 23779)*

Duell in der Tiefe *(UB 23781)*

Schnellbootpatrouille *(UB 23792)*

Unter stählernen Fittichen *(UB 23793)*

Wrack voraus! *(UB 23796)*

 Ullstein